风卷红旗

张庆军/著

台海出版社

图书在版编目(CIP)数据

风卷红旗 / 张庆军著. --北京:台海出版社,

2013.1

ISBN 978-7-5168-0093-5

Ⅰ.①风… Ⅱ.①张… Ⅲ.①新民主主义革命–革命

史–研究–中国 Ⅳ.①K260.7

中国版本图书馆 CIP 数据核字(2013)第 320323号

风卷红旗

著　者:张庆军

责任编辑:王　艳

装帧设计:吴小敏　　　　　版式设计:通联图文

责任校对:吴　康　　　　　责任印制:蔡　旭

出版发行:台海出版社

地　址:北京市朝阳区劲松南路 1 号，邮政编码：100021

电　话:010-64041652(发行,邮购)

传　真:010-84045799(总编室)

网　址:www.taimeng.org.cn/thcbs/default.htm

E-mail:thcbs@126.com

经　销:全国各地新华书店

印　刷:北京高岭印刷有限公司

本书如有破损、缺页、装订错误,请与本社联系调换

开　本:787×1230　　1/16

字　数:520 千字　　　　　印　张:32

版　次:2013 年 8 月第 1 版　　印　次:2013 年 8 月第 1 次印刷

书　号:ISBN 978-7-5168-0093-5

定　价:59.00 元

目录

Contents

第一章

抓 起 枪

■ 祸起萧墙

"本是同根生,相煎何太急。"

自孙中山先生倡导联俄、联共、扶助农工三大政策以来,国共两党实现了第一次合作,中国革命犹如一艘扬起快帆的船,顺风顺水,一日千里。数年间,已统一两广,取两湖,掩闽浙,饮马长江,坐拥东南半壁。旌旗所指,望风披靡,眼见统一中国指日可待。

然而,蒋介石却是心事重重,剪不断、理还乱。世事如棋,暗藏杀机。胜利浪潮中潜伏着的各种暗礁,如今渐渐都露出了水面,各方面的矛盾已呈现出表面化和尖锐化。在这诸多矛盾冲突中,蒋介石认为,共产党及左派人士才是他登上最高权力宝座的最大障碍。

随着北伐的胜利,中国共产党的力量得到了迅速发展。1925年中共召开"四大"时,全国仅有990多名党员,到了1926年11月,全国党员总数已增加到18000多人,在斗争中显示出越来越重要的作用。

工农运动也在迅猛地发展。1927年春,全国工会会员达到200万人,农民协会会员达到900万人,形成了中国共产党赖以发展、活动、壮大的雄厚的社会基础。

这一切，让蒋介石看得嫉妒、心惊胆战。

于是，一个罪恶的计划开始酝酿。

随着北伐军抵达湘鄂，1926年年底，广州国民政府决定迁都武汉，以适应革命形势的需要。蒋介石对这一切，最初是持支持态度的，他在1926年11月19日的电报中说："中央如不速迁武昌，非特政治党务不能发展，即新的革命根据地亦必难巩固。"

蒋介石之所以如此性急，一个重要的原因在于想摆脱当时的革命中心广州，这有利于实施他的篡权计划。按他的说法，是"意以为共党势力在粤，迁之使其失所凭藉，易于取缔"。同时还有阻止汪精卫回国、压制实力强大的第八军军长唐生智等多重妙用。

但是事与愿违，在共产党人及国民党左派人士的努力下，武汉已逐渐成为当时中国革命的中心，两湖地区的工人运动空前高涨，并建立了自己的武装——工人纠察队。农民运动的发展也如火如荼，成燎原之势。

武汉方面的军队蒋介石也无法掌握。唐生智素有野心，利用北伐壮大了自己的力量，控制了武汉的地盘；而另一支武装力量则是张发奎的第四军，张发奎与蒋介石的政敌汪精卫一向走动甚勤，他们都不是能让蒋介石随便摆布的。

更让蒋介石反感和揪心的，是武汉的所谓中央党政联席会议。根据有关决议，它有代行中央党部与国民政府职权的权力。在联席会议的成员中，既有吴玉章、于树德、董必武等共产党人，又有宋庆龄、邓演达、陈友仁、詹大悲等国民党左派人士，他们都坚持孙中山的联俄、联共、扶助农工的三大政策，不可能帮助蒋介石以军驭党，以军干政，实现独裁统治的目的。

因此，蒋介石突然改变此前迁都武汉的主张，径自决定改都南昌，不惜"视党国如弈棋，失大信于天下"，挑起了迁都之争。

这一次蒋介石未能得逞，他纵横捭阖的作风自"中山舰事件"后，人们已有所领教。苏联顾问鲍罗廷在一次宴会上，公开指责蒋介石说：

"蒋介石同志，我们三年以来，共事在患难之中，所做的事情应该晓得。如果有压迫农工，反对CP（即共产党）的这种事情，我们无论如何要想法子打倒的。"

鲍罗廷的警告被蒋介石引为一生的"奇耻大辱"，他气急败坏地提议驱逐鲍罗廷：

"我希望党和政府一致使鲍罗廷离开。我们不必顾虑外界的议论，应该站在独立的立场确立革命行动。像鲍罗廷那样跋扈的人，如果不能很快地叫他走，怎么还能完成革命任务。"

武汉方面的反击也是有力的。中央党政联席会议不仅坚持了既定迁都武汉的主张，而且在随后不久召开的国民党二届三中全会上，又通过了一系列的决议，旨在反对蒋介石的军事独裁行为，统一党的领导机关，从政治、军事、外交、财政、党务诸方面，对蒋介石的权力作了限制，充分显示了共产党人及左派人士团结合作的力量。

更让蒋介石感到震惊的是，上海这样一个重要的国际大都市，居然被中共发动的工人武装起义占领下来。北伐军虽然兵不血刃地进了城，但毕竟未出一点力而有客居之感。

种种迹象表明，中国共产党的力量正在迅速壮大，这使蒋介石寝食难安。尽管迁都之争以失败告终，但他很不甘心，他先在南昌制造了一系列的反共暴行，然后从赣州、九江、安庆一路杀向上海，于1927年4月12日在上海发动了反革命政变，将反共的浪潮推向了顶峰。4月18日，蒋介石在南京建立了政权，宁汉对峙的局面正式形成。宁方占有闽浙全部及苏皖大部，和川粤军阀相互呼应，从东、南、西三面包围武汉；北方的张作霖也利用吴佩孚的溃兵进军河南，觊觎武汉。武汉政府如漂浮在惊涛骇浪中的一叶孤舟，处于反革命的包围下，面临着政治上、军事上、经济上的严重危机。

不久前刚刚回国，担任武汉国民政府主席的汪精卫心里发虚，他掂量着自己的实力，与政敌蒋介石相比，最大的不足就是手中没有军队，只能利用左派的面具，借助共产党和工农的力量与蒋介石抗衡。所以，上海发生反革命政变的消息传到武汉，汪精卫立即发出反蒋通电，斥蒋"既违反中央命令，且与总理扶助农工政策大相悖谬，悍然行之，无疑甘为民众之公敌"。

随着形势的恶化，武汉政府内部的危机也露出了端倪。独十四师师长夏斗寅叛变在前，独三十三团团长许克祥发动"马日事变"于后，汪精卫的态度迅速向右转变。工农运动的高涨已经触犯了当权者的利益。最主要是革命军内部，由于北伐进程中大量的招降纳叛,中高级将领中混入了许多地主分子。据统计,从北伐出发到1927年1月,归附国民革命军的56个高级将领中,有51个是拥有500亩土地以上的大地主。在最早加入北伐行列的前八个军中,地主分子及类似出身的军官比比皆是,如唐生智的第八军,本是地方军阀武装,唐本人就是拥有数百亩土地和大量房产的大地主,部下同样出身的更是不乏其人。像何键及其亲信幕僚,便都是醴陵的乡绅地主,所部也由醴陵的"子弟兵"组成,是湖南地主阶级的武装代表。

宁汉对立后,许多新附依的军阀武装驻扎在两湖地区。像夏斗寅,原属鄂军,为湖北的地方军事势力,属下许多军官出身地主,在本质上就是反共反工农的;又如许克祥,原为湘西首善乡的大地主,在封建势力的斗争中起家,与本阶级有着割不断的血缘关系,两湖地区农民运动"打土豪,分田地",许克祥觉得打的是自己的父老,分的是自家的财产,自然心怀不满。

汪精卫是一个华而不实、薄情寡信的人,他纵容、包庇对革命心怀敌意的反动军官,对共产党领导的工农运动强烈不满。他看到内部不稳,外敌压境,便认为只有与共产党彻底分裂,才是解决困境的唯一妙方,于是决定自食其言,背叛革命。

现在就只差一个反共的借口了。这时,刚到武汉不久的共产国际代表鲁易,轻易地把借口给他送来了。

鲁易不了解汪精卫的为人,被汪的反蒋假象所蒙蔽,他将共产国际"五月指示"的机密电报副本送到了汪精卫的面前,妄想通过汪精卫创造一个奇迹。

汪精卫将电报瞄了一眼,不由得一阵心惊肉跳,只见电文写道:

1.改组武汉政府,加强这个政府中的中国共产党的力量。

2.改组国民党中央执行委员会,在中央执行委员会中增加更多的新的工农领袖。

3.要武装两万中国共产党。

4.挑选五万工农积极分子加入国民党军队,使国民党军队得以彻底改进,排除其中的反动将领,以中国共产党式坚定的国民党左派代替。

5.设立以国民党左派领袖为首的革命军事法庭,严厉惩办反动军官。

6.厉行土地革命,坚决从下面实行没收地主土地和豪绅的财产。

"共产党岂不是越俎代庖,鸠占鹊巢?这几条随便实行哪一条,国民党就不是国民党了。"汪精卫心中恨恨道。继而一阵狂喜——这岂不是向共产党大开杀戒的最好的借口?他表面上却不动声色,一副若无其事的样子。汪精卫的无动于衷使鲁易颇感意外。

"我现在太忙,这份材料暂时先留在这,等我看完后再说。"

一阵沉默后,汪精卫起身送客。

望着鲁易出去的背影,汪精卫心中冷笑:共产国际怎么派了这么一位不懂事的书呆子。

他也真会表演,在武汉政府的同僚面前,大背头向后愤怒一甩,白皙的面孔涨得血红,怒斥电报内容违反了当年《孙文越飞宣言》之精神,乃苏俄谋我之阴谋。他捶胸顿足,一副上当受骗、悔之晚矣的模样。

"兄弟为党为国,要做一回恶人了。"他咬牙切齿道。

他已盘算好了,待河南战事初定,即让唐生智回兵武汉,向共产党亮起刀子。

1927年的中国共产党,还处在蹒跚学步的幼年。"四一二"政变后,中共中央政治局的几位委员,无论是总书记陈独秀,抑或是蔡和森、李维汉、瞿秋白、张国焘、谭平山、李立三,无不绕室彷徨,相对而愁,拿不出一个合适的主意。

陈独秀铁青着脸。不久前他才从上海来到汉口,住进了中共中央机关所在地——四民街61号。这是临街的三层楼房,陈独秀住在三楼的中间,左右房间分别住着彭述之夫妇和蔡和森夫妇,二楼大房间布置成会场。协助陈独秀处理日常工作的有任作民、任秀兰(任弼时的弟、妹)和黄文容。他们三人组成了陈独秀办公室,任作民任办公室主任,任秀兰管事务,黄文容任陈独秀的秘书兼警卫。

乍见陈独秀,黄文容有些拘谨。陈独秀好严肃,不苟言笑,胡子刮得光光的,褐色的眼珠盯得人心里发怵。他的记忆力还特别好,摆的东西谁也不能动,一动就知道。但是时间长了，陈独秀就很好相处，他很坦率，也没什么心机。许多人都如是说。

陈独秀来武汉不久，1927年5月，中共"五大"召开，鉴于前一阶段陈独秀在与国民党右派斗争中的软弱，瞿秋白等人和他争论得很厉害，在争得面红耳赤时，陈独秀手一摊，表示休战："唉，如能吵出道理，我情愿奉陪三天三夜。"

瞿秋白也索然。与会者也拿不出更好的理论与方法，还是不得不选举陈独秀为党的总书记。当时，中国共产党还不成熟，她还推举不出一个成熟的领袖。

陈独秀继续按原有的轨道走下去。

"五月指示"下来后，他很不以为然：土地问题会导致农民运动过火，反动派会因此形成统一战线；国民党通常是在代表大会上确立领导成员，现在国民党没有召开代表大会，怎么能增加左派领导力量？如果我们要建立一支独立的军队，怎样维持？武器又从哪里来？在我们的军队建立前，我们不得不支持现在当政的这些将军，否则就不可能有建立自己军队的机会；至于组织军事法庭惩办反动军官，就更行不通了。

陈独秀摇摇头，"五月指示"在他看来，是水中月、镜中花，是不切实际的一种幻想。

与此同时，汪精卫的磨刀声已经霍霍响起，中国共产党依然一让再让。

6月28日，陈独秀正在伏案挥毫，黄文容推门走了进来，将一份当日的武汉《民国日报》放到桌上。

陈独秀转过身，黄文容的脸已经变了色：

"省总工会纠察队已经解散了，枪也交了，报纸上说是你的命令，你晓得不晓得？"

"知道，"陈独秀很不以为然，"那是中央的决定。"

"那今后我们拿什么保卫自己？"黄文容追问了一句。

"这是你该插嘴的事情吗？"陈独秀突然光火起来，他用拳头擂着桌子，"你们小孩子晓得什么啊，天都要塌下来了，国共两党关系破裂在即，交枪是表示我们合作的诚意啊。"

黄文容一怔，陈独秀虽然不苟言笑，生性严肃，但很少这样失态。他知道，陈独秀心里也不好受。当此动乱之秋,危难之际,他已失去判断形势、左右大局的能力。

发完火后,陈独秀心里更不舒服。夜幕渐渐降临,他也不开灯,一个人把自己埋藏在黑暗中:究竟叫我怎么领导?我这个领导怎么领导法?怅惘和苦闷,像浓浓的黑夜裹得他透不过气来。

6月29日,第三十五军军长何键发出反共训令,训令部队与共产党分离,拘捕和屠杀共产党员。这是汪精卫公开反共的信号。

6月30日,中共中央召开扩大会议,陈独秀要求共产党完全放弃革命的领导权,承认"中国国民党当然处于革命之领导地位",要求参加政府工作的共产党员"请假销事",要求工农武装均应服从国民党政府的管理与训练。他希望用缴械的方式换取汪精卫网开一面。

但汪精卫不是心慈手软之人。7月14日晚,他召开秘密会议,确定分共和大屠杀计划,15日正式宣布和共产党决裂。

陈独秀躲进了武昌一个偏僻的工人住宅区,和他住在一起的只有黄文容。每天不绝于耳的是枪声,是凶讯,是噩耗。刚刚48岁的陈独秀,在心态上已是垂垂老矣,早已失去当年的意气。

共产党召唤新的领袖! 寻找新的出路!

■ 八方精英汇南昌

危难时刻,周恩来挺身站了出来。周恩来此时在共产党内的职务已进入了核心位置——中共中央政治局常委兼中央军事部部长。

"七一五"事变以后,共产党必须立即转入地下,这是一项极其繁重而艰巨的组织工作,在五人临时中央内,李立三、张太雷已去九江,李维汉刚从湖南来到武汉,张国焘又是一个爱说大话少干实事的人;事无巨细都落到周恩来一个

周恩来

人身上。连一向说话刻薄的张国焘，后来也不得不讲几句公道话：

"周恩来是一个不多发表议论而孜孜不倦的努力工作者。他很镇静地夜以继日地处理纷繁的事务，任劳任怨，不惹是非。所有同志们的疏散工作，多半由他经手，也是从此开始的。"

就在中国共产党被蒋介石、汪精卫两记重拳打得遍体鳞伤之际，周恩来提出了一个大胆进取的计划。

他问张国焘："现在大批同志都往九江、南昌一带转移，是想得到第四军的庇护，万一张发奎变脸，岂不是一网打尽？"

张国焘的脸顿时吓得变了色，他问周恩来有什么万全之策。

"南昌发难，联络湘鄂赣一带工农群众，形成反南京、反武汉的中心，然后移师广东，取得与苏联的联系和支持。"显然，这一套方案在周恩来心里酝酿已久。

英雄所见略同，几乎与此同时，在九江的谭平山、李立三、恽代英、邓中夏、叶挺、聂荣臻等人在一次谈话会上也提出相同的意见，并由中央临时政治局开会形成决定。

时间紧迫，事不宜迟，周恩来打点好行装，7月26日，在陈赓陪同下来到九江，见到了谭平山、李立三、邓中夏、恽代英等人。他们个个怒发冲冠，性急的李立三挥舞着拳头向周恩来嚷着，说他一天也忍不下去了。

"稍安勿躁，"周恩来摆摆手，"先谈谈方案吧。"

"方案已经拟定好，你过过目。"恽代英拿出一叠行动计划，"立三不是性急，我们必须抓紧时间，张发奎已经怀疑希夷(叶挺字希夷)了。"

周恩来一怔。

宴席上，觥筹交错，谈笑风生。这天是第五路军总指挥兼江西省政府主席朱培德做东，宴请二十军军长贺龙和二十四师师长叶挺。

朱培德笑吟吟地告诉贺、叶，他们的老长官、第二方面军总指挥张发奎盛情相邀,请贺军长、叶将军尽快启程上庐山,出席一个重要军事会议。

贺、叶互相交换了一下眼色,时值非常时刻,任何风吹草动都让人惊出一身汗。汪精卫、张发奎都不是草包,对共产党的活动自然警惕,这个时候召贺、叶上山,绝不是纳凉观风景。

有了这层心思,这顿饭吃得没滋没味。匆匆退席后,回到寓所尚未坐定,叶剑英风尘仆仆地闯了进来。

贺龙、叶挺连忙起身相迎,叶挺递过一柄扇子,奇怪地问:"剑英兄不是随张总指挥在庐山开会吗?"

叶挺、叶剑英、张发奎俱是广东人,张发奎地域观念极强,非广东籍者他一概不相信,对二叶则亲疏远近极为微妙。他的"北伐名将"美誉从何而来,所部第四军"铁军"称号从何而来,还不是叶挺独立团一刀一枪杀出的,这一点他心知肚明。

但是,叶挺的共产党员身份是人人皆知的,李宗仁就当面警告他:"当心你那个姓叶的老乡。"

张发奎打了个哈哈:"不会,不会,我与叶挺是过命的交情,张某人用人不疑,疑人不用。"但是,张发奎从此对叶挺存了心眼。

叶剑英的共产党员身份却是秘密的,所以仍留在张发奎身边当参谋长,赞襄机密,这一次上庐山,所议军机大事也没有瞒着他。

所以,当汪精卫、孙科一伙在庐山逼着张发奎表态时,叶剑英手心里就捏着一把汗。他知道张发奎不改军阀本性,如果让他在汪精卫、共产党之间作选择的时候,这种本性将决定他把汪精卫看成是他的精神领袖,把国民党看成是他的政治归宿。

果不其然,张发奎在权衡一番利弊后,咬牙答应了汪精卫的要求:调贺、叶上庐山,杯酒释兵权,然后再将其部队调往德安一带。那时候,共产党才真正叫做赤手空拳,任人宰割。

叶挺喟然长叹,他与张发奎十载交情,北伐时并肩作战,在武汉时貌合神离,今天则反目成仇。

生性豪爽的贺龙没有这么多伤感,一拍掌:"嗬,张发奎不仁,我也不义。"他转身对叶剑英说道，"告诉庐山上那帮家伙，贺龙不上庐山，不去德安，老子去南昌！"

贺、叶前脚走，张国焘后脚到。九江码头热闹非凡，大批共产党人和国民党左派人士都由武汉来到这里，大部分候车转赴南昌，也有些还设法前往长江下游上海等地。张国焘很容易地就找到了策划南昌起义的恽代英、关向应、贺昌、廖乾五、高语罕等人。

张国焘期期艾艾地透露说，共产国际已来指示，倘若暴动没有成功的希望，就不要发动。

恽代英立马吼了起来："发动南昌起义，难道不是有你张国焘在内的中央意见！"

"那没有请示共产国际。"张国焘声音低得让人听不清。原来周恩来刚离开武汉，共产国际就派来了罗明纳兹，来顶替原来苏联顾问鲍罗廷和罗易，新代表今年刚刚29岁，却有不少官场上的手腕，说话尽是模棱两可，不着边际。提及南昌暴动，他眼一翻："这事要请示共产国际。"

张国焘急了，如今箭在弦上，怎容推诿拖延。

"那你有把握成功？"罗明纳兹又换了一个角度。

张国焘摇摇头，谁敢打这个包票。

"好吧，那你通知他们停止行动。"罗明纳兹懒洋洋地站了起来，他已不愿在这个问题上多费口舌了。别看张国焘在党内骄横得很，其实他不是敢任事、敢负责的人。罗明纳兹一席话，让他自食其言，反过来劝说恽代英等人不要冲动。

恽代英一挥手打断了张国焘的啰嗦："我们没有必要再听你的了，因为事情已经决定了。"他看到张国焘又要张口，语气愈发尖锐起来，"现在南昌暴动一切准备好了，忽然又来什么国际指示，阻止我们的行动，我是誓死反对的。"说着，他用手指着张国焘警告说，如果再动摇人心，休怪不讲情面。

恽代英的愤怒，让张国焘吃惊，谁都知道此人温文儒雅，正直而有礼貌，对人没有私怨，没有野心，在党内口碑极好，今日如此急火攻心，显然心底的愤慨郁积已久，到此时再也按捺不住了。扪心自问，张国焘自愧没有这种勇气去对付罗明纳兹。这其中的道理很简单，无私方能无畏，一肚子私人欲望的张国焘永远也不能像恽代英那样堂堂正正做人,挺起腰杆说话。

"与你们说不通,我找周恩来说去。"张国焘心思一转,周恩来组织原则很强,相信他不会无动于衷的。

"去南昌找他吧,也许你正赶上参加起义。"恽代英揶揄道。

周恩来在九江只待了一天,27日,就赶到了南昌,第二天,专门拜访了贺龙。

二十军的军部设在章江门内西大街子固路中华圣公会开办的一所教会学校,周恩来冒着酷暑走了进去。

政治部主任周逸群抢先迎了上来,他是黄埔军校二期生,与周恩来有师生之谊,此人能力极强,黄埔军校时期加入共产党,毕业后去了贺龙部队,贺龙由同情共产党到投入共产党,他起了关键作用。贺龙也将他视为左膀右臂,须臾不能分离。

"怎么样?"周恩来向里指了指。

"没问题。"周逸群知道对方懂得他说的是什么,彼此心照不宣。

在起义的方案里,贺龙的二十军是一支重要的力量,但贺龙不是共产党员,这层窗户纸还没捅破,周恩来这次到此,就是专门作最后落实的。

与贺龙这样的人谈话,不需拐弯抹角,所以周恩来一上来就直奔主题:"贺军长知道恩来所为何事而来?"

贺龙一笑:"感谢共产党没有把我当外人,你们最近要在南昌举事,搞国民党一家伙。"

"贺军长有意与我们并肩作战,共举大业?"

"我连陈图南都杀了。"贺龙答非所问地回了一句。

周恩来却听得懂这句话。陈图南与贺龙乃亦师亦友的关系,是陈图南开拓了贺龙的眼界,将之从哥老会引进中华革命党,从深山带向世界。可以说,在贺龙一生的旅程中,陈图南是个关键人物。贺龙是个讲义气的汉子,"发达"之后没有忘记友人,陈图南也一直留在他的营中,担任高级参谋,尊若师,奉若宾,亲如友。但陈图南反

贺龙

对共产党,特别对贺龙重用周逸群深为猜忌。

随着贺龙与共产党越走越近,陈图南恨从心中起,恶向胆边生,竟买通手下士兵,策划了一起暗杀贺龙事件。黑枪擦着贺龙耳边而过,周逸群急忙奔过来,贺龙冷冷地推开他:"我知道谁要我的脑壳。"

他径直奔到陈图南的房间,尽管与死神打了一个照面,念及旧情,贺龙还不忍向陈图南下手,如果是个人私怨,他准备网开一面。

陈图南也直言不讳:"云卿(贺龙字云卿),我们共事十四年,我是不是一心为你着想。"

贺龙点头承认。

"那好!你离开共产党,也离开汪精卫,他们都靠不住。"

贺龙反问:"何处是我栖身之所?"

"良禽择枝,君子择贤。如今蒋介石方兴未艾,坐镇南京,手攥上海,兵广钱多,只是缺少猛将良帅,依靠老蒋,才是出路。南京方面已经表示,只要你云卿在武汉举兵,事成之日武汉卫戍司令一职非你莫属,汉阳兵工厂也是囊中之物,那时,可是天高任鸟飞,海阔纵鱼游。"

直到这时,贺龙方知道陈图南已经与蒋介石有了勾结,事情的性质起了变化。他把陈图南的一番话全都倒给了周逸群。

"逸群,你向共产党中央报告,如何处置,我都照办。"贺龙的脸色很沉重。

周逸群激动地站了起来,像贺龙这样义薄云天的男儿,你让他把皇帝拉下马,他眼都不眨,但让他杀与己有恩如陈图南者,那真是举不起枪。现在,为了共产党,居然能割袍断交,大义灭亲,实属难能可贵,由此已可见贺龙对共产党的磊磊胸怀。

因此,当贺龙提及往事,实际上就是最好的表态,他催促着周恩来:"要我干什么?"

周恩来也严肃起来:"共产党对你下达的第一个命令,就是前委任你为起义军总部指挥。"

这倒是始料未及。贺龙知道来南昌起义的部队,除了二十军以外,还有叶挺领导的第十一军二十四师,曾由朱德领导的第三军军官教导团,有的是共产党员。他感到共产党对他太器重，怕自己难以胜任。

"我还没有入党……"

周恩来潇洒地一摆手："组织上没有入党，思想上我们早已是同志，听逸群说，你要求入党，已不下20次。"

"那倒不假。"贺龙哈哈大笑，带点埋怨的口气，"党的门开得小了点，挤不进我这个块头。据说你们有规定，在友军内部不准吸收高级军官入党，是不是？"

"锲而不舍，金石可镂，共产党是不关门的，只要够条件，时机一到，一定会有人找你的。"周逸群在旁边摇着扇子说。

周恩来又回到了正题："南昌守军有3000多人，朱培德的第五路军总指挥部警卫团是很有战斗力的。我们决定由叶挺同志任前敌总指挥，刘伯承同志任参谋团团长，你和伯承同志一起订一个具体作战计划，起义军总指挥部和参谋团就设在你们二十军军部，你看可以吗？"

贺龙却抬起头问道："刚才提到的刘伯承，是不是那位领导过四川顺庆、泸州暴动，人称'刘伯温'的川中名将？"

周恩来点点头："伯承可是打仗的行家里手，现在他也在南昌。"

在中共高级将领中，刘伯承的军事才华首屈一指，这一点，包括毛泽东在内一致认可。

顺庆、泸州暴动失败后，刘伯承辗转来到武汉，周恩来见之大喜过望，连连吩咐："快去南昌，那里正有你用武之地。"

刘伯承却不轻松，天下之大，英才辈出，现在共产党精华汇集南昌，朱德、叶挺、贺龙，哪一个不是声威赫赫，名动天下。

所以，那份作战方案绞尽了他的脑汁，凝聚了他的才华，周恩来、贺龙阅后俱赞不绝口。

只有叶挺，一言不发，将原件退了回来。

初次合作，谁也不知道对方脾性，刘伯承有点忐忑。北伐之后，叶挺的名字可是如雷贯耳，刘伯承弄不清叶挺为什么一言不发，担心自己的方案对方

刘伯承

南昌起义时的朱德

看不上。

周恩来微微一笑："你不了解希夷，他有意见，会跳起来和你争论的。"他一面安慰着刘伯承，一面心里感叹：连叶挺都挑不出一丝毛病，可见刘伯承确有真才实学。

大战在即，周恩来忙得马不停蹄，刚讨论完刘伯承的作战方案，他又来到了花园角二号。

花园角二号是朱德的寓所，这位未来的中国人民解放军十大元帅之首，如今正是潜龙在渊，引弓待发。

这是位传奇式的人物，早年毕业于云南陆军讲武堂，那恐怕是中国当时最进步、最新式的军事院校之一。讲武堂还出过一位名人，那就是现在要对付的当面之敌，国民党江西省主席朱培德，然而在校时，他俩却被人并称为"模范二朱"。

朱德毕业后进入滇军，升迁很快，当然这是靠他的战功，护国战争时他已经在军界露出了峥嵘，泸州蓝田坝一战，杀得地动山摇，使北洋骁将张敬尧束手无策。战后朱德称，谢谢张敬尧给他一个练兵的机会，打大仗就是从那时学会的，指挥几个团，负责一条战线，还是胜任有余的。

会打大仗的朱德后来却离开了军队，原因固然很多，思想苦闷则为其中的关键。他厌恶军阀之间的割据称雄，"相争权利皆新法，竞窃功名胜昔时，余子称雄嗟分小，布衣高位惜官迟"，茫然于救国救民的道理飘渺难寻。美国女作家艾格妮丝·史沫特莱后来采访他的时候，谈到这一时期生活，朱德仍有一种说不出的别扭，称这是一个充满了屈辱和犯罪感的时期。

不甘沉沦的朱德来到了上海，在闸北的一所房子里见到了中国共产党的创始人陈独秀，提出了入党的请求。沉吟半晌，一向很开通的陈独秀却拿不定主意，像朱德这样在旧军队有着很高地位的人要求参加中国共产党，这在以前还不曾有过。前滇军旅长、云南陆军宪兵司令官、云南省警务处长兼警察厅长，朱德身上的一大串头衔确实让陈独秀有点手足无措，他冷淡地将朱德拒之于共产党的门外。

一阵凉意袭上了朱德的心头："我感到绝望、混乱，一只脚还站在旧秩序中，另一只脚却不能在新秩序中找到立足之地。"痛苦之余,他打算去欧洲,去寻找正宗的、原汁原味的马克思主义。

在柏林,朱德见到了中共旅欧组织负责人周恩来,陈独秀对他关起的大门打开了,他如愿以偿地加入了共产党。他的生命从此大放异彩。

当周恩来推门走进房间时,朱德正伏首察看南昌地图,地图上标着南昌守军的兵力配置,这是周恩来交给他的任务,因为朱德做过南昌公安局长,对南昌了如指掌。

周恩来拿起地图端详了一会儿,道:"这是最好的向导。"

朱德却有点遗憾,带兵这么多年,派上用场时,他手上没有一支可以直接指挥的军队。他本来的第三军教导团团长之职以及南昌市公安局长的身份都因为"清党"分共,被他的老同学朱培德撸去了。

"你的打仗经验朱培德抢不走,影响也在,教导团有三个连都在我们掌握之中。"周恩来安慰道。

朱德向周恩来要具体任务,他喜欢干实事。

"你对南昌的人头很熟,就发挥这方面优势吧。"周恩来商量着,"南昌守敌主要是朱培德的二十一、二十二、二十三团,起义发动时,不管用什么方法,能把这几个团的团长绊住,使敌人群龙无首,叶挺、贺龙就会轻松不少。"

朱德点点头,这件事他能办到。

叶挺、贺龙也分别下到各自部队,召集师团长开会。自酝酿起义以来,对有关事项布置都是用个别交谈和秘密串联的方式进行的,现在的半公开化,谁都知道是怎么回事。

叶挺还是一如既往的冷静,对每一个细节都指示到位,话不多,但有力:"这是背水一战,只许成功,不许失败!"

贺龙也是一如既往的风风火火,嗓门亮开如黄钟大吕:"现在谁要不干,可以,回营房睡觉,明天老子发路费让你回家。怎么?大家都干,好!要干就跟着共产党干到底,谁撑不住劲,谁孬种,我贺龙跟他没完!"

周逸群笑笑,贺龙的话不很文雅,但很煽情,部队的情绪亢奋得嗷嗷叫,什么人带什么样的兵,第二十军始终不脱那种大山莽林的野性。

恽代英的讽刺反而提醒了张国焘,如果起义暴发后他再赶到南昌,岂不是晚了三秋。

于是,28日,他连续向南昌拍发两封电报,内容都是一样:起义须慎重,一切等他来之后再作定夺。

周恩来将张国焘的电报置在一边,一切行动准备照常进行。

30日,张国焘、恽代英赶到南昌。

争论随即暴发。

大家都动了肝火,周恩来平生第一次拍了桌子,叶挺在《南昌暴动至潮汕的失败》一文中,对当时的场面有详细的记载:

此时就接到张国焘一来电,谓张发奎仍有希望,南昌暴动应待彼自己到后再决定。彼于7月30号赶来南昌,即开党团会议。张国焘同志谓,国际代表的意见,谓我们的军事若无十分把握,便可将我们的同志退出军队,去组织工农群众。周恩来同志听着大怒,谓"国际代表及中央给我的任务是叫我来主持这个运动,现在给你的命令又如此,我不能负责了,我即刻回汉口去罢"。谭平山同志大骂"混蛋"。

尽管赞同起义的意见占多数,但张国焘是中央代表,不能用表决来决定,吵了一天没有解决。谭平山十分气愤,散会后找到周恩来:"干脆,把他捆起来。"周恩来连忙摇手:"张国焘是中央代表,怎么能捆呢。"

起义因此而推延。

第二天接着再吵,火气更大,谭平山几次吆喝着喊人动手,周恩来的神色也愈发冷峻。现在,知道暴动计划的人已经很多,人员调动、函电来往处处使人易于察觉,起义机密已无法保守,一旦汪精卫先下手为强,则悔之晚矣。

张国焘胆怯了。众怒难犯,所有与会者的眼光已由焦灼变得愤怒,他叹了口气,总算让步了。27日起,他从九江一直闹到南昌,逼得全体起义领导人放下手中重要的工作,把宝贵的时间浪费在这场口舌之争上,其负面影响,无法估计。

■ 南下搏杀

7月31日下午,号称长江三大火炉的南昌依然热浪滚滚,豫章路的嘉宾楼生意也兴旺得像开了锅,车水马龙,宾客盈门。

朱德订了一个雅致的包间,今天,他以叙旧为由,请来了第三军二十三团团长卢泽民、二十四团团长肖日文、副团长蒋某,宾主四人刚坐定,已有侍者打开冰镇过的香槟。

卢泽民抢先祝酒:"玉阶(朱德字玉阶)先生是滇军先辈,又与朱总指挥(朱培德)为云南讲武堂同窗,今蒙盛情,荣幸之至。"

朱德端起酒杯,一饮而尽。"'人生得意须尽欢,莫使金樽空对月',都是滇军兄弟,不必讲什么资历,总之尽兴方好。"

三位客人连连点头,肖日文放开嗓子:"对!尽兴方好,今天不醉不归。"

说话间,有人递给朱德一个信封,拆开一看,仅有四个字:

"河山统一。"

朱德知道,这是今天起义的战斗口令。

坐在旁边的肖日文刚要抬头,朱德已合起信封,端着酒杯迎了上去:"干。"

不知不觉间,已过去两个钟头,离起义枪声的打响还有一段时间,周恩来给朱德的任务就是要拖住滇军这两个团的长官。他望了望打着饱嗝的客人说:"走,到李尚庸家打牌去,他家的宵夜最有特色。"李尚庸是南昌市长,与朱德颇为熟悉。

几个人正玩得尽兴,一个军官模样的人闯了进来,是贺龙部下的一个副营长,他神色惊慌,告称贺龙已发下命令,今夜就扯旗"造反"。

卢泽民、肖日文闻讯变色,当即离开牌桌,匆匆而去,朱德无法阻拦,也就跟着出去,到了二十军指挥所,赶紧将叛徒告密的事通知了贺龙。

像南昌起义这样大的行动,不可能不走漏风声,不露出破绽。果然,贺、叶部队的频繁调动已引起多方面的怀疑。

周恩来站在江西大旅社的石阶上，盛夏之夜，满天星斗，他握了握拳头，几个小时后，这里，将掀起一场划时代的风暴。

"报告！"一名二十军军官直奔而来，向周恩来报告刚刚从朱德处得来的消息，"二十军一师一团三营副营长赵福生叛变，将起义计划泄露给了敌人。"

周恩来眉头一扬，返身回到总指挥部，对伏在地图上的刘伯承道："行动暴露了，起义需要提前。"

早有准备的刘伯承直起了腰："战斗即刻就可打响，就算蒋介石、汪精卫一起来到南昌也无济于事。"

凌晨2时，冲锋号在南昌城响起。

二十军的攻击目标是"大营盘"、"小营盘"及牛行车站，守军根本没有来得及组织起有效的抵抗，就被贺龙冲得七零八落。

叶挺的攻击目标是滇军驻地天主教堂及匡庐中学，由于军中无主，团长团副都被朱德绊在酒桌牌桌上，士兵们更是惊慌失措。起义部队边打边喊："我们是铁军二十四师，叶挺在这里指挥。"人的名声树的影，谁敢和北伐名将当面对垒，守军应付着打了几枪，望风而逃。

只不过4个小时，这一场具有历史性意义的战斗已经画上了句号，南昌城成了共产党的天下。

枪声刚息，聂荣臻已经带着第四军二十五师两个团赶到南昌城下，周恩来见了大喜，没想到聂荣臻任务完成得如此出色。

聂荣臻与周恩来关系很深，一同在黄埔军校共过事，后来又在周恩来领导的中央军委工作。他比周早一个星期离开武汉，两人在九江碰面后，周恩来吩咐他就地留下，想办法把二十五师带出来参加起义，因为这个师的共产党力量很强。

聂荣臻有点为难，起义的时间和部署都没确定，他手上又没有电台，总不能通过民用电报联络。

"南昌一发难，即放一列火车到二十五师驻地马回岭，怎么样？"周恩来终于想出一个办法。

周恩来走后，聂荣臻即到马回岭串联，七十三团的团长周士第、七十四团的参谋长王尔琢、七十五团的团长孙一中都是黄埔毕业的共产党员，与聂荣臻既是师生，又是同志，这种双重的亲密关系，使他工作起来得心应手。

二十五师师长李汉魂察觉出部队的异动，8月1日上午打电话请周士第去师部"相商要事"，尚未接到起义通知的周士第还是冒险前往了。李汉魂是又劝告，又奉承，给周士第大戴高帽："总指挥（指张发奎）很赞赏你，要重用你，希望你跟他走，不要跟共产党。"

李汉魂还不了解眼前的这位黄埔一期生，早在三年前就是中共党员了，而且是周恩来所看重的，寄予他的希望就是能掌握一支军队。

恰恰此时，南昌放出的火车开到了，也是黄埔一期生的许继慎远远向他招手。北伐时期，许继慎与在攻打武昌之役中牺牲的曹渊同为叶挺独立团的两大支柱，在平定夏斗寅叛乱时，身负重伤至今未愈，现在正要去上海就医，他悄声告诉周士第："南昌暴动了，你快回去。"周士第点点头，乘着混乱，避开李汉魂，策马奔回了马回岭。

聂荣臻早在七十三团团部倚门相望，周士第一到，立即与孙一中、王尔琢带上部队，借"打野外"为名，几乎将整个二十五师席卷而去，略加补充，就是一个完整的建制师。

部队刚出发，张发奎就乘着列车赶到了，双方仅隔着一座铁路桥，互相看得十分清楚。

一向视军队如生命的张发奎眼看他的主力部队换了旗号，心痛地大喊："你们要干什么，快停止行动——"那一份凄厉，撕心裂肺。

聂荣臻了解张发奎在士兵中有一定的号召力，不能让他影响军心，遂命令身后的一位排长："快让他们开车，他不开，就向空中鸣枪。"

一排枪刚放，张发奎就慌张地跳车而跑，身后还跟着师长李汉魂。叶剑英后来告诉聂荣臻，他当时也在张发奎身边，张跳车时，跑得慌忙，将他的卫队还有一些东西都丢在车上。车到德安后，张发奎派参谋携其亲笔信，要求将遗在车上的望远镜还给他。聂荣臻十分大方，连张的卫队也一起完璧归赵。

听完汇报，周恩来十分满意，夸奖说："行动很成功，二十五师大部分都拉出来了，这可是一支生力军啊。"

南昌起义是蒋介石、汪精卫相继背叛革命后，中国共产党发动的首次武装起义，它收到了出其不意、震人耳目、鼓舞士气的效果。不大不小的南昌城，一时群英毕聚，上演了现代史上一幕威武雄壮的话剧。

南昌起义的意义、特点、经验、教训，过去史学著作已多有论及，此处不必多言，但有一个明显的特点需要补充，就是此次行动，参加的正规军队之多，是后来共产党发动的一连串武装起义，如广州起义、秋收起义等等所不能比拟的。这也是共产党几年来在军队中努力工作所积聚下来力量的爆发。

蒋介石、汪精卫对这股力量没有等闲视之，武汉政府随即电令朱培德、张发奎"反攻南昌"，通缉贺龙、叶挺；南京方面也命令坐镇广州的黄埔"八大金刚"之一的钱大钧率兵兼程北上，对起义军进行拦截。

未雨绸缪，早在策划起义时，周恩来等已对今后的行动方向有了腹案：重新回到广东，在潮汕地区占领海口，取得国际援助，再次发动北伐，完成国民革命。

如果以今天的观点来看，没有"就地闹革命"，这一战略决策值得商榷。那时候，江西、湖南、湖北一带工农运动的基础比较好，就地同湘鄂赣的工农运动结合起来，建立巩固的革命根据地，可能会另有一番作为。但当时谁也不作此想，南昌起义的领导人多很年轻，周恩来当年才29岁，也只有从广州出发进行北伐那种大规模进军的经验，什么"坚持武装割据"、"农村包围城市"，这样的事情在当时还未出现过。

8月3日，起义军开始南下转移。出师不利，第二天，蔡廷锴就拐走了第十师，他是陈铭枢的老部下，参加起义本来就很勉强，只不过碍着叶挺的情面，现在听说宁汉联手，实施南北夹击，他不想跟共产党冒这份险了。

紧接着就是二十军参谋长陈裕新逃跑。贺龙皱着眉头告诉周恩来，三天来，逃兵成群结队已达4000多，大炮丢了，迫击炮丢了，但发的军饷却装进了兜里。

周恩来安慰贺龙道："革命本来就是大浪淘沙，去劣存优，陈裕新走了，陈毅不是来了吗？"

刘伯承插嘴道："以陈裕新比陈毅,那是草鸡比凤凰。"还在泸州起义时,他就认识了陈毅,对方的儒雅、才华很使刘伯承心仪。

南昌起义爆发时,陈毅正随第二方面军教导团开赴九江,8月4日,部队刚刚踏上九江码头,张发奎已经率部将教导团控制起来,因为他已风闻共产党要拉走它。

陈毅这一急非同小可,他的确有心把这支部队拉走,现在的形势则只有独善其身了。于是连夜召开党的会议,对党员作了一番布置后,即奔赴南昌;到达南昌时,起义军已南下,遂急起直追,在抚州赶上了部队,随即被任命为叶挺所部第二十四师七十三团政治指导员,与周士第搭档。

起义军南下第一战是壬田之战。

贺龙二十军第一师所部首先与敌接触,由于溽暑南征,长途奔袭,起义军已成劳乏之师,守壬田的新编第一师以逸待劳,据险而守。

激战半日,贺龙部虽突破敌方左翼阵地,右翼却感觉困难,已准备鸣金收兵,翌日再战。命令尚未发出,负责指挥作战的贺龙依稀听得对方大炮隆隆之声减弱,战场上这一微妙的变化使他的神经兴奋了起来,遂判断敌人已无心恋战,于是加派部队,再作一搏。

贺龙这一有力之举,壬田守军果然不支,纷纷溃逃,入闽大道随之敞开,起义军斩获颇丰。

这只是个前哨战,双方运用的都不是主力。会昌一战,方见血腥。

钱大钧已集重兵于此,主力第二十师原由黄埔军第一师中一个团扩编补充而成,部队基层长官及骨干分子均系黄埔出身,傲气十足。

与此同时,桂系黄绍竑也率援兵急急赶来,欲在会昌与钱大钧会合。

叶挺所部第二十四师担任攻打会昌主力,其中一个营留下与黄绍竑周旋,以防遭受夹击之虞。

二十军也由周逸群指挥千余人攻敌,未来的中国人民解放军大将、"黄埔三杰"之一的陈赓即在其中。

双方摆开了阵势。

叶挺部队中不少是来自黄埔的官兵,他们对自己过去的军事教官钱大钧的本领可说是知根知底,此人纸上谈兵,尤其上不得战场,贪生怕死,犹疑迟缓。因此战斗一打响,战士们犹如旋风般汹涌扑进。

钱大钧无能,二十师却有敢战之名,他们利用环山工事,与起义军作殊死拼搏,战斗异常激烈,长枪大炮,短兵相接,山头嶂峦间冲涌着阵阵杀气。陈赓曾向张国焘描述过当时的场面,颇为传神。他说,会昌之战,是他所遇到的第一个恶战,尤其进行肉搏的时候,双方作战的中下级干部,多是黄埔同学,不仅彼此认识,而且有许多是儿时的好朋友,在黄埔时,或是同班同队,在军队时或是同营同连,因此肉搏战中,彼此叫着小名或诨号地骂,这边骂:"细伢子,你为什么跟共产党造反!"那边骂:"二狗子,你真是反革命的走狗!"一面厮杀,一面又忍不住暗掉眼泪。身临其境的陈赓也心酸,但又必须硬起心肠,现在不是你死就是我亡,战场上没有温情。

战斗已呈现胶着状,双方都在支撑,"胜利产生于再坚持之中"。等到二十五师从后面赶来,这支由北伐独立团改编而成的"铁军"果不负盛名,几路包抄进攻,将敌人阵地一举攻下。

兵败如山倒。钱大钧的黄埔属下终于不支而逃,起义军乘胜追击,一鼓作气占领会昌城,钱大钧几遭生擒之厄,"盖我军已进东门,该逆始由南门外总指挥部狼狈逃窜"。起义军歼敌近半数,夺枪千余枝,取得了胜利。

但是,起义军也伤亡甚重,甚至有得不偿失之感。聂荣臻后来总结说:"我深感起义军的勇敢精神是不成问题的,但我们这些人都很年轻,都缺乏战役战斗指挥经验,碰到敌人就是硬拼,所以往往一仗打下来,把敌人赶跑了,歼敌不多,自己伤亡却很大。"

刘伯承也有类似的感受。

以壬田之战而论,贺龙部伤亡团长一名、营长三名,兵士数以百计。至会昌战事起,又由于正面佯攻部队未与右翼包抄部队取得联系,周逸群歼敌心切,单兵赴会,遭敌反击,该师第六团被完全击溃,败退30余里。叶挺军虽顽强取胜,但伤亡官兵千余人,其中黄埔精华损失尤重。战斗结束,其部某连一炊事兵等待战士用餐,岂知仅见40余名战士,原以为尚在火线未下来,知悉已尽数牺牲时,不禁痛哭失声。

陈赓也在会昌之战中负伤。当时,他就在那个受损最重的二十军第三师六团任一营营长,当他指挥部队一连攻下三个山头后,发现两翼友军未能及时赶上,变成了孤军深入,陷入敌军重围。

战至中午时分,陈赓所部力疲弹尽,难以支撑。在撤退途中,他左腿三处中弹,膝盖处筋断骨折,寸步难行,眼见后面追兵已近,忙脱掉制服,从山坡上滚下来,跌进一条野草丛生的沟里。

陈赓这一次负伤不轻,到了汀州,被送到傅连暲办的移动医院治疗。那时傅连暲还是一个基督教徒,他很钦佩陈赓的勇敢和毅力。按陈赓的伤势,在当时医疗和技术设备等条件限制下,一般多采用截肢手术,但是傅连暲实在不忍让这位年轻爽朗的军官受残肢之苦,采用了"保守疗法",千方百计地保全了陈赓的那条伤腿。

会昌之战后,贺龙也加入了中国共产党。周恩来说:"贺龙是个好同志。"1975年6月9日在贺龙的追悼会上,周恩来还是重复了这句话。

尽管取胜会昌,但起义军已有些力不从心了,翻过武夷山后,部队在长汀讨论了分兵问题。原来刘伯承在打下会昌时曾搜罗了一批旧报纸,途中翻看,竟发现南昌起义的叛徒、二十军参谋长陈裕新的叛变启事。陈裕新将南昌起义的经过尽其所知向国民党当局作了报告,起义军南征的目的和进军的路线已完全暴露。

周恩来摊开了地图:"希夷,说说你的意见。"

叶挺打着手势比划着:"这里,是三河坝,我主力军由此经松口取梅县,再经兴宁、五华取惠州,以偏师至多两团,趋潮汕,潮汕空虚,可不战而得。"叶挺说话,历来言简意赅。

"如果主力先取潮汕再回攻惠州,过于迂缓,敌人有集中兵力攻击我军可能。"周恩来又补充道。

有人摇头:"如果敌人死守潮汕,急攻不下,又将如何?"

周恩来、叶挺俱语塞,这正是他们方案中的破绽之处,一时尚未想出万全之策。

"应以全力攻潮汕,取得出海口,争取国际支援。"不知是谁插了一句。

此语甫出，立即得到大部分人赞同，随军的苏联顾问特别神气："届时，强大的苏联海军一定会出现在潮汕海面上，他们是你们最坚强的后盾。"顾问描绘了一幅诱人的场面。

三河坝分兵大体计划是：由周恩来、贺龙、叶挺、刘伯承等率第二十军和第二十四师，从地处粤闽边境的大埔乘船，经韩江顺流而下，直奔潮汕；朱德率领第二十五师和教导团，共约4000人留守三河坝，以防敌军从梅县抄袭主力部队进军潮汕的后路。

这一计划，看起来攻守兼备，其实违反了集中优势兵力作战的原则。平心而论，此时，无论会打大仗的朱德，抑或勇敢善战的叶挺、贺龙，足智多谋的周恩来、刘伯承，军事经验和指挥艺术，都未到炉火纯青、鬼斧神工，他们还需要锤炼、砥砺。

分兵后，朱德率军来到三河坝，这是一个位于三江口的大镇子，从北面飞流直下的汀江同从西南面奔腾而来的梅江在这里汇合后，向南汇入水深流急的韩江。在三河坝对岸有一座80多米高的笔枝尾山，状如鱼尾，山势险要，松林茂密，群峰叠嶂，可攻可守，大有一山镇三江之势，是兵家必争之地。

第二十五师，就是聂荣臻从马回岭拉来的那支部队，战斗力为起义军各部之冠。朱德背着小斗笠，一身短打，将部队沿三河坝对岸的笔枝尾山、龙虎坑、下村一线铺开，静候钱大钧来犯。

10月1日凌晨，战斗打响，从此，枪声就没有停歇过，整整三天三夜，三江江面血花翻滚，下游两岸居民不敢用江中水，从上游漂下来的死尸连成串，惨不忍睹。

猛虎难对群狼。朱德知道，饶是起义军再善战，总有筋疲力尽之时，不像钱大钧有恃无恐，后续部队源源不断。10月3日，夜晚的月亮刚刚升上树梢，朱德盘算，已经在这里打了三天三夜了，掩护主力进军潮汕的任务已经完成，于是手一挥，乘夜幕悄悄撤出了阵地。

一路上，朱德有说有笑，神情开朗，当晚宿营饶平以北的茂芝。周士第一边擦手枪，一边和朱德闲聊，估计周恩来、叶挺已在潮汕站住脚，形势还大有可为。

第二天拂晓，朱德刚刚起身，已听到门外一阵喧哗。出来一看，二十军教导团参谋长周邦采衣衫褴褛地站在他面前，身后还有200余人，也都是一样的狼狈，一样的垂头丧气。

"你们不在潮汕来这里干什么？"朱德浑身发冷，尽管他已猜出发生了什么事，仍忍不住要证实。

周邦采悲痛至极，呜呜咽咽说不出话来。

一个瘦削精悍的人从后面挤过来，一语如晴天霹雳：

"潮汕失败，部队打散了！"

朱德反而镇定了下来，"泰山崩于前而色不变"，这是一个名将应该具备的素质。他看了看面前说话的人，对方那清湛的眼神依然充满着自信，精神饱满得丝毫不像刚刚受过重大挫折。

"你叫什么名字？"朱德留心起来。"这是个可造之才。"他在心里下着判断。

"粟裕。"对方响亮地回答。

这是一颗尚未展露辉煌的将星。

果然如周恩来、叶挺所料，潮汕守敌并未作认真抵抗，起义军兵不血刃地进了城。但想象中来自海上的国际援助并未出现，由陈济棠第十一师、徐景唐第十三师、薛岳新编第二师编成的"东路军"却已开到附近，黄绍竑的部队也在侧面虎视眈眈。

起义军在潮汕休整三天后，决定西进迎敌，但在行前又将二十军第三师留下来警备潮汕。这样经过三河坝和潮汕两次分兵之后，西进的主力就只剩下了二十四师和二十军一、二两个师，总共只有6000余人。

叶挺毫无惧色。当年北伐，他带着独立团担任左路先锋，敌我兵力悬殊比今日尤甚，还不是势如破竹，如入无人之境，因此，他要主动寻找战机。忽然有人报来，薛岳所部1000余人正在汤坑一带活动，叶挺眉头一扬，嘴里蹦出三个字："吃掉他！"

这一仗打得稍显莽撞。9月27日下午1时，先锋二十四师某部首先接敌，小有斩获，至3时，大部队跟进，随即向敌人主阵地竹竿山进攻。

仗一打响，叶挺就感到情况不对。那连成片的枪炮声表明对方不仅千余人，薛岳的新二师悉数在此。但起义军面对兵力与己相似之敌，依然想生吞活剥，二十四师居左，第一师居右，像两把铁钳，伸向敌军腹地。

二十四师沿一条狭谷向前进攻，"猛虎营长"廖快虎一马当先，第一道防线轻松闯过，追出半里路后，进入敌人二线阵地时，压力顿时沉重。

在国民党高级将领中，薛岳是少见的出色。他和叶挺相当熟悉，有同乡之情、同窗之谊，还一同在孙中山警卫团共过事，担任的都是营长之职，彼此间作战的风格、特点了如指掌。薛岳知道，叶挺作战，一向锐利，冲击性极强，因此排兵布阵时，就有意识加强纵深配备，准备和叶挺拼毅力、拼韧劲、拼消耗。果然起义军攻击部队进入纵深后，立即感觉到了这种反弹，大队敌兵从阵中突出，疯狂反扑，起义军反而露出了怯战之意。

廖快虎大吼一声，用脚在地下划一道线："革命军有进无退，谁退过此线，就不配做'铁军'的兵！"

叶挺在北伐时创下的英名具有一种无形的力量，让人心雄胆壮，让人自尊自信。

廖快虎的表现惊天地，泣鬼神。敌人发现他是个当官的，集中火力向他射击。他中弹倒地后，传令兵要背他下阵地，他一把推开："我就在这里指挥！"

夕阳下，廖快虎端坐于地，浑身上下已被鲜血浸透，犹如一尊战神，待冲过敌人阵地，战士们接应他时，发现营长已瞑目多时了。

薛岳的防线一道又一道，打到半夜，部队还在半山腰。叶挺焦躁起来，求胜心切，由二十四师组织一个突击队，在二十军机枪火炮策应下，趁夜深出去摸营，准备得手后以点火为号，召唤后继部队一举占领敌军阵地。

伏在山顶的薛岳嘴角撇出一丝冷笑。当年北伐，大战汀泗桥，叶挺就曾偷袭得手，他何曾不记得，因此早有防范。当起义军刚刚摸上山顶，只听一声号炮，伏兵四起，起义军苦战得退，回头检点兵马，三停已去了两停。

从未吃过败仗的叶挺哪能咽下这口气，挽起袖子要亲自冲阵，贺龙一把拉过。贺龙为人虽粗犷却不莽撞，早年的那段经历使他看惯了战场上的胜胜负负。他劝着叶挺道，就算打下竹竿山，也吃不了薛岳，何苦争这口闲气，保存实力要紧。

部队终于撤出了战斗,薛岳也慑于叶挺威名,不敢放肆追击,汤坑之战遂告结束。这是起义军南下以来的第一场败仗,士气大受影响,战士们一边哭一边向东撤,6000人的队伍只剩下4000人,昨天朝夕与共、并肩作战之同志,今天生死两途,九泉相隔,怎不令人悲痛。

祸不单行。汤坑激战之时,黄绍竑又趁火打劫,绕道插入起义军后背,在30日突然沿韩江西岸向潮州发起攻击。留守潮汕的部队大多是新参军缺乏训练的学生,约1000余人,怎敌得过黄绍竑的九千虎狼之兵,黄昏时,忍痛撤出潮州。

潮州一失,汕头自然不保,新任的中共广东省委书记张太雷奉中央之命,匆匆经香港赶来汕头,传达"八七"会议的精神,要求取消起义军原来所用的"国民党革命委员会"的名义,改为苏维埃,起义军也改组为工农红军。"共产党从此不再假他人旗帜了",张太雷意气风发,神采飞扬,他要李立三、张国焘、谭平山等离开部队,一切事宜由周恩来负责处理,将军队开赴海陆丰。

周恩来苦笑一下,现在局势已急转直下,张太雷所布置的,大多已来不及执行,汕头已是人心惶惶,一夕三惊,张太雷一走,部队和机关就跟着撤到了流沙。

在流沙,召开了一次决策性的会议,开会的地点按郭沫若的记忆是在一座天后庙。解放后,他专程重返旧地考察,承认记忆的错误,那里原是一座教堂,会议是在教堂一间细长的侧厅召开的。

叶挺、贺龙带着部队也撤到了流沙,周恩来脸色铁青,他正在发着疟疾,高烧达40摄氏度。谈话时,有一种遮掩不住的倦色。

"……仗打败了,这是必须正视的现实,要有作长期斗争的准备,武装人员收集整顿,撤向海陆丰,非武装人员愿留则留,不愿留则散,可向海口撤退,再分头赴香港或上海。希夷,你有什么意见?"

病中的周恩来,依然观察到叶挺在他讲话时表现出一种不快,所以他打住话,专门征求一下意见。

叶挺还沉浸在汤坑失败的痛苦中。他是位堂堂的军人,看重的是战场上决胜负、定高下,而周恩来刚才所言,是不符合他的性格的,但又无可奈何。所以负气言道:"到了今天,只好如此,还有什么好说。"

贺龙也站起来:"这就算散啦?我心不甘,我要干到底,让我回湘西,我要卷土重来！"

周恩来嘴唇动动，刚想开口，已有人冲进来报告："敌人进村了！"

"走！"说完这句话，周恩来已觉得天旋地转……

震撼中外的南昌起义画上了句号。

■ 血浸花城

领导广州起义时的叶挺

枪声一响，叶挺、贺龙最先拔出枪，聂荣臻则抢先一步扶住了病体沉沉的周恩来。

"不要管我，先冲出去。"周恩来推开聂荣臻。

叶挺的二十四师毕竟是一支训练有素的正规军，已经自发地占据了有利地形，掩护机关和部队撤离。

周恩来皱紧眉头，非战斗人员队伍太庞杂了，仅机关人马就超过一个营。他心一急，眼睛一黑，恍恍惚惚听到聂荣臻在大声喊："担架……"

追兵渐近，天色渐晚。叶挺最初还能不离周恩来担架左右，认定海陆丰方向冲杀，战至半夜，身边人马渐渐稀疏，官不见兵，兵不见将，部队已被冲散，叶挺惊出一身冷汗，围在周恩来身边的几个人，除了他有一把小手枪外，其余皆赤手空拳，连自卫的能力也没有。

幸亏半道上遇到了地方党的负责人杨石魂，他们在附近的小村子隐蔽一下，找来一副担架，把周恩来抬上，转移到陆丰的甲子港，找来一条小船，把他们送出了海。聂荣臻后来回忆说：

那条船，实在太小，真是一叶扁舟。我们四个人——恩来、叶挺、我和杨石魂，再加上船工，把小船挤得满满的。

我们把恩来安排在舱里躺下，舱里再也挤不下第二个人。我们三人和那位船工只好挤在舱面上。船太小，舱面没有多大地方，风浪又大，小船摇晃得厉害，站不稳，很容易被晃到海里去。这段行程相当艰难，在茫茫大海中颠簸搏斗了两天一夜，好不容易才到了香港。到香港后，杨石魂同志与省委取得了联系，把恩来同志安置下来治病以后，他就走了。

聂荣臻不久也有了新的任务，还是干他的老本行，去广东省委军委主持工作。

叶挺也走了，经过党组织批准，搭船到澳门，还家探亲。叶挺和妻子李秀文感情甚笃，这年7月中旬从武汉分手时，打量着身怀六甲的妻子，一向严肃的叶挺为了轻松情绪，开玩笑地逗了一句："为我生个小革命家。"

会昌之战时，叶挺第一个男孩福龙在上海出生，叶挺一则喜，一则忧。初得麟儿，那一份喜悦自不必言，但同时又听说李秀文因是"叛将"眷属，在上海待不住，也不敢回到广州母亲家里，只好带着未满月的孩子躲到澳门。

叶挺回到澳门家中，一股浓烈的生活气息扑面而来，戎马倥偬，三十得子，劫后余生，这一份天伦之乐更显得珍贵和温馨。李秀文不解，沉浸在欢悦中的叶挺为何常常莫名其妙地愁从心来，扼腕长叹。

叶挺是只鹰，家庭束缚不了他的翅膀。

他记起张太雷在汕头时说过的话，张太雷说，南昌失败了，还要在广东干起来。叶挺想知道，张太雷究竟兑现了他的诺言否？

张太雷不是那种只停留在理论上的人，此时，他正把草拟的那份有关广州起义的《中共对广东工作计划决议案》提交给在上海的中共中央临时政治局，这一天是1927年11月16日。

临时政治局很快通过了张太雷的方案，发动广州起义的时机成熟得像快要落地的果子，已经不等人了。

南昌起义爆发后，张发奎以消灭起义军为由，回师广东，明眼人看得很清楚，他是来抢地盘的。在广州的李济深因为第四军本来就属粤军，张发奎又是他的老部下，于是给了张发奎部一笔开拔费，划出北江地区为张发奎部的驻地；接着，张发奎部猛将黄琪翔率第四军到达韶州，汪精卫的左膀右臂陈公博也从上海到达香港转广东,大有鸠占鹊巢之势,李济深本人也有引狼入室之虞。

汪精卫却拍着李济深的肩膀,安慰说,现在要求蒋汪合作的呼声很高,下野后的蒋介石从日本来讯,表达重新携手的意思,一旦成功,他还是要回南京的,最近将要召开的国民党二届四次全体会议就是讨论这个问题。他邀请李济深一道先期赶赴上海,参加一个预备会,为今后正式会议打下基础。

汪精卫为人可恶、可憎就在此处,军阀本性,本来就是唯利是图,心狠手辣,大可像蒋介石那样翻脸无情,事后还能说出一句"量小非君子,无毒不丈夫"之类的格言,但汪精卫觉得这样太露骨,非要"犹抱琵琶半遮面",作羞羞答答态。且看陈公博一番令人喷饭的解释:

"我们为什么不在任潮(李济深字任潮)在粤时候动手呢?终觉得有点不好意思。实在当时的友谊,各人还愿意保存着,虽然政治意见不合,友谊还应好好地顾全;这或者是东方一种道德,而为主张彻底的人们所不了解。"

李济深前脚走,黄琪翔后脚就在广州发难。11月16日深夜,黄琪翔会同第五军军长李福林、新编第二师师长薛岳,指挥所部包围了黄绍竑在吉祥路的住宅,勒令桂军在广州的部队缴械。桂系在粤部队急忙向广西撤退,黄琪翔派兵分头追击。第二天,张发奎代理广州军委会主席。18日,以广州政治分会的名义,任命张发奎为广州军委会主席,顾孟余为广州政治分会主席,陈公博代理广东省主席,广东已成汪氏天下。李济深直到踏上上海的土地才知道中了汪精卫的"调虎离山之计",他愤怒地指着汪精卫的鼻子骂道:"以前有人说你虚伪,我尚不信,岂知你背友弃信,丝毫不在蒋介石之下!"

白崇禧也气得大拍桌子,嚷着要找上海白相人领袖杜月笙,准备绑汪精卫的票,以此赎回广东。

李宗仁面色沉重,汪精卫、张发奎不足虞,黄绍竑足智多谋,又拥有重兵,迟早能夺回广东,倒是要谨防共产党浑水摸鱼,趁火打劫。

黄花岗绿草如茵,张太雷一身西服,化装成游人模样,与叶剑英边走边谈,论证起义的可行性。

"教导团情况怎么样?"张太雷问,因为教导团是这次起义的绝对主力。

叶剑英神色中有一丝忧虑,这个团现在特别惹眼,它的前身是武汉中央军校,张发奎不止一次半开玩笑半认真地称之为"赤子赤孙"。它本来也是准备开往南昌加入起义军行列的,但因行动迟了一步,被张发奎截在九江。由于时任第四军参谋长叶剑英的庇护,该团的共产党秘密组织被完整地保存了下来,叶剑英也毛遂自荐当了教导团团长。对这个团,张发奎是既想利用,又不放心,南下至赣州时,再次下了这个团的枪,叶剑英找到黄琪翔,语气里有一种明显不满。

"用人不疑,疑人不用,张长官屡次下我们的枪,谁不寒心,倘若激成事变,悔之晚矣。"

黄琪翔满脸赔笑:"枪一定还,一定还。"他连声打着包票,但也没忘捎上一句,"这个团红帽子多,你得盯紧点。"黄琪翔的态度很认真。

因此,叶剑英的处境也很困难。

"现在,张发奎、黄琪翔对我也有怀疑,刚刚派来一个参谋长,叫朱勉芳。"

"朱勉芳,"张太雷沉吟着,问,"此人什么来历?"

"保定一期的,留过德,老行伍了,李云鹏同志找他谈过话,思想很反动,无法争取。"叶剑英换过一个话题,问,"叶挺什么时候到?我们这里太缺军事人才了。"

"有人建议,叶挺来广州的时间不宜过早,因为他是蒋介石通缉的要犯。"张太雷解释说。

叶挺已急不可耐,最近接到秘密通知,让他随时准备到广州去,担任工农红军总司令,负责指挥起义战斗。

他对日程的安排略有不满,运筹这样大的一次军事行动,哪里是一拿上手就能做好的,他对广州敌我情况都很生疏,现在却白白地干耗着,直到起义前一天,才被召到广州。做出这一提议的广州起义领导人也承认,这个建议是错误的,因为叶挺回来得太晚,许多工作来不及做,这对指挥这么大的武装行动十分不利。

10日早晨,叶挺身着西装,头戴礼帽,裹着风衣,从九龙尖沙嘴车站搭早班车赶往广州。刚走进候车室,迎面一人格外眼熟,定睛一看,正是大名鼎鼎的国民党元老胡汉民的堂弟胡毅生,两年前发生的刺杀廖仲恺一案的主要嫌疑人,案发后一直隐匿不见,若不是在这节骨眼上,叶挺肯定一把揪住,现在,只能眼睁睁看他溜走了。

中午过后,火车开过了广州东站,省委常委杨殷和市委工委书记、工人赤卫队总指挥周文雍,带着几个精干的赤卫队员来接叶挺,在他们的掩护下,叶挺坐上卡车,离开了车站。

"起义什么时候发动?"这是叶挺的第一句话。

"明天。"杨殷吐了两个字。

叶挺大惊,他已毫无准备时间。

"刚刚得到消息,汪精卫在上海已经听到风声,提醒张发奎警惕,现在正紧急召回在前线作战的黄琪翔,还打算解决教导团,我们不能再等了。"杨殷锁着眉头解释道。

"时间虽然匆忙了点,但能打敌人个措手不及,我们在广州的力量是占优势的,除了有教导团,张发奎的警卫团团长也是我的人,叫梁秉枢,工人赤卫队也统一编为七个联队,张发奎有什么?一个炮兵团,一个警卫营而已。"周文雍安慰着叶挺。

诚如叶挺所言,时间紧迫了点,他只来得及浏览了一下起义计划,和一部分起义领导人临阵磨枪开个讨论会,就匆匆被推到了阵前。

朱勉芳被敲门声惊醒时,看了一眼墙上的挂钟,正是11日凌晨两点,他的生命已经到了尽头。几个教导团的学员把他拖到门外,不由分说,几刺刀捅下去,朱勉芳只有出的气,没有进的气了。

与此同时,教导团已全部集中到操场,披挂整齐。在李云鹏带领下,张太雷、恽代英、叶挺来到队伍面前。

这几位大革命时代风云人物一出现,谁都知道要发生什么事,没有鼓掌,没有喧哗,张太雷作完一番简短的战前动员,用手向后一指:"请你们的党代表恽代英说几句话。"

温文儒雅的恽代英在教导团威信极高,这份威信从他在黄埔军校做政治教官时就开始确立,一直延续到武汉军校,可说是教导团官兵的老首长了,他说:

"我离开你们参加南昌起义,好几个月了,很想念你们。我知道你们现在的心情,在赣南、在九江,张发奎两次下了你们的枪,这回我们不缴枪了,要暴动、要报仇,要去下所有敌人的枪!"他回过身来,把叶挺推上前,"这是铁军叶挺,我们起义部队工农红军总司令,由他指挥起义。"

起义最初进展顺利,东校场枪声一响,梁秉枢就在天字码头发难,潜伏在市内各地的工人赤卫队闻风而动,挥舞着刀枪棍棒,攻向各个指定地点。

叶挺率队直扑驻扎在燕塘一带的敌炮兵团,只打了十几分钟,有人高吼一声:"铁军叶挺在此。"

炮兵团立刻有人响应:"奶奶个熊,怎么不早说,交枪喽。"

张太雷、叶剑英、周文雍负责攻打公安局、石围塘火车站,虽然颇费周折,但都在天亮前结束了战斗。

只剩下长堤的第四军军部,像一面旗帜代表在广州的国民党力量。天亮后,当珠江江面上"宝璧"舰、"大江"舰挂起"张"字旗号,开枪开炮策应援助四军军部的时候,叶挺心里猛喝一声:"糟糕!"

他想到了起义部署上的一个重大漏洞,就是只注意解除敌人武装,却忽略了捕捉敌人首领,张发奎、黄琪翔、陈公博、朱日晖(广州市公安局局长)俱都安然无恙,他们马上就会腾出手来反扑。

所以,在当日晚上的军事讨论会上,叶挺提出了一个惊人的建议——"撤退!"

"你说什么?"张太雷以为听错了。

"撤退,越快越好。"叶挺肯定地回答。

"起义计划中没有'退却'二字。"共产国际代表诺伊曼擂响了桌子,他责备叶挺主张撤出城市,转入农村,是军事上的无能、政治上的动摇,是想当土匪流寇。

叶剑英却同意叶挺的意见,广州起义已经受到中外舆论注意,达到了目的,由于敌人首脑人物外逃,西江、东江、北江的敌人必定很快回师广州;滞留下来,将会有四面受敌的危险。他拉了拉张太雷的衣角,提醒说:"希夷的主张有道理。"

说实话,张太雷对两叶的意见不敢苟同。他很有才华,威望也高,但是,他没有带兵打仗的经验,很少从军事角度考虑问题,广州起义倾注了他的心血,视之如身上的骨肉,所以希望它成功,进而扭转全国的形势,因此诺伊曼的主张反而合他心意。

会议开了几个钟头,诺伊曼拍板定议:第二天早晨重新进攻四军军部,肃清长堤之敌,向珠江南岸进军。

起义军错过了最佳撤退时机。

自12日午起,多路敌军已云集至广州,开始反扑,首先攻占观音山,接着顺山边渗入市区,广州城已是人心惶惶。

张太雷依然神色自若,赶到丰宁路西瓜园,出席广东各界拥护苏维埃群众大会。这时,战斗已经在城内展开,流弹飞进了会场,张太雷镇定如常,发表演说,宣读苏维埃政府施政纲领,主持通过各项公告和电文,一切仍按部就班,有条不紊。书生似的张太雷,那一身的勇气确实令人佩服。

会议散后,张太雷乘汽车返回起义军指挥部,行至大北路口,与突进城里的敌兵遭遇,在枪战中负伤牺牲,时年仅29岁。

仗已经不能打下去了,黄昏时分,叶挺登上财政厅大楼,只见北边大队的敌人从观音山蜂拥而下,正向市内涌进;长堤和东西市郊炮火连天,敌我之间已进入巷战,除了李云鹏的教导团、梁秉枢的警卫团尚堪一战,临时组织起来的工人赤卫队在与正规军的较量中表现出了散漫、莽撞、经验不足等弱点。叶挺听许多带队的人抱怨,仗打得正吃紧时,队伍突然一哄而散,拦住他们问干什么,一个个回答振振有词,理直气壮:"回家,吃饭时间到了。"

真是让人哭笑不得。没经过严格训练的工农武装只是块璞玉,尚需一个精雕细刻的过程。

叶挺终于发出了撤退的命令。

花城成了血海,张发奎杀红了眼。八一南昌起义,共产党把他的老底子弄走了一半,现在又差点端了他最后一块立足之地。汪精卫也咬牙切齿,痛心疾首:

"……我们要自请处分,本席就要预备向第四次中央执行委员会议请求处分。为什么容共政策到发现了第三国际给鲍罗廷、鲁伊的命令,还不把他们一个个抓来枪毙?现在事实已经大变了,共产党已经明目张胆地做了我们的敌人,和我们开战,再有谁说优容,谁就是叛徒。"

仅仅几天里,枪杀、活埋、火烧、水溺,各种手段无所不为,被残害的起义军官兵有五六千之数,广州城里尸体为塞,阴风惨号,让人目不忍睹。公安局长朱日晖拿出屠夫手段,大声命令手下:"只有错杀,没有错放!"

有了这道命令,草菅人命就成了平常事。街头巷尾,船里车里,随时有人被五花大绑捆走,监狱里人满为患,隔几天就要"清监"。朱日晖指认共产党的方法有一绝,他让狱犯排成一长溜报数,单数在左,双数在右,然后凭他一时喜怒,或者单数死,或者双数亡,然后再补充一排,再排队,再报数。有一位裁缝命大,连续五次报号,都躲过了,但第六次他疯了,实在吃不消这种残酷的精神压力,朱日晖还是没有放过他,拖到刑场,一枪了结了他的性命。

起义从胜利到失败,竟然来得如此之快,所付出的代价,竟是这样高昂,让人遗憾,让人悲痛。随之演变为怨恨和不满,特别是一些赤卫队骨干情绪很激动,夸大起义组织工作的某些错误,把当时在敌强我弱的条件下,从根本上讲不可能取得完全成功的这次失败,都说成是起义领导人无能所造成,群起而攻,大兴问罪之师。

李立三来到香港,一开口就责备广州起义领导人知识分子气味十足,说广州起义是"知识分子"把持领导机关。他还通过一个惩办主义的《省委对于广东暴动决议案》,宣布对领导起义的九位党的高级干部,给予严厉处分。九名受处分人当中,叶挺位列第七,罪名是:叶挺同志任红军总司令职务,表现消极,应予留党察看六个月的处分。

叶挺心灰意冷至极,什么"表现消极",这是"莫须有"嘛。心高气傲的叶挺不能忍受这样编派,1928年,买桴于海,扬帆远走,幻想着把这大千世界的诸般烦恼,暂时抛诸脑后。当叶挺重新踏进国门,已是1932年秋天的事了。

在上海的中共中央不同意李立三把广州起义说得一无是处,仍然肯定这次起义是一个创举,譬如说,在广州升起的旗帜,是镰斧交叉的红旗,不再沿用国民党军队的番号,而创立了工农红军的名称。这次起义的历史意义和国际意义都是不能忽视的。

　　李立三接到中央的指示后,竟然头一甩,指为"不符合事实",又作出一个批判中央指示的决议,并派代表到上海,要中央按照他的意见作出修改。中共中央鉴于李立三坚持错误,于1928年1月18日、25日和26日,连续发出两封长信和一个通告,取消广东省委的决议,调李立三返回上海,另派江苏省委书记邓中夏前来贯彻决议,这才把错误纠正过来。

第二章

无悔上井冈

■ 宁愿"落草",不留中央

结束了"八七"会议,毛泽东打点起行装,作为中央特派员,即将前往湖南领导和发动那里的秋收暴动。

盛暑之中的武汉,成了地地道道的大火炉,毛泽东抹了一把汗,燃起一根烟卷,席地而坐。乘着这段空隙,他需要整理一下思路,消化和理解会议的精神。

这次会议的火药味很浓,针对蒋介石、汪精卫相继背叛革命,陈独秀"右倾"错误政策,以及共产党人惨遭屠杀、血流成河的严峻现实,与会代表的情绪都很激动。

共产国际代表罗明纳兹处于亢奋状,他让张国焘去九江、南昌制止南昌暴动,谁知连张本人也随着起义部队一去不复返。他并不在乎此事正确与否,只是感到尊严受到了冒犯,所以这两天见谁都鼻子不是鼻子,眼睛不是眼睛。现在,又借着前一阶段共产党所犯的错误大发雷霆。

"中国共产党的指导错得太远了。不召集此会来纠正,则CP将不成为CP了。"这句话说得并不夸张,在

青年时期的毛泽东

陈独秀及共产国际领导下,中国共产党正处于极度的危难之中,再不改弦易辙,来一个大的转变,则连容身之地也困难了。

毛泽东的发言也很尖锐,大革命的失败,让他痛心疾首。一片大好的革命形势,他所领导的红红火火的湖南农民运动,曾经是那样的汹涌澎湃,许克祥居然仅用一个团的兵力,一个夜晚的工夫,就把共产党全部打入了地下,所有的一切都成了昙花一现,这个教训不可谓不深刻,不可谓不刻骨铭心。他开始认识到了抓枪杆子的重要性。要想改革梨子,就必须先尝尝梨子的滋味;要抓枪杆子,就必须亲自领导农民真刀真枪干一番,不要做那好龙的叶公,见不得真家伙。

一阵踢踢踏踏的脚步声,身着一袭云青色衫裤的瞿秋白从隔壁走了进来,这位刚刚当选的临时中央政治局委员、实际上的负责人更像书斋里的一位学者,他的身子看上去太单薄,肩膀太瘦削,让人担忧他能否担得起这副重任。

确实,在中国共产党生死存亡之际,选举瞿秋白担任总负责人,是否合适尚是个疑问,他自己本人也缺乏信心,自谓是个"历史的误会"。他知道自己的弱点,书生气太重,他浓厚的诗人气质,他的某些带有学院色彩的理论研究,再加上他缺乏只有经常深入工农群众运动才能获得的实践经验,使他担任领导职务,特别是领导具有特殊国情的中国革命,是力不从心的。

但是,瞿秋白走上中共最高领导岗位又是当时时势使然,由于陈独秀的右倾、软弱,轰轰烈烈的大革命被断送,这是当时中共最痛心的事。所以,反对和清算党内右倾错误,成为最迫切的任务。瞿秋白的水平、资历、声望俱佳,特别是前一阶段和"老头子"唇枪舌剑,顶得厉害,他的夫人杨之华回忆说:"独秀怕革命,阻止土地革命,我们与他争论,每次开会总是闹了一顿散场。"

一介书生的瞿秋白立场非常坚定,他是提倡独立的工农阶级斗争的,"老实不客气地说我们要包办国民党的国民革命"。他的意气风发,他的当仁不让,那种中国革命舍共产党其谁的气概,赢得了大家一致推崇,在当时,可说是众望所归。

瞿秋白是来为毛泽东送行的,其实他也只能到此止步,此时的汉口已是一片血腥。几天前,参加会议的代表自从跨进三教街41号(现为鄱阳路139号)这幢灰色的三层楼公寓,就一概不准出入,负责会务的中共中央秘书处负责人邓希贤(邓小平学名希贤)执行纪律严格得很。

拉着毛泽东的手,瞿秋白有点恋恋不舍:"润之(毛泽东字润之)兄,新的临时中央百废待举,担子沉重,很希望能借重你的大才,辅助中枢。"瞿秋白十分诚恳。

毛泽东也有点感动,他对瞿秋白特别尊敬,当年他搞农民运动,赞成的人不多,反对的人不少,瞿秋白则是他在党内最有力的支持者。他写的那篇《湖南农民运动考察报告》,刚于1927年3月5日在中共湖南省委机关刊物《战士》周报刊出一部分,立即引来人言纷纷,文章也被中途腰斩。是瞿秋白力排众议,在共产党办的长江书店出了单行本,这让毛泽东由衷地感激,隐隐生出了一种知音之感。

瞿秋白好事做到底,他还为毛泽东这篇文章写了热情洋溢的序言,在文章的结尾处这样写道:

"中国革命家都要代表三万万农民说话做事,到前线去奋斗,毛泽东不过开始罢了。中国的革命者个个都应当读一读毛泽东这本书,和读彭湃的《海丰农民运动》一样。"

忆及往事,毛泽东心头滚烫,但是瞿秋白的提议非他所愿,这是勉强不得的事。他抱歉地告诉对方:他更情愿深入到基层,上山滨湖,跟绿林中人交朋友,有机会拉起一支队伍来。

瞿秋白半是失望半是欣慰,中共目前最需要的就是这种实干主义者。

离开汉口,进入湘境,扑面而来的腥风血雨让人毛骨悚然。曾几何时,这位湖南农民运动的领导者在这方热土上是何等意气风发,昂首阔步。如今却破帽遮颜,避人耳目。当地地方武装挨户团的绳索上,捆着一串串农民运动的骨干,"宁可错杀三千,不可放掉一人"。三湘大地浸泡在血泊之中。

毛泽东也未躲过这一劫,作为中央特派员,他接受湖南省委委托来到湘东赣西发动群众组织起义军。先是在张家湾主持召开了军事会议,随后又改编了工农革命军,这两天,正忙于奔走浏阳、安源发动当地矿工组建武装。当一队团丁将他围在张家坊附近的一条土路上时,他猛抬头,心中一冷,知道陷入了绝境。

尽管没有慌张,尽管对答如流,毛泽东还是露出了破绽。前国民党中央宣传部长,现任中国共产党政治局候补委员,未来的共和国最高领袖,毕竟气度不凡,挨户团尽管肉眼凡胎,但面对眼前站着的这个人,他们却有把握说他绝不是普通的农民,这点怀疑也就足够让毛泽东送命了。

毛泽东的鞋子被脱了下来,按浏阳民间迷信的说法,处死犯人前,要取走犯人的鞋子,将来被打入地狱的鬼魂便不能追寻复仇了。毛泽东是当地人,知道这意味着什么。

除掉鞋子的毛泽东离死亡只有一步之遥了。

望着西坠的太阳,毛泽东的腿灌了铅似的沉重,他清醒地意识到,他的每一步都缩短了与死亡的距离。团丁的枪顶在他的身后,一个小头目模样的人盯着他一步不离,望着毛泽东的手伸向腰间,他立即警惕地扑了上来。

毛泽东摸出的是一把银元,他后来回忆说:

"我身藏从一个同志那里借的几十块钱,情急之下只好以贿赂押送的人释放我,普通的士兵都是雇佣兵,枪毙我对他们没有好处。"熟悉中国国情的毛泽东判断十分准确,这一把银元让所有押送的团丁露出了贪婪的神情。

毛泽东终于寻到了脱身的机会,那把银元让团丁的警惕熔化在发一笔小财的喜悦中。他瞅了一个空子,猛然一跃,蹿出了土路,往田野里跑去。

"我跑到了个高地,下面是一个水塘,周围长了很高的草,我在那里躲到日落。士兵们在追踪我,还强迫一些农民帮助他们搜寻。有好多次他们走得很近,有一两次我几乎可以用手接触到他们。尽管有五六次我已经放弃任何希望,可是不知怎么地我没有被他们发现。最后,天近黄昏了,他们放弃了搜寻。"毛泽东九年后在陕北保安很细致地描述了他当年死里逃生的具体情节和当时的心态,听得人屏息敛神,口中啧啧。

躲过死神的毛泽东遇上了一位打柴的农民,农民得知这位落难的高个子青年就是大名鼎鼎的农民协会领袖,立即伸出援助之手,护送毛泽东离开了险境。

大难不死的毛泽东是否吉人天相,福星高照?有人作了很令人回味的分析,这乃是因为毛泽东对湖南农民及农民运动的了如指掌和特殊感情,才有打柴农民与他一见如故,鼎力相助。

■ 神来之笔——文家市分兵

根据湖南省委决定,毛泽东担任负责秋收起义的前敌委员会书记,卢德铭为总指挥,集结在修水、铜鼓、安源的警卫团,各乡农民自卫军、工人纠察队统一编为工农革命第一军第一师,余洒度任师长,余贲民任副师长,下辖三个团,第一团由修水的警卫团、平江农民自卫军组成,钟文璋任团长;第二团以安源煤矿工人纠察队为骨干,吸收萍乡、醴陵、安福、莲花的农民自卫军组成,王新亚任团长;第三团以浏阳工农义勇队为主,吸收铜鼓农民自卫军组成,苏先俊任团长,潘心源任党代表。

毛泽东清了清嗓子,以桌为纸,以水代墨,以指作笔,边画边说。这次起义目标是进攻长沙,湘潭、醴陵、浏阳、平江、岳阳、宁乡、安源七个县同时发动,一团从修水出发,经平江,攻长沙;二团经萍乡、老关,向长沙逼进,形成包围圈;三团从铜鼓出发,夺取浏阳后,再向长沙进攻。三路部队打到长沙时,要与城内暴动指挥部取得联系,攻克长沙,起义时间定为9月9日,以六天为期,争取在长沙城下见面。

起义的进展颇不顺利,第一团兵出修水,刚刚走到长寿街,唐生智的一个团已当街拦住,双方立刻刀对刀、枪对枪交上了手。

打得正是激烈时,负责指挥战斗的卢德铭、余洒度突然感到已方阵营大乱,惊问其故,有战士报告说:"第四团团长邱国轩反水,从背后向一团开枪,一团遭前后夹击,损失惨重。"

余洒度跺脚骂道:"狗杂种邱国轩,搞的是假投降!"

卢德铭也埋怨自己,没把姓邱的底细摸清楚,只知道他是朱培德手下一个团长,起义开始时,带着八百部下投军,起义军兵力本来就缺乏,焉有不收之理,岂知却埋下了祸根。

卢、余连长沙城的影子尚未见到,就铩羽而归。

王新亚的第二团,开始颇有声势,攻萍乡未果,主动撤向火车站,抢了一辆空车,一路呼啸来到醴陵城下。从下午3时开始攻城,两小时后,王新亚已神气地出现在醴陵大街上。

第三天,攻克浏阳,王新亚摆开庆功宴,犒劳将士。翌日拂晓,敌将张国威率兵攻进浏阳,打了起义将士一个措手不及。王新亚梦中被枪声惊醒,好不容易逃出浏阳城,回头一望,第二团连原先的一半人马都不到,别说打长沙,连自保都困难。

第三团由毛泽东亲自指挥,情况也好不了多少。10日下白沙,11日占东门,也就到此止步了。唐生智二十四师师长杨刚乘夜摸营,打了起义军个冷不防,第三团苦战脱险,来到上坪。

这时的毛泽东,具体指挥作战的能力还是初学乍练,但他的大局感,已经是超群绝伦。他通知,所有起义部队向文家市集中,讨论下一步行动方案。

秋收起义的意义是毋庸置疑的,它同南昌起义、广州起义一样,揭开了中国共产党创建工农红军和领导土地革命战争新时期的序幕。

秋收起义的失败也是可以预料的。在当时形势下,它不可能有比南昌起义、广州起义更幸运的结果。问题的关键在于,如何保存这些革命的火种,让它重新形成燎原之势。这个意义并不亚于起义的本身。

毛泽东对中国革命的伟大贡献之一就在于他找到了一条正确的道路。起义部队三路受挫后,他没有气急败坏,没有怒火攻心,书生典兵,自有一番儒雅的风采。他的安详举止给周围人带来了镇定和理智。

1927年9月17日,起义爆发后的第八天,毛泽东果断建议湖南省委立即停止会攻长沙的计划,将部队驻在文家市。

9月19日,这是个值得纪念的日子。中国革命将从这一天起,开始一个伟大的战略转折,尽管它一开始显得那样平淡无奇,但在随后的历史中,却显示了其具有里程碑的意义。

傍晚,文家市里仁学校的一间教室,灯火摇曳,前委扩大会议正在这里召开。连日的征战失败,已让大多数与会者显得心浮气躁。

灯影下的毛泽东缓缓站了起来，必须拿出有效的办法制止这种军事上、心理上的崩溃。他有意识地放稳了语调，那口带有浓厚湘音的普通话极富磁性。他认为，首先要克服的是急躁情绪，要认清形势，现在革命正处于低潮，中国的阿芙诺号巡洋舰火力不够。他做了个夸张的手势：冬宫打不成了，就连长沙也不能打。

　　面对着一片反对声，毛泽东挥动着手臂，他很理解大家的心情：

　　"秋收暴动原计划要打长沙，大家都想进长沙，长沙好不好呢？长沙好，我也想去，但那里有花机关枪等着我们，还不是我们蹲的时候。我们可到敌人管不着或难管的地方去，上山滨湖，在那里找个落脚的地方，站稳脚跟再说。"

　　"那不是去做'山大王'吗？"模样英俊挺拔的余洒度站起来反对。

　　"当'山大王'有什么不好？"毛泽东直言不讳地堵了过去。他知道余洒度自视甚高，此人毕业于黄埔二期，在黄埔岛上有相当的知名度，影响极大的"血花剧社"、"青年军人联合会"，他都厕身其间，而且还是骨干分子，蒋介石对他也另眼相看。因此，当蒋决定成立"黄埔同学会"以控制黄埔学生时，专门指定余洒度和蒋先云、曾扩情等人为筹备员，这些都是他最得意、最欣赏的学生。尽管蒋先云、余洒度都是共产党员，蒋介石对他们的才华是不会漠视的，总想把他们收归己用。余洒度不赞成毛泽东的主张，钻山沟，做山大王，非所愿也！他幻想的是石破天惊的一举，一朝闻名而天下知的轰动效应。

　　但毛泽东的话却丝丝连环，扣紧了道理，让人难以反驳。"我们这个'山大王'，是特殊的'山大王'，是共产党领导的'山大王'，绝不是那种大碗喝酒、大块吃肉、论秤分金银的山大王，是代表人民利益的工农武装。"毛泽东眼睛盯紧了余洒度，"你们算一算，有哪一个朝代消灭过山大王，哪个皇帝真正统治过这些地方，没有！秦皇汉武也不能！一个普通的山大王他们都消灭不了，难道能消灭我们？我想蒋介石没这个本领。"精通历史的毛泽东滔滔雄辩。

　　回避着毛泽东咄咄逼人的目光，余洒度声音低了下来："做山大王，也得有个梁山泊啊。"

　　"梁山泊不是水浒中才有，我替大家找了一个，上井冈山，那就是我们这群英雄好汉的梁山泊。"毛泽东胸有成竹，他已经做过几次调查。王新亚对井冈山就十分熟悉，有一次聊天，王新亚眉飞色舞告诉他：

"好地方啊！好地方！方圆足有500里，是连绵起伏的罗霄山脉中段最高一座山峰，东临桐木岭，西接金狮面，南有荆竹山，北迄旗锣坳，大山遮天，老林蔽日，地势险恶峻峭，历史上就是绿林好汉藏身之所，土匪强盗出没之地。"

"听说那里现在还有土匪？"毛泽东问。

"有，一支驻茅坪，一支驻茨坪，听说其中一位叫袁文才，还是共产党，大概是个冒牌货。"王新亚谈兴很浓。

毛泽东听后怦然心动，今天在会上郑重地提出来，乃经过深思熟虑得出的想法。

"老毛的办法行得通。"总指挥卢德铭投了赞成票。连日的失利，已经到了不容有一点闪失的地步。原先的"取道浏阳，直攻长沙"的计划完全是纸上谈兵，一厢情愿，那是把部队往死亡路上领。他不满地瞅了一眼余洒度，知道这位老同学的用心，是贪恋大城市，贪恋博取功名。

卢德铭也是黄埔二期生，别的学员都是考进黄埔岛的，唯他是孙中山特批，这一点在当时颇引以为豪。卢德铭毅力过人，黄埔军校一期招生，他还在四川成都公学的书斋里，囊中羞涩的穷学生凑不足路费，于是千里之外长途跋涉，一双脚走得鲜血淋漓，尽管这样也还是误了考期。这样的结果自然让他不愿罢休，揣着同盟会员李筱亭的介绍信，找上了孙中山，无需再多的言语，他那双走烂的双脚已让孙中山十分感动，一纸便条将卢德铭破格送进了黄埔二期。毕业后，卢德铭、余洒度一起被分配到国民革命军第四军警卫团，南昌起义前夕，已分别是第二方面军总指挥部警卫团的团座和营座，再加上各地推荐而来的中共党员，无形之中，警卫团成了共产党掌握的武装。他们本来也准备参加起义的，只因途中延误，未赶上起义部队，于是转道湘鄂赣一带。这次毛泽东发动的秋收暴动，警卫团恰逢其会，成了绝对的主力，卢、余联袂指挥。对卢德铭，余洒度不敢随便放肆，他在军中的威望、他的持重，让余洒度有所约束而不致随心所欲。

有卢德铭的支持，毛泽东的意见占了上风，会议作出决定：向井冈山进军。中国革命由此跃上了一个新的台阶。

这一战略转变，在今天看来，似乎只是中国革命的必然进程，但这绝不像哥伦布在饭桌上竖起鸡蛋那么简单，这是奠基于毛泽东对中国社会的深刻了解。有人评论："毛泽东懂中国。"这一个"懂"字，真是入木三分。黄克诚就由衷佩服地说：

"毛泽东当时在政治上、军事上创造了一套路线、方针和政策，现在看来似乎很简单，但那时大家都没有经验，能搞出这么一套正确的东西非常困难呀！那时的党中央，包括六大以前和六大以后，就没能搞出这一套。毛泽东当时比我们确是高明好多倍。"

确实如此，囿于苏联十月革命的成功经验，囿于认识的狭隘，除了毛泽东之外，还没有一个共产党领导人能跳出这样的圈子。瞿秋白如此，李立三如此，包括正坐在克里姆林宫里指导着世界革命的斯大林也是如此。恰如一位外国评论家所言："为了完成俄国1917年伟大的十月社会主义革命，武装起义是从首都彼得格勒开始的，接着像导火索一样发展到其他地方。当时任何人，包括科学社会主义创始人自己，都不可能设想无产阶级革命会有其他的道路。"

毛泽东却做到了这一点。

余洒度尽管勉强行进在向井冈山进军的队伍中，但他的脚步是沉重的。

"妈的，革命革到了'占山为王'的份上。"他在心中骂道。当初加入共产党，可没想到要做"草头王"。

十月中旬，部队到达湘南霾县与桂东交界的水口村，余洒度再不愿向前迈一步了，借口向湖南省委、湖北省委汇报工作，就此扬长而去。

离开秋收起义部队后，余洒度于10月11日向党中央写了题为《警卫团及平浏自卫军合并原委参加此次两湖战役报告略书》，刊登在《中央政治通讯》第13期，这是我们目前研究秋收起义的重要文献资料。余洒度对革命的贡献也就此戛然而止。

待他在上海出现时，已经从组织上、思想上都脱离了中国共产党。余洒度最终还是重新归入了蒋介石的门下，他跟着他的黄埔校长干更利于出人头地，肩膀上也终于挂起了少将肩章。但蒋介石对这类"贰臣"总是隔着一层，防范于心的。1934年，时任国民党六十一军政训处少将处长的余洒度因走私和贩卖吗啡遭到检举，蒋介石新仇旧恨涌上心头，一纸手令要了余洒度的命。

卢德铭最后也未能踏上井冈山。9月23日，当部队前进到江西萍乡芦溪时，遭到国民党优势兵力的袭击，卢德铭亲率一连兵力断后阻击，不幸中弹牺牲。

秋收起义的三位主要负责人，毛泽东硕果仅存，天降大任于斯人，中国革命还需要他掌舵。

■ 义动袁、王

毛泽东欲在井冈山安营扎寨，有一个问题他回避不了，即如何处理袁文才、王佐那支农民自卫军。"一山不容二虎"，这种现象，在江湖上、在绿林中，表现得尤为突出。

有人干脆提议："吃掉他们。"

毛泽东说："说说你们的想法。"

"他们是土匪。"

"组织很乱，没有政策，没有纪律。"有人补充道。

"还有吗？"毛泽东燃起香烟。

"总之，他们是迹近土匪的武装，阶级路线不清，队伍成分复杂，军阀作风严重，官兵不平等，上下不一致，以恩仇为准则，胡来蛮干，破坏性极大……"

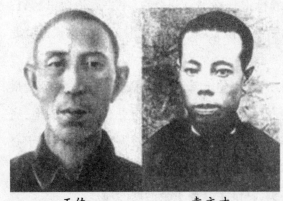

王佐　　　　袁文才

"好啊，我们的同志水平很高，已经看出了共产党队伍和一般武装的高下不同之处。"毛泽东轻轻拍了两下巴掌以示欣赏。

"能说出这么多道道来，很不简单，但是以上数条，说明的是我们应该改造这支队伍，而不是消灭他们。"毛泽东摇头否决了以上的意见，他反对道，"袁、王究竟是否反革命的武装？不是的。他们参加过大革命，受共产党的影响，否则队伍为什么取名农民自卫军。据说袁本人还是共产党员，部队成员也多是贫苦农民。他们是有弱点和错误，而且还不小，但同我们之间并没有根本矛盾。相反，却有着共同的政治基础和阶级利益。因此，对他们不能简单地采取消灭政策，而应该采取团结、教育和改造的政策。'海纳百川，有容乃大'，我们要有这个气量。"

大家默默无语，毛泽东接着谈下去：

"强龙还不压地头蛇呢，我们这么多条龙来到井冈山，不是争地盘、争山头的，而是要联合一切力量，与蒋介石斗一番。袁、王都是土生土长，地形熟悉，群众基础好，能把他们争取过来，对我们在边界建立根据地，和今后开展游击战争，都有不可忽视的作用。"毛泽东结束了他的谈话，心中已作出决定，必须尽快与袁、王取得联系。

几天后的一个傍晚，毛泽东写给袁文才、王佐的信已经送到这两位山大王手里。

宁冈的一座大宅院里，两只粗如儿臂的红烛当堂吐着火苗，一张八仙桌的对面，分坐着袁文才和王佐，后者是今天下午匆匆从茨坪赶来商量对策的。

端起一杯酒，袁文才很斯文地呷了一口。同粗豪的王佐相比，他甚至有几分清秀，也多了一点心计。他本来就是个读书人，曾在吉安读过初中，这在当时算得上高学历了。1923年，茅坪一带出现了"马刀队"，专门打家劫舍，闹得人心惶惶，大户人家避之唯恐不及。家境还称得上富裕的袁文才却主动靠了上去。他与当地劣豪谢冠南势不两立，却奈何不了对方，于是想着借马刀队报复一下仇人。袁文才的冒险没有收到预期的效果，反而被当地豪绅发现了，他的母亲因此命丧九泉，他本人遭到悬赏通缉。一怒之下，他干脆公开参加了马刀队，杀到了前台。他有文化，有计谋，很快就脱颖而出，成了马刀队的首领，劫富济贫，频繁活动于宁冈、永新一带，是让周边官府头痛的人物。

坐在他对面的王佐与袁文才同庚，就住在井冈山附近的小山村。王佐家境赤贫，遂拜井冈山绿林头目朱孔阳（绰号朱聋子）为师。这朱孔阳腹中有一点韬略，见王佐天资聪颖，私下里传授了几招，王佐心领神会，大山里的草莽平时就没什么文化，稍用心眼就能鹤立鸡群。第二年，王佐回到下庄，也拉起一支队伍，自立门户。青出于蓝而胜于蓝，后来反而吞了朱孔阳，并同袁文才相识，结为兄弟。从此各树一帜，一个山上，一个山下，遥相呼应，专同官府豪绅为敌，在当地闯出了万儿，这就引起了中共组织的注意。

1926年"宁冈暴动"，袁文才被邀参加活动，所部组成宁冈县农民自卫军，不久之后加入共产党。尽管他还不清楚入党的真正意义，但共产党打官府、打地主老财的举动他赞成，这也就是人们常说的朴素的阶级感情使然。

王佐也紧随袁文才，与遂川县农民协会取得了联系。1927年7月，袁、王两部根据中共指示，配合莲花、永新等县的农民自卫军，攻打永新县城，砸开了县大牢。大革命失败后，反动势力卷土重来，先后收缴了附近各县农民自卫军的枪，唯有袁、王两部不吃这一套，躲进了深山，各自保存了60多条枪继续活动在高山丛林之间。

自从得知毛泽东率领秋收起义队伍开向井冈山，袁文才的酒就喝得没有往日香了。上千人的外乡兵马，在自己的山头上安家落户，岂不是鸠占鹊巢，他甚至做好了长期对抗的准备，将队伍分散到茅坪步云山一带隐藏，以观动静。

毛泽东的信终于给了他一点安慰，信中的语词很客气，夸奖他讲义气，重承诺，能与农民群众站在一起。毛泽东希望袁、王二位能够理解他的举动，帮助他实现上山的愿望。

"照理说都在共产党里面，是一家兄弟，不应该拒绝，但毛泽东的来历不清楚，会不会进山后再把我们吞掉。"袁文才抖着信不无忧虑。

王佐一拍大腿："这还不容易，你的那位叫陈慕平的秘书，不是与毛泽东有师生关系吗？问问他。"

那位自称与毛泽东有师生关系的陈慕平，其实也就是曾在武昌农民运动讲习所听过毛泽东讲课，他竭力搜寻着印象，介绍毛泽东的特点。

"毛泽东志向远大，非一般人物可比。"他瞅了瞅袁、王一眼，知道他们的担心所在。

"恕我言重，区区井冈山，并不在毛泽东眼中，他是以天下为己任的。"陈慕平下面的话没有说，否则就有讥讽袁、王二人井底之蛙之嫌了。

袁文才看了王佐一眼,对方会意地点点头。

陈慕平自告奋勇地提出下山和毛泽东联系。

"行,再带上龙超清、龙国恩,毛泽东要是个人物,就请他上山。"袁文才喝干了杯中酒。

毛泽东热情地接待了陈慕平一行。与武昌农民运动讲习所时相比,毛泽东黑了许多,瘦了许多,但风采依旧,魅力依旧。随行的龙超清、龙国恩虽说在当地也属见过世面的人物,但何曾同毛泽东这等杰出的人才当面相酌,毛泽东的彬彬有礼、不耻下问、高瞻远瞩,早已征服了他们。

毛泽东与袁文才的会面安排在茅坪附近的大仓村,地点是袁亲自挑选的。江湖险恶,长期的绿林生活,养成了袁文才多疑的性格。他多留了一个心眼,以防毛泽东突然缴他的枪,在大仓村附近埋下一连伏兵,一旦情况有异,他就先下手为强。

10月6日,当第一抹阳光刚刚射进山坪,骑着马的毛泽东已进入了袁文才的视线,袁文才不由自主地一阵紧张,摸了摸腰间的手枪。

笑容可掬的毛泽东迎了上来,他远远地就跳下了马,招手致意,表示了对主人的尊敬。袁文才心中一阵羞臊,这等的气量,这等的襟怀,他自愧不如。

接风酒摆了上来,席间毛泽东更是挥洒自如。他以100支枪为见面礼,笑声朗朗言道:"我们不是水浒故事里的白衣秀士王伦,是共产党的人,赛过手足的亲兄弟,今后要并肩膀打反动派的。"

这类通俗的语言,正符合绿林闯荡惯了的袁文才和他手下那帮好汉的脾胃。他们都是热血男儿,大碗酒、大块肉刺激得豪兴飞扬。袁文才慷慨地拍起胸脯:"来而不往非礼也,袁某这儿也有1000块光洋给毛先生作军饷,部队需要的款子、粮食和建立医院的事,都包在袁某身上。"

对袁、王的部队,毛泽东也不是一味迁就、礼让,必须去其匪气,存其精华,将党代表制度引入其中,使其置于共产党的直接领导下。

何长工被分配到王佐队伍里担任党代表。临行前,他请示毛泽东:"去多少人?"

"又不是去打仗,要许多人干什么?"毛泽东知道何长工的顾虑,特别提醒他，"这些绿林好汉都特别讲面子，自尊心强，疑心重，和他们讲话既要讲策略，又要坦率，切切不能藏着掖着，让他们觉得你玩心眼。"

何长工暗自佩服，本是一介书生的毛泽东，对江湖人的心理也揣摩得这么透彻。

果然如毛泽东所料，王佐对何长工的到来表现得外热内冷，他害怕部队被化解于无形。接风宴上，他故作豪爽："何党代表就是我王佐的亲兄弟，他的命令就是我的命令，谁怠慢了客人，我王佐跟他白刀子进，红刀子出。"说完，一把雪亮的匕首插在桌面。

他又转过笑脸对何长工说："弟兄们粗鲁惯了，党代表初来乍到，不要多走动，以免发生意外。"

这弦外之音何长工如何听不出来，虽说他也是个读书人，还留学法国喝过洋墨水，但绝不迂腐，为人外圆内方，文武兼备，这一点毛泽东十分欣赏。与外界打交道的事，多让他出面，他也从来没让毛泽东失望。

何长工对王佐的话中话微微一笑，不置可否。他已打听到王佐是个孝子，对他的老娘百依百顺，心中早有了对策，决定从这方面试一试。

几天以后，何长工提着四色点心拜见了王母，将礼物和道理一起摆上了桌面。

"自古以来，干绿林的人有几个能得善终？或者被剿，或者互相残杀，最好的出路也不过'招安'，梁山泊一百零八将的下场唱本里都有。"

何长工的话通俗易懂，一句句往王母的心里钻。

王母的眼泪早流了下来，自从儿子干上了这营生，她哪天不是提心吊胆，以泪洗面。在传统的观念里，这是遭天谴，灭九族的啊！

"共产党则不同，她不是以占山为王为目的，也不仅仅劫富济贫。她要打江山，建立穷人天下，是王者之师。跟着这样的队伍干，才是最好的出路啊。"

王母连连点头："这位大哥的话在理。"她要好好地劝劝儿子。

何长工打开了工作的缺口，王佐终于放下了戒心，他心悦诚服地要求何长工放开手脚改造队伍，对有意见吐怨言者，他手指着其鼻子训道："没有规矩，不成方圆。不跟共产党走，没有出路，跟共产党走，就得上笼头，乱踢乱蹦，不服管教不行！"

深入到部队以后，何长工发现，袁、王并不像外界传说的那样凶悍、善战；能坚持下来，倒应该归功于他们"善跑"，打不赢就钻进深山，化整为零。战士们也亦农亦兵，有行动时才召集到一起。有一次他们和毛泽东带来的部队搞联欢、军事表演时，那凌乱的队伍、花拳绣腿的武功、差劲的枪法，实在让人目不忍睹。王佐还不服气，提出要比试一下。只有他这个做头领的，枪法、武功还能拿得出手。

何长工忍住笑："自家人不要较劲，要比，拿敌人试刀。山下有个反动民团，总指挥尹道一是你多年宿敌，就用他做靶子如何？"

王佐心里打鼓，这个尹道一兵强马壮，诡计多端，几年来一直追着他们。王佐自忖不是对手。

"我们助你一臂之力。"何长工笑眯眯地拍拍王佐的肩膀。

依照何长工的计策，王佐率一支小队下了山，来到尹道一民团防地，一通臭骂激得尹道一拔腿来追。他从不把王佐放在眼里，今天却敢来捋虎须，岂不是自寻死路。

王佐这次有恃无恐，骂一阵，打一阵，再跑一段，将近中午时，已将尹道一引到旗锣坳，一闪身，人马全部钻入了草丛。

轮到毛泽东的队伍大显身手了，埋伏的部队一跃而出。尹道一对付王佐绰绰有余，对付这支秋收起义的队伍就力不从心了。尤其是那支警卫团，地地道道的正规军改编而成，其中多数还经过北伐战争的洗礼，不知打过多少恶仗。如今，冲击这支民团武装，恰如虎入羊群，转瞬间，尹道一的民团已似落花流水，纷纷而溃。仓皇逃命间，一道寒光闪过，可怜尹道一尚不明白败于何人之手，已是身首异处了。

王佐踢着尹道一的尸体，骂道："你这个贼子，欺负老百姓多狠，欺负我王佐多狠，想不到也有今天！"他转过身，将大拇指竖到何长工面前："服了，服了，毛委员的人真有办法，我也要学你们那一套。"

从此，袁、王二部全力投入军事训练，袁部集中在茅坪附近的步云山，王部集中在大井，学队列、学刺杀、学射击、学战术战法。一个月后，毛泽东观看他们表演，乐哈哈地夸了一句："士别三日，当刮目相看喽。"

鉴于袁、王部队的改造工作取得明显效果，1928年2月中旬，袁、王部队在宁冈大陇改编为正规军队，加入了工农革命军，组成工农革命军第二团，部队多为井冈山子弟兵，守土抗敌，屡建功勋。如今，井冈山竖立的袁文才、王佐塑像，就是对他们功绩的表彰。

毛泽东也创造了中国共产党改造旧式武装的成功范例，有人将之称为"点石成金"，或者说是"化腐朽为神奇"。他本人倒很谦虚："我哪有那么大神通哟，我只是门开得比别人大一点。"这道敞开的大门，迎进了多少革命队伍，才创造了后来的奇迹。

■ 飞来横祸，毛泽东忍气吞声

秋收起义的队伍上了井冈山，设在上海的中共中央却炸了锅。自"八七"会议后，中国共产党的"左"倾情绪还在继续扩大，实行"红色恐怖"、"大杀豪绅地主"，此类口号非常流行，也非常有市场。例如湖南地区就有人提出烧光县城，江苏省委则要求家家户户都参加暴动，否则以反对革命纪律制裁。对此，瞿秋白并不完全赞成，但他又缺乏自信心，担心这是自己身上残余的资产阶级人性论在作祟，以致抵制不力，造成了这种现象的继续蔓延。对毛泽东转兵井冈山的行动，他是不赞成的，他的思维还跳不出苏联经验的框框。

"不在敌人的心脏扎上一刀，跑到山沟里折腾，那顶多是给蒋介石抓痒痒。"

"严重地讲，不打长沙，在组织上言，是违反党的指示；在性质上言，是一种逃跑主义。表现为对革命的缺乏信心，对敌人的胆怯退避。"

上述批评，不断在瞿秋白耳边聒噪，甚至有人提议要给毛泽东以一定的处分，以示惩戒。共产国际最近刚给中共中央下达指示，要下决心坚决地改造党，大胆地提拔、任用工农分子，因为他们具有彻底的革命性；要撤换一批知识分子的领导，这些人身上，往往存在着幼稚、狂热、不稳定，以及小布尔乔亚的情绪。

毛泽东显然属于共产国际批评的这类，当果断撤换。

瞿秋白自以为是地果断了一回。1927年11月9日至10日，在他的主持下，中共中央在上海召开了临时政治局扩大会议，会议接受了共产国际代表罗明纳兹的"左"倾观点，通过了《政治纪律决议案》，指责中共湖南省委领导的秋收起义是"完全违背了中央策略，变成了单纯的军事投机的失败，因而给予湖南省委全体成员的纪律处分，撤销毛泽东、彭公达、易礼容、夏明翰等人的湖南省委委员职务"。

临时中央的怒火并没有到此为止，他们着重敲打毛泽东，决议案继续写道：

"毛泽东同志作为'八七'紧急会议后中央派赴湖南改组省委执行中央秋暴政策的特派员，事实上为湖南省委的中心，湖南省委所作的错误，毛泽东应负严重的责任，应予开除中央临时政治局候补委员。"

客观评论，瞿秋白的错误，乃属于认识上的局限和对共产国际的盲从，对此，李维汉曾有公正的评述：

"秋白等人也实行了'八七'会议开始的一些'左'的错误，并逐渐发展到十一月扩大会议，而形成为政治上的盲动主义和组织上的惩办主义的严重错误……应当看到，以秋白为首的临时中央政治局所犯的'左'倾冒险主义，不同于因胜利骄傲起来的'左'倾冒险主义，更不同于篡党夺权的王明'左'倾冒险主义，因为我们是在执行'八七'会议总方针过程中所犯的错误。"

对瞿秋白的责任，李维汉也实事求是地作了分析：

"我们也应该承认，像一切杰出历史人物都有他的缺点一样，秋白同志也不是完美无缺的，他犯过'左'倾盲动主义的错误。但是……这不是他一个人的责任，也不是他一个人负主要责任，主要责任更在国际代表。况且，当时我党还不成熟，秋白还年轻，他主持中央工作期间只有二十八岁，犯错误的时间也只有短短的几个月，而且很快就改正了。他犯错误主要是认识问题。我认为秋白是一个正派人，他没有野心，能平等待人，愿听取不同意见，能团结同志，不搞宗派主义，事实上，临时中央政治局是一个五湖四海的班子。他的弱点是在接触实际中有点教条主义。临时中央政治局顺从国际代表，他有一定责任。"

瞿秋白这一次所犯的错误，使毛泽东差点失去了井冈山。站稳了脚跟的毛泽东开始了下一步的筹划，内抓建设，外抗强敌，以井冈山为中心，将革命的力量辐射至周边地区，形成一个有广阔空间的势力范围。宁冈、永新、莲花、万安、遂川、茶陵等地下党组织相继恢复了，红色独立团、工农暴动队、守卫队、游击队相继成立了，根据地众志成城，全民皆兵。用毛泽东的话说："边界的斗争，完全是军事的斗争，党和群众不得不一齐军事化。"人民战争的思想已经于此发源。

1928年2月，毛泽东自上井冈山来首次用兵，对手是赣军杨如轩所部王国桢营，一个无名之辈。王国桢不会想到，与之交手的是中国历史上第一流的天才军事家。故而，他轻敌冒进，直抵宁冈新城，联合城市地主武装靖卫团，以图伺机"进剿"井冈山。

毛泽东倒是慎之又慎，悉数点起所有兵马，又动员地方武装2000余人随军助战。不打则已，打则必胜！杀鸡也要用牛刀。他喜欢以一种泰山压顶之势，彻底征服压垮对方。

夜半时分，毛泽东率领的工农革命军分两路直奔新城，乘着夜色掩护，将新城围得水泄不通。第一团负责攻打南、北、东三门，独留下西门不管。袁文才、王佐的第二团布起三道封锁线守在城外开阔地，单等瓮中捉鳖。

一切部署停当，毛泽东登上了新城城东高地的棋山，指挥部就设在那里，其实以后的事已无需他操心，只等着胜利捷报。他放心地合上眼睛，连日筹划，够疲劳了。

一阵凄厉的哨声划破了黎明，新城守敌尚毫无知觉，照常到城南门外操场操练，王国桢打着马神气活现地刚发出第一声哨令，骤然响起的枪声让他的坐骑惊恐地长嘶不已。

东门报警！南门报警！北门报警！一迭连声的报警使王国桢失去了镇定，失去了判断。其实，凭他的优势装备足可让攻城部队难越城池，但他已不作如是想，逃命的本能让他按照毛泽东的安排从西门匆匆撤出，他还庆幸自己溜得及时呢。

失去城池掩护的敌军落进了袁文才、王佐的包围圈，这些来自绿林的好汉打起来很是神勇，再加上漫山遍野涌来助阵的地方武装，呐喊声如同一片雷鸣，其声势撼人心魄。一阵激烈的对射，一阵奋勇的搏杀，敌人已经溃不成军，举起枪跪倒一片。袁、王部队的战士伸出了舌头："娘老子！这都是正规军啊。"以前哪见过他们跪在地上求饶的狼狈相。"毛委员了不得！比大当家、二当家都强多了。"

新城战斗，全歼敌正规军一个营，包括靖卫团等杂牌地方武装在内，共600余人，敌营长王国桢也于阵中毙命。毛泽东小试锋芒，工农革命军取得上山以来第一个重大胜利。

"山不在高，有仙则名；水不在深，有龙则灵。"自毛泽东上了井冈山，井冈山的名气飘出了湘赣，飘向了全国。这个偏僻的山区，在国人心目中占据了分量。从1928年年初始，国民党统治区域的报纸已经不断予以报道、披露。南京《中央日报》报载："遂川县被工农革命军攻陷"；上海《申报》报道："遂川、永新、永丰、万安、安福、莲花、吉水、吉安、萍乡、宁冈各县，自去年12月以来，均被骚扰不堪，尤以遂川、万安、宁冈、萍乡为最烈。"

"好啊，这说明我们干出了名堂。"毛泽东抖动着手上的旧报纸，这些都是刚从永新城缴获的。

"国民党骂我们越厉害，说明我们的成绩越大，井冈山的名气越大，影响越大，这是好事，不是坏事。"他一面自言自语，一面在报缝中寻找，看看有没有设在上海的临时中央的消息。已经半年了，他与上级组织一直未能联系上。他目前所采取的种种举措、行动，完全是根据自己对马克思主义的理解，根据实际情况而制定执行的。用今天流行的话来说，是摸着石头过河，是否符合中央的精神他没有把握。他是一个既具有独立思想，又有非常强的组织观念的人。

三月的井冈山，正是春寒料峭，乍暖还寒，在毛泽东望穿秋水的盼望中，湘南特委所派代表周鲁终于抵达边界根据地。由于白色恐怖，他身上没有带片纸只字，中央和特委的决定与指示都是通过记忆装在脑中，这种措施在当时情况下完全可以理解，但从另一方面而言，则给了传达者借题发挥的机会，缺少了准确性。偏偏周鲁又是个主观性极强、轻率马虎之人，仗着临时中央的尚方宝剑，端起了钦差大臣的架子。自踏入边区，他的脸色就一直铁青着，横竖没有他看得顺眼的地方。

满脑子"红色恐怖"思想的周鲁，他想象中应该是火光冲天，血流成河，只有赤裸裸的拼杀，才是致胜的希望。然而边界地区让人感受到的却是一种平和安详。

"都化剑为犁了,边界成了'桃花源'了,哪里还有一点革命的气氛。"他伸着指头数落着,批评毛泽东的"行动太右"、"烧杀太少",难怪中央对他的不满到了愤怒的程度。

面对着无端的指责,毛泽东燃起了纸烟。他还没有修炼到古井无波的境界,一阵阵怒气升起又压下。他为临时中央的刚愎专横而恼火,为瞿秋白的教条盲动而悲哀。多么好的一个党,多么好的一个同志,却因为幼稚与不成熟,瞎指挥,乱弹琴。最近,他已从报端知道全国各地起义纷纷失败的消息,共产党又要多流多少血啊!现在,他又备受干扰,备受责难。秋收起义失败原因何在?责任谁负?那是时势所然,这是临时中央借题惩罚他没有进攻长沙。

毛泽东用纸烟来平息他的冲动,烟雾大口地吞进又吐出。说什么"行动太右"、"烧杀太少",革命不是请客吃饭,不是做文章,不是绘画绣花,不能那样雅致,那样从容不迫,文质彬彬。革命是暴动,是一个阶级推翻另一个阶级的暴力行动。但是,这种暴力行动却是在一系列政策的指导支配下,有原则有方向地开展着。他向周鲁解释道:

"边界的房子是烧的少一点,杀的人也不多,除了罪大恶极者。杀人放火我毛泽东也会,举火把扣扳机,这不难学。"他弯起手指做了个放枪的手势。

"但是,革命不是比赛烧房子多,杀人多。普通百姓的房子不能烧,烧了就站到我们的对立面;地主反动派的房子要烧,但也可以不烧。在边界根据地,反动派被赶走了,他们的房子留了下来,成了革命的财产,这就可以不烧,留着继续发挥作用。周同志现在住的房子就是一位老财的。"毛泽东继续说,"杀人也是如此,除非罪大恶极,是革命的死对头,不杀不足以平民愤,这时候我毛泽东是不眨眼的。但是,这里也要有分寸、有政策,打新城我们抓了400多个俘虏,不仅不杀,而且不骂、不打、不歧视、不虐待、不搜腰包,结果怎么样?一部分留下做了革命战士,走掉的那一部分也为我们做了义务宣传员,什么共产党共产共妻,见人就杀的鬼话不攻自破,强过我们自己宣传。"

毛泽东的辩护、解释,在周鲁听来感到刺耳。"错误深到骨髓里了,不动大手术如何能行。"他庆幸自己来得及时,不然,这里的党组织就要被右倾主义所控制,被错误的领导所把持。他一口气宣布了惩罚决定:

撤销以毛泽东为书记的前敌委员会,另成立师委,毛泽东改任师长。

师委只能管军队中党的工作,对地方党不能过问。

究竟是记忆有误,或是肝火太盛,心血来潮,这一点已无从可考,周鲁居然把中央撤掉毛泽东政治局候补委员的决定传达为"开除党籍",这对毛泽东而言,不亚于晴天霹雳。作为中国共产党缔造者之一的毛泽东,竟被如此轻易地摒弃在党外,且申诉无门,辩解无门。

遭受打击的毛泽东没有消沉,这正是一个伟人必备的素质。

对待这种不公正,并不是牢骚满腹,他依然一如既往地投入了工作,没有让个人的意气干扰了事业的开展。这种情操,固然出自于他对革命的忠贞,"他们真开除了我的党籍,我还是要干共产党的"。另一方面,也得益于他的个人修养。素有大志的毛泽东早就注意磨炼自己的意志品格,培养自己逆境中求生存、图发展的能力。他不以儒家传人自居,但却喜欢孟子的一句名言:"天将降大任于斯人也,必先苦其心志,劳其筋骨,饿其体肤,空乏其身,行弗乱其所为,所以动心忍性,增益其所不能。"对任何的委屈、打击、困难,他有着充分的心理准备。

口衔"天命"的周鲁大咧咧命令道:"立即拉队伍下井冈山,挺进湘南,以策应支援即将爆发的湘南起义。"他望着满脸不痛快的毛泽东,又盛气凌人地加了一句:"这是湘南特委指示,铁令如山。"

井冈山根据地正处于巩固时期,周围强敌环伺,若主力部队离开,敌人势必乘虚而入。"革命要有根据地,就好像人要有屁股,人若没有屁股,便不能坐下来;要是老走着,老站着,定然不会持久;腿走酸了,站软了,就会倒下去。"毛泽东向周鲁申诉着理由,却瞥见对方那冷若冰霜的脸色,他把下面的话咽进了肚里,一切都是对牛弹琴。按照湖南省委和湘南特委指示,队伍离开了井冈山。

毛泽东真的差点被人抄了营盘,主力部队刚离开,敌人就蜂拥而入,茶陵、遂川、宁冈的红色政权被推翻。新城之战中被活抓镇压的反动县长张开阳的老婆披头散发带着人亲自举火,在宁冈、坝上、蔡亚一带烧房屋三四百间。枪击、刀砍、斧劈,进行疯狂的反攻倒算,边界地区陷入一片火海,遭受重大损失,史称"三月失败"。

这场浩劫直到4月底毛泽东回师井冈山才宣告结束。

第三章

"朱、毛联手，天下无敌"

■ 朱毛会师

在革命战争期间，毛泽东与朱德无疑是一对最辉煌耀眼的双子星座，堪称黄金组合。他们文韬武略，相得益彰。毛泽东善于把握大局，具有敏锐的政治眼光，富有创造性与开拓性，从哲学的高度俯瞰世界，自有一种高屋建瓴的伟大气派。朱德则以实干精神见长，襟怀宽广，有忠厚长者之风，能披坚执锐，能率甲百万，下可将兵，上可将将，不怒而自威，以其特有的淳厚、威望、才干，在军中产生极强的凝聚力，保证了毛泽东以更多的精力投入到政治理论和军事理论的研究中，并将这些理论准确地贯彻和验证于实践。

朱德在军中的地位并非一开始就如此崇高。陈毅回忆说，南昌暴动的时候，朱德的重要性、权威性还没有表现出来，意见主张也不占分量，"大家只不过尊重他是老同志罢了"。

这种情况也属自然。朱德从国外回来不久，又一直在滇军内部工作，与党内同志多不熟悉，起义前又被朱培德"礼送"出军，无拳无勇，没有一支直接属于他的军队。因此一些实力派将领，对朱德的态度以客气的成分居多。

三河坝分兵之后，朱德的威望扶摇直上，危难时刻方显出英雄本色。连续失败以后，朱德的那份镇定，那份从容，那份果断就难能可贵，让人敬佩了，虽然他手下的部队绝大部分不是他的老部下,但都公认,此刻非朱德指挥不行。

陈毅也脱颖而出,成了朱德最得力的助手。当时逃兵现象严重,他苦口婆心劝解:"人心换人心,八两换半斤,一个人出门干大事,要有两种准备,可能成则为王,可能败则为寇,但是虎倒不能落架,成亦英雄,败亦英雄,何况我们还是共产党的队伍。"他向朱德建议:必须尽快整顿部队,振奋人心,心劲没了,部队就散了。

于是,就有了"赣南三整",即天心圩整顿、大余整编、上堡整训,部队的面貌焕然一新,开始走向求生、求胜之道。部队昼伏夜行,穿山西进,直奔湘粤赣边界,那里是个"三不管"地带,敌人力量相对薄弱。10月16日,部队到达福建武平,被钱大钧咬上,17日,到达闽赣附近的石经岭附近隘口时,又遭地方民团堵截。朱德眼睛冒出了火星,亲自带队,从长满灌木的悬崖陡壁攀援而上,从侧翼打了民团一个冷不防。当通过隘口时,粟裕发现朱德威武地站在一块断壁上,手里掂着驳壳枪,指挥部队前进,不由感叹:

"朱德同志不仅是一位宽宏大度、慈祥和蔼的长者,而且是一位英勇善战、身先士卒的勇将。"

进入赣境,来到崇义、上堡,这里是国民党军第二十七师长杨如轩的防区,朱德给这位讲武堂同窗去了一封信,希望杨如轩"眨起眼皮",把上堡借给他练兵三个月,就可以打败蒋介石。杨如轩心里哼了一声,他对老蒋不满,但也不相信朱德会成功,于是把信置过一边。副官请示应对之法,他意味深长地笑笑,引用朱德信中的话:"眨起眼皮。"

副官心领神会地点点头:"对,多一事不如少一事。"

陈毅凑到了朱德面前,逗趣道:"面子真大!杨如轩虽然没有回信,但也没来骚扰。"

朱德抖抖手中的报纸,告诉陈毅,他与杨如轩的关系只能算泛泛之交,讲武堂的范石生才是他的挚友。

陈毅接过报纸,看见一条消息:"范军长石生日前正率国民革命军第十六军由广东韶关移防湖南郴州、汝城一带。"

陈毅知道了朱德的心思。

范石生,云南讲武堂一期生,此人出道早,成名也早,孙中山在世时就授予他上将军衔。1926年,所领滇军第二军改编为国民革命军第十六军,就一直驻扎在韶关、汝城一带。

范石生与蒋介石的矛盾特别大,他从心里瞧不起蒋,视之为后生晚辈。当年蒋在黄埔办军校,范石生就斜着眼奚落说,只要出动一个营就能把黄埔岛荡平。

范石生的轻视,让蒋介石引为奇耻大辱,范石生也知道蒋介石睚眦必报的性格,他也需要寻找自己的盟友,加强自己的力量。他与共产党的关系建立比较早,"四一二"政变后,十六军里仍然有共产党组织。所以,甫接到朱德希望合作的信息,立即送来复函,曰:

春城一别,匆匆数载。兄怀救国救民大志,远渡重洋,寻求兴邦救国之道。而南昌一举,世人瞩目,弟诚感佩良深。今虽暂处逆境之中,然中原逐鹿,各方崛起,鹿死谁手,仍未可知。来信所提诸点,愚意可行,弟当勉力为助。兄若再起东山,则来日前途不可限量……

朱德与范石生达成协议,起义军改用第十六军四十七师一四〇团番号,朱德化名王楷,任四十七师副师长兼一四〇团团长;起义军内部编制,组织方面一概不变,要走随时可走。

"行。"范石生拉着朱德手,"玉阶(朱德字玉阶)兄是条龙,暂且在十六军隐晦韬光一段日子。"

"范军长义薄云天。"陈毅一旁由衷地赞道。部队刚到时,仍是单衣短裤,范石生立即指示军需官为红军配发棉装,红军与范军在待遇上完全相同,范石生每月还接济万把块军饷。

红军隐蔽在十六军中的消息终于走漏,十六军教导团团长刘同安悄悄向蒋介石告了密,蒋介石冷冷地警告范石生不要顾念旧谊,速将暴动首要朱德等一并捉拿,并同时令方鼎英率部进入粤北,监视起义军和范石生动向,他知道,范石生不买他的账。范石生报以冷笑,立即草书一封,递于秘书杨昌龄:"速往犁铺头,通知朱德,事情已暴露,及早离开。"

看着杨昌龄把信装好，他又补充一句："带上一万块钱，玉阶兄路上要用。"

杨昌龄点点头，问："刘同安是个内奸，怎么处理？"

范石生脸色一寒："做掉他！"

下午，刘同安遇车祸而亡，他应该知道为什么而死。

离开十六军，朱德一行辗转进入了湘南，在当地党组织配合下，先智取宜章，继而大战坪石，消灭许克祥两个主力团，又侧击耒阳，攻克永兴、桂东、汝城等县，湘南全境震动。

但朱德却未能在湘南站住脚，湘南的"左"倾情绪甲于全国，特派员何舍鹅一开口就是"烧烧烧"、"杀杀杀"、"干干干"，甚至提议沿湘粤通道20里造成无人区，这引起了当地群众的痛恨："鸟都有个窝，我们房子烧了，家都没啦。"从心理上与共产党产生了距离，更有甚者，竟然向国民党军通风报信告诉红军的行动。朱德痛苦地摇摇头："政策路线太重要了，如果政策路线对头，是可能继续扩大胜利，有条件在某些地方稳住脚的。但是由于当时'左'倾盲动路线的错误，脱离了群众，孤立了自己，使革命力量在暴动之后不久，不得不退出湘南。"

朱德茫然了，尽管他惊才绝世，却难以从困顿中走出，尽管也打胜仗，部队也有起色，但路在何方？他和陈毅，和起义军将士，都不能道个明明白白。杨至成将军回忆这段苦闷的日子说："现在部队失败了，到处都是敌人，我们这一支孤军，一无给养，二无援兵，应当怎么办？该走到哪里去？"

黄克诚对此，也直率地指出：

"如果没有毛主席的这面红旗在井冈山，没有毛主席正确的政治路线、军事路线，朱德、陈毅所领导的队伍要坚持下来也是困难的。"

这些，都是中的之论，朱德、陈毅目前正处于进退失据的窘境。

所以，当毛泽东派出的代表何长工在广东韶关的犁铺头找到朱德，并转达毛泽东邀请上山的愿望后，朱德眼前顿觉得豁然开朗："跑来跑去就是要找一个地方。"他握着何长工的手，眉头舒展，多日的愁绪一扫而空。

得知朱德将要上山，毛泽东翘首以盼。孤军奋战在罗霄山脉，他感到了力量的单薄。手上所有的兵力加起来也就是两个团1600人左右，就算人人是铁，个个是钢，又能打造几颗钉。毛泽东懂得，真理也要靠力量捍卫，靠力量推行，否则它也寸步难行。不然，马克思主义诞生之日起，就应该全球一片赤红了。

力量的薄弱也限制了他的才华，使其束手束脚。他也曾打过茶陵，打过遂川，占领过宁冈县城，但再不敢走远，国民党上来两个团就打不赢。蒋介石有多少个团？毛泽东苦笑着摇摇头。所以，扩展队伍已成了刻不容缓的大事，他的眼睛追踪着南昌起义队伍的身影。尽管关山阻隔，音容渺茫，他仍然派出了何长工。

不负所托的何长工带来的消息让毛泽东兴奋不已。挺进湘南，固然是因为执行特委命令，支援湘南起义；另一个目的就是要接朱德、陈毅上山。毛泽东当时心情之迫切可从他事后的追述中略见一斑：

"当得知他们要上井冈山来的消息后，我曾带一个团到湖南桂东地区去接他们。结果由于当时联络困难，没有接到，只接到由萧克带领的一支小部队。我们回到井冈山后，又听到有消息说朱德、陈毅率领的部队于1928年4月到达井冈山。"

朱、毛会师的场面非常热闹。听说朱德一行住在砻市龙江书院，毛泽东招呼何长工前面领路，再三关照要做好欢迎工作。行至半途，毛泽东停下脚步，一向不修边幅无所拘束的人，今天却扭怩起来。他回头吩咐，赶快弄一支枪挂挂。

有人在窃窃私笑，毛委员平素最注重抓枪杆子，却又最讨厌枪，不摸不碰，他自己还解嘲曰："君子远庖厨。"

毛泽东回瞪了一眼，接过枪笨拙地挂好："笑什么！"他忍不住一乐，"挂起驳壳枪，师长见军长。"

有人考证：这也许是毛泽东唯一的一次挂枪。这一细节，反映了毛泽东对朱德的充分尊重。

龙江书院，毛泽东迎了上去，朱德迎了上去，两个巨人的手握到了一起。

中国共产党抓住了胜利，抓住了未来，抓住了自己的命运。朱、毛会见的当天，双方即议定，成立中国工农革命军第四军。中国共产党的主力武装基本上集荟于此了。

军长朱德

党代表毛泽东

军委书记毛泽东

参谋长王尔琢

第十师师长朱德(兼)

第十师党代表宛希先

第二十八团团长王尔琢

第二十八团党代表王展程

第二十九团团长胡少海

第二十九团党代表龚楚

第三十团团长蒙久龄

第十一师师长张子清(毛泽东代)

第十一师党代表何挺颖

第三十一团团长朱云卿

第三十一团党代表何挺颖

第三十二团团长袁文才

第三十二团党代表何长工

第十二师师长陈毅(兼)

第三十四团团长邓宗海

第三十四团党代表刘泰

第三十五团团长黄克诚

第三十五团党代表李一鼎

第三十六团团长李奇中

第三十六团党代表黄义藻

军教导大队大队长陈毅(兼)

第四军中,第二十八团由南昌起义保留下来的部队编成,该团兵力、装备为全军之冠。第三十一团由原秋收起义的部队编成,乃毛泽东心血造就。第三十二团由原袁文才、王佐部队编成。其余各团皆由湘南起义农军改编而成。不久,第三十、三十三、三十四、三十五、三十六团也相继离开湘赣边界重返湘南,井冈山根据地实际上只留下第二十八、二十九、三十一、三十二等部。第四军宣布取消师的番号,军直辖各团。5月25日,中共中央发布《军事宣传大纲》,规定:"割据区域所建立之军队,可正式定名为红军,取消以前工农革命军的名义。"从此,中国工农革命军第四军改称为中国工农红军第四军,简称红四军。

毛泽东的党代表及军委书记职都是朱德提议的,这也在情理之中,但毛泽东却不安地拒绝接受:"鄙人是党外人士,做一个师长足矣,党内之职不敢奢望。"

朱德、陈毅俱惊讶地追问毛泽东为何说出这番话,作为中国共产党创始人、前中共政治局候补委员,坐在这里的人谁的资格比得过他?

毛泽东尴尬地解释道:特派员周鲁已将他的党内职务一撸到底,连党籍都开除了。

朱德、陈毅相顾莞尔,这个周鲁,简直是乱弹琴。中央的文件他们都亲自看过,就在这同一份文件上,不仅毛泽东,连南昌起义的领导人,包括以周恩来为书记的全体前委成员都被临时中央揍了一顿棒子,全部给予警告处分。望着毛泽东的一脸愕然,朱德笑着吩咐陈毅,把那份文件找出来。毛泽东哭笑不得地摇摇头,心里却一片轻松:"不是我一个人犯错啊?"这句话刚一出口,就引起满堂哄笑。

■ 牛刀初试

朱、毛会师的消息破坏了蒋介石的好心情。

眼下,他正处于上升势头,正平稳地走向权力巅峰。"宁汉对立"已经结束,汪精卫因受共产党"广州起义"牵连,悻悻然宣布引退。中共方面在他的猝然打击下尚未恢复元气,接连发动的"南昌起义"、"秋收起义"、"广州起义"及其他暴动,尽管惊出他一身冷汗,但毕竟有惊无险,次第平复。如今,以他为首的所谓

"第二期北伐"正进展顺利，他的第一集团军沿津浦路，冯玉祥第二集团军、李宗仁第四集团军沿京汉路，阎锡山的第三集团军沿正太路形成三箭齐发，向张作霖奉系集团展开攻击。"大局看好，胜利在望。"综观形势，他迅速作出了判断。

胜利面前，蒋介石仍保持着清醒的头脑，他的目光向前延伸，如何巩固统治，加强统治？他在心里一直未停地盘算着。冯玉祥、李宗仁、阎锡山等军界巨头，已经在战争中坐大，形成尾大不掉之患；朱、毛会师则有可能使共产党东山再起，对共产党的能量，蒋介石是有清醒的认识的。他不禁庆幸自己当时的果断和毒辣，也暗自提醒要防患于未然，不能让中共再次形成气候。目前"北伐"正是最关键时刻，军中离不开他，必须有一得力之人帮助他扑灭这将燃之火，否则形成燎原之势将后患无穷。

蒋介石想到了朱培德，这位现任的江西省主席尚欠他一份情。北伐发动时，朱为国民革命军第三军军长，他这个军最杂牌，武器装备最差，战斗力最弱，蒋介石却偏偏看重他。"扶弱抑强"一向是蒋介石牵制、分化异己的不二法门，有效得很。打下江西后，他将这块人人垂涎的地盘拱手送给了朱培德，使得程潜等人眼热心气、愤愤不平。朱培德则是心存感激、投桃报李。"四一二"政变后，武汉方面第一个将共产党赶走的就是朱培德。如今共产党在朱培德的地盘上安营扎寨，对朱而言，岂不是如芒刺在背，如鲠在喉，派他出兵讨伐，是再合适不过了。

为了增加保险系数，蒋介石还要求邻省各军一道协助朱培德的行动。5月2日，蒋介石急电湘粤赣三省驻军，要求"克日会剿"井冈山，不得推诿延误。

不出蒋介石所料，一向老成持重、喜爱讨价还价的朱培德这次执行蒋之命令坚决得很。朱培德欠蒋介石情，但也欠共产党情。由于他实力不济，时常遭别人白眼，是中共派出得力干部朱克清等人，帮他将部队整顿一新，在北伐战争中大出了一阵风头，在江西战场与孙传芳打得有声有色。因此朱培德对共产党也不无好感，主动要求中共多派些政工人员帮助他的部队建设。蒋介石实行"清党"后，他尽管也步其后尘，但毕竟没有那么绝情，手下还是掌握着分寸的。十里长亭，扎起牌楼，摆上酒席，将共产党人一律"礼送"出境。现在情况变了，共产党在他地盘上做起"窝"来，军阀的本性驱使他彻底抹下面子，要大打出手。

朱培德的慎重是出了名的，他派出了主力部队杨如轩的二十七师，千叮万嘱:"不能贪功,不能冒进,不能轻敌……"杨如轩口中答应,心中却焦躁:左一个不能,右一个不能,这仗干脆别打了。"畏敌如虎。"他在心里讥笑着。

杨如轩也有一份不凡的履历,他与朱培德名为同窗,自然也与朱德是师兄弟,都是云南讲武堂一期毕业的。但较之二朱的才能,杨如轩相差就不止一筹了。当年南昌起义爆发时,朱德曾有心争取杨参加,但他却摇手拒绝了。后来在赣南对朱德"沓起眼皮",那是因为事不关己,高高挂起;现在不同了,朱培德许他此仗胜后,可以提升副军长,杨如轩要跟朱德动真格了。他傲气十足,心想荡平井冈山,让世人瞧瞧,云南讲武堂也并非仅出"二朱"两个人才。

有这份私念,杨如轩就犯了兵家大忌,轻兵冒进。他将兵力分三处平均使用,第七十九团为左路军,由永新进攻龙源口;八十一团为右路军,压向遂川;他本人率八十团驻永新城。

敌情传来,陈毅不惊反喜。"好啊,刚刚上山'落草',就要发'利市'了。"他说话中气充沛,略有股川味。

陈毅的话逗乐了毛泽东。上山来的几天里,他感受到了陈毅的爽朗、洒脱,还发现此人通古晓今,文采斐然,能吟诗,能作赋。深谙此道的毛泽东找到了知音。他接着话茬提醒说:"杨如轩可不是等着挨刀的'肥羊',它长着犄角,弄不好会撞人的。"朱德摇着头自言自语:"怎么还是如此莽撞。"看来,他这位老同学仍没有多大长进。略作沉吟,他提出"集中兵力,歼敌一路"的作战计划。由毛泽东率部在七溪岭阻击敌左路军七十九团,他与陈毅率主力二十八、二十九两个团在遂川方面迎击敌八十一团,并相机占领永新城。

毛泽东颔首赞成,朱德的用兵思路非常清晰,符合他的构想:先形成拳头,造成局部优势,然后一举击敌。

学艺不精的杨如轩碰上了绝顶高手,所部八十一团在五斗江与朱德主力遭遇,稍战即溃,两路兵马先折了一路。

不待敌有喘息之机,朱、陈率部又直扑永新,怯于红军咄咄逼人的锋芒和强大的攻势,仅有一团兵力护驾的杨如轩不敢恋战,弃城落荒而逃,此谓"一打永新"。

永新城一失,杨如轩左路军不战自溃。毛泽东此时正背靠一块大青石,悠闲地吸着纸烟。战斗的结果已在他意料之中,现在他要养精蓄锐,他知道杨如轩元气未丧,还会来报复。

果然,杨如轩不甘失败,又纠集四个团的兵力,由吉安经永新犯井冈山。这一次他吸取了教训,将主力拢在一起,形如一只滚动着前进的刺猬,看你毛泽东、朱德如何下手。

敌变我变。毛泽东决定诱敌深入,放弃永新城。朱德心领神会,先虚晃一枪,率大部西进,奔袭湖南境内要道高陇,作战略转移态势,毛泽东则撤向腹地龙源口,据险阻敌。

杨如轩不战而得永新,气势大盛,以为井冈山空虚,一面向朱培德报捷,一面催动兵马杀向根据地深处。龙源口一带,炮声隆隆,敌军主力尽调于此,昼夜攻打不休。

诱敌成功,毛泽东露出了杀手锏,出击高陇的朱德、陈毅部如巨蟒翻身,长途奔袭,兵锋直指杨如轩在永新的指挥所。朱德一字一顿,力重千钧:

"打他(指杨如轩)的心脏,打他的指挥机关,打他的脑袋瓜,一个铁掌把他的脑壳打碎,他们就完了。"

一个细雨漾漾的早晨,刚刚起床的杨如轩尚未用餐,城外骤响的枪声已使他没有了食欲,部队在猝然打击下丧失了战斗力,红军犹如从天而降。40年后,杨如轩回忆这段往事时,仍心有余悸:

我奉蒋介石命,向井冈山进攻,把指挥部设在永新。当时,毛主席指挥工农红军守在龙源口,我攻了几天都攻不下。万万没有想到,朱委员长率另一支部队以一夜走一百八十里的速度,从宁冈、莲花绕道而来,给我一个措手不及。刚刚得报永新西乡有警,接着,我的指挥部后方就响起了密集的枪声,在仓皇撤退中,我只好跳城墙逃命,弄得狼狈不堪。

闻听败讯,从不喜怒形于色的朱培德也恼羞地拍了桌子,急调所部第九师师长杨池生,率三个团赶援屡遭重创的杨如轩。合计五个团的兵力,采取"分进合击"战术,再一次向边界地区推进。

为了确保不失,朱培德还约定湖南驻军吴尚,出动三个团,向酃县、茶陵逼进,从西面侧袭,以配合赣军行动。

自上井冈山以来,红军还是头一次面临如此优势的敌人。大敌当前,毛泽东镇定如恒:"首先命令红军于五月底先撤出永新城,集积于宁冈休整,伺机歼敌","我们没有那么多的家当,拼不起就不拼嘛。"他丝毫不为再弃永新而遗憾。

毛泽东仔细分析了敌情,红军不能伸出两只拳头打人,不能分兵冒进湖南。他发现有人眼神里闪过疑惑,遂扳起手指,历数出四大理由:

1.赣军朱培德的部下多为他从云南带过来的子弟兵,对江西情况不熟,与江西土豪劣绅的关系不如湖南军阀那样紧密。

2.江西军队不如湖南军队凶悍,战斗力相对较弱。

3.江西土豪劣绅的靖卫团不如湖南地主挨户团。"曾国藩湘军的后代,杀气犹存哩。"

4.红军到井冈山后,在江西境内基本上执行正确的路线和政策,群众基础较好,而湖南则受到"左"倾盲动主义危害较大。湘南起义中,烧了不少房子,一部分老百姓站到了我们对立面。

"我们打仗,就像雷公打豆腐,专拣软的欺。吃豆腐硌不了牙的。"毛泽东指着自己牙齿。从来不畏强权的毛泽东竟有如此的行为哲学,可见其顺势应变,刚柔并济。爱思索的陈毅心中频频点头,毛泽东的学问深喽。刚才这段分析,要言不烦,不单从军事战术角度,而且从中国政治特点出发,道出了战争艺术的精华。

战斗的进程按照毛泽东的思路进行着,兵行诡道,声东击西,欲擒故纵。首先出击湖南方向,既牵制湘军,又引诱赣军出动,便于红军对之实行突袭。

假戏也要真做。朱、毛、陈红军三大巨头悉数挂帅出征,率红军所有主力全力一击,湘军的一个团被吃掉,酃县失守,敌主将吴尚惊慌求援。

江西二杨得知酃县失守,相顾一笑,立即兵分两路,长驱直入,杨如轩攻老七溪岭,杨池生攻新七溪岭,企图乘红军主力在外作战的空虚,一举荡平井冈山。

敌人从永新刚一出动,红军主力立即回归。朱德率二十九团正面迎战杨池生部,陈毅、王尔琢率二十八团出击杨如轩后背,新老七溪岭同时燃起了战火。

敌军劳师远征，本想钻红军的空子，结果却落入了陷阱，心理上首先输了一着。恰如杨如轩后来在诗中形容的那样："那堪旗鼓未成列，已报弹花满市中。飞将白天突兀扑，两杨无计把身容。一团劲旅平中国，豪语铭心服总戎。"偷鸡不成蚀把米，与毛泽东斗法，他们还不够级别。

红军乘胜追击，三占永新。此役歼灭敌军一个团，击溃敌军两个团，缴获步枪400多支，重机枪一挺。毛泽东笑眯眯称："发了一点小财。"

"打仗好比做生意，要赚钱就来，蚀本不干。"

江西二杨确实不经打，但他们对毛泽东游击战争的战略战术原则却不无贡献，成了毛泽东试刀的祭品，并总结出著名的十六字战术口诀：

"敌进我退，敌驻我扰，敌疲我打，敌退我追。"

三战永新过程中，每逢敌军进攻，红军总是诱敌深入，将他们放进根据地，利用熟悉有利的地形、良好的群众基础就地围歼入侵之敌。干扰敌军，不让其有片刻宁静。二杨进入根据地后，日夜遭到袭扰，军中普遍存在一种不安全感。二杨劳师远征，红军总是在其长途行军、尚未立足、阵容不整时发动攻击。

乘胜追击，不给敌人以喘息之机。一打永新时，红军在遂川击溃敌八十一团，曾一口气连追35公里，"这种追击已不是一般意义上的追击，而是为了达到歼灭敌人的一种战术。"

从此，这十六字诀成了军事艺术的瑰宝，游击战争的经典语录。"军旅之事，未之学也"的毛泽东无师自通，在战争中学习战争，成了此道的行家里手，足可与古今中外任何伟大军事家相媲美。

■ 热情过火的特派员

三战永新，朱、毛声势大盛。中共湖南省委也觉得腰杆子挺直了不少，已不复一连串起义失败后的那种灰头土脸、遍体鳞伤了。

1928年5月，湖南省委派出巡视员杜修经上了井冈山。杜修经时年刚刚20岁，正处于容易冲动的年龄，热情有余，沉稳不足。湖南省委派出这样的人选考察湘赣边界，显然有失慎重。

　　边界领导没有因为杜修经的年轻而怠慢了客人，他们把对上级的尊重转换为对杜修经的热情。自酿的苞米酒捧了出来，新鲜的野味香气四溢，刚摘的山果透着清香。稚气尚未褪足的杜修经竭力装扮得老成持重，他感觉到了自己的分量。

　　朱德亲自作陪，领着杜修经参观了红军被服厂、红军医院，带着杜修经在边界转了一大圈。

　　也许在白色恐怖的环境下压抑久了，杜修经今天才感到了一种真正的释放，眼前赤旗飞舞，青山苍翠，耳边歌声嘹亮，莺语燕啼，令他禁不住一阵兴奋、一阵惊讶，啧啧称羡，赞不绝口。下山后，杜修经向湖南省委作了热情而过于乐观的汇报，飞扬的神采、夸张的语言也感染了听取汇报的领导。朱、毛干得不错，但应该把名堂闹得更大一点，"应采取向外发展的策略"，"以后四军须集中力量向湘南发展，与湘南工农暴动相一致，进而造成湘南割据，实现中央所指示的割据赣边及湘粤大道的计划。"

　　湖南省委热过了劲，"左"倾盲动主义的老毛病又犯了。指手画脚一番后，向朱、毛发出指示："总之你们目前的主要策略，应当是积极地向外发展，必须打破原有的保守观念。"

　　杜修经的热情办了错事。陈毅后来在1929年8月向中央政治局汇报时说：湖南省委对井冈山力量估计得很高，以为有两万人一万支枪，后来巡视员（即杜修经）回去报告，又说得过分得好，甚至以为不要红军主力只靠地方武装和赤卫队，井冈山即可保存。

　　带着省委的指示，杜修经再入边区，当他端出省委意见后，毛泽东露出了难色。

　　省委要求，红四军应"立即向湘南发展，留袁文才同志一营守山"，并"拨枪200条，武装莲花、永新农民，极力扩大赤卫队的组织，实行赤色戒严，用群众作战的力量，以阻止敌军的侵入，造成以工农为主体的湘赣边割据"。

杜修经盯着毛泽东不快的脸色，又特别强调了一句："泽东同志须随军出发。"

毛泽东双唇紧抿，一言不语，心里却蹿起了火苗。对这种错误、硬性的指示"不从则迹近违抗，从则明知失败，真是不好处理"。他决心要否定它。6月30日，他主持了永新联席会议，与杜修经据理力争，一口气摆出六大理由，中心一点即：在新军阀混战尚未爆发之前不能离开边界地区前往湘南，红四军的主要任务还在于建设巩固根据地。朱德、陈毅都投了赞成票。

杜修经也勉强点了头，毛泽东摆出的道理他驳不倒，心中却隐隐不服，"固执己见"，他在心里为边界领导人下了评论，也为没有完成省委指示而内疚。

一件意外的事让杜修经又重弹起老调。永新联席会议后，朱、毛指挥的红四军转战于永新、莲花、安福和吉安边境。这也是根据毛泽东战略原则制定的行动，分兵发动群众，扩大井冈山根据地。

红军转战期间，湘军吴尚开始蠢蠢欲动。上次为配合赣军"会剿"，未出湘境，就被朱、毛来个当头棒喝，损失一个团。此次为报一箭之仇，乘隙杀向井冈山，居然偷袭得手，占了宁冈。

赣军闻知吴尚发难，也趁火打劫，匆匆出兵。

形势突变，朱、毛依然保持着特有的镇定。朱德不退反进，杀入湘境，"围魏救赵"，攻击敌之后方营地茶陵，威胁其退路；毛泽东则以袁文才三十二团回防井冈山，并亲领第三十一团乘湘敌回师自救之机经拿山打宁冈，与朱德所部形成东西夹击之势。吴尚不敢冒险，匆匆由宁冈经永新返回茶陵。此行投机不成，却将自己的防地酃县丢了。

意外就在占了酃县后发生了。朱德所率之二十九团，原为湘南起义的农民军，绝大部分为三湘子弟，乡土观念十分重。当初他们上山时共六个团，后相继返回家乡，现只二十九团硕果仅存，这就使他们感到了孤寂。

二十九团的军纪也较松懈，由于根据地人数骤增，供养上出现了困难。"红米饭，南瓜汤，餐餐吃得净打光。""干稻草来软又黄，金丝被儿盖身上，不怕北风和大雪，暖暖和和入梦乡。"

歌谣虽然唱得轻松乐观，困难却严峻而现实。二十九团的战士怨言者有之，违纪者有之，捎带顺拿公家财产者有之，与当地百姓争斗者有之，袁文才、王佐就公开宣称不欢迎他们。二十九团的思乡情绪在上述因素催化下，愈发浓郁强烈了。

如今二十九团跨进了湘境，踏上了家乡的土地，真是觉得一草一木也留情，郁结在心中的块垒在炎炎夏日里融化挥发，传染了整个团队。7月12日，这是一个令人烦躁闷热的夜晚，团党代表龚楚在郴县县城秘密召集士兵委员会，他透露，省委是主张打回湖南的，有特派员杜修经作证。龚楚狂热地煽动着："边界领导是违反省委指示的，我们也就没有必要请示他们，明天就走。"

七月流火的天气，强烈的思乡情绪，再加上龚楚的煽动，战士们失去了理智，"非回湖南不可"。士兵委员会拍板作出了决定。

根据当时规定，红四军中士兵委员会的权力很大，有权参加部队的管理，罢免基层领导干部。军事长官的决定，如果没有士兵委员会的同意，很难得到贯彻执行。面对突然变故，朱德苦口婆心，他惦记着毛泽东，赣军现在已继吴尚之后逼近了根据地，并占领了永新城，毛泽东压力很大，必须先解井冈山之围，方能谈得上进兵湘南。他呼吁战士们，一定要以大局为重。

士兵委员会显然已不受控制了，部队群情汹涌，"回湖南！回湖南！"不少人跺着脚呐喊着，弄得尘土飞扬。

朱德露出了军人的果敢，常挂在脸上的随和、微笑换成了严肃、坚毅，他断然宣布撤销二十九团士兵委员会，这在当时躁动的气氛下是有一定的冒险性的。朱德以他的威望震慑了一些铤而走险的企图，部队离开郴县向东开拔。

涣散的军心却难以收拢了，一天只走了30里。士兵垂头丧气，似行不行，三五成群，步伐零乱，军心涣散，组织解体。如途中遇到敌人定是不能作战，马上溃散。朱德脸上布满严霜，龚楚乘机绕到朱德面前，强词夺理地嚷道：

"为什么偏要回师？我们到湘南，把敌人吸引过来，这种'围魏救赵'，我们以前常用，为什么这次就不能用？"

杜修经也同意这样的意见，只是担心自己负不起这样的责任，他想到一条折衷的办法，提议与毛泽东商量后再作决定。毛泽东此时正陷于苦战。吴尚虽退,赣军胡文斗、杨池生共率十一个团又进犯边界,目前已推进永新一带,井冈山一夕数惊。毛泽东手边仅有三十一团,以一个团的兵力抵御敌十一个团的进攻,简直强人所难。他使尽了浑身本领,疑兵计、空城计、游击战、麻雀战,声东击西、虚张声势,各种战术战法交替使用,层出不穷,居然把占绝对优势的赣军主力困在永新不敢越雷池半步。他天天扳着指头算计,朱德的主力应该赶回来了,否则,敌人看出破绽,这出戏就唱不下去了。

所以,当毛泽东得知湘南发生变故后,心急如焚。接到了朱德、陈毅的信,他立即恳恳切切写满了两张纸,希望部队不要去湘南,留在边界坚持斗争。

毛泽东的反对最终也未能阻止事态的发展,尽管朱德、陈毅、王尔琢支持回师,但杜修经后来的话呛得人喘不过气:"是你们听省委的,还是省委听你们的?"二十九团官兵也嗷嗷叫着助威。为了防止出现兵变,部队被迫折道南下郴州,略取湘南。二十九团官兵立即来了精神,以前的那种懈怠、懒散一扫而光,个个健步如飞,二十八团在后面紧追都跟不上。7月24日,红军大队已潜行至郴州城下,即将展开攻击。

朱德来到前沿阵地,有人报告:据最新侦察,驻扎郴州乃滇军范石生部……话未说完,只见朱德神色大变,冲着杜修经问:"不是说守郴州的是许克祥的部队吗?"他最不愿意出现的情况出现了。

杜修经无可奈何地耸耸肩,迟了,攻击令已经发出了。

朱德一肚子恼火,这是陷人于不义!范石生与他是患难之交,在他最困难的时候仗义相助,他们分手时,曾有默契:今后相遇,你不打我,我不打你。如今,自己却首先毁约,一向忠诚待人的朱德暗中羞愧不已。

陈毅同情地走到朱德面前,紧紧握了握手,长叹一声,现在弄到如此尴尬的地步,他也是爱莫能助。

由于红军是长途奔袭,进攻突然,郴州守军未能组织起有效的抵抗,加之知道是朱德的部队在攻城,"大多数自动停止抵抗,其中有两个连及一部分官佐竟集合请朱德亲自来缴械"。他们知道朱、范的关系,并不在乎做红军的俘虏。

郴州失守,范石生大惊失色,他恼怒朱德失约,迅速组织主力发起反扑。而占领郴州的红二十九团却在大捞洋财,衣服、毯子、银元,什么都捡,小农意识大发作，一个个肩背手提，杂七杂八的一大堆。后来成为解放军上将的杨得志目睹了一切，他气愤地骂了一句："真不像个红军的样子。"

枪声一响，二十九团已经散得收不拢了，幸亏朱德掌握着二十八团死守住城门，掩护部队撤出郴州。这一仗，二十九团几乎全团崩溃，范石生对朱德也差点撕破脸皮，真是得不偿失。

痛定思痛，朱德决心不再迁就了，宣布："只有重上井冈山才能保存和发展这支部队，才能扭转存在的被动局面。"将二十九团编入二十八团，开赴桂东修整，待机重上井冈山。

与此同时，毛泽东也撤离了边界。红军主力长期不归，赣军终于放开了胆子。胡文斗、杨池生相互一击掌，各自领兵杀向根据地。永新、莲花、宁冈相继失陷，农民被杀者数以千计，房屋被烧者不计其数，边界损失惨重，史称"八月失败"。

8月22日，毛泽东率三十一团大部进入桂东，接应朱德回师。双方见面，朱德一脸凝重，陈毅默默无语，杜修经羞愧得不敢与毛泽东照面，一脸愠色的毛泽东狠狠地瞪了他一眼。

28日，红军分两路返回，途中，担任前卫的二十八团二营营长袁崇全突然叛变，并裹胁走一个步兵连、一个炮兵连，虽然最终追回来大部分战士，却牺牲了团长王尔琢。

毛泽东流泪了，朱德流泪了，陈毅流泪了，二十八团的战士哭声震天，令风云变色。王尔琢是个多么好的同志。他毕业于黄埔一期，在校期间曾担任过孙中山的警卫工作，并加入了中共，是党内不可多得的军事人才。南昌起义失败，他和陈毅协助朱德，收集起残部，保存下这批珍贵的革命火种。井冈山时期，他是红军的主要指挥员。三打永新，他仗仗赢得漂亮。此次袁崇全叛变，他怒火攻心，在追击叛徒时，不幸遭枪击而亡。毛泽东致词悼曰：

> 一哭同胞，再哭同胞，同胞今已矣！留却工农难承受；
> 生为阶级，死为阶级，阶级念如何？得到解放方甘心。

面对惨痛的教训,毛泽东要问个所以然,他不客气地指出:

"八月失败,完全在于一部分同志不明了当时正是统治阶级暂时稳定时期,反而采取在统治阶级破裂时期的政策,分兵向湘南冒进,致使边界和湘南同归失败。"

■ 彭德怀拔刀相助

"八月失败"后,井冈山上愁云笼罩,毛泽东闷坐在屋中,茶饭不思。他太痛心了,下山前红军四个主力团,如今二十九团化为乌有;手中掌握的三城(宁冈、莲花、永新)数县,如今只剩下几个山头;热火朝天的土地革命又遭到地主民团的反攻倒算,夭折于中途。他烦恼地燃起吸剩下来的半支烟卷,劣质烟草呛得他忍不住一阵咳嗽。

门外的争吵声吸引了他的注意,侧耳倾听,那是他指挥的三十一团战士在指责刚刚回来的二十八团。

"不是你们逞能拉到湘南,我们能在这山头上打转吗?"

二十八团的战士显然有点理亏,但也受不了别人如此指责。回到井冈山后,他们没少看别人的白眼。都是年轻气盛的小伙子,他们心里也窝着火:"丢几个小县城也犯不上骂人啊,不出远门,不打大仗,哪一天能消灭反动派,整天窝在家门口,那是保守主义。"

三十一团士兵被激怒了,声音提高了八度:"好一个出远门,打大仗,保守主义,你们才是逃跑主义呢,跑得丢盔弃甲、丢人现眼!"

不像话!毛泽东掐灭纸烟,心头一惊。他忍不住责备自己,这几天因心情烦躁,纠缠于"八月失败"的阴影,竟忽视了部队的情绪和同志之间的关系,也少了和朱德、陈毅的意见交流。

"湖南的问题让二十八团自己讲。"毛泽东跨出了屋子,制止住争吵。他要求三十一团的战士不准再提分兵湘南的事，要追究责任也不能追究到朱军长头上，朱军长本人是反对去湘南的。他把脸色沉了下来，指着几个欲语又止的战士："乱弹琴，这其中的复杂你们了解个啥？都没有发言权。"温语暖三冬，毛泽东这一表态让朱德、陈毅大为宽慰、感激。他们都不是怕承担责任的同志，但毛泽东的宽厚毕竟让他们胸中的沉闷挥之一空。在接下来的批评与自我批评中，那种团结和谐的气氛重新出现在井冈山上。

军事胜利与政治团结相互促进，朱、毛配合无间，连续三战，击退乘红军失利之机前来"进剿"之敌，击毙杀害王尔琢的叛徒袁崇全，初步扭转"八月失败"以后的被动局面。

彭德怀恰是这一时期上了井冈山的，具体日子他记得很清楚，1928年12月11日。此行原本是一趟轻松的"旅行"，一是与朱、毛加强联系，以为今后守望相助，结成犄角之势；二是顺道"取经"。他对毛泽东有关中国革命的一整套理论佩服得五体投地。

彭德怀不会作假。逢场作戏，敷衍应付，一概不懂，他敢怒敢言，爱憎分明。他的直爽、豪气，那种天不怕地不怕的大大咧咧让毛泽东喜爱。偶尔，彭德怀讲话也会过了头，他也不以为然。

彭德怀出身贫寒，文化不高，8岁辍学，10岁始即为生计而奔波，由牧童、童工、堤工到当兵，工、农、兵一身而兼。21岁时考入湖南陆军军官讲武堂，结识了后来共同发动平江起义的黄公略，结为莫逆之交。1926年参加北伐，大革命失败时已是国民革命军三十五军的一名团长。如果他循此轨迹走下去，官阶上再升几个档次也如探囊取物。

彭德怀

然而彭德怀却在此时加入了中共，其时正是黑云压城，风雨晦暝，没有坚定的革命信念是难作此举的。有人提醒他：现在白色恐怖严重，过去杀共产党是白天，现在每晚都杀，日夜不歇。彭德怀回答说："共产党是杀不完的，我们这里不是又加了一股吗。"他用手指了指自己。彭德怀投身革命时，中国共产党正处落难之时。

加入中共不久，彭德怀就闹出了惊天动地的大事。1928年7月22日，彭德怀、滕代远、黄公略领导国民党湖南独立第五师第一团和第三团三营在平江举行起义，占领平江县城，成立了平江县工农民主政府。起义部队改编为中国工农红军第五军，彭德怀任军长，滕代远任党代表。8月1日，红五军撤出平江县城，于平江、浏阳和江西的万载、修水、铜鼓和湖北的通山一带进行游击战争，开辟了湘鄂赣革命根据地。这次他上井冈山，带来了红五军主力的三分之一，没想到正派上了用场。上山没几天，即1929年1月4日，以毛泽东为书记的前敌委员会在宁冈柏露村召开了一次军队和地方党组织负责人的联席会议，彭德怀也恰逢此会，坐在了前排。

会议开了四天，首先传达了刚刚收到的中共中央"六大"决议，对此，大家没有异议，一致赞成，唯有《苏维埃政权组织问题决议案》第十条《对土匪的关系》被毛泽东隐去，未有传达，因为有袁文才、王佐在座，毛泽东怕影响他们的情绪。

对这条决议，毛泽东不敢苟同，中央的精神过"左"，犯了"关门主义"的毛病，且措辞苛刻，态度武断，没有一丝缓和余地。其原文如下：

与土匪或类似的团体联盟仅在武装起义前可以适用，武装起义之后宜解除其武装，并严厉地镇压他们，这是保持地方秩序和避免反革命的头领死灰复燃。他们的首领应当作反革命的首领看待，即令他们帮助武装起义亦应如此。这类首领均应完全歼除。让土匪深入革命军队或政府中，是危险异常的……

毛泽东皱起眉头，小心翼翼地跳过了这一节，同情地扫了一眼坐在下面的袁、王二人，这一细微的动作被机灵的袁文才捕捉到了，他忐忑不安地意识到了什么。

会议的第二个中心议题，即是如何迎接即将来临的战斗。毛泽东条分缕析地摆开当前军事斗争的形势，神色凝重，心事沉沉。

就在红军三打永新期间，蒋介石正在挥兵北上，一路上风卷残云，势如破竹。1928年6月2日，张作霖通电退出北京。8日，第三集团军商震部开进北京城；15日，国民政府发表《对外宣言》，宣称"统一告成"。7月6日，蒋介石、冯玉祥、阎锡山、李宗仁等已哭倒在西山碧云寺孙中山灵前,举行北伐完成祭告典礼。

蒋介石抚棺而泣,这哭声却不无炫耀的成分。孙中山生前念念不忘的北伐大业在他手上完成,如今直捣幽燕,青天白日旗飘扬于白山黑水也为时不远。果然,该年年底,张学良宣布易帜,南京国民政府完成了形式上的统一。

这哭声也有杀伐之音。蒋介石望着并排站立的冯玉祥、阎锡山、李宗仁三大军事巨头,彼此之间互藏杀机,新一轮的争斗即将开始。

蒋介石还担心着正在血泊中爬起来的中国共产党,江西前线传来的败讯让他心烦意乱。他决定重新调集人马,组织"会剿",至1928年11月,湘赣两省军阀共调动18个团约3万兵力,准备分五路向井冈山进攻。1929年年初,各项准备均已完成,大战迫在眉睫。

毛泽东也意识到了形势的严峻,他征求着大家的意见:"这仗怎么打?诱敌深入的老套路不能用了,边界说小不小,说大不大,3万多客人,我们请不起。"

陈毅提议:"请不起就不请,我们跳到外线去,抄敌人的后方。"

毛泽东一笑:"你这还是'围魏救赵'啊。"他赞成地点点头,"老方子还是管用的,但井冈山还是要守,只能用偏师,红军主力打到外线,牵制敌人,调动和分散敌人围攻井冈山的主力。"

朱德不无担心,他发问:"如果敌人咬住井冈山不松口怎么办?"

这正触到毛泽东痛处,他若有所思地点点头,是啊,这就要求守山的队伍要有耐战的坚韧和决死的斗志,他们的担子最重,也最危险。他巡视了一圈,在挑选合适的战将。

彭德怀主动请缨。井冈山一行,他本来只是联络、"取经"的,现在任务已经完成,大可以告辞回他的湘鄂赣边区,那里也需要他,随同前来的其他红五军将领也这样劝着他。

彭德怀头一甩,拒绝了劝告。他批评说:"丢了井冈山,你的湘鄂赣边区能保住?唇亡齿寒的道理都不懂。我们红五军要承担起责任,让红四军跳出敌人包围圈,向白区发展。"他指着鼻子向劝告的人发问,"你看我彭德怀是临阵退缩的人?"

毛泽东对彭德怀的临危请命十分感动,他没有多说什么,拍了拍彭德怀那宽厚的肩膀，一切都在不言中。

天上已飘起雪花，寒风萧瑟，草木枯黄，红四军主力悄然下了山。望着沉浸在暮色中的井冈山，彭德怀打了一个寒噤，偌大的山里，如今孤零零地只剩下他的第五军的五个大队(连)和王佐的一个团，等待他的将是一场生死血战。

毛泽东毕竟不是神，此次的"围魏救赵"之计显然未能达到预期效果，敌人力量太大了，你想分扯他的力量，好吧，如你所愿，五路大军拨出两路追击你已是绰绰有余，剩下的三路照样把井冈山围得水泄不通，迫击炮硬生生砸开了红军的防守线。

王佐又打起了圈子，他们仗着地形熟，瞻之在前，顾之在后，行动飘忽，瞅空子打上一阵，阻敌不足，自保有余。红五军则都是外乡人，王佐的战术他们不能用，加之彭德怀又是位猛将，他喜欢面对面的厮杀，于是层层设防，处处阻击，绝不轻易让敌人进半寸之地。

这仗打得好艰苦啊。彭德怀后来回忆了这段历史：

进攻井冈山之敌，全部兵力大约是十二至十四个团。每团平均以2000人计，当在2.4万至2.8万之间。我以七八百人对上述敌军兵力，敌优我劣，是三四十倍之比。重层围攻三昼夜，我黄洋界、八面山、白泥湖三路阵地均被敌突破。我守黄洋界的李灿大队(连)，八面山之彭、李大队(连)均被敌隔断。我和贺国中在茨坪集合了三个大队，特务排及后方勤杂人员等500多人，在敌重层包围中突围，如果不突围，当然会全军覆灭。但红军留下的伤病残员、妇女、小孩1000余人，要突出敌军重层包围，则部队要在前面开路，又要在后面掩护，真是不容易。从井冈山主峰腹部的悬崖峭壁处，在猎人和野兽爬行过的小道上，攀行了一天一晚，算是突出了敌军第一层包围。时值严寒，天下大雪，高山积雪尺许，我的干粮袋炒米丢失了，我不愿别人知道，两天未吃一粒米，饥饿疲乏，真有寸步难行之势。可是枪声一响，劲又不知从哪儿来的。在烂草田击破敌军阻击小部队，算是突破了第二层包围。

突围的第三天，刚到大汾，又遭敌军三面伏击，在敌人三面火力交叉射击下，我们有全部被歼危险。只有集中三个大队突击一点。我军奋勇从中突破敌人伏击阵地,继续南进,算是冲出了敌人最后一层包围。可是敌方兵力大,我军人数少,突破口被敌封锁,后面伤病残人员又被包围,伤员亦无法救出。我红军被三四十倍优势之敌重层包围攻击,突围后又遭伏击。这样险恶的战斗环境,除共产党领导的工农红军外,其他任何军队都会被消灭。

彭德怀想起当年的九死一生,越说越激昂,毛泽东也很感动。后来两军会师瑞金,他拉着彭德怀的手,充满心疼和歉意:"这次很危险,不应该决定你们留守井冈山。"彭德怀咧了咧嘴,一股暖流从心头涌过。

■ 最后一掷——大柏地之战

井冈山确实在彭德怀手中丢失了,但追究原因,却是红四军跳到外线后,第一仗就失利,以致"围魏救赵"不成。

红四军是1929年1月14日拂晓由小荇州一线悄然下山的。

袁文才也夹在队伍中,自"柏露会议"后,他神思恍惚,目光游移,让毛泽东起了警惕。为了防止不测,特意将他与王佐分开,随红军主力行动。

3600人的队伍穿行在这山沟的丘壑之中,真如潜龙入海,悄无声息。当晚,部队行至大汾,一个猛扑,全歼守敌一个营,突破封锁圈,从容地跳到敌之薄弱地带。

围山之敌急忙抽出两路人马,一路为李文彬部,一路为刘士毅部,衔尾急追。

毛泽东要的就是这种效果,要把敌人揍得痛彻骨髓,才能解井冈山之围。拿下大汾后,并不停留,昼夜兼程,直扑大余。他打算在此兜一个圈子,再绕回井冈山。

大余并无敌军驻守,红军的行动实在出人意料。1月23日,毛泽东不费一弹进入了大余县城。他打算在此休整一番，为谨慎起见，配置了二十八团于城东北一带山地担任警戒，其余部队分散于城中和四郊开展群众工作。

对二十八团，毛泽东是放心的，这是红军的主力团，干部也非常得力，自王尔琢牺牲后，林彪接任了团长位置，党代表一职则由何挺颖担任。

此时的林彪已是小有名气，他是湖北黄冈人，家道殷实富有。据《林氏宗谱》记载，他们的祖辈是清末由福建迁徙而来，与中国近代第一个睁开眼睛看世界的林则徐同属一个脉系。

在现代史上，林氏家族出了三位鼎鼎大名的人物，即林育南、林育英和林育蓉。林育英后来改名为张浩；而林育蓉则是后来权重一时的"林副统帅"林彪。他们三人同属祚字辈，是共高祖父的堂兄弟。

林氏三兄弟中，以林育南最早走上革命道路。林育南有一好友为恽代英，曾在黄埔军校担任政治总教官。在林育南、恽代英推荐下，林彪于1926年进入了黄埔第四期。

在黄埔毕业生中，除了第一期，就算是第四期最出人才了，其原因有三：第一，黄埔前五期是国共合作的结晶，双方都倾注了精力、心血，挑选了一批相当优秀的学生。第二，前三期学生数量少，而由于第一期出道早，在军中已占据了位置，在统一广东的历次战斗中，二、三期学生多是冲杀第一线的士兵，牺牲颇多。第三，第四期学生毕业时，正逢北伐战争，使他们有了用武之地，且人数众多，不乏良才俊杰，逐渐崭露头角，而第五期学生则因为蒋介石叛变革命，造成分裂，人才流失太多。

所以，在第四期生中，无论国共双方，都可堪称将星辉煌，人才辈出。在国民党方面，仅上将就出了五个，分别为刘玉章、罗列、胡琏、胡长青、高魁元，至于中将、少将，那名单就更长了，例如李弥、张灵甫、唐生明、潘裕昆、文强等等，不一而足。在共产党方面则有著名红军将领叶镛、伍中豪、李天柱、陆更夫、胡陈杰、段德昌、袁国平、曾中生、刘志丹，以及后来成为中国人民解放军各级重要领导干部的王世英、方之中、李运昌、洪水、郭化若等等，而挂起元帅肩章的林彪无疑则是最著名的人物了。

林彪早年的性格也不像后来那样阴沉、内向，他在黄埔军校时就很活跃，并加入了中共。毕业后，分配到第四军工作，参加了南昌起义。由于他机灵善战，"八月失败"时已是二十八团的一个营长了，朱德对他也很器重。据龚楚回忆：

> 林彪当连长时，朱德就看重了他。因为他待人和顺，做事认真，并勤于学习。平日部队的管理很严，而又得到了士卒的爱戴，训练亦有办法而积极，他的部队特别整齐，而有蓬勃的朝气。作战时，身先士卒，勇敢善战，每次给他的任务，虽艰险而不辞，且均能彻底执行，完成任务。我们对他的期望甚大。王尔卓（应为琢）死后，他是一个最适合递补的人选。

二十八团的党代表何挺颖则是朱、毛、陈一致赞不绝口的人物。从秋收起义始，何挺颖就一直在毛泽东麾下，由毛亲自指挥。他原是三十一团党代表，"八月失败"期间，如果不是他和袁文才、王佐同心协力，奋勇抵抗，"黄洋界上炮声隆，报道敌军宵遁"，恐怕红军真要没有立足之处了。调他来二十八团加强工作，朱德、陈毅均拍掌赞成。

然而，偏偏就是让人放心的二十八团出了事。老虎打起了盹。警戒部队放出去后，就各人自扫门前雪，自管一段，以致敌人悄悄摸上来，尚不知情。他们也低估了李文彬的作战能力，李素以死缠烂打而令对手头痛。自奉命追击红四军，就一路上马不停蹄追踪而来。

毛泽东还从未有过如此被动，部队来不及收束已被迫退到城外。更让他恼火的是负责警戒的林彪撤得一点也不慢，他连连向毛泽东解释："顶不住了，顶不住了。"

"顶不住也得顶！"毛泽东动了真火，厉色厉声地命令道。林彪嘴唇动了动，但慑于毛泽东的威严，忍下了申辩，带部队返身而上。

这一仗，部队损失惨重，伤亡达300余人。三十一团营长周舫、独立营营长张威牺牲，何挺颖于混战中负重伤，用担架抬着行军，不久则因伤重不治而牺牲途中。在一片凄风苦雨中，部队进入赣粤闽边界的寻乌县境。

离井冈山越来越远了，毛泽东步履越来越沉重，他还沉浸在大余失利的阴影中，"围魏救赵"战术的基本要求是攻敌之必救，外线进攻一旦失手，则两头皆不落好,眼见得井冈山是回不去了。

厄运远没结束。自大余败北,部队连遭失利,乌迳遭敌劫营,信丰又被阻击,"沿途皆两省交界,红军没有群众帮助,行军宿营侦探等等非常困难。敌人又采取轮班穷追政策,我军为脱离敌人,每日平均急行军90里以上,沿途经过山岭皆冰雪不化,困苦加甚"。到达寻乌境内后,红军已是人困马乏,匆匆忙忙在圳下村安营扎寨,急欲休整一番。

整整一夜,毛泽东一直心神不安,部队敢于在此驻扎,是根据我疲敌疲之推理,然而根据实战表现,追兵之凶悍耐劳,应该加以警惕。

在这种不安的困扰中,东方露出了曙色,毛泽东反而进入了梦乡。如若不是一阵枪响,他可能要到日上三竿方能睁眼,实在是太疲倦了。

以敌人这次行动的隐蔽、凶狠论,毛泽东应该是在劫难逃,偏偏敌人推进过快,已越过他的住处,让毛泽东乘隙钻出了包围圈,又一次大难不死。

林彪又一次让人失望了。枪声一响,他拉起队伍就走,担任后卫的二十八团却是最早撤离险境的。

陈毅则离死神仅差一步。当他冲出屋子时,已被敌人从后面抓住,情急之下,陈毅甩掉大衣,来个"金蝉脱壳",才匆匆跑掉。

朱德是杀出重围的。他与敌人面对面相遇了,警卫员开枪掩护,却被敌人先下手为强击中了要害,朱德迅即拾起跌落在脚下的冲锋枪,在敌我交错中夺路而走。他的妻子伍若兰却在乱战中冲散,不幸遭敌逮捕,壮烈牺牲。

连战皆败,红军的士气已经跌落到了极点。2月9日,红军开到瑞金北部的大柏地,当地群众因不了解红军,已逃跑一空。部队饥寒交迫,追敌又无法摆脱,大年三十面对冷灶黑房,多天来郁结的烦闷恼怒简直要爆炸,有的人已经开始破口大骂了。

朱德满脸内疚地走出了村子,军长无能,三军受累。他在自责,在叹息,必须挽狂澜于既倒,这才是英雄本色。

山道上,他遇到了毛泽东,正和陈毅指指点点,神色兴奋。毛泽东让朱德察看一下地形,是不是适合打伏击。

细察之下,朱德不觉打了个激灵,好险的山势!两侧高山耸立,如刀劈斧削,夹着一条南北走向的狭谷,长约十余里,却是通向大柏地必经之道。真是天然的打伏击的好场所。

"在这里布个口袋阵,把客人请到山沟里过大年。"毛泽东的手伸进口袋,发现烟盒已经空了,扫兴地将它扔到寒风里。

"好啊。"朱德眉头顿时舒展开来,他建议,先让部队吃顿年夜饭,吃饱了才能打大仗。"瞧,连你也断了顿。"他望着毛泽东扔掉的空烟盒,摇摇头。

这一仗打得酣畅、淋漓、痛快,乃是下山以来仅见的。参加此战的粟裕兴奋地追述了战斗的过程:

朱军长、毛委员已发现追击之敌刘士毅的第十五旅孤军突出的弱点,且大柏地地形有利,故决定再在大柏地有计划地打一仗。这天正是阴历年除夕(2月9日),我们闯到土豪家,把土豪准备的年夜饭吃了个精光。吃饱喝足以后,我们离开大柏地,埋伏在石板道两旁山上的树林里。朱德同志安排一些人挑着担子停在道上,装作掉队的人员,要他们见到敌人就向埋伏区里跑。等到下午,敌人没来……有人又骂娘了:"奶奶的,平日敌人追得凶,今日却怂包了。"

"大年三十晚上还瞎折腾,这一夜白熬了。"

毛泽东毫不为所动,根据圳下村被袭教训,追军将领刘士毅读过些兵法,知道利用人们心理弱点,爱打冷不防。他三十不来,初一必到。

……

第二天大年初一,我们继续设伏待敌。那天,下起了毛毛雨,雨停后又起风,风停了又下雨,衣服湿了刮干,刮干了又湿,时间显得漫长。下午3时,敌人大摇大摆地进了埋伏圈,我军立即开火,双方激战竟夜,歼灭了刘士毅两个团的大部,俘敌团长以下800多名,取得了进军以来的第一个重大胜利。

这场胜利来得太及时,太宝贵了,陈毅额手称庆。回忆此役,他兴奋地称道:

"是役我军以屡败之余作最后一掷,击破强敌,官兵在弹尽粮绝之时,用树枝、石块、空枪与敌在血泊中挣扎始获得最后胜利,为红军成立以来最有荣誉之战。"

第四章

来自共产党内的争吵

■ 毛泽东的"抗命"

毛泽东终于出了一口恶气,他满脸皆是笑意,站在队伍前,翻空了自己的口袋:"过年了,还让你们打仗,打胜了,又没有东西犒劳,连顿饱饭也吃不上。不是我毛泽东小气啊,等条件转好了,一定补上,说话算数。"

队伍里一阵哄笑,朱德在一旁却止不住辛酸。他和毛泽东商议,解决红军队伍的生活困难,必须提到重要的议事日程。

取胜后的红军乘势北击宁都,守敌赖世宗团不战而逃。在宁都,红军所筹款项虽然不多,却略解燃眉之急,毛泽东专门作了指示,给战士们发饷,每人五角钱。2月22日,红四军转战东固,没想到这偏僻的山区,也活跃着一支红军队伍,即中共赣西特委秘书长李文林等领导的江西红军独立二团和独立四团。转战月余的红四军仿佛回到了家,陈毅即兴赋诗曰:

东固山势高,峰峦如屏障。此是东井冈,会师天下壮。

自东固而下,毛泽东灵感突发:追敌之所以如影随形,紧咬不放,乃在于军阀的地域观念,欲彻底摆脱敌人,须另辟蹊径。2月25日,红军折道向东,经永丰、乐安、广昌、石城,兵锋直指福建。3月1日,翻越武夷山,尾追之赣军果然望山止步。至此,方算彻底结束长达月余的"红军舞龙头,白军耍龙尾",被敌人追着打的窘迫。杀入闽境后的红四军,如出鞘之锋刃,无人敢轻拭其锋,福建的敌军力量本来就弱,除驻扎在福州的杨树庄之海军外,无一是蒋介石的嫡系部队,皆土著军阀,根本不能与红军一较长短。3月14日,驻守长汀的郭凤鸣旅在长岭寨试图螳臂当车,结果全军覆亡。红军于凯歌声中进入了长汀城。

因为占领长汀,毛泽东的诺言得到了兑现。汀州背倚武夷山,汀江绕城而过,是闽西最重要的物资集散地,其富庶繁华,让长期转战于湘、粤、闽、赣边境山地的红四军战士大开眼界。毛泽东大笔一挥,从筹措的军饷中拨出一部分,每个战士分得大洋四元,这对囊中如洗的战士们来说,算是一笔不小的财富了。

"个个都成了资产阶级。"毛泽东笑着打趣道。

他还有礼物要端出来呢,4000套崭新的灰色军装把红四军打扮得威武雄壮,式样的设计也是毛泽东亲自过问的,红领章两边飘,红五星头上戴,灰绑脚再配上一双黑亮亮"陈嘉庚胶皮鞋"。红军战士从头到脚焕然一新,自工农红军创建以来,这是第一次穿上统一的制式服装。

在长汀,朱德、毛泽东抓紧时间,对部队进行整编,取消团的建制,改编为纵队。全军3600余人共编成三个纵队,每个纵队下辖两个支队(相当营),每个支队下辖三个大队(相当连)。每个纵队有枪500支,人1200余名。整编后的红军指战员序列如下:

中国工农革命军第四军

军长朱德

党代表毛泽东

政治部主任陈毅

第一纵队司令员林彪　党代表陈毅(兼)

第二纵队司令员胡少海　党代表谭震林

第三纵队司令员伍中豪　党代表罗荣桓

3月20日,毛泽东在长汀辛耕别墅主持召开了红四军前委扩大会议,根据时局的变化,必须制定出新的战略方针。

就在红军进兵闽西期间,蒋介石与李宗仁正为争夺湖南而摩拳擦掌。自张学良东北易帜,国民政府已完成形式上的统一,蒋介石并没陶醉于眼前的成功,他暗自警告自己要"居安思危",除了心腹大患共产党外,那些坐镇一方的各路诸侯又哪一个是安分之辈。所以,他一面加紧对共产党用兵,一面则厉行"削藩",加强中央集权。

杨永泰为他献上一计。此人为蒋介石首席幕僚,新政学系首领,精明强干,绰号"袖里乾坤",以形容他城府深严,胸藏丘壑。蒋介石对之欣赏有加,青睐有加,重视有加,几乎言听计从。

杨永泰所献之策委实厉害,针对冯、阎、李、张四大军事巨头特点,对症施药,如冯玉祥第二集团军常年闹穷,则以经济制之;阎锡山首鼠两端,则以权谋制之;张学良踞守关外,长期受日本人纠缠,焦头烂额,则应以外交制之,中央乘机插手东北事务;而李宗仁以军事起家,则应以其人之道还治其人之身,用军事手段解决之。杨永泰一再催促道:"机不可失,目前桂军分散,似长蛇一字摆开,其尾在老窝广西,其腰在武汉,其头已伸至华北,拦腰一击,必能大胜。"

久经沙场的李宗仁又何尝看不清自己的弱点,为了加强腰腹力量,2月中旬,突然在湖南发难,赶走由蒋介石任命的湘省主席鲁涤平,致使湖南、湖北连成一片,桂系的长蛇阵从此贯通无阻,进可攻,退可守。

杨永泰跌足叹息:"再不能姑息养奸。"蒋介石也咽不下这口气,决定对桂系用兵。一时间,湘、粤、赣境内车辚辚、马萧萧,大战一触即发。

毛泽东抓住了这稍纵即逝的机会,要利用军阀混战的有利形势,在地形复杂、群众基础好、敌人力量比较薄弱的闽西创立根据地,并相机打回赣南。他挥动着手势:鹬蚌相争,渔翁得利,红军就是要乘乱拣便宜。他在给中共中央的建议书中强调说:"闽西、赣南一区内之由发动群众到公开割据,这一计划必须确立,无论如何,不能放弃,因为这是前进的基础。"4月1日,红四军离开长汀,再入赣境,此行已不复来时之狼狈,一路上旌旗招展,沿途之敌军闻风而走,避之犹恐不及,赣南古都瑞金轻松而下。在瑞金,毛泽东见到了历尽磨难、闻讯而来的彭德怀。

在一阵百感交集的唏嘘中，毛泽东拉着彭德怀不放，犹如隔世相见。他从心中感激彭德怀的红五军，正是他们危难之中鼎力相助，吸引了敌人主力，红四军方能有今天这样的规模。彭德怀却不无歉意，他拍着胸脯保证：井冈山从他手中丢失，也要由他夺回。

朱德最喜欢这股猛劲了，他点点头："夺井冈山不迟，眼前先要对付中央的这封来信。"他将一叠信纸摊在了桌上。

这份历史上被称为"二月来信"的长函，此刻就静静地放在朱、毛、彭的面前。满纸悲观，调子低沉得让人透不过气，中心意思即为：目前的形势不适宜红军大部队存在，要求朱、毛将红军的武装力量分散成小部队的组织，化整为零，分散到湘赣边境各乡村去打游击。

"瞎指挥！"彭德怀粗着嗓子吼了一声，只有集中兵力才能有效地打击敌人，分散兵力是绝不可能的。

"也不能全怪中央，很长时间和我们失去了联系，不了解情况嘛。"朱德总是那么宽厚，大度。

"不了解情况就没有发言权。"毛泽东尤为信中这样一段文字而恼怒。

中央依据于目前的形势决定朱毛两同志有离开部队来中央的需要。两同志在部队中工作年余，自然会有不愿即离的表示，只是中央从客观方面考察和主观的需要深信朱毛两同志在目前有离开部队的必要：一方朱毛两同志离开部队，不仅不会有更大的损失且更便利于部队分编计划的进行，因为朱毛两同志留在部队中目标既大，徒惹敌人更多的注意分编更多不便，一方朱毛两同志于来到中央后，更可将一年来万余武装群众斗争的宝贵经验，贡献到全国以至整个的革命。两同志得到中央的决定后，不应囿于一时群众的依依，而忽略了更重大的更艰苦的责任，应毅然地脱离部队速来中央。

朱德依然平静如水，口气却是坚定的，他请毛泽东代为执笔，以前委名义给中央回信，拒绝他们的指示。

毛泽东一开口就露出了锋芒："中央此信对客观形势和主观力量的估量都

太悲观了。"

他扳着指头数出一二三,以大量事实证明反革命与革命的潮流正处于此消彼长的转换、红军化整为零及朱、毛离开军队的不可行,满怀信心地宣布道:

"我们三年来从斗争中所得的战术,真是和古今中外的战术都不同。用我们的战术,群众斗争的发动是一天比一天扩大的,是任何强大的敌人也奈何我们不得的。"

"说得好。"朱德击节赞赏。毛泽东继续挥笔写道:

"现在党的指挥机关是前委,毛泽东为书记,军事指挥机关是司令部,朱德为军长,中央若因别的需要朱、毛改换工作,望即派遣得力人来。我们的意见,刘伯承同志可以任军事,恽代英同志可以任党及政治,两人如能派得来,那是胜过我们的。"

这封信写得有理有据,透彻明了。"相信中央会理解我们的。"朱德安慰着满脸烦恼的毛泽东。

"但愿如此。"毛泽东发出一声叹息。

■ 这些,发生在莫斯科

"二月来信"的起草者就是后来万人景仰的周恩来。他并非只会纸上谈兵,而是党内公认的搞军事斗争的专家。1924年下半年,他从欧洲回国不久,就接任黄埔军校政治部主任,年仅26岁。国民党军界高层人士中,许多人与他皆有过同僚之谊,师生之情。

"八一"南昌起义失败后,周恩来赴香港养病,病体稍愈即匆匆回国。1928年6月,中共"六大"在莫斯科召开,周恩来与邓颖超化装成一对古董商人夫妇前往哈尔滨。在火车站,由李立三将他们送上了开往苏联的国际列车。

中共"六大"之所以要在莫斯科召开,其原因在于国民党统治下的白色恐怖太严重了,而党又迫切需要有一段比较充裕的时间和安定的环境来认真总结大革命失败以来的经验教训,为什么陈独秀的右倾软弱和瞿秋白的"左"倾盲动在中国都行不通?中国共产党人要寻找出一个答案。当然,现在他们还不怀疑苏联革命的成功经验在中国是否适用,多多少少带着一种朝圣的心情来到了莫斯科。

"六大"会议的地点是在莫斯科郊区兹维尼果罗德镇附近的一座乡间别墅。这是沙皇时代一个地主的庄园,叫做银色别墅。洁白的墙壁在仲夏的阳光下闪闪发光,楼房面临公路,楼后是修剪整齐的花园,穿过花园是座小山,山上长满树木,苍翠欲滴。

山后有条溪流,两岸绿树成荫,树影婆娑。这一片恬静,一片安然,让饱经忧患的代表啧啧而叹:真是天上人间,恍若隔世。

出席大会的代表人数计正式代表84人,候补代表34人,代表党员4万多人。大会以瞿秋白、李立三、张国焘、向忠发等为主席团,周恩来为大会秘书长。

参加会议的人中还有一位活跃的人物,上窜下跳,周恩来悄悄地问身边的张国焘,此人是何方"神圣",见到我们国内同志总是那么自命不凡。

张国焘故作惊讶地责备周恩来有眼不识泰山。他介绍说:此人乃莫斯科中山大学校长米夫第一得意门生,鼎鼎大名的陈绍禹(王明是其笔名,1931年到苏联任中央驻共产国际代表时始用,为叙述方便,以下概称王明)。他作为翻译工作人员参加了大会的筹备,并以大会秘书处翻译科主任的身份参加了"六大"。

"瞧他那副模样,只知道跟着米夫腔转,一副溜须拍马相。"张国焘一脸鄙夷,粗鲁地骂道。

周恩来含蓄地一笑,不作评论,既然王明就在他的秘书处工作,又是党内同志,这种议论总是不妥的,但他却留意上了这个年轻人。

大会于6月中旬召开。会前,接到通知,斯大林将会见参加大会的中共领导,瞿秋白、李立三、周恩来、邓中夏等人如约出席了会见。

一脸威严的斯大林在中共领导人面前,犹如导师面对着学生,每一个音节都是那样不容置疑,每一个手势都是那样坚定自信。

斯大林隐约地批评了瞿秋白的"左"倾盲动，话虽然婉转，意思却不含糊。他认为中国的革命形势正处于两个高潮之间，即革命处于低潮而不是高潮，但正在走向高潮。这一分析是符合当时中国现实的。

李立三

意气风发的李立三却是初生牛犊，并不迷信权威。他向斯大林提出：中国革命并非处于低潮，中国各地都在不断发生工人、农民的斗争，革命形势是好的。

斯大林惊奇地望了李立三一眼，他已经不太习惯有人这样直率地反驳他的意见。为了彻底说服这位锋芒毕露的中共领导，他拿出一支红蓝铅笔，画了几条曲线以代表波潮，然后又在曲线最低点画了几朵浪花。

"看吧，即使是革命处于低潮，也会溅起几朵小小的浪花。"斯大林以教训的口吻告诉李立三。

这一生动贴切的比喻让与会者心悦诚服、赞叹不已。

站在一旁充作翻译的王明噗嗤一笑，这笑声很复杂。在斯大林听来，那是在赞叹他的幽默、睿智；在中国同志听来，就有点鄙夷的味道了："连这么简单的道理也不懂！"

李立三仍在努力消化斯大林的这个比喻。"如果将无数个浪花汇集到一起，就能掀起滔天的巨浪，中国革命不仅大有可为，而且曙光就在眼前。"他没有接受瞿秋白"左"倾盲动错误的教训，反而变本加厉，血脉贲张，决定不计利害地大干一场。

周恩来是力求准确地理解斯大林的意图，改变了原来认为中国革命潮流仍是高涨的看法，至少"现在不像五卅或北伐时代那样的高潮和高涨"，"我们虽然不能说是高潮，的确也说不到高涨，但我们相信革命是前进（的），是向高潮、高涨方面的前进"。

话，虽然说得很有分寸，但倾向还是明显的，这主要是受了共产国际领导人布哈林的影响。此时的布哈林已与斯大林产生了矛盾，双方的争论正在逐步升级，但在对待中国革命问题上却口径一致，只是布哈林更片面，更悲观一些。他认为中国红军只能分散存在,"如果集中,则会妨害老百姓的利益,会把他们最后一只老母鸡吃掉,老百姓会不满意的"。他要高级干部离开红军,比方说,要调朱德、毛泽东去学习。这句话后来传到国内,一贯厚道的朱德也不满了:

"谁吃了老百姓的老母鸡?毛泽东没有,朱德没有,其他战士指挥员也没有。苏区里的老母鸡都安静地趴在鸡窝里下蛋呢,成筐的鸡蛋,大娘们硬往红军口袋里装。"

在布哈林的影响下,再加上与红四军久失联系,听到的又都是坏消息,什么敌军五路"围剿",红军大余失利,圳下被袭,等等,令中共中央也为之担忧。"二月来信"就是在这种情况下形成的。随着前方消息的传来,周恩来的认识也有了改变,在没有收到红四军前委报告之前,又发出另一份经中共中央修改过的指示。信中不再要求朱、毛离开红四军,只是说:"润之、玉阶若一时还不能来,中央希望前委派一得力同志前来与中央讨论问题。""二月来信"中的那些批示实际上已经不再坚持,就此作罢了。但对红四军而言,其影响犹在。

"六大"选出了新的中央,值得注意的是,由于共产国际一再强调加强工人阶级的领导,向忠发应时乘势地当选为中共中央总书记。他的全部特长就在于他在武汉的工厂里挥过榔头,因此被共产国际视为中国无产阶级的先进代表。在这次大会中,米夫和王明便把他当成一张王牌,借以证明中共所犯的"左"倾、右倾的错误皆来源于知识分子的劣根性。向忠发也当仁不让地以陈独秀的继任者自居,摆出一副比陈独秀还要严厉的家长面孔,真让人有沐猴而冠的感觉。让这样的人执掌中国共产党,真是中国革命的悲剧。张国焘厌恶地说:

"其实,他并不是一个受人尊重的人,有点江湖气,与他共过事的李立三、项英等都知道他的底细,不免暗笑他的那种扮演。我们多数人总觉得他不能负起领导的重任,也讨厌他的'米夫味',但因中共缺乏领导重心,而又没有其他适当的人来充当,只好暂时忍受。"

毛泽东尽管没有出席大会,但亦当选为中央委员,这表明中国共产党已经十分重视枪杆子,而掌握着枪杆子的毛泽东在党内的分量已经是举足轻重的了。

瞿秋白的地位则开始下降。"六大"期间，共产国际
对他的指责不少，候补书记、美共党员佩佩尔的言论甚
至带有污蔑性，声称"中国简直就没有一丝一毫的布尔
什维主义"。大会结束后，瞿秋白留在了苏联，担任中共
驻共产国际代表，这其实也是对他领导能力的一种不信
任。张国焘也因为指导南昌起义失败，与瞿秋白一起留
在了中共驻共产国际代表团。

瞿秋白

在苏期间，瞿秋白与王明发生了碰撞。后者无论从威望、资历、地位等各
方面，都不能与瞿秋白相提并论，却咄咄逼人，气焰嚣张。王明很自负，他认为
瞿秋白马列主义理论知识只属于"半吊子"水平，只有他才是百分之百的布尔
什维克。

王明的领袖欲也很强，他的野心是从1925年踏入莫斯科中山大学后开始逐
渐膨胀起来的。

莫斯科中山大学是联共(布)为帮助培养中国革命青年而设立的高等学府，
创办于1925年，王明为该校第一批学生。由于苏联在中国的特殊地位，能踏入
"中大"，当可谓一入龙门，身价百倍，连蒋介石都曾把他的公子蒋经国送进"中
大"的校门。当然，由于意识形态的关系，该校最重要的任务，还是为中国共产党
培养干部。曾在该校学习过的盛忠亮于1971年在美国出版了一本名为《莫斯科
中山大学和中国革命》的著作，在该书中他这样讲道：

那些曾在中山大学……学习过的中国人，在中国共产党内是有重要的地
位。例如，二十八个布尔什维克当中的每一个人都是中山大学毕业的。拿最近的
来说，1956年中共"八大"选出的95名中央委员中，我至少能认出27个在苏联学
习过，他们主要是毕业于中山大学。

这一现实情况，说明了莫斯科中山大学对中国革命的重要性。

进入莫斯科"中大"后，王明即开始了钻营，很快便巴结上了该校的副校长

王明

米夫。米夫其貌不扬却官运亨通，24岁那年就担任此职（三年后又升任校长）。由于其貌不扬再加上年轻，米夫唯恐别人对他轻视，竭力装出一副深沉的模样，严肃得几乎不近人情，但他对王明却是另一种模样。

王明早就摸透了米夫的脾性，他对别的课程不甚关心，成绩平平，但对米夫教授的"列宁主义"这门课程和俄语狠下了一番工夫，讲起列宁主义课的名词术语头头是道，深得米夫的欢心和青睐，而俄语学得好，可以和米夫直接对话，接触就自然多了，思想交流深了，感情也就密切了，自然成了米夫的重点培养对象。中共"六大"会议上，米夫利用自己共产国际东方部副部长的地位，竭力提携此时尚在党内无足轻重的王明，安排他参加一切重要活动，包括担任斯大林会见中共领导人的翻译，并亲自出马，公开推荐。

王明也抖擞起精神，四处卖弄，到处散布小道消息。斯大林与布哈林不和的风声就是他透露出去的，以显示自己知道内部机密。与米夫坐则同位，饭则同桌，行则同车，借以收狐假虎威之效。殊不知他这种表演，恰恰引起别人的反感，投票下来，中共中央委员会的名单中，找不到他的大名。

望着霜打似的王明，米夫有点心痛。王明的不足，在于党内资格太浅，没有实际活动的经验，于中国共产党不能说寸功未建，但与瞿秋白、周恩来相比，简直不可同日而语，因此当务之急，应该在中国国内建立起组织基础，干出点模样，这样才有说话的资本。

王明打点行装，搭上了开往中国的国际列车，他就像一颗灾星，从天际间瞬息划过，但带来的损失却惨重得几乎将中国革命葬送于无底深渊。

第五章

漫天星火

■ 蒋介石疏忽了徐向前

在国民党统治大陆期间,黄埔军校一共送出了23期毕业生,共计25万余人。但是,蒋介石最重视、最得意、最欣赏的,却还是黄埔第一期。

对黄埔第一期生,蒋介石倾注了他的心血和精力,这是他的开山弟子,是他争江山社稷的本钱。许多人都承认,黄埔开办时期的蒋介石,很有一点励精图治的朝气。有一点很能说明问题,一期生500余名学员,他个个叫得上姓名,说得出籍贯,更详细一点的,他还能指出家庭情况、爱好特长,连生日都记在他那羊皮面子的笔记本上。他给自己规定了任务,每个星期都要找几个学生谈话,了解情况,联络感情,难怪连毛泽东也说:"蒋介石的鬼名堂多得很喽。"

但蒋介石对徐向前(原名徐象谦,大革命失败后改名徐向前)却没有过多的印象。

如果用"大智若愚,大巧若拙"这句话来形容徐向前,那是最恰当不过的。五台县的徐家是个书香门第,曾经风光一时,"丁既昌矣,门户张矣,或文或武,衣冠光矣"。他的十五世祖徐松龛,官至钦差,头品顶

徐向前

戴,道光年间钦点状元,翰林院编修,任过福建巡抚,总理各国事务大臣。徐家后来虽然败落下去,但那份聪明却一代代遗传。蒋介石看到的只是徐向前的平凡朴实、拘谨腼腆,因此被解读为"平庸"、"造化不大"。后来徐向前指挥的红一军在鄂豫皖闹得热火朝天,要不是别人提醒,蒋介石真忘了他这个做校长的还培养出这样一位会折腾人的学生。"以貌取人,失之子羽。"他连声埋怨丢失了一位难得一见的将才。

蒋介石的遗憾来得迟了点。黄埔的时候,徐向前还不是共产党员,有人动员他加入中共,他摇摇头:"我不做跨党分子。"他想,一个人要么信仰这种主义,要么信仰那种主义,不能脚踏两只船,同时信仰两种主义。

北伐期间,徐向前去了黄埔军校武汉分校。在那里,他的思想出现了质的飞跃,比较了共产主义与三民主义之优劣,他终于得出结论,跨入了中国共产党的大门,未来的共和国又多了一名元帅。

徐向前参加过广州起义,那时他还毫无名气,只是一名工人赤卫队的队长。战斗中,队伍很快被打散,徐向前来到起义指挥部请示办法,但那里已是人去楼空,一片狼藉。徐向前从装满银毫子的木箱里捞了两把就走。

广州起义失败后,徐向前随部队转战于广东海陆丰一带。这是彭湃创立的一块根据地,其条件之好,远甚于朱、毛的井冈山,部队素质强,群众基础好,领导人也很优秀,但就是没有站稳脚跟,原因何在?在于缺乏一条像毛泽东那样的正确的政治路线和军事路线。

从广东撤出后,1929年6月,中央军委派徐向前到鄂豫边根据地工作,任红三十一师副师长。近一年后,鄂豫边、豫东南、皖西三块根据地连成一片,形成东临舒城,西迄平江路,北达潢川、固始,南抵黄梅、广济,横贯26个县,面积近4万平方公里,人口近350万的赤色区域。根据地的三支红军队伍(即鄂豫边的红三十一师、豫东南的红三十二师、皖西的红三十三师)合编为中国工农红军第一军。全军2100余人,下辖三个师和一个独立旅,徐向前任副军长兼第一师师长,军长一职则由他的黄埔同窗许继慎担任。

如果说徐向前留给蒋介石的印象是"平淡无奇",那么许继慎的名字则让蒋介石感到恼火,上学期间这个学生就难以调教。许继慎是公开的共产党员,又是左派组织青年军人联合会的骨干，精明、强悍，有一种大别山人的倔强。他社会关系广泛，活动能力极强，可惜难为己用。北伐时期，他是叶挺独立团的一员出色战将，最著名、最残酷的汀泗桥、贺胜桥之战，他都亲躬其役，充当尖刀使用，在死亡的边缘上绕了几个来回。大革命失败后，在上海、皖西一带从事活动，鄂豫皖根据地建立后，由中央派赴红一军任军长，与徐向前合作。两位黄埔名将从此联袂作战，横行闯荡于大别山，闹得蒋介石寝不安枕，食不甘味。

红一军成立后，即锋芒初试。6月中旬，徐向前率红一师主动出击，奔袭平汉路的杨家集车站，驻扎在此的川军郭汝栋的两个连，睡梦中全部被歼，有的被活捉时，还骂骂咧咧："别闹，老子下半夜还有岗。"

此次夜袭，缴枪百余，一批新入伍的徒手兵摸着钢枪，一个个喜笑颜开。

郭汝栋不知道徐向前的厉害，他为失去两个连而心疼。6月下旬，以两个团的兵力挟愤而来，声言要雪耻前辱。徐向前闻讯微微一笑，谁怕你四川来的"双枪兵"，来一个打一个，来两个打一双。他把部队埋伏在杨平口一带，准备打郭汝栋一个伏击。

战斗是在中午时分打响的，初夏的太阳晒得郭汝栋两个团的"双枪兵"头昏腿软，不堪一战。徐向前宰鸡用了牛刀，红一师全力出击，不到一个时辰，川军一个正规团1000余人全部被歼，俘虏排成长队，缴获的枪支堆成小山。战后，红一师进行了扩编，已达1500余人，其战斗力与初成立时已不可同日而语。

在徐向前大发神勇的同时，许继慎也不甘寂寞。6月至8月间，亲率红二师、红三师于皖西和京汉路南段作战，共毙俘敌军7000余人。英山一战，歼敌即达一旅之众。待8月与徐向前在商南的四姑墩会师时，清点兵马，红一军已达4000余人，力量翻了一番，在全国各路红军队伍中，也属佼佼者了，"开始了从小规模的游击战向较大规模运动战过渡"。

■ 贺龙"卷土重来"

> 老子本姓天,住在洪湖边;
>
> 要想捉住我,神仙也叫难。
>
> 枪口对枪口,刀尖对刀尖;
>
> 有我就无你,你死我见天。

贺龙会哼这首歌,他喜欢歌中的那种天不怕、地不怕,那种爱憎分明,那种"流血五步,伏尸二人"的痛快淋漓。这位共和国的元帅生性豪迈,属于那种义薄云天的铮铮男儿。流沙突围,半夜时分,他和周恩来、叶挺走散,辗转去了香港,又回到上海,刚踏上了十六铺码头,周逸群捅了他一下,一张告示贴在显眼处:

"据查,第二十军军长贺龙、第十一军二十四师师长叶挺,受共产党指使,公然叛变,除派兵围剿外,希一体缉拿归案。"

"嘿,蒋介石拿10万大洋买你的头。"周逸群笑了。

贺龙一脸自得,他对这个价钱很满意,蒋介石对他蛮重视。从此他深居简出,神龙见首不见尾,早年对付官府追剿,他练就了特殊的生存本领,对危险有一种本能的敏感。

在上海的中共中央也为贺龙操足了心,贺龙很是感激。

"从香港到上海后,开始党组织不清楚,一个晚上我换八个地方住。党派人找我贺云卿(贺龙字云卿),开始也不认得。他们一个晚上也跑八个地方,一起跟我的线索找,说明共产党真伟大,真了不起,好关心我呀。"

安顿下来后,贺龙有时间回顾一下自己的历史。

与彭德怀一样,贺龙是在共产党最低潮的时候选择共产党的。挂着中将肩章的实授军长到哪里不是坐镇一方,所以蒋石很不理解。抗战时,他在洛阳会见前来参加第二战区作战会议的共产党将领时,特地把贺龙拉过一边:"民国十六年,你好端端的军长不当,去参加共产党的南昌暴动。"

贺龙两手一摊:"我和委员长的政见不同嘛。"

蒋介石在心里摇摇头,一个"绿林大学"毕业的贺龙,懂得什么政见不同。

贺龙确实是起自草莽,即我们今天所称的农民起义,历史上则言之为绿林豪杰。从湖南桑植县走出来的贺龙,用传统的观点看,当属于不安分之辈,"十处打锣,九处有他",这是家乡人对少年贺龙的描述。习拳走马,争强斗狠,直到遇上陈图南,方开眼看世界,逐渐洗去暴戾,露出良质。护国战争期间,组织湘西暴动,打石门、砸盐局,拉起了队伍。由于他天不怕、地不怕,所以一呼百应。毛泽东曾说过"贺龙同志两把菜刀起家",就是指这一时期的事,只是说得太"寒酸"了点。"打盐局的时候有三把菜刀,两把军刀,一只火铳,若干匕首。"贺龙后来笑嘻嘻地私下纠正了毛泽东的夸张。

避居上海时,中共组织准备安排贺龙及刘伯承去苏联,征求意见时,贺龙本人却更愿意留在国内。山里人有山里人的性格,像大山一样坚韧。他输得不服气,还要和蒋介石斗一番。根据他的要求与实际形势,贺龙又回到了家乡湘西,组织武装,卷土重来。与他同行的还有周逸群。

周逸群,黄埔二期生,在校期间参加中共,活跃异常,既为第二期中共黄埔支部宣传干事,又身兼国民党黄埔军校特别党部第二届执行委员会常务委员,主持日常工作,由此可见他的活动能力确属非凡。

相对而言,蒋介石对黄埔二期、三期不太满意。这一时期,黄埔岛上的左派、右派斗争特别激烈,二、三期学生也大都卷了进去,闹得不亦乐乎,让他这个做校长的整天忙于劝架。每逢这些热闹场面,必有周逸群唱主角,其时如果不是蒋介石尚不敢公开支持右派,他真想一脚把周逸群踢出黄埔大门。

对周逸群,蒋介石真是恨得牙痒。黄埔军校特别党部进行改选,在周逸群活动组织下,居然让蒋介石榜上无名,这不仅令蒋介石脸上无光,也说明了共产党的力量,不能不让蒋介石刮目相看,暗自警惕。

出了校门以后的周逸群,依然旗帜鲜明。进入贺龙的部队后,随即建起了共产党组织,扩大中共的影响,其最成功之作,就是把贺龙领上了革命道路。贺龙对周逸群也十分信任。"那是个有学问的大好人。"贺龙评论人的语言就是那么实在。

回到湘西，贺龙登高一呼，八方景从。湘西民风强悍，地方武装遍地，一支3000人的队伍，很快聚集在"工农革命军"的旗下，周逸群摇摇头："这支部队组建过于匆忙，尚需要改造，乌合之众是对付不了国民党的正规军的。"

贺龙也有同感，但形势紧迫，只能匆匆上阵。果然，在其后一连串的战斗中，屡战屡败，连周逸群也被冲散不知去处。贺龙终于意识到，旧武装不经彻底改造和阶级斗争的严格锻炼，是不能经受风浪的。

一番大力气的整顿淘汰后，红四军(与朱、毛红军同名)终于建立起来了，只是这个军有点名不符实，只有91条好汉72条枪。然而，小泥鳅翻起了大浪，攻鹤峰、占桑植、取长阳，兵锋直指五峰、建始，足迹踏遍慈利、大庸，湘鄂边根据地已初步形成。

与此同时，因部队打散而转移到石首、监利一带的周逸群也开创了一片新的天地。1928年6月，以他为首，重新组建了鄂西特委，发动游击战争，队伍迅速扩大。仅一年多时间，就由游击队扩编为鄂西游击总队，再扩编为中央红军独立师。1930年2月，按照中央指示，成立红军第六军，人数达七千之众，完全控制了洪湖地区，据有监利、沔阳、潜江、石首、华容、南县、公安等七座县城，岳阳到沙市间的一段长江也在其势力范围内，纵横数百里，极具战略意义。

1930年7月，红六军与贺龙的红二军(由第四军改称)在公安县胜利会师，根据中央决定，两军正式编组成红军第二军团，全军共一万余人，贺龙任总指挥，周逸群任政委兼前敌委员会书记。望着兵强马壮的红二军团，贺龙意气风发：

"该给蒋介石捎个话，老子还要和他大战三百回合。"

他还为南昌起义的失败耿耿于怀！

与毛泽东齐名的人

红军时期，黄公略是与毛泽东、朱德、彭德怀齐名的红军将领，历史曾经把这四位伟人的名字连在一起，称呼为"朱毛彭黄"。不仅在湘鄂赣苏区、湘赣苏区和中央苏区，"朱毛彭黄"的威名妇孺皆知，国内国外的等新闻媒体也常用"朱毛彭黄"的称谓来指代他们统率的工农红军。当然，在黄公略的心中，他视自己为朱、毛的麾下战将、阵前小卒。事实上，他也是毛泽东最得意的三骁将之一（另两位为林彪、伍中豪）。

黄公略相貌平平，天分却极高，他的胞姐有一段回忆：

公略天资聪颖，又恪守家训，耕读从不懈怠。他看书看得快，瞟几眼就翻一页，过目就背得。他爱看书，不论什么时候，都有书在手。

与他平凡的相貌一样，黄公略的家庭也是普通的耕读之家，但考其渊源，却大有来头，据说宋代文豪、江西诗派领袖黄庭坚就是其先祖。黄公略虽然也爱诗文，崇拜的却是与他黄家毫无关系且纯属杜撰出来的传奇人物黄石公，就是授汉代名相张良兵书的奇人。他的名字、字号，都是从那本著名兵书《黄石公三略》借鉴而来的。

对黄石公这份崇拜之情，说明黄公略向往的乃是沙场演兵、虎帐论将的戎马生涯。果然，17岁那年（1915年）黄公略即投入湘军，在那里认识了彭德怀（原名彭得华），并结为莫逆之交。与彭德怀的火爆不同，黄公略属于柔中带刚的类型，腹有诗书，胸藏韬略，是个全才。

黄公略

黄公略志向远大,心雄万丈。他曾在湘军中苦苦求索多年,感叹"虽有智慧,不如乘时,吾如有机可乘,是不自生自殁的"。北伐战争给他带来了"乘时"的机会,随唐生智的第八军上北伐前线,领略了武昌攻城战的炮火;随即转入黄埔军校高级军官训练班,才华初步显露。他的一位同学刘子奇回忆起当时对黄公略的印象:

他言行持重,深沉不露,学习勤奋,善于钻研。尤其对军事学术,学而不倦。在野外演习中,他扮演各级指挥,均能胜任,判断力强,处理问题果断,有魄力,不误时机。同学及老师们对他皆有好评。他对军事原来有基础,对政治、经济、哲学等其他学科,亦皆有广泛兴趣。假日常去广州生活书店阅购一些进步人士的著作,如鲁迅、郭沫若、成仿吾等人的著作。因此亦引起同学中少数极右分子歧视,同时也增强了黄本人的警惕性。

黄公略在广州受训之时,正值共产党发动广州起义之际,那时,他还未加入组织,却已与共产党同仇敌忾,和同学贺国桢悄悄溜出校门,很过瘾地打了一仗。一段日子后,待他重新坐进高级班课堂,那一脸的平静就像刚刚从外边散步回来。几个月后,当他怀揣着结业证书离开广州时,已经是中国共产党的人了。

黄公略重新回到原来所在的部队,现已归属何键的三十五军,那里有他的好友彭德怀,如今已升任团长。他这次重回湘军,其实是受中共广东省委的派遣,策动起义的。

恰恰彭德怀也在张罗此事,但他和黄公略一年多没有来往,彼此不通音讯,大革命泥沙俱下,形势变幻莫测,见面时双方都不敢掉以轻心,都在互相试探。

这一试,险些酿出惨祸。彭德怀毕竟不如黄公略深藏不露,三言两语谈翻了,大喝一声:

"好你个姓黄的,蒋介石的走狗,老子今天与你割袍断交!"

早有人一拥而上,堵嘴的、取腰带的,紧紧勒住黄公略的脖子。如果不是他分辩得快,只怕历史上再也留不下这个传奇的名字了。

1928年7月,黄公略率独立五师第三团第三营,彭德怀率第一团举行了平江起义,组建成红五军。10月,彭德怀、滕代远率红五军第四、五纵队向井冈山转移,黄公略则率红五军第一、二、三纵队,在平江、浏阳、铜鼓、修水、万载一带坚持游击战争,开辟了湘鄂赣边区,是湘鄂赣根据地的创始人之一。

自彭德怀率红五军主力远去井冈山,黄公略只手撑江山,那一段日子真是漫漫如长夜,有人描述当时的情形说:

> 彭退往井冈山后,敌军便四面向我们包围(正值围攻朱、毛时,12月19日)。平江全县乡村及浏阳之东乡,又完全被敌军占领,所有已割据的苏维埃区域又重入白色恐怖之状态中,敌人所到之处,逢屋便烧,见人便杀,几乎是"无农不暴,无工不匪"。共计在去年阴历十二月底,平浏两县被白色军队烧去的房子约数千栋,被杀的农民数千口。

艰难困顿之中,黄公略苦思良策,他与毛泽东的一些做法、想法居然不谋而合。"支部建在连上",这是毛泽东"三湾改编"时的创举,让陈毅钦佩得五体投地。当年陈毅也分管南昌起义部队的思想政治工作,但就是抓不住要害关键,就是难如人意,到了井冈山才取到真经。"毛泽东的新道道就是强",支部建在连上就像是一条纲,纲举而目张,共产党的力量一下子撒满了军队,这是军队管理学上一个了不起的创举。

身处异地的黄公略也想到这一妙法。

黄公略第二个计划是建立农村根据地,这是依样画葫芦学毛泽东的,但也有创新。他提出红军必须和地方武装配合,这种配合不仅仅是战略战术方面,而且是一种内部的交融,互相补充血液,红五军正是在这种水乳交融中迅速壮大起来的。

但是,黄公略最得意的神来之笔还是他的那本《论游击战术》。根据他对《黄石公三略》的潜心研究,结合斗争实际,总结出一整套行之有效的游击战术。文武兼备的何长工对此就很佩服,认为与毛泽东提出的那一套如出一辙,他说:

"黄公略很有学问,军事知识很丰富。""黄公略很会用兵。他写过一本《论游击战术》的书,几乎与朱、毛在井冈山创造那个'敌进我退'的十六字诀是同时。

他对整个红军游击战争的战术原则的形成,是有重要贡献的。"

在此情势下,湘鄂赣边界动荡起来,黄公略的身价也水涨船高,敌人对他的悬赏由一万元上升到十万元。看看这一带自黄公略插足后(1929年)形势的变化即一目了然。

1月17日,浏阳毛田暴动;

1月18日,浏阳鲁家湾暴动;

1月20日,浏阳老乌墩暴动;

2月3日,浏阳金坑暴动;

2月23日,平江缴敌枪70支;

2月25日,敌驻万载工兵营一排起义,缴县公安局械,开狱放人,携枪40支,投奔红军;

3月19日,浏阳大胜,消灭地主武装挨户团一部;

3月24日,红二纵队配合浏阳赤卫队,夜袭永和市联防武装,歼敌近千,缴枪110支,军用品无数。

这些胜利,应该记在黄公略和红五军的功劳簿上。

当彭德怀相隔八九个月再返湘赣鄂边区时,已不得不刮目相看了,黄公略手下已有雄兵三千,坐镇一方,名声响彻大江南北。湘赣边特委筹划组建红六军,点名道姓要黄公略做军长,毛泽东也相中黄公略的大将之才,在1930年召开的"二七"会议上,仔仔细细打量了他一番,惊讶之下,用语不免唐突:

"鄙人以为你黄公略长有三头六臂哩!谁知你其貌不扬。"

"是的,还有点土里土气。"黄公略顺口接上,脸色如常。

毛泽东忍俊不禁,却注意到,黄公略眼神清湛,举止从容。

"真是'君子不可貌相,海水不可斗量'。"

离开黄公略,毛泽东感到一丝奇怪,怎么从黄公略身上看到了自己的影子。当然,这是神似而非形似,这乃是心灵上、思想上、思维方式上的一种相通,使他与毛泽东处处合拍,也就是人们常说的"英雄所见略同"。在红军将领中,黄公略的雄才大略确实突出。

现在组建红六军,正需要得力人手,毛泽东拟派陈毅去,征询他的意见,陈毅当即表示愿意受命。这样陈毅来到了红六军,同黄公略搭档。

红六军共辖三个纵队,共约3000人、2500条枪。一纵队由江西红军第二、三团编成,就是那支战斗在"东井冈"的东固山、红四军转战赣南不期而遇的队伍,纵队长柯武冬,政委李韶九;二纵队来自江西红军独立第四、五团;三纵队则由永新、宁冈、莲花等县赤卫队编成。红六军挺进赣水两边,水南、施家边两战皆捷,全歼敌一个独立旅。黄陈联袂,如鱼得水,数月工夫,已打出一片天地,根据地内欢歌笑语,一派祥和欢乐景象。一位前清秀才拉着黄公略的手,咬文嚼字道:"尧天舜日,治平盛世,不想于今日见之。"

黄公略哈哈一笑:"共产党要比那尧舜强多了。"

红军捷报频传,毛泽东闻讯兴奋不已,在马背上哼出一首壮丽的词篇:

六月天兵征腐恶,

万丈长缨要把鲲鹏缚。

赣水那边红一角,

偏师借重黄公略。

百万工农齐踊跃,

席卷江西直捣湘和鄂。

国际悲歌歌一曲,

狂飙为我从天落。

红军将领中,大名在毛泽东词章中出现的并不多,由此可见他对黄公略的厚爱和器重。

■ 战略大转变

星星之火,已经燎原。在李立三"左"倾冒险主义推行之前,中国革命的形势一片大好。这不是没有理由的乐观,大革命失败后三年来,在毛泽东的影响下,中国有江西、湖南、湖北、福建、广东、广西、江苏、浙江、安徽、河南、甘肃、陕西、四川等13个省的300多个县发生过武装暴动,建立了大小十余个红色根据地,建立了13个军的正式红军,共约6.2万余人,稍后发展到10万余人。其中比较重要的有:

赣南闽西根据地的红四军、红六军、红十二军、红二十军、红二十二军;

湘鄂西根据地的红二军、红六军、红九军;

鄂豫皖根据地的红一军;

湘鄂赣根据地的红五军、红八军、红十六军;

赣东北根据地的红十军;

左右江根据地的红七军;

东江根据地的红十一军;

苏北地区的红十四军;

浙南地区的红十三军及川东游击军等。

与此同时,中共在国民党统治区的工作也有相当的恢复和发展。全国已有17个省委重建了党的南方局、北方局和长江局,党在群众中的指导作用和政治影响显著地扩大,许多地方的工人运动、农民运动、士兵运动、学生运动再度活跃。这种情况,就使红军能够建立机动作战的正规军团,并有了可以回旋能得到群众支援和各项补充的广阔战场。

国民党方面,蒋桂战争结束后,蒋介石并不罢手,他公开声称:

"此次讨逆之目的,并不仅在讨伐李、白。务使李、白铲除之后,永无继李、白而起之叛徒。"

这番话说得杀气腾腾，明摆着敲山震虎，警告冯玉祥、阎锡山这帮实力派。冯、阎也确有唇亡齿寒、兔死狐悲之感，联合除共产党以外的所有反蒋力量，以作一搏。

于是，中国大地战火遍燃，军阀屡开战。先是冯玉祥争雄斗狠，接着唐生智宣布讨蒋，石友三浦口炮轰南京，然而蒋介石却始终立于不败之地。合纵连横，远交近攻，兵来将挡，口诛笔伐，十八般武艺轮番使用，以他的老谋深算，占据着中枢，或讨或抚，应付裕如。

面对蒋介石的势力一天天强大，各路诸侯意识到处境的危殆，以蒋介石之心胸，卧榻之侧，岂容他人鼾睡。他们检讨了以往反蒋斗争的失败，乃由于各自为战，各怀异心，以致蒋介石各个击破。若讨蒋，则非精诚合作不可。于是1930年的日历刚刚翻开，冯玉祥的西北军、阎锡山的晋军、汪精卫的改组派以及刚刚失利的桂系集团，开始了走马灯似的来往穿梭，他们共同约定：悠悠万事，唯讨蒋为大，至于日后如何分赃，他们先军事，后政治，先打后谈，边打边谈。4月1日，阎锡山发表讨蒋通电，其中有语曰：

党国不幸……致使党权高于一切，党变而为一人之化身。专制独裁，为所欲为。而政治上之一切错误，其责任悉归之于党。以致贿赂公行，国人不敢诘责；土匪遍国，政府不加过问。筹巨款、借巨债，无非成全其篡窃之具；张挞伐，行暗杀，无非私张其篡窃之威。党不党矣，政不政矣，国不国矣，民不聊生矣，犹复迫我以武力助其铲除异己。从之不忍，拒之则怒。几经言诤，挽救无法，故……以张挞伐。

中原大战，就此拉开帷幕。

各路反蒋势力均作孤注之一掷，此次机会若失，恐就此人为刀俎，我为鱼肉。在两广，桂军联合北伐名将张发奎，编为"中华民国军第一方面军"，计3万余众，分三路北上，杀入湘境，兵锋直指武汉。

西北军则编为"中华民国军第二方面军"，倾30万大军分六路进入中原，沿平汉线、陇海线而下，以配合晋军、桂张联军。命名"中华民国军第三方面军"的晋军,合计人马20余万,也是兵分六路,分别投入津浦战场、陇海战场。

此外,还有驻扎新乡地区的石友三部,编为"中华民国军第四方面军",以10万之众出鲁西,与晋军配合,合攻济南。

以上各路反蒋军计达70余万,大有挥鞭断流、泰山压顶之势。

蒋介石奋袂而起,沉着应战。他以中原为主战场,调集精兵强将,企图一举击溃阎、冯二军,收全局之胜利。

战事的发展对他并不利。在陇海战场,蒋军初则小胜,继则大败,在晋军、西北军联合夹击下,一时陷入窘境;在中原战场,西北军采用灵活多变的战术,操纵了战场的主动权;在鲁西,石友三兵出诡道,取得出其不意的效果;在南方,桂张联军攻势凌厉,取长沙、窥武汉,饮马长江指日可待。在5月至8月这段日子里,蒋介石是焦头烂额,殚精竭虑。

这是中国革命大发展的好时机,红军壮大的好时机。聪明的共产党人敏锐地意识到,主观条件的逐步成熟和客观有利条件的出现,为红军实行战略转变造成了可能。同时,为了打破敌人规模越来越大的"围剿",消灭敌人更多的有生力量,求得红军和根据地的更大发展,也需要实行这种战略转变。为此,1930年5月,也正是蒋冯阎李大战刚刚打响之际,中共开始为建立苏维埃中央政府做准备。与此同时,又秘密召开全国红军代表会议,做出了关于红军的决议案,确定各地红军分别集中组成军团,军团以下按三三制建立军、师、团、营、连、排等组织。6月,红军主力先后开始进行整编,赣南、闽西根据地红军编为第一军团(开始称第一路军),下辖四、六、十二共三个军,其指战员序列如下:

总指挥朱德

政治委员毛泽东

前委书记毛泽东(兼)

参谋长朱云卿

政治部主任杨岳斌

第四军军长林彪　政治委员彭清泉

第六军军长黄公略　政治委员陈毅(改称红三军后,蔡会文接任政治委员)

第十二军军长伍中豪　政治委员谭震林

红一军团组成的同时，红五军军委在鄂东南大冶之刘仁八召开扩大会议，根据党中央指示成立第三军团，下辖两个军，其指战员序列如下：

总指挥彭德怀

政治委员滕代远

前委书记彭德怀（兼）

参谋长邓萍

政治部主任袁国平

第五军军长邓萍（兼）　政治委员张纯清

第八军军长李灿（何长工不久代任）　政治委员邓乾元

不久，湘鄂赣边部分地方红军编成第十六军，军长孔荷宠，政治委员黄志敬，也归属第三军团建制。

7月中旬，活动在湘鄂西一带的红四军、红六军，也在江陵县的普济观组成第二军团，指战员序列如下：

总指挥贺龙

政治委员周逸群

前委书记周逸群（兼）

参谋长孙德清

政治部主任柳克明（即柳直荀）

第二军（原第四军改称）军长贺龙（兼）　政治委员朱勉之

第六军军长邝继勋　政治委员段德昌

红一、二、三军团的组成，标志着红军由游击战争向正规战争的转变，是我军发展历史上第一次战略转变，工农红军已经弥足声势，弥足气候。

遗憾的是，李立三却在这大好形势下失去了冷静。

第六章

灾情遍野

■ 李立三多走了一步

李立三应该算是一个优秀的人物,有魄力、有胆识、有学问,对革命忠心耿耿,历史也给了他成就一番事业的绝好时机。然而,在个人性格上,他却有着致命的弱点:热情如火,却缺少韧劲,缺少耐力。由于他的"左"倾错误,使一切险些毁于一旦,几乎到不可收拾。列宁对这样的人给予过批评:"只要再多走一小步,仿佛是向同一方向迈得一小步,真理便会变成错误。"

李立三恰恰是多迈出了这一步。

在莫斯科召开"六大"期间,他就隐隐地顶撞过斯大林,对关于"高潮""低潮"的那一番比喻很不以为然。"无产阶级革命的导师也有缺乏魄力的时候。"时不我待,他要大干一场。

中共中央的现状也给李立三的蛮干提供了机会。"六大"选出的中央政治局委员共七人,总书记向忠发胸无点墨,只不过是唱喏画押之摆设;瞿秋白、张国焘留驻莫斯科;蔡和森体质羸弱,难负重荷,加之在思想路线、工作方针上也与李立三产生分歧,遂被打发到苏联养病;项英就任地方党务工作,旋被派至赣南中央苏区;唯一能给李立三以清醒的,就是主管军事部和组织部的周恩来了。

周恩来并不完全反对李立三的观点,在他起草的《中央通告第七十号》中就要求使城市工人罢工与示威的发展组成武装暴动的第一步，要求集中农民武装，扩大红军，向着中心城市发展，以与工人斗争汇合。他认为：组织政治罢工，组织地方暴动，组织兵变，集中红军攻坚，这四大口号是我们目前的中心战略。

周恩来也有与李立三存在分歧的地方，而且是关键之所在。还是那份《中央通告第七十号》中，周恩来非常明确地写道：对"武装暴动的直接革命形势"的判断，并不是认为它已经来到，只是要"准备"和"促进"它的到来。李立三后来却认为"革命高潮与直接革命形势是一个东西"，从而很快把全国武装暴动提上行动的日程。这是他们之间的基本区别，也是周恩来后来很快站到反李立三"左"倾方面的重要原因。

偏偏连这点约束最终也被解除。1930年3月，为了解决中央与共产国际远东局的争论，周恩来到莫斯科汇报工作，李立三终于大权独揽，无所顾忌地从怀中掏出他那一揽子计划。在他主持下起草的中共中央《六月决议》，即《目前政治任务的决议——新的革命高潮与一省或几省的首先胜利》宣称："在新的革命高潮日益接近的形势之下，准备一省或几省首先胜利，建立全国革命政权，成为党目前战略的总方针。"按李立三估计，在武汉、南京暴动胜利后，蒋介石将迁都北京，而苏维埃中央政府将在武汉成立，形成武汉与北京两个政权的对峙局面。与此同时，在北方进行冀鲁豫暴动，推翻北京政府；在东北举行哈尔滨、大连起义；在南方进行广州、香港暴动。他还异想天开，把苏联也拖进战争，妄图利用日、俄冲突，引起全世界的危机，实现世界革命。

李立三一连串火辣辣的指示在中国引起一连串霹雳闪电，他还建议苏联方面要做好战争准备，准备投入到对帝国主义的全面战争中去，并请通知瞿秋白、周恩来等同志速归，以加强中国革命的领导力量。

李立三的蛮干，让瞿秋白大惊失色。

周恩来也匆匆赶回，根据共产国际的指示，已明确指出《六月决议》是错误的，不切实际的。精明现实的斯大林绝不愿被李立三拖进漩涡，必须尽快纠正这场正在蔓延的灾祸。

远东局也对李立三进行了批评。

李立三对这一切毫不买账。前方又传来消息，红三军团已打下长沙，这使他的底气更足了，共产国际对中国革命以往指示的屡屡错误已让他产生轻视之感，对苏联利益过分考虑又令人感到不公正。李立三反感地昂起头：忠实于共产国际，遵守纪律是一回事，忠实于中国革命又是一回事。他用力挥舞着手臂："打下武汉，再用另一种方式与共产国际说话。"

李立三的话没错，也挺有志气，以往的中共中央缺少的正是这种独立自主的精神，对共产国际的指示，无论正确与否，都如奉纶音。

李立三挺起了脊梁，但却偏偏错了。

灾难造成了！

■ 一打长沙

李立三的"左"倾并不是一开始就遭到反对与抵制。据黄克诚回忆说：

当时正值新军阀混战，蒋介石暂时无暇顾及革命根据地和红军，为苏区的发展和红军壮大造成了十分有利的时机，形势对我们非常有利。中央关于攻打中心城市的指示一经传达，无论军队还是地方，从上到下，无不群情振奋，摩拳擦掌，踊跃响应。

黄克诚是少有的清醒者之一，只是他人微言轻，扭转不了大局，反而被指为"右倾"，由红三军团的一个师级干部降职为团级。

彭德怀有一句话很耐人寻味："只要议论路线有了偏差，就会反映到组织问题上……而且剑拔弩张，不许别人批驳，随便诬蔑别人为右倾。"

对李立三的"左"倾错误，不能说彭德怀一开始就有全面的认识，作为红三军团的最高领导、具体行动的操作者，他是在实际中发现了谬误，并在执行中婉转地加以修正。

根据中央指示,红三军团进攻武昌,配合第二军和第一军夺取汉阳、汉口;红一军团夺取南昌、九江,以实现"占领武汉,溯江而上"的战略计划。对此,彭德怀直斥为"军事冒险主义"。

据他了解,当时武昌城有敌军五个团据守,修了坚固工事,江面上各帝国主义军舰星罗棋布,并非仅仅作壁上观。长江正是涨水季节,南湖水满,沿江只有一条大堤,只有沿大堤才能接近城墙。此外,岳州、阳新皆有重兵驻守,与武昌形成犄角之势。前有坚城,后无退路,侧长江、北南湖,一旦陷入苦斗,简直比当年突围井冈山还要危险。

彭德怀拒绝了中央指示,但他没有硬抗,这反映了他粗中有细的一面。

"党中央错误路线,下级党在开始时不容易了解,因为它不容易了解全盘情况,即使了解了,也只能向中央建议,在不得已的情况下,为避免严重损失,也只能抵制像打武昌那样的事。如一开始就采取对抗,那就会有分裂党的危险。"

武汉不可强求,长沙我所欲也。彭德怀做足了声势,占金牛、取鄂城,摆出进兵武昌的模样。待驻守岳州的钱大钧两个师星夜驰援之际,红三军团乘虚而入,席卷鄂东南六县(鄂城、咸宁、蒲圻、嘉鱼、通城、通山),直捣岳州,兵锋直指长沙。

彭德怀此次的对手乃是湖南省主席何键,此人阴鸷凶狠,对共产党尤其手辣无情,有"铲共专家"之称。面对红军咄咄攻势,他理解为虚张声势,其湘军主力依然纠缠于与桂张联军激战之中,仅派出危宿钟师攻击平江,迎接彭德怀的挑战。

7月23日,双方首先在平江以西瓮江镇附近之双江口交手,红军以逸待劳,一举破敌。

26日,红军乘胜追击至金井,反复冲杀,敌人不支,再退朗梨市、七里巷一带。

27日,何键调集重兵,踞守朗梨,以作困兽之斗。无奈红军挟连胜之威,士气如虹,攻势如潮,至下午四时,突破敌人防地,长沙门户就此敞开在红军面前。

在红军将领中,彭德怀以擅打恶仗、猛仗著称。其作战风格,不像林彪那样飘灵,却更凝重、更凶狠,属于力量型。一旦被他把握住机会,往往是致命的一击。打下朗梨后，彭德怀征衣未解，立即命令进兵长沙，他要趁热打铁，不给何键一丝喘息之机。

部队冲过了浏阳河，直扑城垣，攻势犹如怒涛奔涌。彭德怀横刀立马于浏阳河边，浮桥早被他下令拆除，红军战士有进无退。湘军纵然骁勇，何键纵然凶悍，在这种气势下也心生胆怯。战至深夜，长沙城终告易手。

何键跑了，跑得凄凄惨惨，狼狈不堪。曾几何时，这位"铲共专家"信誓旦旦地保证："本主席守土有责，势必与城共存亡。"如今却丢盔弃甲，落荒而逃。他在给蒋介石的请罪电中红着脸承认："致上贻钧座南顾之忧，下辜湘人倚托之重，俯仰自愧，悲愤无以。"

彭德怀却咬着牙齿遗憾不已，他对何键真是恨不能啖其肉、寝其皮："这只狼狗只身逃于湘江南岸，没有活捉此贼，此恨犹存！"

攻取长沙，意义非同一般。这是第二次国内革命战争时期红军攻下省会的唯一战例，一扫大革命失败后之沉闷空气，工农群众热烈异常，全城气象豁然开朗，如严肃沉闷之寒冬，急转燕语莺歌之新境。

彭德怀对此作了正确的评价："这些胜利在当时是很大的，否认这些胜利是不合事实的。但是……"彭德怀话锋一转，"这些胜利并不能掩盖'立三路线'的错误，挽救不了'立三路线'的失败……由于红三军团攻占长沙的胜利，对于'立三路线'，也起了支援作用。"

自8月1日起，中共中央在上海连续召开政治局会议，要求调集红一、二、三、四、五、六各军等分路向武汉推进。"能打下长沙，就能打下武汉，就能打下南京。"李立三兴奋得满脸飞金。红三军团也沉浸在胜利之中，面对着何键的凶猛反扑而疏于警惕，在敌人大兵压境的情况下，囿于中共攻打武汉的指示而未作及时撤离。

8月5日拂晓，黑暗还未褪尽，长沙城中已喊杀连天，红军勉强抵抗两个小时即弃城而走，何键以十个团的兵力尾追不舍。

红一军团半道上突然杀出，拦腰截住追敌，彭德怀终于有暇长喘一口粗气。

■ 毛泽东的"推"字诀

毛泽东与李立三的交往很早,后来又共同许身一个事业,但遗憾的是,两个人的友谊始终没发展起来。

毛泽东是怀着满腔抱负跨出韶山冲的。这一点可从他留给父亲的一首诗中得到证明:

孩儿立志出乡关,学不成名誓不还;
埋骨何须桑梓地,人生无处不青山。

既以天下为志,当结天下贤者。1915年秋,毛泽东以"二十八画生"名义,发出《征友启事》,"愿嘤鸣以求友,敢步将伯之呼"。

这不是简单的呼朋引类,也不是为了排遣寂寞,毛泽东择友的标准很高,注明必须"坚强刚毅,随时准备为国捐躯"。他有三不谈:女人不谈,私事不谈,琐屑不谈。

所以,当意气纵横的罗章龙出现在毛泽东面前时,毛泽东欣然色喜。他喜欢罗章龙的高谈阔论,舌灿莲花。都是"恰同学少年,风华正茂;书生意气,挥斥方遒。指点江山,激扬文字",不亦乐乎,不亦快哉!

相对而言,李立三就有点相形见绌了。他刚刚16岁,初入省城,见识少,又有些腼腆,一时没有答上毛泽东的提问,坐不上一会就告别而去,这让毛泽东有些失望。

但两人的交往毕竟开始了。朱、毛观念之争期间,李立三作为中共中央政治委员,也是这场争论的仲裁者,他是支持毛泽东的。毛泽东重返红四军后,曾专门有一信写给李立三,字里行间,那种熟稔,那种亲切,跃然纸上。

立三兄：

久不和你通讯了，陈毅同志来才知道你的情形。我大病三个月，现虽好了，但精神未全复元。开慧和岸英等我时常念及他们，想和他们通讯，不知通信处。闻说泽民在上海，请兄替我通知泽民，要他把开慧的通信处告诉我，并要他写信给我。

我知识饥荒到十分，请你时常寄书报给我，能抽暇写信指导尤幸。

共产主义的敬礼

毛泽东

像这样拉家常的语言，在党内同志通信中，毛泽东是很少使用的，也就是对李立三这种少年朋友才如此随便。

毛泽东没想到，李立三对他唬起了脸，铁面无情地批评了一通。尤其是关于农村包围城市的理论，李立三觉得可笑，认为毛泽东尚未摆脱那与生俱来的土气，山沟沟里的人又怎么懂得马列主义。1930年2月17日，在中共中央政治局76次会议上，他指名道姓地教训说：

"在红军中不仅是深入土地革命的任务，红军应更集中地向中心城市发展，便于全国政治的影响。如只束缚在深入土地革命上，必然限制在农村中，朱、毛就是如此。"

李立三嘲笑毛泽东领导的游击战争是"兜圈子主义"，要"批评他们的兜圈子主义"；游击战争的十六字诀"一般不适用"；开辟闽粤赣根据地是割据政策，是保守观念，没有以全国胜利为前提，在目前革命形势之下，自然是极端与党的任务相冲突的，而且割据保守更是失败主义的表现。

毛泽东与朱德面面相觑，被教训得满头雾水。他们承认，在山沟里时间太长了，消息闭塞，缺乏对国内国际形势全面的认识，也只能洗耳恭听李立三的分析了。但是，凭他们的实践经验和真切感受，本能地对李立三整个方案感到怀疑。李立三要求他们，首先要从战略思想上有一个转变：

"目前红军的战略，是坚决进攻，以消灭敌人的主力，向着主要城市与交通要道发展。过去的不打硬仗，避免与敌人主力冲突、分散游击等游击战术，已经与目前的形势和任务不相合了,必须坚决地纠正过来。"

至于朱、毛的具体任务,中央指示也非常明确:

"目前首先胜利的前途、最显著的区域,是湘鄂赣等省,而以武汉为中心。"朱、毛红军"应成为湘鄂赣先胜利的主要力量",积极进攻,准备攻取九江、南昌,以实现会师武汉的计划。朱德为难地征询毛泽东的意见。

"毫无办法。"毛泽东苦笑着。李立三太自负了,一点余地也不留。

"总得想想办法。"朱德知道毛泽东不会轻易放弃努力。

"硬顶不得,那是抗命中央,我毛泽东不想违反纪律。中央命令我们打南昌,就打吧。怎么打?打下打不下?就由不得他们了。"朱德明白了毛泽东的用意,"你这是阳奉阴违啊。"他笑了笑。

毛泽东神情却很严肃:"无奈之举,总不能白白让战士送命。"他唤过参谋长朱云卿,下令部队向南昌推进。

"要在'推'字上做文章。"他指点说。

"好。"朱德极为欣赏这一"推"字,这样,中央的命令传达了,部队也在推进,也算行动了。

于是,在作战参谋郭化若起草的作战命令上,就有了"进略樟树,窥袭南昌"八个字,极含蓄,极富想象力,你怎么理解体会都行。

6月27日,朱、毛率部由长江出师北上,一路上虚张声势,做足了文章。毛泽东在马背上高吟《蝶恋花》,声称要"席卷江西直捣湘和鄂"。却在取下樟树后,只出动偏师罗炳辉部对着牛行车站打了一阵枪,完成对南昌城示威后即鸣金回营。毛泽东轻松地对朱德耸耸肩膀,表示任务已经完成。

朱德会意地点点头,毛泽东此举太明智了。南昌城易守难攻,四面环水,敌人又有重兵防守,北伐期间,蒋介石在此就曾碰得头破血流,折戟而回。聪明如斯的毛泽东才不会步其后尘呢。

向南昌鸣枪示威后,红一军团从容撤到鄂西北,南昌守敌慑于朱、毛声威,也不敢贸然追击。在鄂北,红一军团抓紧休整,筹款扩军,一万人的队伍滚雪球似地壮大到一万八千人,朱德满意至极。

毛泽东没恋栈,梁园虽好,不是久居之地,在鄂北时间一久,必然要遭到围攻。恰于此时,传来红三军团打下长沙的喜讯,静极思动,他也要去湖南凑个热闹。

红一军团插向湖南之际,正逢红三军团溃败长沙之时,毛泽东英雄又有了用武之地。针对追敌戴斗垣旅孤军突出在浏阳县的文家市和孙家段一线之有利情况,红一军团决定攻敌不备,打他一个措手不及,杀杀何键的锐气。

8月20日拂晓,根据朱德、毛泽东的部署,红一军团兵分四路迅速进入阵地。戴斗垣做梦也未想到有这样一支飞来之师,惊慌失措之下,毫无还手之力,瞬息之间,三个团的兵力被毛泽东照单全收,戴本人也当场阵亡,红一军团取得自长江回师以来最重大的胜利。

文家市大捷后,朱德、毛泽东于8月23日率领红一军团北上到达永和市,同由长寿街南下的红三军团会师,这是毛泽东第三次与彭德怀握手。

红一、红三军团会合后,召开了两军团前委联席会议,商议成立中国工农红军第一方面军。彭德怀谦虚地提议仍以红一军团领导为方面军领导,"能者多劳嘛。"他大咧咧地一挥手,表示就这么定了。这样,朱德众望所归地当了方面军司令,毛泽东也顺理成章地当了方面军总政委。至此,红军三大主力之第一大主力——红一方面军正式形成。

■ 二打长沙

依朱、毛之见,根本就反对再打长沙,他们曾明确表示:

"红军的装备和训练都不宜于打阵地战,如果执行这政策的话,今后就完全要打阵地战了。光是敌人开到长沙的增援部队就布置了三道防御工事,还有通电的电网。武汉的防御工事更为坚固,还有许多外国军舰停在长江里,准备红军一旦来时就开炮轰击。攻打这样强大的敌军,这样坚固的工事,其结果将是红军全部被消灭,革命力量在几十年内也无法抬头。"

无奈李立三一意孤行，中央中共命令如山，彭德怀撤出长沙已让他们大光其火，指责彭德怀没有及时地向武汉发展，以致错失良机。李立三盲目乐观，下达指示：

　　"据报常德又被我们占领，九江亦在垂危，南昌更为易得，这在客观上更促进武汉暴动之更快实现。在这形势下我军仍须积极反攻长沙，猛然地扑灭何键，采取进攻策略，进占岳州，向武汉进迫；二、六军亦须向武汉进攻，在必要时，即使未下沙宜，亦应越沙宜攻汉阳；一军更应切断京汉线，进攻武汉；三、四军如下南昌，占九江，则应与八军取联络，逼武汉，以使在红军的进攻下取得与工人力量的汇合。在敌人忙于应战时，武汉举行暴动，以夺取武汉。"

　　8月24日，朱德、毛泽东接报后只得硬着头皮发布命令：

　　"本方面军以消灭何键部队进占长沙目的，决定三路向长沙推进……拟于明日由现在地出动。"

　　8月25日，红一方面军分道向长沙挺进，29日，已将长沙围得水泄不通。

　　如今的长沙，已非一打长沙时之薄弱。领教了红军教训的何键再也不敢掉以轻心，除征调四个旅的兵力拱卫长沙外，又修筑了欧式的重层配备的防御工事，碉堡、壕沟、电网共有八九层之多，委实称得上固若金汤。

　　毛泽东没有硬攻，必须以消灭敌人的有生力量为前提，"诱虎离山"是最佳的途径。9月1日，红军截获敌人一份作战命令，敌军拟集结十个团的兵力从长沙南铁路线的猴子石侧击我军。毛泽东大喜过望："吾计成矣。"迅速调集主力红一军团，布置在敌人出击线侧面，准备迎战。

　　第二天等了一天，敌人没有出来。

　　在当晚的会议上，各种意见像炸了锅，有人嘲笑这是守株待兔，丢了作战命令，何键难道不会更改计划？一味在这里等候，无异于贻误战机。

　　毛泽东抬起了头，尽管这种诘责让他无法反驳，却使他无法甘心。他站起身来，违心地提出一条折衷的办法：仅保留红三军继续监视猴子石一带，其余部队调上前线，攻打长沙。

　　果然被毛泽东料中，第三天下午3时左右，敌军两个旅的兵力出击猴子石。原来，他们并未发现作战命令遗失，仅是因为传达命令迟缓才推迟了一天出发，阴差阳错,逃脱了被红军聚歼的命运。红三军毕竟力量有限,未能把敌人一口吃掉。

事后,毛泽东十分遗憾,称自己违心地让了步,否则,以红军主力作全力一搏,消灭这两旅之敌当在意料之中;更为关键的是,如若乘胜追击,就势攻入长沙,也免得敌人日后屯兵坚城,徒叹奈何了。

此计不成,剩下就是强攻了。彭德怀效仿战国时齐国大将田单,摆了个火牛阵,冲击敌方阵地,这在冷兵器时代或许管用,但在现代战争中显然落伍了。几十条尾巴上燃着火苗的健牛呼啸着左奔右突,气势倒也惊心动魄,但在守敌的电网面前,就如碰上铜墙铁壁,一只只相继倒地;更有甚者,受惊的牛群突然转身,把红军的阵地冲得七零八落。

毛泽东气愤地离开指挥所,战况的发展已使他焦躁不已。细心的郭化若早发现大事不妙,按惯例,每逢大战前夕,毛泽东总是夜不能寐,通宵达旦筹划方略,待战事一开始,他反而推开一切,倒头就卧。郭化若懂得,这是胸有成竹。

此次攻长沙,毛泽东却一反常态,一刻不离指挥所,从他焦灼的目光中,郭化若看出了担心。红军攻击屡屡受挫,伤亡也越来越大,仅以一军团论,一纵队队长柯东武、三纵队政委刘作述两同志阵亡,中级干部死伤数十,下级干部及士兵死伤1600名左右。毛泽东终于压不住火气,摔掉手中烟卷,强行命令撤离战场。

朱德表示同意,但他却担心如何向中央交待,如何向部队解释。

"中央不是一再强调一军团要打南昌吗?这是尚方宝剑,我们就以此为借口。"毛泽东摸出一根香烟,点燃含上,思索着下一步的对策。长沙打不下,南昌啃不动,部队情绪又如此激昂,中央命令急如星火,真让毛泽东左右为难。

良久,良久,他终于下定决心,按自己的方案干:舍弃湖南,转战江西,置长沙、南昌于不顾,兵围孤立无援之吉安,另行开辟新天地。

毛泽东的意见遭到了普遍反对,有人质问他:"你又不打长沙,又不打南昌,你执不执行中央路线?"中共中央长江局军事部负责人周以栗也带着中央最新指示星夜赶到红军驻地表示,命令红一方面军立即回师再攻长沙。声严色厉,毫无一点通融。毛泽东反而冷静了下来,事关几万红军战士安危,他既不能放弃原则,又不能造成内部分裂,他拉住周以栗的手,灿烂的笑容如春风化雨,一下子消除了两人情绪上的对立。他请周以栗稍安毋躁,泡上香茗,燃起烟卷,促膝而谈,娓娓相述,从理论谈及现实,从中国国情谈及革命特点,从当前形势谈及今后展望。毛泽东最后一拱手:"万望周代表以中国革命为念,以红一方面军数万将士为念,收回成命,以挽狂澜于既倒。"

这席话,从月上柳梢,直谈到东方欲晓。周以栗早已对毛泽东赞叹不已,对中国革命如此独到的分析,对马列主义如此精确的理解,中国共产党内无出其右者。他感慨万分道:

"上海大马路上出了个'立三路线',山沟沟里却出了马列主义。"

有了周以栗的支持,红一方面军统一了思想。10月2日,几万红军突然出现在吉安城下,守敌一片惊慌。在第二天的攻城战中,几乎是波澜不惊,红军大队已威武雄壮地开进吉安城。朱德为此曾赋诗一首《忆攻打吉安》:

八打吉安未收功,四面包围群众中。

红军速到声威震,一克名城赣水红。

攻占吉安,标志着李立三"左"倾错误对红一方面军的支配和控制就此结束。尽管今后还有干扰、影响,但毛泽东、朱德对其的抵制已经由不自觉上升到自觉,从让步发展到不让步。客观地说,李立三"左"倾错误给红一军造成的损害并不大,因为极具主见的毛泽东充满着自信,或许迫于形势,他会有所"变通"、有所等待,但绝不盲从。这一独特的气质,在战争年代,使中国革命躲过不少灾难。

■ 贺龙责备邓中夏:"你瞎打!"

较之毛泽东领导的第一方面军,贺龙的红二军团就没有那么幸运了,湘鄂西根据地是李立三"左"倾错误影响的重灾区。

李立三"左"倾错误推行之际,贺龙跨进共产党的门槛还不足三年,远不及毛泽东、朱德那样成熟，李立三的那一套搞得他眼花缭乱，无所适从。

红二军团成立后，贺龙是有一番雄心的，周逸群扳着手指为他描绘了一幅图景：先以六个月为期，经营红军内部，拔除洪湖根据地的白军据点，肃清地方反动武装，让湘鄂西各小块根据地连成一片，尔后再向敌人薄弱地带发展。

"到那时，稻谷飘香，渔歌唱晚，赤旗飞舞，湘鄂西将是火红的世界。"周逸群憧憬着未来。

不料时运不济，周逸群的计划刚刚开始执行，就遭到"立三路线"的阻挠。1930年7月，中共中央长江局批评二军团发展根据地的计划是"只集中不进攻"，并派出巡视员柳克明监督，立即攻打鄂北重镇——沙市。

严责之下，贺、周提兵而进，却被阻于高城坚垣之下。沙市乃敌人统治洪湖地区的中心城市，守备森严，刚刚组建的红二军团实在啃不动这块硬骨头，勉强攻了一整天，"终不能克，却伤亡千余"。贺龙、周逸群相对无言，黯然神伤。

还有更让他们啼笑皆非的事。沙市失利不久，元气尚未恢复，中共湖北省行动委员会又有指示，命令红二军团东击武汉，配合鄂豫皖、湘鄂赣等地红军夺取全省政权。贺龙气得对着周逸群大光其火："打武汉？自不量力！干脆写报告给中央，调我们去打南京，革命成功更快。"

"南京总有一天要打，但不是现在。"周逸群不理会贺龙的挖苦，"命令不能不执行，苏区不能不发展，我们可以双管齐下。至于有所偏重，那就要看具体的形势了。"周逸群眨了眨眼睛。

贺龙心领神会地拍了拍周逸群的肩膀，愁容顿解，共产党人并不教条，并不一味盲从，机灵得很呢。

于是，红二军团一面大张旗鼓地向武汉推进，一面沿途发展根据地。路过监利县时，适值江南反动武装大举"清乡"，应群众要求，红六军南渡长江，先后攻克石首、藕池等地，继续扩大长江南岸苏区。

邓中夏不满了。他是中共中央派到湘鄂西特地为加强"立三路线"推行的使者，这位卓越的工人运动领袖为人正直、坚贞勇敢，但不客气地说，在军事方面他是外行，且有点教条、固执。下车伊始，邓中夏就严厉指出，配合朱、毛、彭打武汉，是中央既定方针，二军团却滞留不进，经营地盘，这是一叶障目，影响全局的错误行为。9月24日,在鄂西特委和红二军团联席会议上,邓中夏采取了果断举动,撤销持反对意见的周逸群鄂西特委书记、红二军团政委和前委书记的职务,由他自己担纲。这样,他可以放开手脚推行"立三路线"了。

贺龙这个总指挥难当了,按中央中共规定,在军队,作为党代表的政治委员拥有最后决定权,凡事一经政委决定,任何人不得违反,否则就是违反党的纪律。好在邓中夏对贺龙颇为尊重,人也正派,两个人尚能和睦相处,贺龙也往往据理力争,使红二军团的行动不致过于偏颇。

10月中旬,红二军团执行长江局指示,渡江南征,占南县、取华容、公安、津市闻风而下,兵逼澧州。何键闻讯大怒,长沙之围刚解,贺龙这番声势,岂不是要卷土重来,他急急摔下令牌,新十一师、独立一旅、湖南警备第一军奉命而出,星夜前往津、澧解围。

大兵压境,贺龙与邓中夏商议,澧州久攻不下,撤了算了,连津市也一并留给何键,部队转战石门,待机而动。

邓中夏有些不悦:"南进的计划是不能变动的。"

贺龙急了:"怎么这样固执,斤斤计较于一城一池得失。待我们在石门立稳脚跟,再打澧州也不迟,照样南进。"

"也只好如此了。"邓中夏勉强撤到石门。

但何键却不罢休,命令十一师继续攻打石门,不给红军以喘息之机。

"欺人太甚!"贺龙也动了肝火,亲提所部主力迎头痛击,将敌阻于石门之外,并顺势攻入临澧县城。

留守石门的邓中夏大喜,他以为贺龙必将乘胜再攻澧州,实现诺言。他正要率兵接应,却见贺龙已经班师回营了。

邓中夏这一怒非同小可,他涨红了脸质问贺龙:"没有我的命令,为什么撤回队伍!"

贺龙扬起手中的报纸,这是他打下临澧县收缴的。

"中原大战已告结束,大批蒋军正在南调,朱、毛、彭根本没再攻长沙。"他报出了一连串的新消息。

"那又怎么样?"邓中夏余怒未消。

"现在已不存在配合一、三军团攻长沙了，二军团再渡江南征已无意义。蒋军南调，大战即起，我把部队带回来，就是要做好准备。"贺龙解释说。

"云卿呀云卿，你入党已三年有余了，怎么就不懂什么是党的纪律，不折不扣地去执行中央的指示。"邓中夏简直有点痛心疾首，"一、三军团打不打长沙，那是他们的事，红二军团是要坚决走中央路线的。再说，二打津市、澧州，也是我们决定下来的。"

贺龙哑口无言。明知不可为而为之，这仗打的就惨了。红六军经过苦战，再占津市，却以巨大伤亡为代价，红六军参谋长刘仁载也阵亡沙场。红二军围攻澧州，依然望城兴叹。敌军反而兵分两路从后面包抄过来，一路破石门，一路由临澧推进，形成钳型攻势，企图一举聚歼红二军团。

已到洪湖根据地领导工作的周逸群送来了消息，因为红军主力不在，根据地的形势也很紧迫，监利、潜江、华容均已被敌人占领。他建议红二军团迅速返回洪湖，保卫根据地，否则，连立足之地都将失去。

邓中夏一口拒绝："洪湖河道纵横，水泊遍地，大部队怎么展开？怎么集中？怎么能有效地打击敌人？"

贺龙不以为然："洪湖地形复杂不是坏事，更有利于反围剿，那里是老苏区，群众基础好，红军是如鱼得水。"

邓中夏根本听不进去，他摆摆手，截住贺龙话头："云卿呀，别总洪湖长洪湖短的，眼光放远阔一点嘛，湘鄂西群山连绵，有大山作依托，进可攻，退可守，这才是你施展手脚的地方，我们在这里还可以建立第二个中央苏区，完全可以像朱、毛那样震动天下。"

贺龙皱起了眉头，说穿了，李立三"左"倾骨子里是一种好大喜功，这要害死人的。他心中愤愤地想。

由于未能及时向洪湖转移，部队在松滋县街河市、扬林寺一带被分割包围。贺龙后来回忆说：

那一仗我军因队伍分散，打了个稀巴烂。十六师打烂了，十七师被敌人割断了。后来还是总指挥部的手枪大队挡了一下，才撤出来……我再问邓中夏，他不做声了。我说："新官上任三把火，你瞎打！"

邓中夏默默无语。尽管他内心尚有不服，尽管他未意识到错在哪里，但他给湘鄂西根据地、给红二军团带来的损失却是显而易见的。

对邓中夏，贺龙并不反感，他们私交甚好。邓中夏的坦荡无私、儒雅风度、开拓精神都让他钦佩，不能因白璧有瑕而否认了他的价值。邓中夏调离洪湖时，贺龙执手相送，心中隐隐生出一丝不舍。

然而，更多的还是豪兴飞扬，他盼望着与他的老搭档周逸群再度合作，仗剑天下。

但贺龙失望了。

■ 灾情遍野

李立三"左"倾错误对红军的损害不仅仅限于红一、二、三军团，受灾范围是大面积的。例如在鄂豫皖，中央军委长江办事处发出的指示是"帮助鄂中及沿京汉路的地方暴动，切断京汉路以进迫武汉"，这是李立三异想天开的计划中重要一环。红一军闻风而动，三出平汉线，如出林之猛虎，咆哮北上。但由于孤师远征，犯了兵家大忌，失去了根据地的依托，红一军只能采取飘忽战术，倏忽而来，倏忽而去，幸亏徐向前始终保持着冷静，执行"立三路线"时打了折扣，不作攻打武汉的非分之想，部队倒也连战连捷。然而检点胜利成果时，徐向前吃惊地发现，依然两手空空，毫无大的进展。"我们打了那么多胜仗，打下那么多地方，因为不是波浪式前进，地方工作、政权工作一下子跟不上，部队一走，一切都塌台，地盘又落到敌人手里。"

直到"立三路线"被清算，徐向前才恍然大悟："从这个时期军队的行动路线上不难看出，我们是跳跃式地行动，这跳那跳，不是有阵地、有计划、波浪式地向外发展。毛泽东同志在总结江西革命根据地的经验时说，根据地的发展要采取'波浪式的推进政策'，很有道理。跳跃式的推进，不利于根据地的真正巩固和扩大……这些，都是受'立三路线'影响的结果。"

收之桑榆，失之东隅。红一军外线作战，对后方的保护已力有所未逮，皖西根据地被摧残得不忍目睹，独二师居然在家门口被打得七零八落，独一师也被迫转移到商南地区，红色区域竟然由着敌军横冲直撞。

红一军主力最终也遭到了挫伤，广水、信阳两役失利，元气大伤。如果不是李立三"左"倾错误及时得到纠正，不是许继慎、徐向前毅然决定放弃铁路沿线作战计划，移师豫南，灾难还不知何时是个止境。

赣东北的红十军也未躲过李立三"左"倾错误的干扰。

红十军创始人方志敏一脸诧异，中央怎么能作出这样荒唐的决定："截断长江，占领九江，夺取马当，会师武汉。"这样的要求是对2000余人的红十军提出来的吗？他要邵式平速去上海，讨个明白，讨个说法。

邵式平带回来的指示明白无误，中央再次严令红十军攻打九江。方志敏无可奈何地摇摇头，指点红十军军长周建屏：九江照打，但切莫攻坚啃硬，一有不测，撤兵回师为上策。

周建屏心领神会点点头，对方志敏他敬佩有加。率师出征后，即按既定方略，对九江围而不打，蚕食周边，虽说小打小闹没有大动作，却也连连得手，有赚无赔。

留守根据地的方志敏肩上压着千斤的重担。主力远离，势单力薄。原先闻风丧胆的地主武装也蠢蠢欲动，横峰、铅山、上饶、广丰、玉山五县靖卫团联手进犯，一直打到家门口，闽北苏区、铅山苏区、上饶苏区、横峰苏区无日不在兵火煎熬之中。方志敏仰天长叹，本来今年环境挺顺利，却因为中央领导有误，错失大好时机。

较之红十军，苏北的红十四军、右江的红七军、川东的游击军、琼崖的独立师损失更为惨重。红十四军攻打南通失利，主力被打散，不得不转移中央根据地避难。红七军高呼"打到柳州去"、"打到桂林去"、"打到广州去"三大口号，扬言消灭两广军阀，迫使南方军阀不得有一兵一卒向武汉方向增援，完成南方革命，以主力第十九师、第二十师进入白区攻打城市,转战桂、湘、粤边地区,遭到重大伤亡,缩编为第五十五、第五十八团,6000人的队伍锐减到2000人。政委邓小平痛心不已。而川东游击军贸然分兵,三路向湖北进击和红二军团配合去包围武汉,第一路进至房县就被敌重重包围,几乎损失殆尽;第二路与第三路在石柱县会合不久,又被包围在西罗坪一带,勉强突围,锋芒已折。琼崖独立师则在琼山遭敌袭击,元气大伤,已不是短时间能恢复。"灾情"已蔓延至全国各苏区、各支红军队伍,中共中央大惊失色,李立三大惊失色,共产国际大惊失色。

周恩来、瞿秋白倍道兼程,先后从莫斯科赶到上海,来不及寒暄,来不及客套,满脸严肃,满脸寒霜,摊开共产国际的指示。8月22日、24日连续举行中央政治局会议,周恩来强调说:

"在中国什么地方最适合做苏维埃的根据地?赣西南、闽粤边等处,不仅有广大的苏维埃区域,而且有党的基础,有广大的群众,应巩固这许多地方以向着工业中心城市发展。""中央过去特别指出割据的错误,因此对于根据地这一点确实注意得较少。我回国后,与特生(向忠发党内时称特生)、柏山(李立三曾名柏山)两同志谈话后,都认为这是工作中的缺点。"承认这一点十分重要。几年来,中共中央一直把城市作为全部工作的中心,而对农村根据地则抱着轻视的态度。在这个问题上能有新的认识,是一个重大的进步。

李立三也痛心疾首地承认了错误,觉得愧对因他失误而遭受打击和挫折的中国共产党、中国革命,愧对躺在血泊中的无数战友;痛定思痛,"坚决在自我批评的基础上,执行策略的转变"。

中共中央连续发出三封给长江局的指示信, 立即停止对李立三错误的执行:

"在今天武汉还不能暴动,还不是暴动的前夜。"

"红军向中心城市发展这一路线是不会实现的。"

"当我们估计敌人力量的时候,不允许我们有丝毫过低的估量,不允许我们忘掉敌人的任何强点。当我们估量我们自己力量的时候,不允许我们有丝毫扩大的估量,不允许我们有架空而不切实的计划,尤其不允许忘掉我们自己的弱点。"

指示信终于触及李立三"左"倾错误的本质，锥心泣血告诫说：

"要知道右倾会障碍革命并断送革命，而'左'倾也同样会障碍革命与断送革命。"

9月下旬，中共六届三中全会在上海召开，瞿秋白又一次走到前台，担负起领导中国共产党的重任。经历过"左"倾惨烈教训的瞿秋白变得成熟多了，凝重多了，温文儒雅之中带着一抹挥不去的忧郁，有一种息事宁人的平静。一年多来的各种磨难，磨平了他性格上的锋芒，往日的书生意气、激扬心态，正在逐渐销蚀和苍老。从这个意义上来说，让他重新执掌中国共产党，显然已力不从心，难荷重负了。

他没有过多地责备李立三，也许是同病相怜，也许是不愿党内再起波澜。在新的中央政治局委员名单上，李立三的名字依然赫然在目，在新增选的政治局候补委员中，毛泽东又重新入围，朱德也昂首进入了中央委员会，这两位中国红军的领导者虽然远处苏区而不能立刻在中央起明显作用，但这对以后事态的发展显示出了重要和不平凡。瞿秋白长舒了一口气，他满意现在的结果，但愿中国共产党这架列车能就此步上新的轨道。

第七章

沙场演兵

■ 罗坊布阵

李立三在中央低头悔过之时，毛泽东在吉安依然未见半点轻松。由于交通梗阻，中共中央文件没有及时传达到红一方面军。

当初撤离长沙回江西，有一些干部提出意见，希望打下吉安后，一、三军团配合打九江、南昌，要"最火速、最勇敢地夺取南昌、南浔路以至湖口，消灭鲁涤平及江西反动统治，截断长江，向右进攻南京，向左保障争取武汉"。

毛泽东皱起眉头："好吧，暂以七天为期，部队的给养总要筹措吧。"

朱德知道这是毛泽东的缓兵之计，担心地提醒道："部队求战心切，这样敷衍总不是办法。"

毛泽东无奈地摇摇头，商议着说：

"先让部队向袁水流域推进，让红三军团沿清江一带发展，那里条件好，可以少骂两声娘，总之我主意已定，能拖一天是一天。"

他扔过一叠报纸给朱德，朱德只瞧了一眼，神色立刻严峻起来。只见《民国日报》有一行通栏大标题：

"张学良出关助阵，中央军得胜凯旋"

蒋介石熬过了大战开始时的艰难，迎来了战场上的转机。在两湖，因桂张联军进展缓慢,粤军陈济棠在南面截断了归路,北面何键又横挡于前,东面蒋军舰队从长江进入洞庭湖,形成三路夹击之势,李宗仁、白崇禧、张发奎不敢冒险,7月4日,撤回广西境内,蒋介石长舒一口气,算是去了一块心病。

桂张联军的失败,导致津浦线战场顿生压力,蒋介石集重兵于此,他要教训阎锡山这个老滑头,下手毫不留情。7月28日,中央军分三路展开全面进攻,时值雨季,蒋军的大炮不停地轰鸣,号称“双枪将”的晋军官兵却点不着大烟泡。没有鸦片的刺激,这仗就打得无力、懒散,阎锡山急得跺脚也没办法,勉强撑过8月中旬,全线崩溃,肥城、泰安、济南相继失守,他已失去还手之力。

在陇海战场,蒋介石一反在津浦线上的用强,他知道冯玉祥善于治兵,号称“练兵天下第一”,西北军也极具韧力,仅凭枪炮难以制胜,对此早已谋划在心,寻出克敌之道。他了解冯玉祥的封建家长制作风,西北军表面上军纪森严,人人自律,其实早就不耐其苦,渴望改变现状。当年他用“银弹”就轻易收买了韩复榘、石友三,如今故伎重演。于是,陇海线上,蒋军阵前,火车箱内,酒肉飘香,筝歌飘渺,一群群上海舞女美艳诱人,丈余横幅迎风飘动——“欢迎西北军将士同乐”。昔日张子房一支箫吹散项羽八千江东子弟,如今蒋介石的“银弹”、“肉弹”也让剽悍的西北军倒下。此举虽上不了台面,胜之不武,但陇海战场的主动权从此捏在蒋介石的手里。

张学良的出关助战又给风雨飘摇中的反蒋联军致命一击。

中原大战,蒋介石以全胜而收局,他又重新记挂起中国共产党。李立三“左”倾错误尽管给中共带来巨大损失,却也使国民党吃惊不小。尤其是二打长沙,红军由游击战向正规战转变,说明共产党已非大革命失败时那样任人宰割,打出来的拳头已经颇见分量。

蒋介石的眼光瞄向了江西,瞄向了朱德,瞄向了毛泽东。朱、毛是红军的旗帜,蒋介石挥舞着板斧汹汹而来。七天过去了,有人向毛泽东请示部队的行动,毛泽东头也不抬:“再休整三天。”

朱德有点心疼。这七天里,毛泽东大会谈,小会劝,口干舌燥,还是有人不理解他的苦心,一些话说得刻薄,伤感情,自尊心极强的毛泽东强忍着委屈,脸上看不出丝毫怒容,这对他来说是极不易的。

朱德站了出来,他要为毛泽东分忧。又是三天过去了,有人来请示,他没好气地吼道:"继续休整三天!"见来人一脸疑惑,朱德神色一正,"这是我的命令,通知执行。"

毛泽东闻声从外面进来,脸上露出几分感激,几分严肃,几分自嘲:

"三天复三天,三天何其多。我们不必厚着脸皮拖下去,部队准备行动,鲁胖子(鲁涤平)带着10万大军打过来了。"

10月30日,罗坊会议召开,讨论战斗方案。有人主张迎头痛击,在外线截住敌人,他们的理由很有市场,得到基层战士的拥护。

1.退却失去了根据地。

2.人民受到敌人报复。

3.影响中外视听。

朱德暗中摇头,他和毛泽东的意见与此相反,敌强我弱,跳到外线迎敌,如虎落平川,失所凭依。

毛泽东问大家:

"是将拳头缩回去打人有力,还是这样平平伸展开有力?"他晃动着手臂比划着。

见众人语塞,他开导说:

"将欲取之,必先予之。说明只有丧失才能不丧失,这不是道家在打机锋,这是辩证法。不主动放弃一些土地,就不能夺取更多土地;不打破一部分人家中的坛坛罐罐,惧怕一时的不良影响,就要以长期的不良影响作代价。"他环视左右,语气果断,"诱敌深入,这是在井冈山时期就得到检验的战略战术,今天的时势依然适用。我毛泽东的意见摆在这儿,有反对者拿出理由说服我,可以改正。"

朱德只回答了三个字:"我赞成。"

彭德怀撸起袖子:"放鲁胖子进来,关门打狗。"

于是定下诱敌深入之计,接着讨论排兵布阵,毛泽东坚持一、三军团合兵一处,集中力量打击敌人。

三军团有人反对,提出沿赣江夹江而阵,一、三军团分家。

他们表面理由是不放弃湘、赣两江之间根据地,骨子里却是地方主义在作崇。三军团战士大都来自平江、浏江、阳新、大冶,过了江东,就离家乡越来越远了。

朱德耐住性子劝导:"敌人此次进犯,是以师为单位,一、三军团分兵作战,即使扭住敌人,也吞不下啊。"

反对者却振振有词:"坚守湘鄂赣边,对今后夺取三省政权都有利,且牵制了敌人进攻兵力。"

毛泽东把目光转向彭德怀,希望他能说服三军团意见不同者。彭德怀一锤定音:"服从方面军领导命令,三军团立即过江。"

当着朱、毛面表完态,回去后,彭德怀把帽子一甩,冲着反对者扯了一嗓子:"什么夹江而阵,舍不得离开家门口,纯粹的小农意识。找船渡江,其余一切免谈!"

彭德怀这一表态非同寻常,他在三军团一言九鼎,形势顿时一边倒。

■ 雾满龙冈

1930年12月初,蒋介石抵南昌,召开"剿匪"会议,部署"围剿"红军方案。与以往由一省或几省军阀发动"进剿"或"会剿"不同,此次是由蒋介石发动全国军事力量的联合行动。国民党陆海空军总司令南昌行营建立起来了,江西省主席兼第九路军总指挥鲁涤平做了行营主任。此人是湖南宁乡人,也算是军中前辈,北伐战争时就以副军长身份统领国民革命军第二军,后来执掌湘省,与地头蛇何键明争暗斗,对方串通桂系,将他赶出了长沙,蒋桂战争就是因他离湘而引起的。为了安慰鲁涤平,蒋介石又把他扶上江西省主席交椅,这次再委他南昌行营主任,真是信任有加,青睐有加。

鲁涤平也打点起精神,将他的起家资本张辉瓒第十八师、谭道源第五十师尽遣上阵。这两个师原属第二军,是他从广东带出来的基干部队,尤其张辉瓒,乃是军校科班出身,在日本、德国镀过两层金,纸上谈兵,滔滔不绝;他与彭德怀、贺龙交过手,彭、贺二人因力量悬殊,不愿与之纠缠,稍战即走,这让张辉瓒目无余子,不知天下英雄了。

张辉瓒不仅狂妄,脾气也太躁,杀人眼不眨,他认为这是军人的气派,和谁讲话都敢瞪眼珠子。蒋介石倒欣赏他这股狠劲,私下里夸道:

"石侯(张辉瓒别号)是员虎将。"

这次"围剿",蒋介石特意点将,让张辉瓒做了前敌总指挥,希望他能发发虎威。参战部队除上述两师外,还有朱绍良的第六路军,辖毛炳文的第八师、胡祖玉的第十师、李云杰的第二十三师、罗霖的第七十七师及公秉藩的第二十八师。

此外,为防止红军向西突围,又调蒋光鼐、蔡廷锴所属第十九路军(辖三个师)及王金钰的第五路军(辖五个师),向赣西袁水以南地区集中。

攻击开始日期,蒋介石指定为12月16日。

按照既定计划,红军开始大踏步撤退,这一退,简直没了止境,从罗坊退新干、樟树,再退宜黄、东韶,直到苏区的大门东固,还没有止步。

红军退却的终点究竟在何处?战士们糊涂了,当时负责诱敌的一〇五团战士刘贤权回忆说:

> 到了东固又向西北走,过了富田,到了泽田,离我们出发的吉水,只差几十里,整整转了一个大圈……白天走路,低着头,怕见熟人——要是老乡问,敌人来了,你们红军不打,老围着苏区转圈,这是为什么?我怎么回答呢?我们团长戴福腾对我们说:"走了这些天,还没有找到打大仗的好地势,还要走。"可是我不大信,这一路有山有平地,哪里不能打?

毛泽东终于止住了脚步,进犯之敌已深入苏区腹地,该是关门打狗、收网捕鱼的时候了。

3万红军悄悄隐蔽在黄陂、小布、洛口一带,随时准备雷霆一击。

毛泽东指挥作战,向来是"雷公打豆腐,专拣软的欺"。他对力量较弱的谭道源五十师很感兴趣,谭军孤军突出,正向小布进犯,毛泽东决定先拿他祭旗。

张辉瓒

当初兵出诡道打吉安，守敌就是谭师的一个旅，前车之辙，后车之鉴，对朱、毛，他们心存忌惮，行动也就格外小心谨慎。参谋长李家白提醒谭道源：

"上峰规定前进70里，这是把我们往火坑送，红军行动迅速，聚散无常，一旦合围，我们便成了瓮中之鳖、袋中之鼠，难脱灭亡之灾。"

刚刚发布攻打小布命令的谭道源惕然而警："妈拉个巴子，什么日进70里，传我的命令，每天只走30里，最多不准超过40里，多放警戒，一有动静就给我撤回来。"

12月26日，谭师前哨部队已到达距小布只有7里的汤坑，与红军近在咫尺。在搜索民居时，他们见桌上积满灰尘，证明当地居民早已迁走，而道旁的杂草都大片地被踩倒，显然有红军大部队经过。谭道源惊出一身冷汗，不求有功，但求无过，能全身退出苏区就是万幸。他知道朱、毛的厉害，连忙收拢部队，固守源头，静观变化。时值隆冬，北风呼啸，寒意彻骨，朱、毛在小布整整等了两个白昼，战士们望眼欲穿，也没将谭道源等来，憋久的怨气一股脑地发作出来，吵着要赶到源头痛揍谭道源。

朱、毛互相对视了一眼，两个人的神色一样平静，心思也是一样，初战必须慎重，没有必胜把握，绝不贸然出手。

谭道源溜了，张辉瓒却撞了上来。自吉水、永丰一路尾随而来，张辉瓒得意至极，每战必"胜"。

他不知道，这是毛泽东故意设下的诱饵，他命令红十二军一〇五团许败不许胜，始终保持与张师的接触。在北伐时期与张辉瓒有一面之识的毛泽东深知此人脾性，骄傲狂妄，有意识地助长他这股骄气。

12月21日，张辉瓒进兵东固。今天他心情不太好，唬着个脸，公秉藩师已先一日占领无人防守的东固，却虚报战绩，引来蒋介石一通赞扬，谭道源也跟着捧场，称公秉藩"用兵神速，虽古之良将，亦不过如斯而已"。相形之下，张辉瓒受到了冷落，这使一向目高于顶的他忍受不了。进迫东固后，借口大雾弥漫，不辨敌情，首先向公秉藩师开枪开炮，出了一口恶气。由此可见，张辉瓒的放肆骄纵。

公秉藩吃了哑巴亏，尽管其后张辉瓒百般辩解，但他认定是张因嫉生仇，负气离开东固，使张师孤军突出。

毛泽东敏捷地捕捉到战机，指挥埋伏在小布、黄陂一带的红军主力星夜转移到龙岗以东30公里的君埠，隐藏待机。张辉瓒哪里知情，30日凌晨，所部薛岳旅如飞蛾扑火，撞进红军怀中。随着第一声枪响，毛泽东吩咐郭化若，他要睡上一会，枪声不停，不许叫醒他。

郭化若宽心地点点头，这一仗准赢定了，毛泽东没把握，不敢这样高枕无忧。

首先接战的是红三军。黄公略作战的风格与林彪的飘逸、彭德怀的凶猛又有不同，极富弹性，伸缩自如，张弛有度。薛岳也算是国民党将领中少见的一员猛将，所部又为十八师精锐，论真才实学比张辉瓒不知高明多少，却冲不出黄公略的包围。红三军像一张无形的丝网，将薛旅笼罩其中，束手缚脚，寸步难行。挣扎中，薛岳意识到了危险，大骂张辉瓒无能，金玉其外，败絮其中。自公秉藩离开龙冈，他就提醒张要与友军保持联系，厚集兵力。刚愎自用的张辉瓒却置若罔闻，一意孤行，反将部队拉成长蛇阵，被红军打头、截腰、揪尾，分割包围，就地而歼。一阵嘀嘀嗒嗒的冲锋号划破晨雾，薛岳知道对方发起总攻击了，三十六计走为上，乘红军包围圈还未收缩，带上几个亲信觅得空隙夺路而逃。龙冈之战，他们是为数不多的幸运者。

张辉瓒则大难临头，林彪的红四军、罗炳辉的红十二军、彭德怀的三军团交叉穿插，已将其团团围住，整个红一方面军攥成一个巨大的拳头砸向龙冈，张辉瓒的十八师承受不了这样的打击，五十二旅垮了，五十四旅也被冲得七零八落。张辉瓒脱去将军服，穿着扣不拢的士兵棉衣，躲进一个坑洼，被搜山的红军像篦虱子一样篦了出来。

毛泽东一觉终于睡醒，已经有人把张辉瓒捆着送来。

"润之先生。"张辉瓒一鞠躬，他与毛泽东在北伐时有一面之交，希望对方能念及旧情，放他一条生路。

有人哄笑："你叫喊着'杀朱拔毛'，现在毛润之就坐在你的面前，怎么又打揖求饶装孙子？"

毛泽东止住哄落，一本正经地解释：

"捉住你的是红三军，公略的部队都是赣西南的农民矿工，你的人曾在那里烧过成千上万的村庄，凡有子弟参加红军的家庭都被满门抄斩，你说他们能饶你吗？"

张辉瓒连连认罪，表示愿意捐款、捐药、捐枪、捐弹，只求免于一死。

毛泽东点点头，关照注意关押，不要一杀了之："此人虽说纸上谈兵，还是有可用之处的，我们今后办红军学校，他可以做个教员嘛。"无奈"张屠户"名声太恶，毛泽东的说情也未能令其免于一死。

滚滚赣江之上，装着张辉瓒首级的木笼顺流而下。何键还算念及袍泽之情，捞起来葬于岳麓山下，蒋介石也挥墨写下八个字："呜呼石侯，魂兮归来。"不知道是悼念死者，还是激励生者。

全歼十八师后，朱、毛挥师直指源头。谭道源的胆小谨慎终救了他的命，战斗刚一打响，即落荒而逃，一口气奔出120余里，才摆脱红军追击。在给蒋介石报告的电文中，那种惊恐依然溢于字里行间：

职师江晨在东韶遇朱、毛、彭、黄全部，号称8万之众，孤军重围，作殊死战，自辰至酉，黄团长敬及营长某等相继阵亡，初级官兵死伤尤众，战斗之烈，从来未有。职随从兵员或俘或伤，势穷力竭，几难幸免。除将突围官兵移驻抚州整理外，所有损失数目容详查续报。职谭道源。微。

蒋介石倒也通情达理，回电竭尽安慰之辞：

微电悉，贵师此次失利，殊深惋惜，尚喜兄等均能脱险归来，从此加以整理补充，惩于前而毖其后，则东韶之失，未使非吾人之砺石也……特复。蒋中正。

张、谭两师一亡一溃，吓得公秉藩魂不附体。如今只剩他孤军留在苏区腹地，朱、毛、彭、黄下一开刀者非他莫属，幸亏鲁涤平一个电报让他速回吉安待命,把他从火坑救出,喜得公秉藩额手称幸。

鲁涤平并非为公秉藩担心,他只是吓破了胆,曾亲拟一电给蒋介石,中有"龙冈一役,十八师片甲不还"之伤心语,惹得蒋介石勃然大怒,奚落他说:

"十八师失败,是乃事之当然,不足为怪。我兄每闻共党,便张皇失措,何胆小乃尔,使为共党闻之,岂不为之所窃笑乎?"

嘲笑一通后,蒋介石严令:

"吉安为赣中重镇,望严督固守,只许前进,不许后退。"他要守住进攻苏区的前哨阵地,以便卷土重来。

公秉藩一退,毛炳文师自然裹足不前,罗霖部、蒋鼎文部也怏怏班师,第一次"围剿"就此寿终正寝。

■ 何应钦出马

万木霜天红烂漫,
天兵怒气冲霄汉。
雾满龙冈千嶂暗,
齐声唤,
前头捉了张辉瓒。

二十万军重入赣,
风烟滚滚来天半。
唤起工农千百万,
同心干,
不周山下红旗乱。

毛泽东这首《渔家傲》上半阕乃是写第一次反"围剿"，下半阕是指蒋介石重新组织的第二次"围剿"。值得注意的是，这首词并非一气呵成，完成时间达几个月之久，但却浑然天成，酣畅流利。毛泽东此时心境极佳，红军上下团结，士气高昂，步调一致，使他得以任意挥洒才华。

蒋介石也很沉着，尽管第一次"围剿"折戟沉沙，但对他而言，未伤分毫。尽管鲁涤平不像李宗仁、冯玉祥、阎锡山那样骄纵难羁，但毕竟属于杂牌军，借助共产党消灭异己，又何乐不为。

最让他宽心的，是政府内部、军队内部并没有因此而丧失信心。

他终于派出了号称"黄埔八大金刚"的头号人物何应钦。

何应钦，字敬之，贵州省兴义县人，有人形容他与蒋介石的关系，是"云从龙，风从虎"，"若汤有伊尹，周有吕尚"。就何应钦一生表现来看，似乎才华并不出众，对日战争，他畏敌如虎；与共产党作战，鲜少胜绩。然而，当他刚走上战场的时候，却享有"常胜将军"的美誉。蒋介石记得很清楚，黄埔时期，广东政府举行东征，讨伐陈炯明，棉湖一役，何应钦沉着应战，挽狂澜于既倒，在形势最危急的时刻挺身上阵，一举转败为胜，苏联顾问加伦将军当场解下佩剑赠给何应钦，以表敬意；北伐时期，又是何应钦在蒋介石纠缠于江西战场寸功未得、进退两难之际，率偏师直下福建，一路势如破竹，取八闽，掩浙江，打破僵局，从战略上有力地策应了江西战场，为黄埔系挽回声誉，为蒋介石争了面子。直至目前为止，在何应钦征战生涯中，还没有打败仗的记录。

难能可贵的是，何应钦不是一勇之夫，他深通韬略，熟读兵书，谨言慎行，处事稳重，且待下极宽，人缘甚好。以黄埔系另外两大金刚刘峙、顾祝同为例，两人虽势同水火，但对何应钦却都执礼甚恭。桂系李宗仁、白崇禧又是何等恃才逞华、傲慢不驯，但与何应钦的私交也很深厚。何应钦的好人缘让蒋介石都感到羡慕、嫉妒、警惕，因此，调他去接替鲁涤平任南昌行营主任，指挥那帮杂牌军发动对苏区第二次"围剿"，是最合适不过的人选了。

1931年元月29日，蒋介石召见何应钦，委以湘鄂赣闽四省"剿匪"司令，代行他自兼的总司令职权，赴南昌行营主持第二次"围剿"。

蒋介石道："敬之，前方战事拜托了，有什么想法、要求，不妨直言。"

何应钦谦恭地欠欠身,尽管他与蒋介石的关系熟稔,但不敢放肆,特别是1927年夏,桂系逼宫之际,他默认了桂系的主张,造成蒋介石下野,两个人的内心深处已有了隔阂,蒋介石也为此教训过他,何应钦从此总有一种隐隐的恐惧感,伴君如伴虎。"鲁涤平之败,在于情势未审,计虑不周,以10万之兵力分进合击,缝隙甚多,朱、毛轻易利用其空间,无妨出入穿插;张辉瓒之亡,在于轻敌躁进,长驱直入,造成孤军突击,使朱、毛得以集中兵力予以聚歼。此乃第二次围剿战中应力所避免者。"蒋介石赞许地点点头,示意他说下去。

何应钦斟词酌句,要言不烦:

"职以为此次围剿方针,应厚集兵力,以严密包围及缓进为要,一面加调部队及电闽防堵,以图布置严密;一面断绝物资转入苏区,而使红军坐困。依稳打稳扎、步步为营之原则,按各路划定战区;推进时,分进合击,互相策应。"

蒋介石皱起眉头道:"军事行动要快,趁朱、毛陶醉胜利,打他措手不及。"他顿了一顿,"军事上你全权负责,再调韩德勤第五十二师、孙连仲第二十六路军、王金钰第五路军火速入赣,加强纵深梯次的兵力配置,务须全歼赤匪为要。"

何应钦精神一振,他大体估算一下,此次征调军队已达20万之数,重兵在握,他有信心打好这一仗。

何应钦的乐观并非盲目,从力量的对比看,双方悬殊得不成比例。第一次反"围剿"结束,红军数量已由4万人减少到3万人,虽大力扩军,依然未超过以前规模。双方指战员配备序列如下:

国民党方面:

陆海空军总司令南昌行营主任何应钦

参谋长贺国光

第五路军总指挥王金钰

第四十七师师长上官云相

第四十三师师长郭华宗

第五十四师师长郝梦龄

第二十八师师长公秉藩

第七十七师师长罗霖

第十九路军代总指挥蔡廷锴

第六十六师师长蔡廷锴

第六十一师师长戴戟

第十二师三十四旅旅长马昆

第六路军总指挥朱绍良

第八师师长毛炳文

第二十四师师长许克祥

第五师师长胡祖玉

新编十三师师长路孝忱

第五十六师师长刘和鼎

第二十六路军总指挥孙连仲

第二十五师师长孙连仲

第二十七师师长高树勋

骑兵第一师师长关树人

红军方面：

第一方面军总司令朱德

总政委毛泽东

第一军团军团长朱德(兼)　政治委员毛泽东(兼)

第三军军长黄公略政治委员蔡会文

第四军军长林彪　政治委员罗荣桓

第十二军军长罗炳辉政治委员谭震林

第六十四师师长粟裕　政治委员高自立(陈毅红二十二军改编)

第三军团军团长彭德怀　政治委员滕代远

第五军军长邓萍　政治委员张纯清

第八军军长何长工　政治委员袁国平

第三十五军军长刘铁超　政治委员罗贵波

毛泽东又燃起了香烟,掂量着敌我双方的力量,不禁哑然失笑:"蒋介石小家子气,舍不得用他的黄埔军,用清一色的杂牌军打发我们。"

朱德也满脸轻松:"'将在谋不在勇,兵在精不在多。'何应钦打陈炯明行,打孙传芳行,打红军怕力不胜任,将一世英名毁于此。"

可有人吓破了胆。

由于苏区迅速扩大,六届三中全会后,中央决定在小布成立苏区中央局。1931年初,项英秘密潜至江西,担任代理书记,同时,成立中央革命军事委员会,项英任主席,毛泽东、朱德任副主席,中共红一方面军总前委撤销。虽然在组织形式上,毛泽东的位置有所下降,但项英一则不见宠于王明;二则缺乏军事工作,朱、毛依然一言九鼎,决定军事行动大计。

不久情况就发生了变化。中共六届四中全会召开,王明路线占据绝对上风。四月初,"四中全会代表团"大驾光临苏区,任弼时、王稼祥、顾作霖一个个气宇轩昂,他们是中央绝对的实力派。任弼时也是从苏联留学归来,但他与王明瓜葛不多,早在1924年就已回国,一直主持中共团中央工作,后来又调至中共江苏省委,曾两次被捕,是接受过老虎凳、皮鞭、辣椒水考验的。正因为如此,他在中共内部很有声誉,也很受信任。

任弼时理论水平也很高,口若悬河,有"党内理论家"之美称,且为人正直,嫉恶如仇,敢怒敢言。美中不足的是,这一时期,他的教条主义倾向也比较严重。王稼祥这一时期则与王明走得比较近,在思想上受到王明路线的影响,但这并不影响他为人的正直,他不屑于搞小动作,属于一个非常正派的人。

三人中,顾作霖地位较低,长期在青年团中工作。北伐时,上海举行工人罢工,他曾与周恩来并肩战斗,后来周恩来在上海组织特科,他也参与其中。进入苏区后,他在意见上,与任弼时、王稼祥保持一致。

"三人团"认为,国民党20万大军压向苏区,真可谓排山倒海之势,何应钦又稳健持重,步步为营,红军在苏区作战,必然被逼至山穷水尽,成笼中困兽。

他们提议:乘敌人包围圈尚未合拢之际,红军远走高飞。中央的指示信交待得十分清楚:"遇必要时,可以抛弃旧的与组织新的苏维埃区域。否则,红军有被消灭的危险。"

朱德不同意这一方案,他婉转地反对道:

"红一方面军的行动,希望中央指示明白,什么是'遇必要时',请划定此语界限,否则太笼统,我们执行困难。另外,'抛弃旧的与组织新的苏维埃区域',纸上谈谈轻而易举,实际执行起来的困难巨大。希望中央能考虑清楚。"

项英也不甘寂寞,提出牵"牛鼻子战术",将敌人引到外线作战。毛泽东忍不住挖苦说:"你这还是李立三'左'倾冒险主义啊,到白区找敌人主力决战,只怕牛鼻子牵不住,要提防被牛顶了。"

他建议:"群众是诸葛亮,把问题留给群众讨论。"

自第一次反"围剿"后,朱、毛在红军中的威望如日中天,"毛委员有办法"这句话在军中不胫而走。何况部队上下正士气高涨,求战心切,岂能拱手让出根据地。讨论结果,毛泽东的意见占了上风,继续第一次反"围剿"的战略,"诱敌深入",会会何应钦这位"常胜将军"。

毛泽东露出笑容:"还是群众有办法,他们一反对,钦差大臣也不得不让步。"

朱德没有接毛泽东的话,他站在沙盘前,筹划着如何破掉何应钦的步步为营。

"嘿,就从这里下手。"毛泽东指着沙盘上的一个小蓝旗,那代表着王金钰的第五路军。

朱德点点头。打掉王金钰,"围剿"红军的链条就断了节,说什么"稳打稳扎",且看红军马踏连营。

■ 横扫千军如卷席

关于第二次反"围剿"的战略构想,毛泽东在《中国革命战争的战略问题》中有详细的说明:

第二次"围剿"时的情况是:(一)"进剿"军二十万人,何应钦为总司令,驻南昌。(二)和第一次"围剿"时一样,全部是蒋之非嫡系部队。以蔡廷锴的第十九路军、孙连仲的第二十六路军、朱绍良的第六路军为最强或较强,其余均较弱。(三)AB团肃清,根据地人民全部拥护红军。(四)王金钰的第五路军从北方新到,表示恐惧,其左翼郭华宗、郝梦龄两师,大体相同。(五)我军从富田打起,向东横扫,可在闽赣交界之建宁、黎川、泰宁地区扩大根据地,征集资材,便于打破下一次"围剿"。若由东向西打去,则限于赣江,战局结束后无发展余地。若打完再东转,又劳师费时。(六)我军人数较上次战役时虽略减(三万余),然有四个月的养精蓄锐。基于以上理由,乃决找富田地区的王金钰、公秉藩(共十一个团)打第一仗。胜利后,接着打郭、打孙、打朱、打刘。

打王金钰,毛泽东表现了极大的耐心。王金钰第五路军自开进江西,一路上凄凄惶惶,公秉藩去吉安迎接他们,第一句话就满是同情:

"嘿,老兄,你怎么也来了。"他知道王金钰是个公子哥,又是北方人,如今来江西山区与红军作战,真够难为他了。王金钰一脸苦相,他本来属北洋系,是孙传芳的部将,被蒋介石改编后,就成了没人疼的孩子,任人支使。这种滋味,同属杂牌军的公秉藩最有体会。

但王金钰也有一丝希望。开拔前,蒋介石向他透露:鲁涤平将要从江西任上调走,这空下来的江西省主席位置嘛……他拍了拍王金钰的肩膀,一切都在不言中。

所以,王金钰强打起精神,安慰公秉藩:"好好干,苟富贵,莫相忘。这一仗只要打胜,一切就峰回路转,柳暗花明。"

公秉藩心中阵阵发冷,王金钰显然是痴人说梦。据他所知,江西省主席的肥缺,蒋介石也曾许给第二十六路军总指挥、原冯玉祥旧部孙连仲,但也是水中月镜中花,蒋介石真正属意者,乃政学系骨干熊式辉。可叹王、孙二人尚不知情,被蒋介石玩弄于股掌之上,这就是杂牌军的命运。

为了不扫王金钰的兴,公秉藩没有说破,只是提醒他切莫轻敌,有十八师长张辉瓒作前车之鉴。

王金钰连连点头，部队开到富田，立即深沟高垒，筑成堡寨，大者可容一营兵力，中者能容一连，小者能容班排，用交通壕联络。公秉藩前来参观，连声夸赞：

"湘亭(王金钰字湘亭)兄不愧军中前辈，这阵势就是守一辈子，红军也攻不下来。"

公秉藩不知道，他说这话的时候，朱、毛离他只有咫尺之遥。这是毛泽东亲自挑选的阵地，王金钰、郭华宗、蔡廷锴三部形成了螃蟹钳似的阵势，红军恰恰就躲在这钳形范围之内，北面距王部20余里，有人形容说是钻进了"牛角尖"。

有人说毛泽东弄险，稍有不慎将受三面敌军的夹击。毛泽东不置可否，却转身问彭德怀："有无危险？"

毛泽东布阵之大胆，之出人意外，令彭德怀叹为观止，这其中只见高超的军事艺术，不见任何冒险成分。设伏之地为五县接壤，周围崇山峻岭环抱，只有五条蜿蜒曲折小道可以通往山外，红军把这五条山道一卡，只准进，不准出，真个是风雨不透，草木不惊。更为关键的是，布阵于此，造成了敌人心理上的盲区。

"还是拿鹅毛扇子的厉害呀。"彭德怀高声回答毛泽东的发问，"无危险，敌人意识不到我军敢到敌侧设伏于此。"

就在这群山环抱之中，红军主力埋伏达25天之久。王金钰沉得住气，哪怕在营垒里待上一年，也总比张辉瓒身首异处要强过百倍，四十七师官兵也怯于同红军作战，宁愿蜗居富田，不作寸进之想。

红军内部因此产生了急躁情绪，几万人窝在大山沟里，吃饭成了大问题。一日只供应两餐，幸亏时值仲夏，山间竹笋遍地，成了红军的主食，战士们连声嚷着："打狗日的王金钰，看他能缩在富田不出来。"

毛泽东眼一瞪："熬不住困难了？要慎重初战，打好这一仗，猪肉炖粉条，管够。"他咂吧着嘴，自己也馋得够呛。

朱德走了过来，分析说："王金钰避战，蒋介石能放过他吗？派他来苏区干什么，不要着急，他躲过初一，躲不了十五。"果然被朱德言中。5月上旬，蒋介石为了以"剿共"的胜利庆祝南京国民大会的召开，屡电何应钦对红军火速"进剿"；11日，何应钦电令王金钰第五路军"不顾一切，奋勇前进，如期攻下东固，树各路之先声";13日,王金钰部分左、中、右三路纵队,脱离富田阵地,向东固地区前进;14日,红军电台截获重要敌情,尚留守富田的公秉藩二十八师也将出发前往东固。他们太大意了,居然用明码拍发电报,作战意图一览无余地呈现在朱、毛面前。

毛泽东拍着郭化若的肩膀说:"你做了一件大好事。"原来,红军打文家市的时候,曾缴获一架电台,红军战士好奇,一枪托把好好的电台给砸了。毛泽东发了一通脾气,他望着被砸碎的电台十分惋惜。龙冈大捷中,红军从张辉瓒手中又弄了一架电台,并俘虏了十名报务员,郭化若提议成立无线电队,毛泽东欣然应允,吩咐立刻试机。俘虏兵王铮修了机器,刘寅架设了天线,这两人在国民党军队中都是重点培养的业务尖子,现在则成了红军无线电事业发展的先驱。

试机后,郭化若发现这架电台只能收,不能发。只能抄抄国民党中央社发的新闻,毛泽东已经够满足了,长期在山沟里转悠,消息十分闭塞,抄收新闻就成了制度,朱德每天晚饭后都要去电台问有什么新闻没有,已成了例行公事,固定节目。

就是这架电台,居然将如此重要的情报截获了,毛泽东兴奋得手舞足蹈:"这玩意神着啦。"他压低声音叮嘱郭化若:"千万要保守秘密,不能让蒋介石知道。"

得知敌军出动,窝在"牛角"里的红军铿然亮出了锋刃。14日晚8点,毛泽东、朱德签发了《攻击富田消灭王金钰、公秉藩两师的命令》,文曰:

第三军团为左路军(三十五师在内),应于明(15)日经固陂向富田前进,须于后日午后1时以前攻击富田……

第三军(缺第七师)为中路(正面),应于明(15)日拂晓进到罗坑、张家背、淘金坑一带,并占领白云山、更鼓、石塘、窑子、大坳一带阵地。16日午前8时开始向桥头一线攻击前进,得手后以一部追击败走之敌,以一部协助正面之第四军,侧击观音崖之敌……

第四军(并指挥第三师)亦为中路(正面),明(15)日以全军进入东固一带,以一师占领三彩、神湾前一线阵地;六十四师则应位置于蜗牛山之北端。16日分两路,一攻观音崖,一攻九寸岭,向富田之敌进攻;16日午后2时猛攻……

十二军(缺三十五师)为右路军,明(15)日以一部占领大山垴一带主要阵地,牵制由上坊、罗坊、潭头三方面之敌。后(16)日,待我左路与中路得手后,敌全线败退时,则相机向水南追击。如后天右路之敌(上坊、潭头等)不来,则为方面军之预备队……

一〇四团亦归四军指挥,明(15)日应即集中兵力,后(16)日午前8时,相机向大源坑之敌攻击,策应中路军。待敌败走时,配合正面军夹河向富田追击,攻取富田河北端阵地,截击由富田溃走过河之敌……

野战医院应于15日移到东固开设(各军伤兵即送此转后方医院)……

总司令部随中央军委,明(15)日仍在此地(坳上)。后天则在正面军后沿三彩、观音崖向富田推进……

附记:

1.各部应各带米粮五天;

2.战后俘虏送东固。

据说,蒋介石日后得此文件,对其行文之简洁,语言之明了,安排之严密,部署之周详,赞叹不止,他命令印发一批,在高级军官中传阅:"看看朱、毛是怎么指挥作战的。"

15日拂晓,红军按照部署行动。此战等于在"牛角"中做戏,闪躲腾挪的余地极小,如不能迅速进入战斗并解决战斗,就有可能被敌人反包围。为慎重初战,毛泽东当晚赶到红三军驻地。一灯如豆,黄公略伏在作战地图上,目光闪烁,像在寻找什么东西。

"又熬夜啦?"毛泽东问,看着黄公略消瘦的脸庞,关切地追了一句,"家里有什么消息?"

黄公略别过脸去,从最近的报纸得知,他的家人妻小已被何键关进长沙大狱,并放出风来,让黄公略早日归顺:"以前种种,譬如昨日死,以后种种,譬如今日生。放下屠刀,立地成佛。"

男儿有泪不轻弹,只因未到伤心处。黄公略这条铁打的汉子,现在却是泪花闪烁。他天性至孝,夫妻恩爱,更令人酸心的是,他那尚未出世的孩子将把第一声啼哭绽放在高墙铁窗之内。触景生情，毛泽东也想起了久失音讯的结发妻子杨开慧，他忍住悲痛，安慰黄公略说："我一定去电上海中央，设法营救你的家人。"

黄公略摇摇头："今天不谈这个。"他用手指着地图，"从富田到东固，途经固陂、中洞、桥头冈，但中洞地形最险，像布袋口，红军若从桥头冈攻击，敌军后撤余地大，难以一网打尽。"

毛泽东点点头，他正是放心不下这点，才赶来的。

"从中洞发动进攻，扎住口袋口，公秉藩就跑不了啦。"

毛泽东有点为难，据侦察，公秉藩部将于明日上午10时左右到中洞，红军最快则要中午到，"除非找到一条捷径。"他自言自语道。

"从地图上看，没有小路可通中洞。"黄公略说。

"就是要从没有路中找出一条路来。如果地图上有，早就被公秉藩控制了。"毛泽东看问题总是更深一层。

"找群众调查，他们是土行者，是活地图。"毛泽东说着已跨出了门外。

一条隐蔽的小道终于被毛泽东加在军用地图上，整个作战计划有了重大的修改。郭化若回忆说：

15日早，全军分别移动，总司令部仍驻坳上未动，一切部署妥当了，毛主席还不放心，还在思索，要想个更好的办法歼灭敌人。半夜，毛主席亲自到红三军军部去，和黄公略同志一起找向导调查路线，在东固通中洞大路的南侧，找到一条小路，改令红三军沿这条小路前进，包围敌军的右翼，这个改变是非常重要的。

战斗如期打响，对这惊心动魄的一幕，公秉藩几十年后还记忆犹新：

5月16日清晨，我和平常一样，清晨运动完毕，率师直属部队从固陂圩出发……师直属部队共有1000余人，特务营过后，就是师部，乘马四五十匹，还有3座大轿(师长、副师长、参谋长各一座)，以及驮载骡马和输送队，在山路上排成一列纵队，大约五六里长。沿途看不见什么征候，只是曾经红军破坏过的道路，虽然先头部队已予修补，骡马一过，又复踏断，再经修补，才能前进，因而10点钟才抵山坑。这里有一条小街约四五十户人家。特务营刚一通过,师部的骡马乘轿到达街头时,东西两面高山上的红军,早在这里做好工事,严阵等待了20多天,在一声炮响下,步枪、机关枪齐放,山鸣谷应,响彻云霄。正在行进中的部队被打乱了,有的人马被打死,有的被打伤,横七竖八地躺倒在山路和两旁的田地上。尚未死亡的官兵乱成一团,莫知所措。

在此处设伏的正是黄公略第三军,当公秉藩部后尾全部脱离中洞,进入山坑,黄公略始扎紧口袋,关门打狗。正在行进中的敌军根本想不到两侧高山会埋伏有千军万马,毛泽东诗句"飞将军自重霄入",就是这个场面的真实写照。

公秉藩困兽犹斗,急电各部增援,他在回忆中说:

我打给中洞以南八十三旅长柴乔松的电报是:"我师直属部队行抵山坑,遭到两面高山敌军夹击,速派一团驰援山坑。"接到柴乔松旅长的复电说:"我一六五团进展桥头冈附近,其第二营与红军总司令部相遇,正在战斗中,营长郭钟麟受伤。我率一六四团抵达中洞以南,遭受红军伏击,无法增援,请示机宜。"

公秉藩不死心,擦擦头上的冷汗又给富田以南八十二旅旅长王懋德通电,请求支援。王懋德的回答更令人失望:"我第四十七师在九寸岭、观音崖一线已被红军击溃,大部队从左右两翼绕至后方,固陂圩通山坑的山口已被红军占领,我旅正在原地与敌激战,请示办法。"

攻打敌八十二旅的是林彪、罗荣桓的第四军,毛泽东将红军最精锐主力交给林彪,政治委员罗荣桓也是他亲自挑选的,因为林彪个性强,和历任党代表关系都很紧张,毛泽东看中了罗荣桓的宽厚大度,且罗荣桓自秋收起义即在他的麾下,知之甚深,是个实干家。去四军后,罗荣桓各项工作十分出色,林彪也很满意,毛泽东逢人便高兴地说,他这次选对了人,林彪和罗荣桓不是合作得很好吗?

其实他不知道罗荣桓心中的怨言。有人说,与林彪搭档,苦不堪言,林彪性格阴沉,很难相处。纵然如此,罗却能掩饰心中的不快,全心全意协助林彪。当然,在军事上,他确实佩服林彪很有一套。此次中洞之役,林彪身先士卒,于枪林弹雨中,指挥果断,行动迅速,一举拿下观音崖、九寸岭,割断敌军联系,犹如狂飙突进,与红三军的神兵天降,有同工异曲之妙。

公秉藩抱着最后一丝希望又叫通了富田第一纵队司令官齐向辰,希望他能念及袍泽之情伸出援手。哪知齐向辰也自顾不暇,回电说:"敌主力从我右翼迂回后方包抄,固陂圩已被占领,富田正在激烈战斗中,该师无论前进到什么地方,着即停止。"

这正是彭德怀红三军团之杰作,他已迂回到敌人后方,一举攻占了二十八师兵站,富田留守之敌逃命尚恐不及,哪有心思援救公秉藩。

"完了。"公秉藩失望地丢掉话筒。他后来回忆说:

我一连接到这三个复电,完全失望,比我初到山坑遭受红军突然袭击还可怕。初遇伏击时,对前后方的部队还怀着幻想,现在知道已堕入天罗地网。

公秉藩终于束手就擒,将呢子军服、公文包、玉石私章全部抛得远远,混在俘房中,伪装成一个普通书记员,骗得红军发给的安家路费,匆匆而逃。"煮熟的鸭子又飞了。"黄公略有点惋惜,他的部下恨得编了一首打油诗:

呢子军服半路抛,公文袋子丢山腰。

恨不能再生两条腿,化装伙夫拼命逃。

莫道拥有枪和炮,那堪兵败如山倒。

飞将军自重霄入,漫山遍野杀声高。

十里山谷填臭尸,人马践踏乱糟糟。

只知道前头折了张辉瓒,谁料到这回我也跑不了。

急中也把计谋生,潼关道上学老曹。

顾不得体面两个字,逃得性命是上着。

公某混进俘房营,三块银元进腰包。

漏夜逃回吉安城,掩面啼哭泪淘淘。

万人出师一人回,"剿赤"收场真糟糕。

提笔起呈心猛省,叫人快把私章雕。

听了这首打油诗,公秉藩觉得挺冤枉,几十年后还辩白说,他当初只拿了一块银元,因为俘虏太多,发到他的时候正好领完,红军战士让他等一会,钱一到就补给他;自己害怕夜长梦多,揣着一块银元就上了路。关于这一点,是应该实事求是的。

富田、中洞之战,公秉藩二十八师覆灭,王金钰四十七师遭重创,王本人未参加战斗,他已赶到南京参加国民会议。闻知所部失利,再也不敢作江西省主席之非分想,连忙"引咎辞职",退隐山林。何应钦精心布置的"步步为营",已经被红军掀得人仰马翻。

如果说20万"围剿"之敌犹如一庞然大物,朱、毛就是那解牛的庖丁,红军则是锋利的尖刀,削劈剔刺,无不如意,得心应手。自第一刀解决公秉藩、王金钰后,朱、毛自西而东,顺势横扫,穿行于敌筋肉骨骼之间,游刃有余。5月17日至19日,红军在吉安水南市之白沙打郭华宗第四十三师,消灭其一部,并将逃往水南市的王景德旅残部全部歼灭,俘敌3000人,缴枪2000余枝,在藤田的郝梦龄第五十四师星夜撤往永中;22日,红军东下中村,再歼高树勋二十七师一个旅,国民党第二十六路军总指挥孙连仲急令李松昆所部由东韶撤往宜黄,免遭红军打击;27日,红军冒雨奔袭广昌城,歼灭胡祖玉第五师一个团,胡祖玉被击成重伤,不治而死,广昌城也易于红军之手;31日,建宁城又见红军旗帜,守敌刘和鼎仓皇应战,不战而退,一个整团成了红军的枪下之鬼。毛泽东屈指一算,从5月16日到31日,短短半个月内由西至东的800里战线上,连续打了富田、白沙、中村、广昌、建宁五个胜仗,共歼敌3万多人,缴枪2万多支,毁坏敌人工事四五百里,蒋介石对中央革命根据地发动的第二次"围剿"已彻底被粉碎。

毛泽东诗兴大发,快意填词:

白云山头云欲立,
白云山下呼声急,

枯木朽株齐努力。

枪林逼，

飞将军自重霄入。

七百里驱十五日，

赣水苍茫闽山碧，

横扫千军如卷席。

有人泣，

为营步步嗟何及！

第二次反"围剿"之所以赢得痛快淋漓，朱德作过总结：

"1931年5月，又粉碎了敌人第二次'围剿'。这次反'围剿'也打得很好，但这时已经有些不同了，因为项英来了，发生了一些分歧。但错误意见未占上风，红一方面军仍由毛主席领导，所以很快取得了很大的胜利。这个胜利，仍是诱敌深入，集中力量歼灭敌人，依靠群众，依靠根据地而取得的。"

朱德的总结意味深长。在今天看来，第二次反"围剿"的胜利似乎是顺理成章的，但回顾当时的现实，却来之不易。蒋介石以20万对红军3万，不啻泰山压顶，哪怕稍有失误，中央苏区都将立刻崩溃，红军队伍将立刻受损。说毛泽东的道路是中国革命胜利的唯一一条华山通道，那绝不是夸张之辞。

■ 黑云压城

蒋介石哭了，哭得痛心疾首，呜呜咽咽。

随同前往南昌的第十八军军长陈诚站在校长背后，一脸怒气瞪着何应钦。

陈诚与何应钦不和，这是蒋介石为防止何应钦势力坐大，特意培植的一支力量。陈诚对蒋介石也绝对忠心，自打出黄埔岛，就一直跟随蒋介石鞍前马后，如今官运亨通，执掌黄埔嫡系十八军，并兼第十四师师长，心气正高，那份猖狂、那份得意，让何应钦实在看不下去。

何应钦也有恃无恐，跟随蒋介石这么多年，岂能不知道他的心事，此次行动并没有使中央军嫡系有毫发之损，丢了3万多杂牌军，乃"塞翁失马，焉知非福"，蒋介石刚刚任命他兼任空军司令就是明证。想到这里，他昂起头，毫无愧色地瞪了陈诚一眼，心里说："老头子岂是如你看到的那样软弱，他这是在做戏。"

蒋介石确实在做戏，自中原大战得胜后，他有点忘了形，失去了往日的冷静。因约法问题的争执，一怒之下竟然将国民党元老胡汉民关进了汤山，天下顿时大乱，群雄并讨，曾在中原大战中拔刀相助的粤军陈济棠也树起"反蒋"大旗，公开叫阵。蒋介石问计于智囊杨永泰，杨沉吟半晌：

"血浓于水，无论桂系、粤系、冯系、阎系或者把汪精卫算上，仍然算国民党内家务事，争的是'集权'与'分权'，是要'分肥'；共产党则不同，争的是社稷江山。两利相权取其重，两害相权取其轻，蒋主席(5月份召开的国民会议上，蒋介石刚刚当选国民政府主席)当会把握。"

蒋介石重重点了点头。

杨永泰出谋划策道：

"'剿共'应为当前第一要务，当可转移国内视线，调整矛盾。纵观天下大势，无论英、美、日诸列强，无不高张反赤旗帜，国内各路诸侯，包括陈济棠，也多以反共为标榜，以彼之矛，攻彼之盾。如贸然干扰政府行动，则一律以'红帽子'扣之，责其通匪，号令天下共击之！"

蒋介石抚掌称赞，6月6日，莅临江西，"御驾"亲征，13日，发表《出发剿匪告全国将士书》：

中正以为吾全国军人之在今日，应有屹然不摇之决心，方可膺此时代艰巨之使命。

下列二义，必须明认笃信：

一曰戒除内战，保障统一……

二曰剿灭赤匪,安定社会……

中国今日,实不患贫困,而独患内乱,实不患财政之不充裕,而独患国家之不统一,与地方秩序之不安定……

所以,蒋介石在南昌"剿共"会议上痛哭失声,一则是要激发陈诚之流将领的"血性天良";二则也是宣明态度,号令三军,悠悠诸事,灭共为大。他发誓:三月之内"肃清江西共匪","如不成功则成仁,如不获胜,自刎首级"。

蒋介石如此自信,乃倚仗自己的实力。他认为前两次"围剿"的失败,都因为杂牌军作战不力,这次他特意调来五个嫡系师到江西,作为主力。他们是:

陈诚的第十四师

赵观涛的第六师

蒋鼎文的第九师

罗卓英的第十一师

卫立煌的第十师

这五个师俱是甲种编制,计10万余众,为国民党军队中精锐之精锐,加上现留在中央苏区的非嫡系部队,总兵力达23个师又3个旅,共30万人。蒋介石本人亲自担任"围剿"军总司令,何应钦任前线总司令,驻南昌指挥。

在军事战略上,蒋介石也作了调整。说心里话,他对何应钦的"步步为营"不以为然,认为过于迟缓,于是改作"长驱直入",但在注重进攻的同时又兼及防守。把"围剿"军分为"进剿"部队和"驻剿"部队两部分,"进剿"部队担任"长驱直入"的任务,寻找红军主力作战;"驻剿"部队负责在已占领的地区修筑工事,作为"进剿"部队的依托,并就地"清剿",巩固已占领地区。蒋介石还吸取了何应钦失败的教训——未能发挥优势兵力寻找红军主力决战,进击单位是"师",不能形成足以对付红军主力各个击破策略的更大的作战单位。因此,把以一个师为一路独立行动,改由以二三个师为一路,互相策应,防止被红军各个击破。

蒋介石很满意自己的这番布置,但他最得意之笔,乃是出兵神速,不给红军丝毫喘息之机。5月底,第二次"围剿"方告失败,仅一个月,30万人的庞大队伍重新压向了苏区。7月1日,正式进攻命令下达至各级官佐。兼任左翼集团军总司令的何应钦指挥朱绍良的第三军团、蒋鼎文的第四军团、赵观涛的第一路进击军、陈诚的第二路进击军,共七个师的兵力,由南城、南丰方面向广昌、石城、宁都猛攻,企图寻找红军主力决战;右翼集团军总司令陈铭枢指挥蒋光鼐的第一军团、孙连仲的第二军团、上官云相的第三路进击军,共七个师的兵力,分别由吉安、吉水、永丰、乐安、宜黄一线,向富田、东固、崇贤、沙溪、莲塘、宁都等地深入,实行"进剿"和"清剿"。他们总的战略意图,是想把红军驱赶到赣江边而一举歼灭。

必须承认,蒋介石动作之果断,出乎毛泽东的意料,打乱了红军的部署。6月初,红一方面军临时总前委召开会议,确定工作方向,分别向北、向南、向西发展。红军主力星罗棋布,分散于闽西、闽西北一带,直到6月下旬,发现敌人有对中央苏区"围剿"的迹象,估量敌人"会很快向我们进攻"。毛泽东根据常理判断:"敌人如由南丰前进,只能在广昌以北有船运粮,所以敌人8月15日以前只能进到广昌,以后有了新谷子才能前进。7月以前我们可以努力筹款,8月份也可以不管他。"所以,大战拉开帷幕后,红军曾一度难以集中应战,被蒋介石抢了先手之利,各路"进剿"军长驱直入,整个苏区完全笼罩于敌人攻击之下。7月13日,广昌被陷;19日,陈诚所率领的第二路进击军占领宁都,此为根据地之重镇,前两次"围剿"均是以宁都为重要攻击目标,然未能越雷池半步。陈诚立此奇功,着实让蒋介石喜悦了一阵子。他已感到胜券在握,再次拍起了胸脯:

"赤匪屡经我军跟踪狙击,其漏网残余者,本已不足万人。其会昌、汀州狼狈逃窜时,又被沿途民团袭击堵截,所剩更属无几,预计本(7)月以内,必可全部歼灭,以期清除国家根本之大患。"

■ 在钢丝上跳舞

仓促之中,朱德、毛泽东匆匆应战,却没有丝毫惊慌失措,阵脚依然不乱。

山道上,毛泽东抹了一把汗,尽管在战略上已失去了制胜的先机,但毛泽东从不利中看到了有利:敌人始终未能准确判断红军主力所在,连连扑空,士气已有损耗,阵形已见破绽,正是红军出击的有利时机。7月10日前后,驻扎在闽西、闽西北一带的红军主力千里大行军,火速赶往战场。毛泽东心急如焚,如果敌人在苏区站稳了脚跟,那就主客易位,红军原先所有的"天时"、"地利"、"人和"将荡然无存。这是怎样的一场急行军,浩浩荡荡的人流奔腾于崇山峻岭之中,一泻如泻。有人回忆说:

"这是一场大规模的战略行动,也是一场艰苦的进军。从福建西部地区,绕过整个苏区南部,到赣南的瑞金、兴国,全程500多公里,部队分路出发,以急行军速度,沿着闽西、赣南的山岭小道向西疾进。7月,正是盛夏季节,战士们背负着全部行装,在烈日下行军,一个个汗流浃背。脚下的石板路,被火热的太阳一晒,脚落上去烙得钻心的疼;阳光的反射烤得人喘不过气来……"

根据朱、毛的部署,红军主力没有从驻地直接插向预定的作战地区宁都、兴国一带,那样将同敌人主力面对面地碰撞在一起;而是向南大迂回,绕过敌军进攻的锋芒,从中央苏区南部插入敌人背后,"避敌主力,打其虚弱"。"由兴国经万安突破一点,然后由西向东,向敌之后方联络线上横扫过去。"毛泽东大手一挥,"让二次反'围剿'的好戏如法再上演一场。"他在回味"七百里驱十五日,横扫千军如卷席"的那种痛快、酣畅。

然而,这次却远没有想象中顺利。自部队进入苏区,坐镇南昌的蒋介石就提起一百倍的精神与毛泽东斗智斗力,尽管长驱直入如入无人之境,尽管攻城略地抢占了大半个苏区,他也未有丝毫松懈。他知道红军的主力并未受到重创,所以一直叫嚷要与红军决战。然而20余天来,却到处扑空。打广昌、袭宁都、取富田、抢东固,这胜利来得容易,也没有分量和价值。所以,尽管他声势不小,心里却是焦虑万分。"朱、毛钻到哪里去了?"他瞪大眼睛寻思着。

一份空中侦察报告解了他心中的迷惑:"朱、毛红军如今正向兴国进军,有向富田移动的迹象。"蒋介石移步到军用地图前,倒吸了一口气,他一眼看出这一战略计划的要害,那块地区正是他"柔软的下腹部"。

"哼,袭我侧翼,打我薄弱。"蒋介石重重吐出一口浊气,"投我以木瓜,报之以琼琚",来而不往非礼也。他脸上露出了阴冷和得意,立即发电命令:

限第十四师陈师长诚、第十一师罗师长卓英,即刻率部抢占富田,会同周边部队,寻找决战机会,以期一举荡平赤匪为祷!

陈诚、罗卓英闻令而动,两支精兵抢在了红军的前面,在富田一线,布下了天罗地网。

朱、毛及时地收住了脚步,毛泽东庆幸地说:"还是老区人民好啊,若不是他们及时通报,我们是往鬼门关里闯啊。"

朱德的脸上依然沉重。部队撤的动作慢了一点,现在还有一只脚留在死亡线,周围强敌环视,实际上已陷入敌人的包围圈,只剩下高兴圩及周围几十里的巴掌之地控制在红军手中,如果敌人发现涌来,那对红军而言,将是灭顶之灾。他望了一眼毛泽东,对方也是愁云锁眉,吸着烟卷一言不发。

毛泽东口袋里的烟已抽完了最后一支,他终于抬起了头,走过来与朱德商量,正面之陈诚、罗卓英部,左侧之蒋鼎文、蔡廷锴部,赣江之赵观涛部,俱是能战之师,一旦被他们咬住,难以脱身啊。唯有由龙冈向良村、莲塘进犯的上官云相第三路进击军,原是孙传芳旧部,乃北方军队,不习山战,容易被击破。

朱德频频点头,补充说:"以部分红军会同地方部队和赤卫队,武装成红军主力,向西佯动,示形于敌。把敌人精锐陈诚、罗卓英、蒋鼎文吸引到赣江边去,把蒋光鼐、蔡廷锴部牵在兴国以南,出其不意,集中红军主力从中间突破包围圈,迎战上官云相。"

8月5日晚,细雨迷蒙,红军主力乘敌人频繁调动之空隙,从崇贤、兴国两地敌军第九师与第六十、第六十一、第五十二师之间20公里的结合部迂回穿行。一向镇定的毛泽东此时也紧张得顾不得抹一把脸上的雨水,太悬乎了!20公里的空隙让一支3万人大军无声无息地通过,不亚于骆驼穿过针眼那样困难,不仅我方不能有半点偏差、半点闪失,即或敌方有哪支部队心血来潮,越过了自己的防区,偏离了行军路线,和红军不期而遇,后果都可怕得让人难以想象。

毛泽东的脑子风车一样旋转不停,朱德则表现为另一种风格,亲自下到部队,每一个三岔路口都看到他的身影,关照、叮嘱、提醒,成了前进的路标。

3万人的队伍犹如无声的溪流,偃旗息鼓,衔枚疾走,穿行在雨雾中、大山里,一切能够发光的东西都包扎隐蔽,白铁桶用烟熏黑,白马穿上了伪装衣,一切能发响声的用具如铁锅、铁锹、锅铲都用布包好,不准讲话、不准咳嗽、不准吹号、不准响枪、不准……只有飞速晃动的身影,整整一夜,每个人的心都吊在嗓子眼。8月6日夜12时,准时插向预伏地点——莲塘之北的十万洲山谷。

随着一声枪响,部队如山洪之爆发,宝剑之出鞘,猛虎之下山,扑向上官云相的第九军。

上官云相,山东商河人。此人成名之作是皖南事变中充当了攻击新四军的主力,在此之前都一直寄人篱下,仰人鼻息。他原是王金钰副手,乘王战败之机取而代之,执掌了第九军。上官云相城府很深,一心想讨得蒋介石欢心,以便在军中立稳脚跟。此次参加"围剿"十分卖力,他下了道死命令:"准胜不准败。"

无奈第九军于第二次"围剿"中领教过红军的厉害,已经成了惊弓之鸟,上官云相百般打气也壮不起他们的胆量,其中一个旅长甚至因惊恐过度,得了神经病。如果不是遇到陈诚,借给他们一副胆子也不敢孤军突出十万洲。

面对着身高比自己矮一截的陈诚,上官云相这位军中前辈腰弓得像虾米,这是蒋介石面前的第一红人,他可得罪不起。陈诚不满地责备第九军畏敌如虎,他已经绕了一个大圈子,也没见到红军,尽可放胆前进。他鼻子重重哼出了不屑之声。

上官云相没有在意陈诚的轻蔑,心里吃了一颗定心丹,命令部队加速前进,四十七师第二旅挺进至十万洲,被上官云相一手送进了死胡同。

战斗于夜间打响,上官云相队伍是北方来的,不惯于山地战,更不惯夜战,至拂晓,已经只有招架之功,没有还手之力了。

随着第一抹曙光出现在东方,总攻的冲锋号回荡在山谷林间,进攻部队犹如万箭齐发,红军已胜券在握,有人唱起了歌:"炮火连天响,战号频吹,决胜在今朝……"

一场激烈的白刃战在村头展开,上官云相的队伍虽然山地战不行,拼刺刀却有训练,只见刀光闪闪,喊声震天,血肉翻飞。无奈士气、胆识上均输红军一筹,一阵激烈的搏杀后,终于土崩瓦解。

首战告捷,朱、毛挥军乘势直逼良村,这里是上官云相的指挥部,他刚接到莲塘败讯,惊恐未定,红军的枪声已经在耳边震荡。此人倒也机灵,吩咐四十七师、五十四师就地抵抗,自己却带着一个旅远远地撤到安全之地——脱身逃命乃是第一要素。

主帅一走,军队顿呈混乱,面对蜂拥而来的红军,两个师的守敌只放了几排枪做做样子,即夺路而逃。这一逃逃得好不狼狈,一位年近古稀的老太婆坐在一个山坳里,突然动了童心,对着逃兵喝了一声"缴枪",那嘶哑的声音也让这帮荷枪实弹的大男人吓得胆战心惊。

五十四师师长郝梦龄最有先见之明,他知道红军对于一般俘虏兵不重视,鼓足了劲要逮大官,进入苏区前就未雨绸缪,平时就套了士兵服装,准备被红军打垮后逃跑,所以一路上倒也跑得顺利,眼看着就要脱离了险境。

但百密一疏,郝梦龄一行忘了丢掉手枪,这使他们与普通士兵有了区别,终于引起了红军的注意。尾追过去,几声枪响,副师长魏峨威当场毙命,吓得郝梦龄拔足狂奔。如果不是追兵太少,他恐怕难脱被俘之命运。

良村被破,龙岗守敌第五师师长周浑元自觉大祸临头,这里是张辉瓒葬身之地,本身已充满着凶兆,且毗邻良村,朱、毛难道不会再上演一幕"前头捉了张辉瓒"的好戏?

像是为了印证周浑元的担心,良村方面的枪声刚刚停歇,龙岗已被红军围得水泄不通,吓得周浑元夜里爬起身来,敲开报务员的房门,呼叫求援。他站在山头上,只见山下火把点点,口令声声,枪刺在月光下闪着寒辉,他打着冷颤心里想:虽说龙岗工事坚固,但凭他孤军困守,总有一天会被红军踏平山头。

周浑元没有失望,他的呼救唤来了数路援兵。

"水无常形,兵无常势。"毛泽东一面部署打龙岗事宜,一面竖起耳朵捕捉各种信息。当他得知敌毛炳文第八师刚从君埠、南陵地区撤回黄陂,不由为之心动。

"打他个立足不稳。"毛泽东向朱德建议。

朱德心有同感,龙岗易守难攻,周浑元又有警觉,欲作困兽之斗,红军一旦纠缠于此,形势十分不利。他补充了毛泽东的意见:"龙岗还是要打,但只是佯攻,闹得声势越大越好,吸引敌人的注意力。"

林彪推门闯了进来,他对毛泽东发起了牢骚,为什么打龙岗的任务交给了红三军,这是对黄公略的偏爱。

毛泽东含笑不语,他知道林彪心高气傲,对彭德怀、黄公略这样能战之将,一直有心比试高低,这种同志间的竞争无可厚非。

朱德不忍林彪着急,安慰道:"不是对黄公略偏爱,现在藏起红四军,是留着打黄陂时发挥威力。"

林彪一笑,满意地走了。自从他在红四军"七大"上对朱德发炮攻击一番后,就有意无意地回避对方。岂知朱德心胸宽阔,对往日的不快早已忘怀。其实,他对林彪的勇敢善战也十分欣赏,林彪为人孤芳自赏,与红军一些将领关系冷淡,朱德还经常排解缓和,劝说别人要理解林彪的性格。

林彪一走,毛泽东忍不住开怀大笑,连这样的鬼灵精都骗过了。他很得意自己的奇兵布阵,只要打下黄陂,再俯攻临川,取抚州,就跳出蒋介石的天罗地网了,那时候,则是"天高任鸟飞,海阔凭鱼跃"了。

朱、毛毅然放弃必打之敌,如乌龙摆尾,在龙岗摆出一个大大的水花,又一头潜入深山密林。三日之后,当他们重新露出身形时,已盘旋在黄陂四周,呼风唤雨,逞威施能了。

总攻击是在11日12时开始的。正是倾盆大雨时,红四军、红十二军进入前沿阵地,朱、毛一改以往战术,借助于雷电风暴,大搞精神震慑,军号集中、炮火集中、兵力集中,几十支军号同时吹起了冲锋令,弹雨毫无吝惜地洒向敌人阵地;战士们组成集团冲锋队形,如巨浪排山倒海向前奔涌。黄陂守敌在惊慌失措之下，完全丧失了抵抗能力。泥泞中，成片的士兵跪倒在地，高举枪支叫喊："不要打了，我们缴枪，缴枪。"有个俘虏兵自我解嘲道："我这是第三次缴枪了，前两次还领了6块大洋的路费呢。"

毛泽东也很幽默："诸葛亮七擒孟获，我们准备给他21块大洋。"红军规矩，每次释放俘虏兵，一次给大洋3块。

黄陂之战，仅用了一个小时，毛炳文的第八师四个团从此从花名簿上勾掉了。

林彪跑过来向毛泽东请示，部队是否继续追击。

毛泽东责备林彪："打了这么多年的仗，还不懂得军情紧急，见机而作，乘敌人失魂落魄之机，衔尾急追，还来请示干啥。"

林彪面露难色，刚才与朱德匆匆见了一面，人慌马乱之际，朱德只是叮嘱他收束部队，就急匆匆走开了，说是通知红十二军也暂停行动。

毛泽东一怔，朱德此举必有道理。

朱德带来的消息让毛泽东大吃一惊，从毛炳文的师部缴获一份第六师师长赵观涛和第十师师长卫立煌发出的紧急电报，称这两个师已向黄陂开来，现已驻扎在离黄陂仅10公里的砍柴冈。真是苍天有眼，如果不是这场突如其来的暴雨，敌人必将会师于黄陂，正在作战的红军就会立刻陷入腹背受敌的危境。要知道，赵、卫两师都是红军力求避免正面交锋的蒋介石精锐。尤其卫立煌，此人一介寒武，却能在黄埔系一统天下的蒋军嫡系部队中立稳脚跟，没有一点真本领是打不出这块天地的。当年与孙传芳血战龙潭，真可谓惊天地，泣鬼神，是北伐战史上最残酷的一仗，卫立煌一战成名，从此以善打恶仗、狠仗而著称于世。毛泽东也知此人是蒋军中难得的一员虎将，如若被他缠上，想全身而退是大大的不易。

接踵而来的消息更让毛泽东察觉到形势的险恶。

敌军主力被部分红军吸引到赣江边后，连续扑空之余，才猛省中了红军调虎离山之计。莲塘、良村两次战斗后，尽管毛泽东在龙岗虚晃一枪，瞒过了周浑元，瞒过了毛炳文，但没有瞒过蒋介石、何应钦。蒋介石站在军用地图前指指戳戳：红军只有北攻临川，出抚州才能跳出包围圈，而黄陂则是必经之地，又疏于防范,聪明如斯的毛泽东是不会放过这个破绽的。想到这一层,蒋介石急令赵、卫两师及高树勋第二十七师、许克祥第二十四师等共凑足八个师的兵力,趁夜赶往黄陂,堵住朱、毛的退路。

蒋介石判断没错,毛泽东确有北出抚州的打算,尽管打黄陂堪称出其不意,但蒋介石歪打正着差点将红军一网罩住。

朱、毛连夜从黄陂撤出,敌人的包围圈已经合拢,闪躲腾挪的余地已经有限,红军局促于君埠这一弹丸之地,一向潇洒的毛泽东也脸绷得紧紧,看来他的对手蒋介石的脑瓜也足够使唤。

红军已面临最危急时刻,一着不慎,满盘皆输,毛泽东当仁不让地拿出自己的主张,讨论可以,但必须执行,生死存亡之际,来不得半点犹豫和礼让。

"谁要是说我不民主,请打完这一仗再批评。"毛泽东丝毫没有开玩笑的成分。

朱德对毛泽东表示了极大的信任和支持,往日的宽厚变成了如山重令:"按毛总政委的命令去做,若哪一个出了差错,那是对红军犯罪,对革命犯罪。"

按照毛泽东的安排,14日晨,红十二军佯动北行,蒋介石既已看透毛泽东意图,毛泽东干脆顺水推舟,利用他害怕红军北攻临川的心理,故意让红十二军招摇过市。罗炳辉把这出戏演得惟妙惟肖,一方面躲躲闪闪,一方面又故露破绽,给敌人造成错觉,误以为红军主力真的要北出抚州,吸引他们向东北方向调动。

15日夜,在红十二军掩护下,朱、毛率领红军主力由君埠向西疾进,每一个战士都意识到形势的严峻,抿紧嘴唇一声不吭。突围是必然之举,但突围的方向还是让他们大吃一惊,西进!这意味着要和迎面而来的敌人作对面穿插,蒋鼎文、韩德勤、陈诚、罗卓英各纵队约20万人,正分兵两路与堵在东北方向的赵观涛、卫立煌、许克祥、高树勋等部会合,红军必须见缝插针穿行在敌人结合部,这中间的间隙最窄处不超过10公里,且呈犬牙交错状,形势比上一次"钻牛角尖"更是危殆。

毛泽东又一次被逼到钢丝上跳舞,他自己后来也承认,这是"一年来三次战争中最艰苦的时节"。他和朱德亲自手握着指南针带领军队前进,这在以往及后来的行军中,绝无仅有!

关于此次夜行军的气氛,有人曾作过详细描绘,当时形势紧张可见一斑:

……部队在大山丛中,沿着一条小河沟蜿蜒前进,一会儿走上山腰,一会儿又弯下谷底。开始还有小路,走着走着路没有了,钻进了荒僻的丛林草莽中。借着星光,可以看到新砍的树桩和灌木根。部队便攀藤附葛,在这新辟的山道间行进。就在不远的山头上,"嗒嗒嗒、嗒嗒嗒",敌人的重机枪在单调地打着。手电筒的闪光,阴森森地忽明忽灭。在我们前进的队伍里,不断地传来"肃静"的命令,原来我们已经走到敌人两军的间隙里来了,离这里两翼不到五公里便是敌军。

直至天亮,大雾弥漫天际,山野间一片混沌,毛泽东才长喘一口气,终于跳出了敌人的包围圈。部队行进到兴国境内的枫边、白石一线,休整待命。老区人民载歌载舞欢迎红军,"山歌越唱越开怀,东山唱到西山来"。毛泽东也和着节拍脚步轻盈起来,刚刚从险境脱离,他也需要调整一下情绪,松弛一下紧张的心情。

■ 蒋介石并不认输

罗炳辉红十二军一路北上,做足了文章。为了吸引敌人追击,他一反战国时孙膑添兵减灶之法。每次宿营,遍地挖下锅灶,烧上一把火即弃而不用,老百姓的墙壁上、路边的大树上,到处是路标以及收容掉队人员的留言和各军的番号,好像有千军万马路过一样。这还尤嫌不足,路过乐安城时,罗炳辉鸣金吹号,擂鼓示威,一举攻破城池,逗引得蒋军各部,如斗牛见到红布,疯劲大发,穷追不舍。这种牵牛战术,让红十二军乐不可支,他们携带的都是轻武器,一式麻耳草鞋,行动十分灵便,专挑山道险路,而国民党军队则是脚登翻毛皮鞋,曳枪拖炮,如何能追得上身轻如燕之红军。整整半个月,肥的拖瘦,瘦的拖死,最后还是未能找到红军主力。

直至8月底,蒋介石终于如梦方醒,又中了毛泽东调虎离山之计,再令部队西移,几十万大军跋山涉水,怨声载道。苏区地方武装和赤卫队也不甘寂寞,一会一排冷枪,一会红旗满山,敌军弄不清是主力还是游击队,一天应战数次,饥不得食,困不得眠,行不得安,已经焦头烂额,无所适从。"与红军作战是无期徒刑。"就连某些高级军官也发此哀叹。历经千辛万苦重新再与对手照面,红军已休养生息半个月,磨刀霍霍,严阵以待。

蒋介石撑不下去了,尽管此人性格倔强,有一股死拼到底的韧劲,也咬着牙想和毛泽东周旋到底,但后院起火,已烧到了他的眉毛。因扣押胡汉民而引发的宁、粤之争已从怒目相向到大打出手,粤军陈济棠联合中原大战失败的桂系军阀及失势的唐生智和反复无常的石友三,乘蒋介石集重兵于苏区之际,群起发难。先有唐生智潜回湖南,召集旧部,搅得三湘不安,此人为湘军旧宿,威望尚存,一旦东山再起,将是一个劲敌,蒋介石不可不防;石友三又在北方舞刀弄枪,虽说他成事不足,但败事有余,是个不知轻重的愣头青,南京政府已是朝野震动;最让蒋介石心惊肉跳的还是陈济棠与李宗仁、白崇禧的联络,如今他们已兵发衡阳,这一着无异于朝他胸口猛击一掌,撞得他隐隐生疼,使他不得不从"剿共"队伍中抽调兵力去防范堵截。他仰天长叹,感到了力不从心。

总撤退令陆续传达至蒋军务部,毛泽东却盛情"留客"。"想来即来,想走即走,蒋介石眼中想必没有朱、毛二人。"他狠狠地甩掉手中的烟蒂。

9月3日,红三军和独立第五师埋伏于蒋军北撤要道黄土坳,将蒋鼎文第九师先头旅截断于老营盘。这是红军第一次与蒋军黄埔嫡系正式交手过招。

在国民党的高级将领中,蒋鼎文是出了名的"拼命三郎",当年随蒋介石东征讨伐陈炯明,棉湖一战,他左肺中弹,仍带伤指挥,是从死人堆里爬出来的。在蒋介石撰写的黄埔军校第一期同学录"序言"中,曾专门提及他一笔:"蒋营长鼎文等十余人尚在危病中,生死未卜。"关注之情,溢于纸上。

从此,蒋鼎文深得蒋氏欣赏和重用,成了麾下得力干将。"中山舰事件"发生,蒋鼎文一马当先,将铁甲车总队的共产党员全部缴械,对驻东山的苏联顾问及其家属予以看管。只要是蒋介石的命令,他执行起来不折不扣。

蒋鼎文在战场上的最出色表现是在中原大战期间。他率部奋战在陇海线,充当奇兵,忽而长驱直入,忽而声东击西,哪里军情紧急,哪里就有他的第九师,简直神出鬼没,防不胜防,赢得了"飞将军"之美号。

如今,与他直接对阵的也是同样有"飞将军"之称的黄公略。尽管蒋鼎文并不在军中直接指挥作战(已于几天前从兴国乘军用飞机飞往南昌),但第九师是他一手训练,并保持了一贯的作战风格。两军对阵,如针尖对麦芒,孰坚孰锐,要一较高低。

红三军首先在气势上压倒了对方,利用大雾弥漫之天时,一个突击,已将敌先头部队独立旅分割截断,朦胧混沌中,只听得四面杀声连天,弹雨横泄,仿佛千军万马在滚动奔腾,大有泰山压顶之势。久经战阵的黄埔军也失去往日的威风,连个像模像样的抵抗都未组成,哄然一声,已纷纷作鸟兽散。

其实,双方对垒的兵力相差无几,如按蒋军编制计算,红三军充其量也只能算三个团,但黄公略却能充分领会集中兵力之精义,利用大雾,猝然一击,连预备队也不留,将全军一股脑投入战斗,以势夺人,摧其魂魄。

此战,仅用了一个小时,全歼这三个团的整独立旅,并击溃后续之敌二十六旅。红军群情激昂,以往,为避免消耗战,红军总是竭力避开所谓"国军精锐",心理上难免产生忌惮之心,如今方知对方是中看不中用的银样蜡枪头,士气高涨得像泛起春潮的江水,拍岸裂石,澎湃激荡。

与老营盘战斗枪响的同时,高兴圩一带也摆开了阵仗,对阵的双方分别是红三军团、红四军、红三十五军对敌蒋光鼐的两个师。此战被称为第三次反"围剿"战斗中最激烈、最残酷之一役。红军布下堂堂之阵,刀对刀,枪对枪,硬拼了一场。

蒋光鼐的第十九路军虽名列蒋军嫡系之外,但其战斗力较之任何一支劲旅都毫不逊色。它来自北伐期间名重一时的"铁军"第四军,与朱德带上井冈山的队伍极有渊源,其中一部分原本就参加过南昌起义,编入战斗序列,这就是前文提到过的,在南下潮汕的路上被蔡廷锴带走的二十五师,当然,现在已经是面目全非。

红军啃上了硬骨头,血战两个昼夜,双方俱是不屈不挠,以死相拼。参加此战的红三军团某团政委李志田回忆说:

高兴圩攻击战是第三次反"围剿"期间我们团经历的最激烈的一次战斗。我们团是前卫,奉命攻击高兴圩西面的一个山头。敌人的装备很好。头戴钢盔,炮火强,特别是自动火器多(轻机枪全是德造勃朗宁式,20响驳壳枪也出现了),又占领了有利阵地。我们从拂晓攻击,攻占了高山阵地,但由于敌人火力全部展开了,组成了绵密火网,而地形又不利于我,打成了一个对峙。因此,根据毛泽东同志指示的,"能吃掉就吃掉,吃不掉就放他走"的原则,给他巨大杀伤后就放他逃走了。

此战,敌我伤亡持平,红四师师长邹平、红十一师师长曾士峨阵亡,参谋长负伤,全军共计死团长6名,伤2名,虽说将敌人击溃,其实得不偿失。毛泽东恼火地称:"这类的胜仗不如不打。"

他还没有本钱同蒋介石拼消耗。

朱德也在检讨:"这一仗打得不好,确是骄傲一点。当时,大家都很高兴打,其实那计划是错了的。因为他们并不是蒋介石的嫡系部队,同时,又不能完全消灭他。"他告诫说,"凡是高兴的,着急中决定的事情,总是有问题的。"

经过老营盘、高兴圩两战,蒋军不敢再经此路北撤,改变了行军路线。蒋鼎文第九师余部和韩德勤的五十二师经崇贤、东固,向吉安退却,妄图躲过红军的追击,全身而退。

朱、毛早就布好口袋阵以逸待劳。9月15日凌晨,红军主力将该敌悉数包围在白石岭一带,归心似箭的蒋军毫无斗志,稍作抵抗即弃城而逃,漫山遍野均是一片"抓俘虏"之声。五十二师师长韩德勤连忙换上衣裳打扮成伙夫,夹在败兵中匆匆而逃,竟蒙过了红军战士,让他侥幸漏了网。

这一战,毛泽东尚称满意,俘虏5000余人,缴枪4500余支,我方伤亡极微。自高兴圩战斗以来,他的满脸乌云终于放晴了。

紧接而来的噩耗却使他喜悦的心情蒙上了阴影,一代名将黄公略英年早逝,壮志未酬。

毛泽东痛失爱将,跌足叹息:"公略死得太不是时候了。"是啊,眼看第三次反"围剿"胜利结束,白石岭最后一战已得胜回朝,却在组织部队撤退,途经吉安东固六渡坳时遭到敌机报复性轰炸。以黄公略之作战经验,躲过这场灾难易如反掌,但敌机的尖利啸声却使一些新战士茫然不知所措,望着天空抬不动脚步。爱兵如子的黄公略从隐蔽点一跃而出,指挥战士们疏散到山沟密林。宽广的开阔地一览无余,他的身形在敌机的羽翼下益显夺目,随着一阵阵烟雾灰尘的腾起,黄公略倒在密如暴雨的扫射中。

毛泽东悲痛难持,环顾四周,麾下三骁将中之伍中豪、黄公略已驾鹤仙去(伍中豪于1930年6月因病在闽西长汀福音医院治疗,病愈后归队,途中遇地主武装袭击,不幸牺牲),仅剩下林彪。炎炎夏日,毛泽东心中却一片冰凉,他饱沾浓墨,满腔哀思尽泼纸上:

广州暴动不死,平江暴动不死,而今竟牺牲,堪恨大祸从天降。
革命战争有功,游击战争有功,毕生何奋勇,好教后世继君来。

黄公略之死,对中国革命的损失不可言喻,也冲淡了第三次反"围剿"胜利的喜悦,红军上下,怏怏若失⋯⋯

蒋介石也在一片凄风苦雨中离开了南昌,打道回了石头城,忘掉了他信誓旦旦的保证——"不打败红军,死也不回南京。"有人讽刺他:古语云,"食言而肥",蒋介石却是"食言而瘦"。他却会为自己辩护:第三次"围剿"本来已胜利在望,之所以鸣金收兵,乃在于外侮内患,不能集中力量,集中精力,以致为山九仞,功亏一篑。他故作惊讶状,危言耸听:

中正星夜驰回南昌,总阅各方报告,乃知石逆(指石友三)叛变,实受粤中叛逆50万元之收买,且有帝国主义军官及赣匪(共匪)首领出入其军中,为之主持,隐于帝国主义者之侵略及赣鄂赤匪之扰乱彼此遥为呼应。

又如宁都赤匪之总部，搜获毛泽东致彭德怀之电文，内称："两广月内出兵湘、赣，接济子弹50万粒，即可解来；我军务须固守宁都半月，待粤军入赣，即可解围反攻"等语。其他隐语函电，关于粤、桂与赤匪互相联系者，不胜枚举。又据福建杨主席截获兵匪之报告，亦证赤匪与粤、桂早有默契，已无疑义。

中正于此。已于粤、桂倡乱，石友三叛变，暨朝鲜肆虐，心及朝鲜侨胞之惨案（指万宝山事件），四者互为因果。

叛徒军阀，唯恐赤匪之肃清也，乃出兵以援之，叛变以应之。

帝国主义者唯恐军阀之消灭，中国之统一也，乃意起外交纠纷，以牵制之。

对蒋介石的信口雌黄，毛泽东嗤之以鼻。他没有心思去打这场笔墨官司，双方得失有一本明细账："白军23个师，2个独立旅，共62个旅，145个团，30多万人马，被我工农红军打残了7个师，消灭了17个团另2个营，计俘虏约1.5万人，打死打伤的白军在6000人以上，缴获步枪1.3万多支，机枪170余挺，追击炮150余门，无线电6架，骡马500余匹，子弹250万发；地方武装缴枪约2万支，俘虏约5000人……"

毛泽东并没有躺在功劳簿上，放松警惕，相反，却居安思危，他已认识到，此次反"围剿"较之前两次，艰险不可同日而语，真是"最激烈、最复杂、最变化多端的，也是最困难、最艰苦的，在指挥上说是最不容易的时节"，因此提出"布置新战场"，迎接新一轮的挑战。

第八章

不周山下红旗乱

■ 大别山上的黄埔将军

蒋介石"剿共"的利刃并非仅仅指向朱、毛为首的中央苏区,而是左劈右砍,搅得周天寒彻。

鄂豫皖苏区是其重点打击目标,红军据此地,上可威胁武汉,下可虎视南京,南北交通大动脉平汉、津浦两铁路也在其攻击范围之内,让蒋介石有芒刺在背之感。

具有讽刺意味的是,战斗在鄂豫皖苏区的红四军三位主要领导人曾中生、徐向前、许继慎都是黄埔弟子,难怪蒋介石既气愤又不解,为什么黄埔最优秀的学生都跑到共产党那儿去了。

曾中生和徐向前、许继慎一样,也是红军将领中鼎鼎大名的人物,他是黄埔四期生,在校期间加入了中国共产党,"中山舰事件"发生时,蒋介石召集学生训话,曲意解释,百般辩解,曾中生一针见血,直陈要害:

"为什么把一军中任职的共产党同学都抓起来,他们不是校长的学生吗?"

由于当时环境嘈杂,曾中生的话被淹没了,但蒋介石却偏偏听得清楚,心里一阵哆嗦:这个湖南蛮子,他想要我的命!蒋介石素来把黄埔军校看成他的私人财产,自诩爱学生如父爱子,曾中生的问话如被人响应,他立刻就无法过关。

大革命失败后,曾中生赴莫斯科中山大学学习,并参加了在莫斯科召开的中共"六大",1928年冬回国工作,被分配在中央军委,直接受周恩来领导。

周恩来对曾中生器重非常,不久,将他调至中共南京市委工作,与他的黄埔校长共居一个城市,地地道道地战斗在敌人心脏。

由于李立三"左"倾错误,中共南京市委是损失最惨的重灾区之一,地下组织几乎摧残殆尽,身为市委书记的曾中生从废墟中重新筑起战斗的堡垒,恢复了中国共产党在这一地区的活动。如果不是偶然与几位昔日黄埔同窗相遇,他应该在这里有更大的作为。

提及那一幕就连周恩来也为之动容。原来曾中生在一次接头时,迎面碰上几位身着戎装的国民党军官,皮包、皮带、皮马靴,分明是黄埔骄子的扮相。他躲闪不及,被对方团团围住,当年一个锅里搅过饭勺的老同学,如今已是壁垒两边,令人唏嘘不止。

不知是顾及黄埔情分,还是另有他故,这几位军官只是大力劝解曾中生重返蒋校长门下,同享荣华富贵。曾中生一面打着哈哈,一面溜之大吉,直至安全之地,才连呼:"万幸!万幸!"

周恩来马上指示,曾中生撤离南京,这里的黄埔军官太多,容易暴露。

于是,他来到了鄂豫皖苏区。

曾中生的脚刚踏进大别山,就迎来了敌人的第一次"围剿"。敌方的主将是武汉行营主任何成浚。

何成浚是位怪杰,属孟尝君之流人物,他出身世家,长袖善舞,性格随和,什么政治信仰的大问题,他一向懒得考虑。由于此人出道早,是同盟会老人,又是军界前辈,各式各样的朋友都有,有保皇党、立宪派,国民党的右派、中派、左派,乃至醒狮派、无政府主义派等等,一概来者不拒。有人责备他交友太滥,他却洋洋得意:"多个朋友多条路。"

其实,何成浚心里有个准则,一切以利益为转移。尽管周旋于四方,但还是有偏向的,蒋介石势大,他就为虎作伥,偏向蒋介石打共产党,而且由他调度那些参与"围剿"的杂牌军,比蒋介石亲自指挥效果更好。因为他有人缘,各路诸侯反而少了猜忌,少了摩擦。

这次"围剿"的主力是冯玉祥旧将李鸣钟、吉鸿昌,以及驻扎在鄂北、豫南的鄂、豫、陕、川、黔等杂牌部队,安徽省主席陈调元自然也责无旁贷,出兵助战。根据作战计划,第一步,先造成"圆箍式"的包围;第二步,主力突入根据地,占领集镇,控制要道,寻找红军主力决战;第三步,分区"清剿"。共投入七个师,四个旅,总兵力不下10万人。

何成浚发动"围剿"的时间定在1930年11月前后。其时,曾中生刚刚接手鄂豫皖临时军委主席之职,面临的形势十分严峻。由于交通通讯诸原因,李立三"左"倾错误尚未彻底停止执行,鄂豫皖苏区的红一军因出击平汉路远离根据地,匆匆赶来的红十五军也只有千余人,每人只有三发子弹,加之力量有限的地方武装,对付敌七个师又四个旅的进攻,岂只是势单力薄,简直是天方夜谭。果然,当吉鸿昌挥兵进入苏区腹地,红十五军尽管奋起抗击,无奈众寡悬殊,难以抵挡"吉大胆"的冲击,终于放弃以七里坪为中心的黄、麻根据地。

曾中生处事不惊,他一面派人去追红一军回来,一面召集各县负责人会议,要求利用群众战争的战略战术来牵制打击敌人。红十五军在他的整顿下面貌也为之一新,不和敌人打大仗,积小胜为大胜,争取时间,等待红一军赶回。

12月上旬,徐向前、许继慎终于带着队伍分道杀回了根据地,神威大发,连战皆捷。先取新州,继克金家寨。至中旬,已连陷麻埠、独山、叶家集、苏家埠,包围六安,威逼霍山。各路敌军纷纷来援,同属杂牌军,相互反而关怀照应,可见何成浚驾驭各路军阀之能。

根据敌情变化,红一军将主力集聚于麻埠一带,相机歼敌。

29日,徐向前、许继慎分道迎敌,横刀立马于东西香火岭,激战竟日,葬敌三个团于此。已进占金家寨的"围剿"部队主力吉鸿昌惊慌而走,在商城四姑墩附近被红一军赶上,又一个团成了枪下之鬼。吉鸿昌,这位昔日冯玉祥手下猛将,本来也是一位铮铮铁汉,正义尚存,自进入苏区,耳闻目睹人民对红军的拥护,已隐隐生出愧意,经此一败,更是心灰意冷,厌战之心油然而生。他叮嘱部下,从此避开与红军作战,不再轻易听从蒋介石驱使,保存住西北军这点精华,留待日后东山再起。

为了更好地集中力量打击敌人,第一次反"围剿"期间,红一军、红十五军于二道河会议后正式合并为红四军,军长邝继勋,政治委员余笃三,参谋长徐向前,政治部主任曹大骏。红四军辖十、十一两个师,红十师师长蔡中熙,政治委员陈奇;红十一师师长许继慎,政治委员庞永俊。全军约1.25万人,由曾中生为首的鄂豫皖特委直接领导。至此,红军三大主力之一的红四军已初具规模。

红四军一成立,即露出锋芒,内线拔钉子,根据地里大小敌军据点次第清除;外线打铁路,平汉路上烽烟四起,今天车站被袭,明天物资被劫。郑州"绥靖公署"主任、黄埔"八大金刚"之一的刘峙被蒋介石骂得狗血喷头。为了保证平汉路畅通,刘峙调集各部沿平汉路南北对进,包抄红军。驻孝感的敌三十四师岳维峻部稍一疏忽,快走了几步,与其他部队失去了协同,被眼疾手快的曾中生一把抓住战机。

3月9日,天边刚刚露出鱼肚白,下了一夜的细雨也收住了雨丝,攻击部队已到达指定位置。徐向前心中涌动着兴奋,这里本来就是古战场,双桥镇位于大悟县北,广水以东,九里关以南,四面环山,一条大河穿镇南流。春秋战国时代,吴王阖闾灭楚的伯举之战,伍员、孙武率领的吴军,有一路就是从这条通道攻楚的。如今,他也要在这里谱下新的诗篇。

战斗终于打响,红四军全线出击,不战则已,战则全力,这几乎是红军作战的普遍原则。整整七个小时,双桥镇上硝烟弥漫,杀声震天。岳维峻尽了他最大的能力,武汉行营也派来了飞机助战,无奈红四军越战越勇,志在必胜。站在高地上指挥作战的徐向前咬紧牙关,将手头的预备队全部掷了出去,二十八团、三十三团奇兵突击,一起切入敌军向前纵深,直捣岳维峻之指挥所。霎时间,敌军防御体系土崩瓦解,岳维峻打马而逃,未出一箭之地,已被红军用枪逼住,滚鞍被缚。

在红军军部,岳维峻摘下大盖帽,行了个鞠躬礼,徐向前客气地让他坐下,问:"你还认识我吗?"

岳维峻摇摇头:"记不清了。"这也难怪他贵人多忘事,当年蒋介石也忽视过这位含蓄内敛的红军将领。

徐向前笑笑,1925年岳维峻任国民革命军第二师师长时,他曾是该师第六混成旅的参谋团副。

岳维峻长叹一声,希望徐向前念及旧日袍泽之情,手下留情,只要不杀他,一切条件他都可以答应。

徐向前安慰说:"红军不滥杀俘虏。"他见通讯员给岳维峻端来米饭和菜汤,连忙关照:"岳师长是北方人,吃不惯米饭,给他做一碗面条来。"

这一小小的细节,让岳维峻大为宽慰,自忖可以逃得一死,这顿饭他吃得很香。

岳维峻本来能够保住性命的,但他却碰上了张国焘大驾光临,对他这类国民党军官一概"杀无赦"。临死之前,岳维峻还眼巴巴四处张望,希望徐向前能突然出现,把他从鬼门关一把拽出,那神态,确有几分可怜。

殊不知,在张国焘"左"倾大棒挥舞下,许多忠诚勇敢的革命志士都不能存活,徐向前连自己的妻子都保不住,焉有余力救他岳维峻。

前波刚平,后波又涌,第一次"围剿"刚刚粉碎,蒋介石又卷土重来。1931年3月中旬即开始部署对鄂豫皖边区的第二次"围剿",并限令"5月完全肃清"。

何成浚向他诉苦:"兵力不够,尽弄些不经打的杂牌军,如何能对付像红军这样的虎豹之师。"

不愧是老江湖了,何成浚讲话艺术,这是在捧蒋介石的黄埔军。得意之余,蒋介石大大方方调来了赵观涛、卫立煌、李韫珩的王牌师,归何成浚指挥。但他吩咐:必须在战术上执行"追堵兼施"的方针,中央嫡系只作堵截之用,专找红军主力决战的追剿部队还得由西北军承担。

吉鸿昌第一个发出不满:"老子绝不做蒋介石的炮灰。"他把大盖帽往桌子上一摔,打定主意,消极避战。

果然,进入苏区后,吉鸿昌一路上鼓噪呐喊,虚张声势,红四军也心领神会,彼此手下留情,不伤和气。

真正的较量发生在皖西。安徽省主席陈调元为切身利益而战,所以颇为卖力,调集七个团兵力,越过淠河,杀向苏区,先后占领独山、诸佛庵、麻埠,并伺机进犯金家寨。皖西告急,邝继勋、徐向前闻讯大怒,率军反击。4月下旬,红四军在独山镇全歼陈调元部一个团又一个营,将敌人此路进攻堵了回去。

独山战斗枪声刚息,吉鸿昌第三十师、张印相第三十一师、李韫珩第五十三师已围了过来。鉴于吉鸿昌的态度,红军集中精力打李韫珩的黄埔嫡系。5月9日,红四军主力埋伏在新集以北之浒湾,将五十三师四个团拦腰截住,犹如秋风扫落叶,干净利落地胜了此仗。

这一战,打出了八面威风,各路敌军知难而退,蒋介石第二次"围剿"鄂豫皖苏区的计划又告泡汤。

大别山上,曾中生、徐向前、许继慎并肩而立,三位黄埔校友,英姿勃发,豪情冲天。一阵山风吹过,苍天如洗,白云悠悠,俯瞰天下,曾中生遥指南方:"蒋校长把卧榻置于金陵,我们几位学生就是要折腾他。"

言罢,三人俱抚掌大笑。

■ 张国焘来到鄂豫皖

从1930年12月至1931年5月,鄂豫皖革命根据地军民连续取得了第一、二次反"围剿"的胜利,鄂豫皖根据地得到了巩固和发展。根据地不仅收复了李立三"左"倾错误影响时期丧失的区域,而且得到了扩大,已发展到西迄平汉线,东临浠河,南迄黄陂、罗田北部,北至潢川、固始南部,包括黄安、黄陂、孝感、麻城、罗田、商城、光山、罗山、潢川、固始、六安、霍丘、英山等10多个县的大部或一部,全区人口达250万,红四军发展到四个师,近2万人。其战略战术,也由初期朴素的游击战发展到带游击性的运动战,标志着红军力量已走上了新的台阶,其影响轰动全国。

中共中央将眼光密切投注于这一地区,从莫斯科回国不久的张国焘也在打着投机的主意。经过瞿秋白、李立三的两次"左"倾运动,中共白区的力量已损失得惨不忍睹;与此相反,苏区的发展却令人欣慰,展示了远大的前途,中共中央的工作重点正向苏区转移。

张国焘屈指一算,尽管中共根据地已有十余块,各路红军的番号也排成一长串,但有三处最有发展前途,即朱、毛的中央苏区,贺龙的湘鄂西根据地,徐向前的鄂豫皖边区。其分别指挥的军队红一方面军、红二军团、红四军,堪称红军的三大主力,形成中共掌握的武装力量之中坚。

　　但是,朱、毛的中央苏区已有项英插足,贺龙那里夏曦、关向应又捷足先登。于是,他积极要求去鄂豫皖,"大好中原,正是便于驰骋的所在,我为之向往。"张国焘毫不掩饰自己的野心。曾中生、徐向前、许继慎满腔热情地欢迎中央代表张国焘的到来,作为中共"一大"代表,又长期在中央工作,还去过苏联,这些都得到大家的尊重,张国焘也摆出一副权威的面孔,颐指气使,发号施令。他宣布:根据中央决定,鄂豫皖特委撤销,组成中央分局,直属中央政治局领导,并成立鄂豫皖省委。分局的职权系直接代表中央领导一切,有权否定地方党委的决议。

　　解散地方党委,分局委员会由中央指定张国焘、陈昌浩、沈泽民、曾中生等八人组成,后又陆续有所补充,张国焘任分局书记。不久,张国焘又兼作根据地军事委员会主席,曾中生、邝继勋任副主席。这样,对边区及红四军毫无寸功的张国焘已将党、政、军所有大权一揽怀中。

　　根据地遭殃了,红四军遭殃了,徐向前充满失望地说:"没想到这个人那么凶,来了就给人扣帽子,打棍子。"其实,在苏联那段时间张国焘也没少受米夫、王明之流的气,但却被压服了,并且还为虎作伥。六届四中全会后,王明已占据中央领导地位,他心中虽有怨言,也隐隐有所不服,但对其"左"倾路线却身体力行,更可恶的是,他还指责别人是"立三路线",他说:

　　"我是自愿来鄂豫皖的。当时鄂豫皖区还保有较多的'立三路线'的残余,负那个区域领导责任的曾钟圣(曾中生原名——笔者注)就是著名的拥护者,我的同志们觉得我去那里纠正'立三路线'的错误是游刃有余的。"

　　看张国焘是如何纠正"立三路线"的。

　　1931年7月,处于第二次反"围剿"与第三次反"围剿"之战的间隙,红四军正抓紧发展根据地,壮大力量,在余家集会议上,张国焘好大喜功地提出:红四军东进作战,攻英山,出潜山、太湖,进而夺取安庆,威胁南京。他兴致勃勃,若能实现这一计划,红四军的声势立刻压倒朱、毛,他本人在党内、军内的影响都将扶摇直上。

参加会议的徐向前惊讶地望着满脸飞金的张国焘，这和李立三"左"倾错误攻打武汉有什么区别？他不敢苟同，宁愿拂了张国焘的兴头也要反对，他提出：先打英山，然后直下蕲(春)、黄(梅)、广(济)，威胁长江，策应中央苏区，使鄂豫皖根据地和蕲、黄、广连成一片。

曾中生、许继慎都立场鲜明地支持徐向前的意见。

张国焘眼中喷出了怒火，这几位出身黄埔的红军将领，总是自恃是军事内行，而屡屡与他唱反调，大大损伤了他的自尊心。他脸一沉："这是分局的决定，毋庸讨论，坚决执行。"

曾中生没有让步，张国焘的计划根本行不通，红四军没有本钱折腾，他问张国焘："你让上海滩叫花子买下'大世界'，他买得起吗？"

"大胆！"张国焘心里暴喝了一声，神色却未动，他已在心里盘算着对曾中生这几位不驯服的将领下毒手了。

徐向前暗暗地扯了一下曾中生衣襟，希望他能克制情绪。张国焘阴冷的目光，让徐向前为战友感到担忧。

部队还是按着张国焘的计划行动了，8月1日，顺利攻下了英山，此时已调任红四军军长的徐向前却踌躇不前，找来刚担任军政委一职的曾中生商量。他表示，东进计划难以执行，理由是：一，路程太远。从英山到安庆，中间要通过200多公里的白区，红军远离根据地作战，无后方依托；二，兵力有限。一路上敌众我寡，敌防我攻，安庆又是战略要地，敌人肯定重兵布防，取之不易；三，不熟悉敌情。兵法云："知己知彼，百战不殆。"孤军冒进，犯了兵家大忌。

徐向前仍念念不忘南下蕲、黄、广，那里群众基础好，曾爆发过黄梅暴动，离英山又近，敌人兵力空虚，正宜用武。曾中生眉毛一扬："将在外君令有所不受。况且，我们不是闹独立性，是对革命负责，对红四军负责。"他拍板作了决定：不理睬张国焘的瞎指挥，进兵蕲、黄、广。

曾、徐这一果断之举，给红四军带来了丰硕的战果，横击西北，回扫罗田，直下广济，毙敌千余，缴获无数，金银财宝堆成了小山，长期困扰部队的物资供给总算得到了解决。其时也正是中央苏区第三次反"围剿"战斗进行到最艰苦之际,一江之隔的红四军闹得如此红火,不能不牵扯蒋介石的精力。

红四军南下行动违背了张国焘的决定,他肯定不会罢休,这一点,曾中生、徐向前心知肚明。于是8月20日联名给中央写信,申明南下行动的必要性。

张国焘也告了"御状",指责曾中生、徐向前的南下行动是与中央分局的公开对抗,把红军行动与土地革命分开。甚至,因红四军南下蕲、黄、广战役中缴获甚多也作为攻击的把柄,称曾、徐南下,只是满足他们的"蕲水之欲"。

这真让曾中生、徐向前啼笑皆非,蕲、黄、广战役中收缴的10公斤黄金、900公斤白银、7万块大洋全部归公,没有一点落入个人腰包,这"蕲水之欲"从何谈起?

官司打到了中央,但中央缺少公正,11月3日,中共中央给鄂豫皖分局发出指示,作出裁决。对其结论,徐向前不无牢骚:

"那时的中央,对他们派来的张国焘等人相当器重和信任,所以尽管张国焘的东进方针政策不对头,中央也不同意,但用词是委婉的。所谓'军委会及中央分局对于决定出潜、太,到六、霍,而不到黄、广去恢复苏区的决定是战略上的疏忽',仅此而已。对于坚持南下方针的我们就不同了,罗织了一大堆罪名。所谓'立三路线的重复'、'违抗军事委员会的命令'、'反抗中央分局的决议'、'企图蒙蔽中央'、'严重的反党错误'、'污辱了工农红军中的政治工作的光荣'等。"

但是,他没有时间吐述这种不满,蒋介石已发动了第三次"围剿",组织起15个师的兵力,排山倒海,扑面而来。

刚刚从南昌铩羽而归的蒋介石,显然想在鄂豫皖捞回一点面子,除原有兵力外,又增加楼景樾、徐庭瑶、曾万钟、唐淮源、阮肇昌、李松山、赵冠英、陈耀汉、张钫等八九个师,并将消极避战的吉鸿昌逼离军中,加强思想箝制,催动进攻红军。

尽管使尽了浑身解数,但蒋介石仍感到力不从心,左支右绌。由于"九一八"事变的爆发,反内战的呼声已响天彻地,加之国民党内部矛盾激化,冲突升级。这些,都需要他去处理、去解决。揉着发疼的太阳穴,蒋介石不情愿地躺在椅子上,清癯精干的脸上,露出了掩饰不去的憔悴,他心事重重,忧心如焚,已经进入了11月,策划数月之久的、对鄂豫皖苏区第三次"围剿"的具体作战方案仍没有拿出来。

红军却不再等了,抓住蒋介石尚未完成军事布置之际,主动出击到外线。11月上旬,已经升任红四方面军总指挥的徐向前率主力直扑敌军前哨据点——黄安。

红四方面军是11月7日刚刚成立的,标志着鄂豫皖苏区红军进一步发展壮大,下辖第四军和建立不久的第二十五军,领导人除徐向前外,还有政委陈昌浩,政治部主任刘士奇,张国焘是置于军队之上的"太上皇"。

四方面军的实力目前较之一方面军差了不止一筹,匆匆成立对于鼓舞士气、集中指挥也有意义,关键在于张国焘心术不正,他之所以一再向中央交涉,要求在鄂豫皖实行方面军编制,也是不愿比中央苏区的朱、毛矮一头。

四方面军成立之际,他的眼中钉曾中生、许继慎及其他一大批红军将士已被清洗出军队,有的甚至被"肉体消灭"。幸亏还一时未抓住徐向前的把柄,张国焘让其继续执掌兵符。否则,第三次反"围剿"结局如何?令人不敢想象。

徐向前率兵来到黄安城下,心潮起伏,这是一块英雄的土地,"小小黄安,真不简单;铜锣一响,四十八万;男的打仗,女的送饭"。1927年11月,黄麻起义时第一次解放黄安县城时的壮观,四年后又在他眼前再现。

守敌赵冠英早就吓得直哆嗦,把个黄安城修筑成一座堡垒,碉堡林立,坑道纵横,守着电报机昼夜呼救。宋埠葛振山三十师、麻城张印相三十一师、黄陂葛云龙三十三师及孝感守敌四十四师都有唇亡齿寒之感,随时出兵相救。

徐向前审时度势,并不急于攻破黄安,而是逐步蚕食,围点打援。自11月10日发动攻击,经过整整10天的战斗,已将黄安城敌人外围据点逐一拔除,收紧包围圈,随时作毁灭性一击。同时,再以红军主力分布四周,严阵以待,痛歼来援之敌。从11月下旬,连续击退敌人两次大规模援助。

黄安守敌心理上最后崩溃发生在12月22日,那天,天气晴朗得让赵冠英连日不快的心情也为之稍缓。上午9时,一架飞机飞到黄安,摇翼振翅,赵冠英喜从天降,蒋介石居然把他放在心上,专门派来了飞机,真让他受宠若惊,连忙吩咐摆标志、打信号,引导飞机降落。正当他手舞足蹈之时,几颗黑乎乎的炸弹外加雪花一样的宣传单从天而降,他万万想不到,日日盼,夜夜盼,盼来的却是红军"列宁号"飞机。

这是红军历史上第一次"立体作战",这架飞机来得偶然,全不费工夫。1930年年初,龙文光驾驶着四川军阀刘湘刚刚从美国买来的一架双翼德国容克式教练机从南京返回四川，因迷航油料耗尽降落在宣化店东南的陈家河。当苏区赤卫队员拥至飞机前，龙文光尚大模大样端坐在舱中，喝道："赶快去报告当官的，想办法弄点汽油来。"

这帮天之骄子早就给宠坏了，说话口气总是那么冲，直到被揪下飞机，他才意识到已经做了红军的俘虏。

这在当时可是稀罕事，徐向前亲自过问，动员教育龙文光加入了革命，又把飞机整修一新，涂上一层灰色的油漆，机翼两端漆上耀眼的红星。这是中国工农红军拥有的第一架飞机。为了对伟大革命导师列宁表示敬意，把它命名为"列宁号"，又专门成立了航空局，通过被俘的敌师长岳维峻的关系，寻来了汽油，修建了飞机场。

1931年8月9日傍晚，"列宁号"远征武汉，进行侦察兼示威飞行，吓得武汉三镇一律实行灯火管制。事后，敌之《扫荡报》刊登消息："共军'列宁号'飞机近日曾连续骚扰黄川、汉口等地，我方幸无死伤。现有关军方，已通令各地严加防范。"

黄安守敌遭"列宁号"轰炸后，人心更加浮动，徐向前乘势抢城，赵冠英见城已破，妄图金蝉脱壳，舞动着手枪许诺："冲出南门，官升一级，兵升为官。"

趁着南门激战，他却一溜烟窜出了西门。

围了黄安40多天，却让敌人主将跑了，徐向前不满意地沉着脸："赵瞎子（赵冠英绰号）人生地不熟，他能跑出天边？"

战士们"嗷"地叫了起来，绑紧鞋带，四面追赶去。"活捉赵冠英"、"绝不能让赵瞎子跑掉"的喊声漫山遍野。不出徐向前所料，赵冠英跌跌撞撞未跑多远，就在通往河口镇的路上被赶来的红军截住了。

黄安战役，以红军全胜而告终。

因黄安失守，南线之敌已作龟缩状，而北线的敌人仍蠢蠢欲动。曾万钟第十二师主力位于潢川城区，一部布于城南商潢公路的北亚港；蒋介石的嫡系汤恩伯第二师及唐云山独立第三十三旅，布于北亚港东南商潢公路上的傅流店、杜甫店、江家集一线；陈跃汉第五十八师主力驻商城，一部布于商潢公路上的何凤桥；戴民权第四十五师驻商城以北、黄川以西的固始地区，与商潢之敌互为犄角。

面对敌人的连环阵，徐向前挥刀截向敌人腰腹，破敌先破路，控制商、潢之间的交通线,将敌人分割而歼。

汤恩伯第二师本来为蒋军嫡系,战斗力为此次"围剿"部队之冠,但因为守在商潢公路线,与两城守敌左右呼应,徐向前一反攻敌先击弱的基本原则,主动上门挑战。如汤恩伯龟缩不击,则从容破城。尽管汤恩伯也看出了徐向前的战术意图,但出战不是,不出战也不是,左右为难;相反,红军则耐心等待,援有援的打法,不援有不援的打法,这就立于了不败之地。果然,第二师耐不住煎熬,1932年1月下旬,在一片风雪之中,硬着头皮冒险出战。

能与第二师交手,红军将士莫不兴奋。陈诚、胡宗南、汤恩伯在国民党军队中号称"三鼎甲",其所辖第十一军、第一军、第十三军都具有特殊的地位,身价非常,当然,这都是后来的事,但现在,已经初露端倪,看家的资本都已具备规模。第二师的编制充足,待遇之好,火器之强,训练之精,吹嘘得像神话一样,撩拨得红四方面军务部都急欲和它过过招,一试高低。

2月1日,两军终于在傅流店对上了阵,红军将领大为失望,吹嘘得天花乱坠的第二师,也是中看不中用的银样蜡枪头。红十师、十一师左道迂回,突然插向敌指挥部,并将敌后路截断,汤恩伯毫无大将之才,拿不出一点有效办法,披上大衣就走,连协同作战的友军十二师也未及招呼。

徐向前没有强留汤恩伯,第二师战斗力毕竟不是很弱,如强行包围,困兽犹斗激发敌人背水一战,以参战部队现有兵力,还没有必胜的把握,不如放他一条生路,反而消损其斗志,取得更大战果。

果然,汤恩伯一走,敌军阵脚全线崩溃,红军乘势出击,优势之敌忙于逃生,数万敌军人仰马翻。号称"王牌"的第二师如此不经打,蒋介石也感到丢人,大骂汤恩伯丢了黄埔军的脸,一怒之下,汤恩伯的师长之位也丢了,第二师撤到后方休整。第二师尚不是红军对手,守商城的陈跃汉扪心自问,他的五十八师又怎能螳臂当车?他连夜弃城逃跑,商城不战而下。

商潢之战,反映了徐向前高超的指挥艺术,或围或打,转换之间,如行云流水,一气呵成。割裂敌军,控制公路,俯仰照应,不拘泥于一地一敌。商城难攻,则先破路;傅流店之战,敌军强劲,全歼困难,则将其击溃,然后逼守商城之敌知难而退,不战屈人之兵,达到战略意图。如此神奇用兵,较之古代名将也不遑多让。

黄安、商潢两战皆捷，插入鄂东北、豫东南两路之敌已无再战之力，红四方面军立即折道皖西，对盘踞淠河以东之六安、霍山及苏家埠的敌军展开攻击。

徐向前奏响了胜利三部曲，从3月22日起，红四方面军各部已将苏家埠、青山店、韩摆渡之敌逐一包围，完成了分割敌军的第一步。

从4月份开始，好戏连台。徐向前定下围点打援之计，紧紧围住苏家埠、韩摆渡不撤，并以此为诱饵，将主力分道把守通向苏家埠各咽喉要道，援敌来一支打一支，斩获甚丰。5月初，皖西"剿共"总指挥厉式鼎也亲自出马，从合肥远道来援，被徐向前诱至陡拔河，利用天降大雨河水暴涨，于敌人渡河至中途突然出击，厉式鼎在此猝然打击下，所率的15个团2万余人全部被歼，自己也做了红军的阶下囚。

合肥援兵被歼，苏家埠、韩摆渡之敌失去了最后一线希望，相继摇起了白旗。徐向前费力地撑开布满血丝的眼睛，抬头看了看军部那份撕了将近一半的日历，这一天是5月8日，从出发攻击的3月22日算起，苏家埠战役共进行了48天，他整整瘦了一圈。

令人欣慰的是，这48天来的成果却是鄂豫皖红军有史以来第一次空前的胜利，共歼敌3万余人，生俘敌总指挥1名、代师长1名、旅长5名、团长11名及以下官兵2万余人，缴枪2万余支，山炮4门，追击炮39门，击落敌机1架。蒋介石对鄂豫皖发动的又一次"围剿"，仍以损兵折将而告终。

毛泽东对此战例也十分关注，"围点打援"并不新鲜，过去红军也屡屡用过，但像徐向前这样出神入化，战果如此辉煌，也足让人钦佩不已。他唤来林彪，要他多多研究："你的黄埔同学蛮有一套的，这仗让我打也超不过他水平了。"

此刻的徐向前，并没有因打了胜仗而轻松。相反，心里却压着搬不开的石头，他知道，第三次反"围剿"的总体战略是错误的，中央的指示是"占领一二中心城市"，"造成湘鄂赣闽的河南、安徽整片赤区的基础"。显然，这一任务不仅红四方面军无力完成，而且将再次陷入李立三"左"倾错误所造成的窘境。所幸红军勇敢善战，指挥部署得当，才避免这一策略上的失误。

忧心忡忡的徐向前彻夜难眠，他是个性格内向的人，许多话闷在心中。第三次反"围剿"赢得痛快，但其中有局外人体察不出、局内人不可否认的侥幸。黄安战役,救援之敌已打到红军的鼻子下面,再努一把力即可能与黄安守敌会合,一旦如此红军立刻腹背受敌,前功尽弃;商潢之战,汤恩伯如能处乱不惊,以第二师之实力,并非不堪一战;苏家埠之战,若不是天助红军,陡拔河一瞬而起狂波,厉式鼎无法从容渡河,3万大军并非徐向前一手能挡得住的。放眼未来,徐向前阵阵心颤,他有预感,今后的道路不会平坦。

■ 洪湖激浪

夏曦,湖南益阳人,1931年3月受中共中央派遣,来到湘鄂西根据地,清算"立三路线",接替邓中夏工作,组成了以他为首的中共中央湘鄂西分局。从此,洪湖根据地逐渐陷入了痛苦之中。

夏曦是1924年的党员,参加过南昌起义,在莫斯科中山大学学习过,这些都是他自命不凡的资本。

夏曦肤色白皙,举止彬彬有礼,说话轻声细语,一介书生模样。自从苏联转了一趟,与王明搅到了一起,就变得风风火火起来,偏颇激烈,好斗争强,似乎不如此,便不革命,"'左'得让人感到面目可憎"。

下车伊始,夏曦的眉头就堆起了愁云。贺龙、邓中夏率领红二军团远在鹤峰,因此,当留守洪湖的周逸群、段德昌端着笑脸迎接他的时候,夏曦把一肚子火气撒向了他俩:"中央对李立三的问题已经有了结论,怎么邓中夏还控制着红二军团!"

周逸群向他解释:"戎马倥偬,中央的精神还没有来得及贯彻。"

夏曦的脸沉得犹如冬天的洪湖:"这就是湘鄂西领导人对中央指示的态度吗?别以为天高皇帝远,妄自坐大,那会堕落为军阀主义!"

性情刚烈的段德昌忍不住要发作,周逸群连忙制止了他,换过话题:"目前形势严峻,洪湖根据地正迎接敌人一浪高过一浪的疯狂进攻。"蒋介石已任命第

周逸群

十军军长徐源泉为湘鄂川边清乡督办,调集第四十八师、第三十四师、第十一师和新编第十一师、第三十四师共五个师及二十一军教导师第三旅,新编第二旅、第三旅、第五旅、第七旅、暂编第十九旅、湖北警备旅共七个旅,从1931年1月1日开始,兵分四路,采取分区重点、步步为营、逐步肃清的方针,对以洪湖苏区为主的湘鄂西根据地发动"围剿"。

徐源泉也属军界老前辈了。昔日混世魔王张宗昌任意妄为,麾下一帮乌合之众中,稍微整齐一点的就是徐源泉率领的第六军。徐为人谨慎,对他的用兵才能,蒋介石还是放心的。

徐源泉将作战计划分作三期执行(即第一、第二、第三次"围剿")。第一期以江北的潜江、沔阳、监利地区为重点;第二期以江南地区为重点,摧毁洪湖根据地;第三期全力向湘鄂边根据地进攻,将湘鄂西苏区一块一块绞碎碾平。

第一期作战计划虽然遭到红军的抵抗,但毕竟差强人意达到了目的,江北地区控制权掌握在了徐源泉手里。然而,红军方面周逸群也有失有得,留守根据地的武装力量并未伤元气,且有增无减。

周逸群已度过了最困难的时刻。因李立三"左"倾错误余波未息,贺龙率主力尚未赶回,作战之初,他几乎赤手空拳,所幸因顶撞邓中夏而被"发配"回洪湖的原红六军军长段德昌带回一批伤员挑起了反"围剿"的大梁。

段德昌也出自黄埔,但他比周逸群晚两期,四期肄业。在校期间就让蒋介石不能容忍,一张布告将他开除出黄埔校门。段德昌参加革命也早,是1925年的党员,威风赫赫、横刀立马的彭大将军就是他领入共产党大门的。许多年后,彭德怀对段德昌仍充满感激:

"感谢段德昌同志,种了我这一颗不大好的种子,他如今已到马克思那里去了,我呢,还留在人间。"

段德昌的性格刚毅,眼中揉不得沙子。蒋介石把学生赶出黄埔岛的不多,对段德昌如此深恶痛绝,也是因为这个学生太倔强、太宁折不弯、太蔑视权威了。

所以,当邓中夏大驾光临湘鄂西后,对他的错误,段德昌也照样敢顶、敢吵,惹得邓中夏怒火攻心,免了段德昌红六军军长职务,赶回洪湖担任湘鄂西联县政府赤卫队总队长,地位一落千丈。这时他的手上,枪不过百条,且十有八九还打不响。

敌我力量对比如此悬殊,但鄂西特委毫无惧色,周逸群做群众工作是把好手,洪湖人民血脉贲张,家家弄枪,户户舞棒。凡18岁至30岁的青年农民均被编为赤色教导军,每县一军,每区一团,每乡一连;30岁以上的男子及健壮妇女,则组成赤色守备队;少年儿童编为少先队、儿童团。在此基础上,新编第六军也应运而生,交由段德昌指挥,构成了反"围剿"的基干力量。

保卫洪湖根据地的战斗从1931年3月7日打响。新编红六军锋刃初试,显然还不够锐利,在向石首之敌反击中,两次碰壁而回。周逸群、段德昌相对一望,却发现各自眼中都没有丧失信心。

红军攻打石首未克,根据特委指示,段德昌军长即将部队撤出老玄口。其时,敌肖子楚四十四师由沙市向老新口、新沟嘴进攻,敌四十八师由监利向周老嘴逼近,敌三十四师由胡家嘴向周老嘴蠢动。

周逸群把拳头一捏:"徐源泉把挑战的铁手套摔到我们鼻子前了。"

段德昌摆弄着手枪,头也不抬答道:"谁怕谁呀。"

4月18日夜半,段德昌率新六军主力,由周老嘴向老新口出发,主动迎战。夜色如墨,段德昌心中一片沉重,此战关系重大,新六军再也输不起了。否则,士气将一落千丈,大好河山将拱手让出。

年轻的新六军没有让他失望,时任独立团第三营营长的马步英忘不了这关键一仗:

这时,我们红军战士个个怀着满腹杀敌复仇的怒火,决心给进犯之敌迎头痛击。战斗从早晨6时打起,我们连续打退了敌人的几次冲锋,杀伤了大量的敌人。

骑兵连班长赵大勇则更是兴奋:

我们骑兵连是中途投入战斗的，那天风特别大，马蹄扬起的灰尘呛得人睁不开眼，我们从左边冲了过去，那杀得真叫痛快，马刀都是好钢打的，但砍了几个(敌人)后，都卷了刃，杀红了眼时，谁也不认，我们的一个步兵连从右边来接应，把敌人夹在中间，根本不让他们还手。

此战，歼灭敌一个营，俘敌500余人，重机枪2挺，步枪500余支，追击炮4门和战马30余匹。

周老嘴告捷，段德昌趁热打铁，马不停蹄，向胡家场疾进，将敌人三十四师一个团围住，忙里偷闲，又派一支精兵埋伏在道路两侧。他已经了解清楚，与胡家场咫尺之遥的南禅村还驻有敌军，形成犄角相望之势。战斗一打响，南禅村敌军必定来援，段德昌顺势就便，一箭双雕。

战况的发展正如他所料，胡家场守敌被他一锅端，南禅村援敌也无一人漏网。一个昼夜之间，敌军先驱第三十四师已经损兵折将，大伤元气，再不敢言勇。新六军也益发神勇，东闯西荡如入无人之境，袭沙冈、战普济观，威风八面，所向披靡。短短一个多月，徐源泉被搅得瘦了一圈，深夜沉思，为蒋介石充当炮灰，自损实力，何苦来哉，不如鸣金收兵，知难而退。

蒋介石发动的对鄂西苏区的第一次、第二次"围剿"就这样草草收场。

段德昌却没有心情庆贺胜利。

就在他与敌人激战之际，周逸群分兵洪湖西岸桃花山，着手组织洞庭湖特区委员会，以开辟新区。4月初，被敌军重兵包围。周逸群率队突围从洞庭湖转移。5月20日拂晓，在通过岳阳贾家凉亭附近王家庵时，与敌团防军不期而遇，激战中，一颗子弹穿胸而过，天地为之变色，山河为之呜咽，一代名将周逸群就此星陨身亡。

段德昌闻讯大放悲声，在湘鄂西根据地，他最尊敬的就是周逸群了，论文采，论韬略，论坚忍不拔，论赤胆忠心，周逸群均让人无可挑剔。如今，壮士早夭，英雄无寿，段德昌能不虎目流泪，扼腕而泣?

第九章

红海波澜

■ 不安分的王明

中共中央"六大"在莫斯科结束了半年以后,1929年3月,王明春风得意,放歌还乡,来到了中共中央所在地上海。

临归国前,米夫召见了这位得意门生,希望王明珍重前程,不可让他失望。

"中国的未来就在你的手里,强大的苏联在你的背后。"米夫以斯大林的代言人自居。

王明使劲地点点头,表示绝不辜负恩师的期望。

一踏上国土,王明做的第一件事就是致诗他的未婚妻孟庆树,尽管儿女情长,却非英雄气短,美人事业两不误。

方酣春意独还乡,别意离怀万里长。

西问天鹰歌织女,东听河鼓笑牛郎。

域中乡市争红白,沪上风云搏暗光。

到此一心为战斗,冲霄壮志正昂扬。

中共中央对王明的到来寄予厚望,国内很需要理论干部,李立三联想到毛泽东前些日子的致信,一再要求多读些理论书籍补充补充,如今派去王明,正是"人尽其才,物尽其用"。同时也是对王明的一个锻炼,让他深入实践,了解实际,增长才干,以备大用。

王明连连摆手,关山遥远,一路险阻,那偏僻的大山沟,流血的火战场,想起来都让人生畏。

王明提出了自己的要求:留在中共机关工作,以更有利于他的理论水平发挥。

李立三心中腾起了不满,还很少有人挑三拣四,王明显然是惧怕艰苦的工作环境,想留在党的上层,这样更容易出头露脸。考虑到王明与米夫的关系,李立三部分地满足了他的要求,允许他留在上海工作,但中央机关未容他插脚,王明被分配到上海沪西区做中央党报采访员兼送报,有时也贴贴标语什么的。这让王明的自尊心受到损伤。

王明干得郁郁寡欢,他把力量放在了宗派活动上。这时,在莫斯科有着相似的教条主义观点的人相继回国,他与他们保持着密切的宗派性质的联系,有经常的接头处。王明路线后来之所以能盛行,也与这一帮人鼓吹呐喊有关。

对于王明的宗派活动,李立三也有耳闻,他还知道王明同莫斯科经常联系,通过沪江大学的关系代为收转,这种不经过党组织擅自和远东局代表联系的行为,不仅是严重违反党的纪律,同时也表明,无论王明,或是远东局,其行为对中共中央都是一种极大的不尊重。李立三毫不客气地痛斥了王明一通。

更让李立三恼火的是,王明险些暴露了党的组织,铸成大错。事情发生在1930年1月中旬,王明在上海英租界垃圾桥附近突遭逮捕。

那天上午10时,他匆匆出席工联会召开的布置年关斗争的会议,刚进入会场,外面闯进中外巡捕十余人,凶神恶煞一般,见人就捆,王明连忙解释他是来裁缝铺拿衣服的,纯属误会,但巡捕依然不由分说将他押上了囚车。

到了老闸捕房,王明说了假姓名,但供出的住址是鸭绿路,鸭绿路有党的机关,这就让中共党组织陷入了危险境地。

急于脱险的王明还干了件更出格的事,居然以一封信14元大洋的酬劳请"340号"巡捕递出了消息,向中共地下党求救,所幸"340号"并非密探,否则真是引狼上门了。

王明的被捕,让中共中央惊出了一身冷汗,一方面,为防止王明叛变,火速疏散王所知道的各机关、各党内同志,严重干扰了正常的工作;另一方面,积极组织力量营救,由共产国际驻中国代表的一个德国人花了几千元钱打通关节,让王明"交保释放",跨出了铁牢。

中共中央对出狱后的王明进行了严格审查,严肃地指出他犯了几个重大错误:找巡捕送信到中央秘密机关,影响党的机关安全,此其一也;供出鸭绿路地址,虽然没说出门牌号码,同样存在潜在危险,此其二也;出狱后未能深刻检讨错误,吸取教训,此其三也。为严肃党纪,特给予王明党内警告处分。

王明向他的恩师米夫大发牢骚,并乘机奏了中共中央一本,谎称自己在狱中遭到毒打,抱怨中共中央把他丢到了脑后。米夫大发雷霆,他给中共中央的信中,赞扬王明的"英雄主义"并称他是英勇革命者的典范,攻击李立三不给王明安排重要职务。

真是信口雌黄。

在米夫的支持下,王明公开伸手要权、要地位。李立三一脸鄙夷之色:"志大才疏。"他在心里嘀咕着,将王明分配到全总宣传部,参加《劳动》报的编辑工作。王明进入中央上层的梦想又一次破碎。

他开始牢骚满腹了,直言不讳地发泄他的不满,时任全总负责人的罗章龙就看不惯王明这副德性。一个下午,王明向罗章龙打着招呼:"我想与你谈谈。"

罗章龙望望天色还早:"好吧,你最近气色不好,是不是有什么不顺心的事?"

王明难得逮到机会,牢骚张口便来:"我们是共产国际直接派来的,是要做领导工作的,现在呢,瞧瞧我整天干什么?跑腿、打杂、贴标语,浪费人才,糟蹋人才啊。"说罢,不胜痛苦。

罗章龙皱起眉头,难不成你还嫌全总庙小容不下你王明,脸色一正:"革命工作不分贵贱,总得有人做,大事做不来,小事又不想做的人才最可悲,最无用。"

王明激动起来:"中国共产党目前缺少的不是贴标语的人,中共从建立以来就一贯幼稚,不懂马列,苏区的人更不懂,一贯右倾,需要有人来把舵,从上到下对党进行全面改造。"

罗章龙故意问他:"你说的这个掌舵人是谁?"

王明挺挺胸脯,一副当仁不让模样。

罗章龙心里呸了一声,第二天,他把王明说的话告诉其他人,事情没讲完,已有人不耐烦地打断:"嘿,把他打发回苏联得了。"

王明消沉了,上海不是莫斯科,中共中央也不是中山大学,他在这里没有市场。

如果不是李立三的"左"倾错误,王明也许就此默默无闻,这对中国革命而言,可能是很大的幸运。

按王明自己的吹嘘,他是最早公开反对"立三路线"的,有他的《两条路线》小册子作证:

"这一小册子在国际来信前一个时期中,的确曾经起过相当的反'立三路线'及对'立三路线'的调和态度的纲领作用;虽然当时只匆促地抄过三份,但是曾经过几十个积极反对'立三路线'的同志们看过的。"

王明把他这本小册子的写作时间推前了一个月,抢在共产国际《十月来信》之前,这就表明了自己的先知先觉,争得了反"立三路线"的头功。其实,毛泽东、周恩来、何孟雄、李求实、林育南等党内同志都或多或少在行动上、理论上对李立三"左"倾错误产生过怀疑、反对和抵制。

当然,我们并不否认王明也曾对李立三"左"倾错误提出过一些意见,他与博古在1930年11月17日写给中央政治局的信上说:

"在立三同志的《新的革命高潮前面的诸问题》的文章发表后,我们即再三向政治局负责同志(立三、项英、向忠发)作诚恳的谈话,提出立三同志这种政纲式的论文,不是简单的个别错误,而是有一贯错误的政治路线,在这种总路线下产生的策略路线、组织任务和工作方式与方法,都要形成'左'倾与右倾的机会主义错误。"

李立三自己也承认与王明交过锋:

"在6月11号决议之前,与陈绍禹(王明原名陈绍禹)等斗争,他们只看见革命发展不平衡错误,忽视了世界的总危机,实际上就是用发展不平衡的特点来取消世界的总危机。因此提出对中国革命的悲观和投降政策。"

此时,正是李立三"左"倾错误盛行之际,王明能一语切中要害,可见理论上确有造诣。

但更多的却是投机。

从苏联刚回国的那段日子,王明对李立三更多的是讨好。翻开他这一时期的文章,简直是鹦鹉学舌,李立三所云,王明亦云,丝毫不走样,在关于中国革命的性质、特点以及国内形势、党的目前任务、党内主要危险等问题上,均是同工同曲。

在出狱并受到纪律处分后,王明的态度有了变化,特别在全总宣传部工作的那段日子,愤懑愈深,注意起李立三的过错了。他本来就是个机灵人,政治嗅觉灵敏,加上与共产国际关系的密切,消息灵通,很快推测到共产国际对李立三"左"倾错误的态度,遂邀集博古、王稼祥、何子述等人分头串联,准备向李立三发难。

王明肚子里有的是马列主义词句,又有一帮留苏回国人员助阵助威,再加上共产国际的支持,因此与李立三斗得有恃无恐。1930年7月9日,在中央召开的政治讨论会上,王明滔滔不绝,与李立三唇枪舌剑,交锋当场。李立三也并非心慈手软之辈,大棒挥舞得虎虎生风,"右派"、"小组织者"等一连串政治帽子压到了王明的头上,宣布撤销王明中央宣传部秘书(王明于6月调任此职)等一切工作的处分。他铁青着脸,王明对他的冒犯,不仅是政治、策略方面的相异,而且含有私人目的。

■ 霸道的米夫

李立三下台了,王明依然未能得志,这让他有空忙一场的愤怒和失落,耿耿于怀,郁郁寡欢,整天冷眼横眉,仿佛这个世界欠他一笔债。

共产国际对李立三的批评,最初是温和的,不带一点火气,在他们发给中共的《七月决议》中,连李立三名也未点,只是从正面阐述的方法申明了观点,以纠正李立三的错误。先后相继回国的周恩来、瞿秋白也带着共产国际的指示精神,主持召开了中共六届三中全会,宣告了"立三路线"在中共统治地位的结束。

三中全会的意义毋庸置疑,不足之处也很明显,对李立三的批评过于轻描淡写,仅指出是"个别的策略上的错误"。瞿秋白是本着与人为善的态度,显得过分的温情脉脉,这就留下了被人攻击为"调和主义"的把柄。除此之外,三中全会还继续强调"党内主要的危险是右倾机会主义",未能深入地触及李立三"左"倾的危害,并错误地批判了曾正确反对李立三的何孟雄等人,使得一部分同志包括王明在内,产生了严重的抵抗情绪。

但王明现在尚不敢公开发泄自己的不满,他是一贯标榜自己忠于共产国际的。所以,与他早结下芥蒂的瞿秋白重新主持了中共中央工作,他本人也未因反对李立三得到褒奖、提拔,甚至连处分也没撤销,这就让他心里太不平衡了。但是,他依然高举着双手拥护三中全会。他明白,共产国际是得罪不起的。

三中全会尽管有诸多缺陷,但是,它毕竟将中国共产党的整个工作转上了正常的轨道。

王明尽管常在背后发牢骚,却也敢怒不敢言,老老实实做他的分内事。最近,他已接到通知,中央决定派他们这批留苏学生前往苏区,参加实际工作,这一次,王明没有过多犹豫,自认在瞿秋白手下是没有出头日子的,咬牙答应下来。"天涯何处无芳草,哪里黄土不埋人。"他安慰着自己,盼望着能出现奇迹,改变他目前的困境。

奇迹终于出现。他的恩师米夫没有忘记这位得意的弟子,正在密切注意中国局势的变化,随时准备伸出双手,将王明托上云端。共产国际已经发现李立三的错误比以前了解的要严重,居然狂妄到不把他们放在眼里,10月间,米夫致信中共中央,提出了三中全会以前共产国际不曾提过的新的论断:

"在中国革命最重要的时机,曾经有两个在原则上根本不同的政治路线彼此对立着……立三同志的路线,就是反国际的政治路线。"

果然,这封《十月来信》只是暴风雨的前奏,稍后的《国际东方部关于中国共产党三中全会与李立三同志的错误的报告》则一口气给瞿秋白为首的中共中央安了七顶帽子，全盘否定了中共六届三中全会。

在这尖锐的批评声中，瞿秋白何尝听不出弦外之音，共产国际执委主席团成员库西宁毫不掩饰对他的嫌弃：

"我稍微说一说秋白同志的东方式的外交，我们在今年夏天曾经在政治局委员会上面审查过秋白同志参加中大纠纷的问题。那时决定秋白同志最好不要再参加中国的代表团了。为什么呢？因为他和其他同志领导了中国大小团体的纠纷。——我不是说以后不能够再用他。然而组织党的领导是不能够这样组织的。因为这里一点都没有保障——他是很会作东方式的外交的，不能够保障这样情形不再继续下去。"

这是在说瞿秋白的品质不好，已经有人身攻击之嫌了。

把瞿秋白赶下台的目的很明显，就是要把王明送上中共领导岗位。国际执委主席团另一位"皮同志"对此直言不讳：

"在苏联有许多学校有好几百中国同志在那里学，他们之中有很好的同志，知道列宁主义布尔什维克的理论和实际。他们回去了，但是不能够做到领导工作，为什么？我们以前不明白，而现在明白了，因为有一个小团体利益妨碍他们加入领导机关。费了很多力量和钱才能够把他们派回中国去，然而秋白或者立三不要他们做党的工作。我以为这是无论如何不能够允许的。现在怎么办呢？我认为应当发动一个公开的运动反对'立三主义'和那一部分人控制的政治局。"

在共产国际心目中那份中国共产党领导人的名单里，王明的名字已经呼之欲出了。

瞿秋白紧张地摘下眼镜，神经质地不停擦着镜片。这封信让他感到了火药味，"醉翁之意不在酒"，共产国际并不是仅仅在批评李立三啊。

周恩来脸色严峻，他已经发现了反常现象。三中全会以后，一向不安分的王明老实了一阵子，前不久却突然重新活跃起来，要求在赴苏区之前，正式公布"立三路线"的实质。据说他现在赶写的那本《两条路线》的小册子里头，肆无忌惮地攻击中共中央对李立三的姑息，"在主要问题上继续'立三路线'的错误"。

"王明没有这样的胆量，必定是先听到了风声。"周恩来迅速作出了判断。

他的分析十分准确,王明的确神通广大,抢在了中共中央之前得知了此信的内容。他额手称庆,感谢共产国际,感激恩师米夫,他握了握自己的拳头,不能辜负这片期望。

他利用了三中全会存在的缺点,对已经是死老虎的李立三重新施展拳脚。"项庄舞剑,意在沛公",瞿秋白不能安坐其位了。如今,一批受"立三路线"打击而未得到及时平反的党内同志如何孟雄等情绪激烈,罗章龙等"捣乱派"也不平则鸣,使王明有了市场,要求立即召开像"八七"会议那样的紧急会议。

"危言耸听!"周恩来愤怒地拒绝了这样的要求,现在的情况怎么能和"八七"会议时相比,这种比较本身就是对现时中央的极不信任,难道说已经危险到像陈独秀当权时一样了?这是王明一伙要夺权的信号。

周恩来心中一阵绞痛,王明素有野心,他是知道的。因此,他的所作所为也在意料之中,不足为奇。但像何孟雄这样的同志,理论水平、实干精神是可圈可点的,也被王明利用了,他暗暗责备自己工作失误,未能做好这批受"立三路线"迫害的干部的思想工作。

如果说对何孟雄,周恩来尚有自责之心,对罗章龙则是一种愤怒了。"立三路线"盛行时,罗章龙并没有像何孟雄那样起而抗之,态度是消极的,立场是模糊的。他对于王明也不抱好感,常在背后指责这个年轻人有野心,要防患于未然。为什么现在却与王明联手向中共中央进攻?不就是想分得一杯羹吗?难怪别人都称罗章龙这一派为"捣乱派"。

周恩来对瞿秋白也有不满,他已不复往日之神俊、英发,眼神里更多的是一种无奈,那种性格上的峥嵘、棱角已在风云莫测的政治漩涡中磨平。面对王明、罗章龙的进攻,瞿秋白不是起而奋争,而是节节退让,将苦水悄悄地咽下。

为了维护中央的威信,周恩来挺身而出,拍案而起。11月18日,中央政治局召开会议,讨论国际来信,周恩来首先检讨一番工作错误后,话锋一转,敲山震虎地警告说:

"已经知道国际来信的同志(如新由莫方回国的),必须召集他们一次会议,要他们站在巩固党、帮助中央的领导的立场上来做工作,不允许不经过组织而走到分裂党的方式上去。"

对周恩来的警告,王明从心中发出一阵冷笑:"泥菩萨过江,自身难保。"他腰杆挺了挺,依然我行我素。

现在王明谁都不怕。12月中旬,他的恩师、共产国际东方部副部长米夫以国际代表身份大驾光临。他不时地摸摸那刚经过德国美容师整理过的鹰钩鼻子,感觉挺直了不少。此行不虚,这笔不小的费用被他以有利于在白色恐怖情况下开展工作为借口报销了。

米夫召见了王明。

听了王明的汇报,米夫起了担心:以中共目前党内的混乱,加上他的威严,赶走瞿秋白易如反掌,但王明能取而代之吗?望着眼前这个年轻人,他摇摇头,王明资历太浅,根基不深,口碑不佳,众望不孚啊。

王明有点不服气,说何孟雄、罗章龙目前都是他的同盟军,此呼彼应,声势非同小可。

"糊涂!"米夫呵斥道,"何孟雄长期从事实际工作,党内有一定威信,人也正直,与你不是一股道上跑的车,反三中全会的出发点也不尽相同。"

至于罗章龙,米夫了解此人野心勃勃,又掌握着全国总工会的党团力量,不可小看。他让王明扪心自问,罗章龙甘心愿意让他这个后生晚辈凌驾其上,充当铺垫石吗?

王明恍然,连忙求教。

米夫指点说,仅召开党内紧急会议已不够,必须召开六届四中全会,这样才能大动干戈,给中国共产党来个"大手术"。

1931年1月7日,中共六届四中全会在上海举行,米夫正襟危坐,一脸肃杀之气,口袋里塞着由他越权代为起草的四中全会决议,拟定的以共产国际远东局、中共中央政治局名义提出的中央委员、候补中央委员、政治局委员候补名单及参加会议者的名单。看来,他把中国共产党也看成是他的"中山大学"了,要按照自己的意志来主宰。

有米夫的撑腰,王明的头昂向了天上,这个会场,他本没有资格踏进,他既不是中央委员,又不是各地方各部门代表,就因为是米夫的门生,就以从苏联回国的"斗争干部"身份,被指定参加了会议。

会议充满了火药味。望着王明那副小人嘴脸，何孟雄头扭向了一边，他已暗自懊恼，悔不该给王明当枪使，将他对李立三的斗争引向了争权夺利的轨道，他不愿再卷入这漩涡，反而暗自同情起瞿秋白。

罗章龙也意识到自己的失算，今天的会议来者不善，他刚刚才接到通知，来不及作任何准备，进入会场后又发现一些与王明意见不同的中委竟因未接到通知而缺席，这些伎俩，精明的罗章龙岂能不明白。自从米夫来了后，王明已经疏远了他许多，显然他想进入中共领导班子的努力也为山九仞，功亏一篑。

罗章龙作最后的挣扎，挑起种种事端，甚至以退出会议为要挟，米夫竟不为所动，一拍桌子："再有捣乱者以对抗共产国际和中共中央论处。"

声色俱厉，凶相毕露。

会议按照米夫的计划进行着，向忠发所作的《中共政治局报告》已全面向王明告饶，并以攻击瞿秋白为自己开脱。周恩来暗自摇头，三中全会的错误固然不必推诿，但党正面对着分裂危机和派别分歧，"如果说凡是过去坚决执行'立三路线'者，或者指导机关主要负责同志便是立三派，拿他们当派别看待，说他们不堪造就，这依然是'立三路线'的继续"。

周恩来的发言明显让米夫不满。按王明的意思，是要将周恩来与瞿秋白一锅端，米夫不同意，他对周恩来的才华是欣赏的，还是将他留在中央辅佐他的弟子，这是他对王明的真心爱护。因此，他威胁、挖苦、安慰兼而有之：

"周恩来同志自然应该打他的屁股，但不是要他滚蛋，而是在工作中纠正他，看他是否在工作中改正他的错误。"

周恩来忍受着米夫的奚落，身上背着沉重的负荷，保持着平静。再不能有半点冲动，半点意气之争，中国共产党正处于分裂的边缘，中央的威信被剥夺殆尽，这种状况在中共过去的历史上还不曾有过，他需要将原则和手腕灵活地交叉运用，以弥合同志之间已经出现的巨大裂痕。

会议的高潮由王明的发言而引起，这位小个子的年轻人，第一次在如此重大的会议上充当主角，神态上表现了过分的矜持、庄重，让人产生了沐猴而冠的感觉。

他的开场白让所有的人感到了刺耳：

"我的关于'立三路线'及对'立三线路'的调和态度的理论与实际的意见书（即《两条路线》——笔者注），今天没有拿来，现在因为时间关系，我不能多讲，我希望同志们详细看我的意见书。"

"好大的口气！"不仅罗章龙和何孟雄，就是正在接受批判的瞿秋白都在心里发出了"呸"声，真是不知天高地厚，妄自尊大，把他的小册子当成了经典，让全党去顶礼膜拜。

只有不学无术的向忠发，讨好地连连点头，表示他正洗耳恭听。

王明信口开河，从李立三骂到瞿秋白，出语尖刻，藏刀含锋：

"有些同志提出党的改造口号，其内容只是撤换其几个中央负责人问题，这是不正确的，而且不够的。"

所有人都警觉地竖起了耳朵，王明已经直言不讳地宣告夺权了。何孟雄站了起来，他再不能袖手旁观了。到底是富有斗争经验的老同志，反击非常之艺术，他提议让政治局的同志先发言，听听他们是否改正了错误。此举让瞿秋白很感动，虽然他和何孟雄之间存在严重隔阂，但在党的利益和重大原则面前，个人的恩怨就变得无足轻重了。尽管瞿秋白知道大势已去，下台已是必然之举，但仍诚恳地检讨了自己的错误，他瘦削的身躯、苍白的脸色、憔悴的神态都让人油然而生同情，就连观点与王明相似的王稼祥也于心不忍。望着趾高气扬、落井下石的王明，王稼祥突然涌起一阵愤怒，将本来洒向瞿秋白的炮火轰到了王明头上：

"我们受到党纪处分以后，尽管这个决定是错误的，但是在当时的情况下，作为党员个人思想上可以保留意见，行动上都必须坚决服从，这是维护党的团结和纪律必需的。个人服从组织，是党的组织原则，也是每个党员的起码义务。"

他停顿了一下，加重了语气："可是王明同志却不是这样，他拒不服从党的决定，不接受新分配给他的工作，甚至躺倒不干，不断和一些同志一起发泄不满，我认为这是他党性不纯的表现，应该引起党特别是他本人的注意。"

这是在说，王明不配做党的领袖。

王稼祥的这份正直让人尊敬，虽然他也执行过王明路线，但他不为宗派主义所束缚，以革命为重，道义为重，良心为重，后来在长征路上，不计较任何个人得失力促毛泽东重新出山，绝不是偶然的。

王明被这突然的袭击弄得很狼狈，他没想到这冷箭来自自己的营垒，愤愤地盯着王稼祥。

罗章龙乘机插上了话，识时务者为俊杰，他知道米夫的来头有多大，不敢直接对抗，只有继续攻击中央领导，寄希望于实行大换班之际占有一席之地，王明野心再大，也不能把中央的位置全坐到屁股底下。所以，他攻击的目标不仅是瞿秋白，也指向了其他领导人。

米夫一眼看透了罗章龙的用心，岂能让此人遂了心愿。抬腕一看手表，已经是晚上7点30分左右，他摊开双手，止住了讨论："根据国际指示，为了保证扩大的四中全会安全举行，今晚10点30分前必须结束会议。"

会场上一片哗然，问题才刚刚展开，米夫却要降下帷幕，显然最后的结束是由他来一锤定音了。

米夫的结论和王明的发言像一个乐师谱写的曲子，抑扬顿挫，起承转合之间丝毫不差，但奏出一片荒唐，一片灾难。每一个人都在捕捉他的每一个用词，从某种程度而言，他决定着中国共产党的命运。

在关于党的改造问题上，米夫亮出了自己的观点，他没有将中央领导一锅端掉："中央政治局的人，是有错误的，但在工作中哪个同志没有错误，如果有错误就应当滚出去，那么，大家都出去，让我们家中的三岁孩子来，因为他们没有从事过政治活动，没有什么错误的……如果有错误的应当出去，党里全没人了。"

向忠发终于将悬着的心放了下来，米夫的表态说明中国共产党总书记这把金交椅还属于他，尽管他也知道自己仅是共产国际的一件摆设，或者说是某种象征，但他满足这样的尸位素餐。

一番安慰以后，米夫的眼中露出了凶光，紧紧盯住瞿秋白，连续作了三番攻击：瞿秋白水平低，是两面派，与共产国际背道而驰……总之，此人必须下台，腾出位置。

瞿秋白像一座冰山沉默着，内心的愤怒、痛苦却达到了沸点，他的知识分子的尊严正在受到折磨和考验，两眼灼灼如火，却没有光彩，像死灰中的火星，作失望前的最后一燃。他本想爆发，但周恩来及其他一些同志关切的神色制止了他的冲动。突然间,像明白了许多,又像什么也不明白,一种厌倦从心中潜然升起。

他是一个绝顶聪明的人,即使不是从一个马克思主义者、一个共产党员,而仅仅是从普通人的是非标准和道德观念来判断这一切,他也有能力看穿这场丑剧和悲剧的本质。

他的一生荣辱功过同共产国际密切相关,"成也萧何,败也萧何",他能够成长为一个伟大的马克思主义者,一个有威望有影响的党内领导人,是与共产国际的培养与提携分不开的,对此,他永远抱有感激;而把他从崇高的位子上扯进诬陷的泥淖,给以种种不堪忍受的污蔑,也是由共产国际某些领导人所扶植的王明集团所干的。他对此感到失望、痛苦,万念俱灰……

从此,他离开了中国共产党的领导岗位,尽管他恋恋不舍,他了解和热爱这个党和绝大多数的党内同志,依然心甘情愿,走得义无反顾,充满了解脱和轻松。他还可以在别的领域、别的岗位为党为人类再作贡献,醉心向往的文学阵地,更适宜他纵横驰骋。

米夫谈话的第二个要点是吹捧王明。他讲得很动情,毫不掩饰自己的偏爱:

"这些同志,是坚决地站在国际路线上而反对'立三路线'的,这里记起立三同志说有同志送到莫斯科学习,结果就没有希望了,但现在证明这些同志将他们所学的东西应用出来,坚决地执行国际路线。"他这不仅在为王明抬高身价、拉选票,也道出了自己的心声:他仿佛不是在为中国共产党挑选领导人,而是在为共产国际寻找代理人。

王明听了洋洋自得,有米夫这番话,从此他将和周恩来、李维汉这一批老资格的领导干部平辈论交,甚至凌驾其上了。吹捧完王明,米夫又捎带敲打了罗章龙一番:"罗章龙同志反对'立三路线'是对的,但不能掩饰自己的错误。"他已获悉,罗章龙等正在酝酿成立第二中央,罗的骨干王克全等正在准备成立第二江苏省委,不少党员一时不知所从,必须予以阻止。米夫警告说:

"如果全总党团再这样继续下去,那将要成为一个小组织……今天有很不好的现象,如果发展下去,可以分裂党,因此我提醒大家严重注意,立即消灭这种派别观念,站在国际领导之下工作。"

米夫的批评没错,但由于他一碗水端不平,失去了权威性,罗章龙在这条错误的道路上滑行了下去。

米夫在结束谈话前并没有忘记何孟雄。他了解此人没有野心,但绝不服气王明,因此,批评的分寸很讲究,若有若无,既将你排阻在领导班子之外,又没有撕破你的面子。

米夫终于讲累了,他示意一下周恩来,掏出最后的货色。

周恩来毫无表情地宣读了共产国际远东局和中共政治局共同提议的名单。其实,这完全是米夫一手决定的,周恩来曾小心翼翼地建议:既然王明和同他持相同观点的人进入了中央委员会,是否也可以选一些有不同意见的人参加?米夫的头摇得像拨浪鼓,他就是要造成这样的局面,为王明今后的道路扫平障碍。周恩来愤愤不平,中国共产党选领导人,却要由外人拍板定夺,米夫的这份霸道也太离谱了。

名单如下:

1.三中全会补选的中央委员应退出的:李维汉、贺昌;

2.新加入的中央委员:韩连会、王尽仁、沈先定、黄苏、夏曦、王明、许畏三、沈泽民、曾炳春;

3.政治局应退出的:李立三、瞿秋白、李维汉;

4.新加入政治局的:陈郁、任弼时、王明、王克全、刘少奇。

王明大获全胜,在米夫的干预下,通过合法途径不仅一跃成为中央委员,且进入中共最高领导机关,成了政治局成员,他的那本荒唐的小册子成了党在一定时期行动的纲领。六届四中全会会期仅为一天,实际开会时间满打满算十五个小时,却使中共几年来斗争的成果几乎毁于一旦,教训不谓不深刻。正如中共中央1945年六届七中全会作出的《关于若干历史问题的决议》所说:"这次会议的召开没有任何积极的建设作用。"

■ 定都瑞金

王明上台前后，正是朱、毛进行三次反"围剿"之时，代表三中全会精神的项英刚跨进苏区，"三人团"又捧着四中全会的尚方宝剑接踵而来。

项英是中央政治局委员，全国总工会的党团书记，著名的京汉铁路工运领袖，他此行肩负的主要使命是，组建中共苏区中央局和筹备全国苏维埃第一次代表大会的召开。

1931年1月15日，苏区中央局在宁都小布正式成立。根据党中央的决定，苏区中央局由周恩来、项英、毛泽东、朱德、任弼时、曾山等人为委员，周恩来为书记。在周恩来未到苏区前，由项英代理书记，主持中央局的工作。

与此同时，建立了直属中央局领导的中央革命军事委员会，项英任军委主席，朱德、毛泽东任军委副主席（毛泽东兼任政治部主任），统率苏区各武装部队。

根据中央局通告第一号规定，苏区中央局是苏区党的最高领导决策机构，"以后全国各苏区及红军中党部应直接受苏区中央局领导"。

项英成了江西苏区内的最高领导，集党、军大权于一身。这位比毛泽东小五岁的中共江西苏区领导人是个务实派。

但项英的得意未能持久，"三人团"进入苏区以后，他的地位像断了线的风筝直往下栽。

"三人团"是代表中央来全权处理"富田事变"的，尽管项英在处理"富田事变"问题中表现得很审慎、很公正，但刚刚掌握中共中央领导权的王明不满意，他要全国各苏区学习苏联"肃反"经验，"为肃清AB团（AB团全称为"AB反赤团"，其目的是打击共产党和国民党左派）与一切反革命派而斗争"。

项英一头冷汗，王明不仅仅是对他处理"富田事变"不满，还有其他的用心。1931年2月23日的中央来信可以窥出端倪，该信中有这样一段话：

现在中央所得到的关于富田事变的材料还不能算为齐备，尤其是没有得到总前委的正式报告。因此，中央特决定立即派出代表团前往苏区中央局，并委托代表团以全权调查与解决这一问题。在中央代表团没有到达以前，从总前委起，江西省委、各特委、各红军党部，一直到各地党的支部都要立即停止这一争论。无条件地服从总前委的统一指导，一致向敌人进行残酷的斗争。中央代表团到达以后，中央局立即组织起来，各地党的组织与红军必须统一于这一指导之下，应绝对服从中央局关于这一事变的解决。

毛泽东抬起头，心里在嘀咕道：中央局一号通告不是明明确确提出撤销总前委，成立苏区中央局吗？他们也落实了，并发了一系列指示、通告，中央难道不知道这些重大事件？

项英一脸苦相，这还不明白，现在的苏区中央局是根据六届三中全会后的中央决定成立的，是在王明上台前。现在王明上台了，已是四中全会了，三中全会的决定岂能作数？所以，这封指示信压根儿不提中央局，只提总前委，强调要由四中全会派出的"代表团"组织新的苏区中央局指导一切。

1931年10月11日，苏区中央局鉴于代理书记项英在处理"富田事变"中的错误，申请批准毛泽东为代理书记。10月底，中央复电批准，并决定任弼时、顾作霖任苏区中央局组织宣传部长。

这本来是件好事，但毛泽东脸上没有一丝笑容，中央的八月指示信压得他心里沉甸甸的。

之所以走马换将，让毛泽东取代项英，并不是王明对他的器重和信任，而是当时情况下的一种权宜，一种过渡。从王明主持中央起，就存心一统共产党的天下，开始对苏区各级领导进行"改造"。一份《关于苏维埃区域党的组织决议》把王明的野心和盘托出。

中央为加强对于苏区党的直接领导而派遣中央代表去设立各苏区的中央局或中央分局，这是绝对需要的……

中央局或中央分局是代表中央的，他有权可以改正或停止当地最高党部的决议与解散当地党委。

除此以外，还特别指定要求：

江西中央局要准备在全国苏维埃大会前召开一次闽粤赣湘鄂党的代表大会，讨论苏维埃大会的工作，并产生联省的党委……这些代表会要统一在五六月内完成，他们的经过与组织上的改变，统须报告中央批准。

"是要给他们(指苏区)动手术的时候了。"王明向奔赴各苏区的中央代表下达了任务，要"为中共更加布尔什维克化而奋斗"。

毛泽东、朱德不知道王明的用意，反"围剿"的连续胜利，让红军上下都喜气洋洋，连连向上海中央报捷。

王明不喜反怒，这说明什么？说明你毛泽东、朱德正确？山沟沟里出来的马列主义都是改了味的。8月30日，中共中央致信苏区中央局和总前委，劈头盖脸地就是一顿乱棒。

毛泽东、朱德怔在了当场，许多指责都让他们莫名其妙，什么"模糊阶级路线"，犯了"左"倾路线、右倾路线、"调和路线"、"富农路线"。

他们压根儿没想到，出生入死、鞍马劳顿地领导苏区军民连续三次粉碎了蒋介石的"围剿"，消灭了国民党军将近7万人马，得到却是一个带权威性的批评和指责。

所以，1931年11月1日在瑞金召开的赣南会议，毛泽东成了攻击的对象，根据大会的《政治决议案》称：会议完全同意中央八月指示信对中央苏区的批评，认为中央苏区在许多方面"还存在着许多严重的错误和缺点"；在政治路线上反"立三路线"不彻底，执行了三中全会的调和路线，没有明确的阶级路线；在根据地问题上，没有将中央苏区与赣西、湘东南打成一片，"没有将阶级斗争发展到最高程度"；在土地问题上，没能执行"地主不分田，富农分坏田"的政策，犯了"向土地豪绅及富农让步的右倾机会主义错误"；"在红军问题上，模糊了阶级路线",没有"以肃清地主富农商人等分子为中心","没有完全脱离游击主义的传统";在党的组织上"缺乏明确的阶级路线","党内的事务主义非常浓厚",存在着"狭隘的经验论"等等。总之,朱、毛是一无是处。

毛泽东不停地抽着烟,他懒得争辩,他问心无愧,工作虽有过失,但绝不是中央八月指示信中所言,对方乃是"欲加之罪"。

基于毛泽东的上述"错误",会议最后决定停止毛泽东的苏区中央局代理书记一职,仍由项英代理书记,这是因为最近以来,项英已对王明路线表示了服从。

撤销了毛泽东苏区中央局代理书记之职,以王明代表的"左"倾中央仍有遗憾,因为在10月间《中央致苏区中央局一号电》中已经批复了毛泽东为中华苏维埃共和国临时中央政府主席职务,尚不便即刻变更,11月7日召开的全苏"一大"上,毛泽东仍被选举为苏维埃中央执行委员会主席和人民委员会主席。

早在1930年春,中共中央就提出筹建全国苏维埃政权。5月20日,在上海秘密召开了全国苏维埃区域代表大会,并组成"全国第一次苏维埃代表大会中央准备委员会"(简称苏准会);9月12日,在上海召开"苏准会",会议决定,将"苏准会"的领导机构转移到全国苏维埃中心区域赣西南苏区,并推选向忠发、项英、毛泽东等9人为"苏准会"常委。六届四中全会后,中央责成苏区中央局负责筹备召开全苏"一大"和成立苏维埃中央政府的工作。随着中央红军第三次反"围剿"胜利,苏区中央局和毛泽东、朱德、项英、任弼时等领导人决定,全苏"一大"将在当年十月革命节如期举行。

中华苏维埃共和国的首都定在了瑞金。

1931年11月,在瑞金召开第一次苏区代表大会。毛泽东引经据典,侃侃而谈,"在汉时,瑞金为雩都县地,唐置瑞金监,五代南唐改置县,瑞金寓吉祥之意,相传建制时掘地得金,故曰'瑞金'。"

毛泽东选中瑞金当然不仅仅因为它名字吉利,一是瑞金地处闽赣两省交界,山势险要,物产丰富,距闽西重镇长汀甚近,便于领导赣南、闽西根据地的工作;二是地处边陲,离中心城市较远,敌人未驻重兵,且集聚往返困难,与赣南各苏区县相比较,瑞金更为偏隅,不利于敌人进攻;三是第三次反"围剿"后,红军需要发展赣南、闽西新区的军事行动,瑞金便于苏区中央局和红军总部居中指挥。至于第四个原因嘛,毛泽东顿了一下,加重了语气:"因为邓小平是瑞金县委书记。"

"八七"会议时,毛泽东与当时负责会务的邓小平见过面,但彼此未留下印象,后来毛泽东听说邓去了广西,领导了百色起义,创建了红七军和右江根据地。1930年秋,红七军在广西奉命北上,在过乐昌时,部队被敌截断,军长张云逸率红七军军部和五十八团经坪石进入湖南,邓小平率五十五团渡过乐昌河进入江西,根据红七军前委的决定,去上海向中央汇报红七军和右江根据地情况。雁去雁来,转眼已是翌年金秋。邓小平完成汇报工作任务,来到江西瑞金,赣东特委书记谢唯俊拉着他的手,请他做一任瑞金的"父母官"。

"那里的问题很严重,很棘手,非有魄力者不能承担。"谢唯俊皱着眉头。

邓小平也皱起了眉头,谢唯俊没有夸张,仅一个李添富,就把个好端端的瑞金搞得阴风惨号,"死气沉沉"。

李添富是原瑞金县委书记兼"肃反"委员会主任,为了迎合"左"倾路线,在任期间,掀起了一场莫名其妙、无中生有的肃"社会民主党"运动。大概连他自己也不清楚"社会民主党"是什么,但杀起人来却不含糊,由县而区,由区而乡,瑞金县干部人人自危,不知道哪天就榜上有名,成了"社会民主党"。当时的亲历者杨比珠许多年后忆起,犹有余悸:

这样一来,几乎天天都有人被枪决,有时一天枪决五六十人,少也有一二十人。

当时,枪决人时宣布的罪状很简单,只写个姓名、年龄、哪里人,没有什么事实,审问时完全是用刑、逼、供。

邓小平勃然大怒,李添富是草菅人命!他一拍桌子,下令拘捕李添富,并释放大批在押的干部群众。

有人提醒他要注意当时的政治气氛。李添富这样干是有背景。

邓小平一脸正气:"壁立千仞,无欲则刚。"他想的只是工作,没有什么可害怕的。

瑞金城由此大安,由此井然,由此生气勃勃。

11月7日,瑞金城头,彩霞灿灿,瑞气霭霭。6时半,大会执行主席朱德宣布,第一次全国苏维埃代表大会开始,中华苏维埃共和国临时中央政府正式成立。

鞭炮响起来,锣鼓响起来,军号响起来,毛泽东在指挥升旗,红旗在广场中央迎着朝阳升起来。

这是18年后中华人民共和国开国大典的预演、前奏。

苏维埃中央政府设在叶坪的谢氏祠堂里,祠堂两厢用木板隔成了许多小房间,一个房间就是一个部,除了部长,只有两三个工作人员,但办事效率极高。毛泽东、项英议定,苏维埃中央政府设人民委员会,为中华苏维埃共和国中央行政机关(相当于国务院或内阁),毛泽东兼任人民委员会主席(相当于总理)。人民委员会下属10个部委,王稼祥为外交人民委员,朱德为军事人民委员,项英(后邓振询)为劳动人民委员,邓子恢(后林伯渠)为财政人民委员,张鼎丞为土地人民委员(后胡海),瞿秋白(由徐特立代理)为教育人民委员,周以栗(后何叔衡)为内务人民委员,张国焘为司法人民委员,何叔衡为工农检察人民委员,邓发为国家政治保卫局局长。此外,还成立中央革命军事委员会,朱德为军事主席。

不久,又相继成立国民经济部、粮食部、审计委、临时最高法庭、《红色中华》报社、国家银行、邮政总局、消费合作社中央总社、国家医院、劳动与战争委员会、防疫委员会、妇女生活改善委员会、兵工厂、印刷局、出版局等等。

"麻雀虽小,五脏俱全"。精力过人的项英忙得开心,别看苏维埃中央政府不起眼,直接领导中央苏区所辖之江西、福建、闽赣、粤赣、赣南五省;湘赣、湘鄂赣、赣东北根据地也在其范围之内;在湘鄂西根据地,设立了苏维埃中央政府办事处;鄂豫皖根据地也是其领导的行政区域。

"一张白纸,好画最新最美的图画。"毛泽东感叹着,望着桌上自制的那份苏维埃区域图,分明已露出一个独立的、民主的、光明的新中国的可爱雏形。

中央苏区进入了全盛时期。

■ 警笛声声,中共中央大转移

与中央苏区的红红火火相反,中共中央正处于凄风苦雨之中。

1931年1月17日,一阵阵尖利的警笛在寒风中呼啸而起,国民党上海市党部、上海市警察局、英租界闸北捕房门庭洞开,侦骑四出,直扑中共上海地下组织天津路275号、中山旅社6号房间、三马路(今汉口路)东方旅社31号房间等秘密机关,中共干部30余人相继被捕,其中有10位是省市委一级干部,包括何孟雄、林育南等;同时被捕的还有上海著名左翼作家李求实、柔石、冯铿、胡也频、殷夫等。未及营救,2月7日,其中的24人已被杀于上海龙华刑场,惨案轰动全国。

周恩来脸色一片惨白,何孟雄乃坚定的共产主义战士,是中共创始人之一李大钊倍加赞赏的人物,长期从事工人运动,曾在江苏省委、沪中、沪东地区担任领导工作,尽管他对中共六届三中全会不满,但仍不失为正直的同志。周恩来流着眼泪,在党的秘密报纸《群众日报》上写下题为《反对国民党残酷的白色恐怖》的社论,以表达全党对烈士的哀思和悼念。

何孟雄之死,为王明在党内的横行扫清了道路,因为何孟雄嫉恶如仇,他会像顶撞李立三那样抵制王明路线的,连张国焘都有这样的看法:"如果不是国民党帮了米夫、陈绍禹的大忙,消灭了何孟雄这一批人,陈绍禹的江山哪里又坐得稳。"

所以,就有人猜测,何孟雄之死,是王明一伙蓄意告密。

事态虽不致如此严重,但这件事的发生,王明难辞其咎。根据中央特科秘密情报,已有国民党特工打入到何孟雄身边。

"为时晚矣,现在通知何孟雄,恐怕不但来不及,还有可能把自己送进虎口。"王明把眼一瞪。

这种见死不救,曾让多少同志为之寒心。为了洗刷自己的罪名,王明后来专门作了一首七绝《悼"二七"龙华死难烈士》,副标题为"而今'二七'":

廿六英雄同遇难,而今二七更怆然。

育南师辈孟雄友,泪洒春风泣杜鹃。

此诗第三句还专门注上:"此处指林育南与何孟雄二同志及其他同志。"真是鳄鱼的眼泪,王明为人之险恶、之冷酷、之两面三刀、之虚伪,让人感到可憎、可怕。

何孟雄死后,罗章龙依然不罢不休,与王明纠缠,最终被共产党摒弃门外,他愤愤不平地吼道:"反对王明,何错之有?"罗章龙反对王明是正确的,但他不计利害地分裂党,分裂组织的用心及手段是不正当的。

周恩来苦口婆心地对他进行了劝告,罗章龙一伙却一蹦三尺,出言不逊,说周恩来"圆滑"、"明哲保身",是"随风倒的墙头草"。

周恩来气得哆嗦。脸色一沉,向罗章龙发出最后通牒,限三五天内答复,立即检讨错误,否则,中国共产党自有它的党规。

1931年1月27日,中共中央政治局通过《关于开除罗章龙中央委员及党籍的决议案》,宣告了与罗章龙的诀别。

1月31日,作为报复,或是威胁,由罗章龙操纵的"中共中央非常委员会"宣告成立,名单如下:

中央总书记孙正一,中央宣传部长罗章龙,中央组织部长许畏三,中央秘书长刘子载,江苏省委书记李大汉。

"非常委员会"最初成立时,声势颇盛,在浙江、江苏、湖北、河北、顺直、满洲等处均有组织,中共内部顿呈混乱。

思想、组织上的混乱,造成了中共白区力量的削弱,自身的保护能力、防范能力、进攻能力都大打折扣,灾情频频,国民党中统特务活动猖獗,连连得手。仅就这一时期不完全统计,中国共产党所遭受的损失已让人痛心不已。

1.何孟雄、林育南案(前文已述)。

2.顾顺章案。1931年4月,中央委员兼特科负责人顾顺章及红队队员6人被捕,顾旋即叛变,并助纣为虐,协助中统大破中共地下机关,造成大面积、大范围之灾难。

3.牛兰夫妇案。1931年6月17日,共产国际驻太平洋职工会代表牛兰(瑞典人)和其妻汪德利增,以及太平洋工会负责人傅大庆被捕,一大批共产国际与职工国际文件被搜出。

4.向忠发案。1931年6月22日,中共总书记向忠发在上海霞飞路被捕,并跪地求饶,要求保全生命并作坦白供述,所供中共机关四处,均遭破坏。

5.罗绮园、杨匏安案。1931年7月,中共中央宣传机关及印刷厂多处遭到破坏,中央宣传部及党报负责人罗绮园、杨匏安等23人被捕。

6.王世德案。1931年8月,中共特科红队干部王世德及张嵩山、蔡飞等人被捕。

7.关向应、林祖涵、吴玉章案。1931年8月,中央政治局候补委员、前中共中央长江局书记关向应,中共委员林祖涵及吴玉章、谢觉哉等人,于上海公共租界被捕,旋因组织全力营救,租界当局拒绝引渡,始释返苏区。

8.武平、徐福生案。1931年1月到12月,中共山东省委书记武平、江苏省委组织部长徐福生、湖北省委组织部长王培、河南省委委员胡玉坤、河南少共省委书记张诺林、河南军委委员王超、苏浙军委委员胡长源、安徽省委委员张宅中、汉口市委委员游无魂等省市级干部200多名,县市级干部1500名以上,区委、支书、党委3000余众身陷罗网。

以上等例,以顾顺章案给共产党带来的危害为最。捕获顾顺章的中统特工蔡孟坚,号称"铲共专家",直到晚年还津津乐道,认为捕获顾顺章一事,是"一个可能改写中国近代历史的故事"。蔡孟坚的话有夸张成分,但此事确实给中共中央的安全造成从未有过的威胁。

1931年4月下旬,也就是四中全会后三个多月,按照中央工作重点向苏区和红军转移的指示,中共特科负责人顾顺章护送张国焘一行到鄂豫皖根据地,返程途中,在武汉被捕。

顾顺章的脑袋里全是秘密,他长期负责党的保卫工作,清楚只有极少数人才知道的中共中央机关许多领导人的住址,也熟悉中共各种秘密工作方法。更危险的是,顾顺章的被捕与叛变,因远在武汉,中共中央尚不知危险来临而毫无防范。

历史应该给挽救这一场危险的中共地下党员,打入国民党中央组织部调查科任机要秘书的钱壮飞记上特殊的功勋,是他及时截获了这一极端机密而重要的情报,帮助大难临头的中国共产党躲过了这一劫。

但是,损失仍是难以避免的,中共在上海几年来的经营、努力,打下的营盘,筑起的堡垒一下子脆弱得不堪一击,偌大的中共中央,已没有自己的立身之地。

周恩来的心疼得揪了起来,自打南昌起义失败后他由香港返回上海,燕子衔泥一样营造起中共中央这个"家",现在都由他亲手来拆除。

他已经连续奔波操劳几个昼夜了,销毁文件,转移同志,切断一切顾顺章可能知道的线索。聂荣臻后来回忆说:"这两三天里真是紧张极了,恩来和我们都没能合眼,终于抢在敌人前面,完成了任务。"

中共中央是从1927年10月即大革命失败后由武汉迁往上海的,之所以选择上海,究其原因,在于以下三点:

第一,上海为中国之经济中心,亦为产业工人聚集之处,有着斗争的传统,经过由中共中央领导的三次武装起义的锻炼,有一批富有斗争经验和牺牲精神的优秀分子,这是最坚实可靠的群众基础。

第二,上海人口众多,交通方便,不仅易于掩护,而且便于指挥各省中共组织的活动和工作。

第三,上海情况复杂,国民党设置的诸多军警宪特系统、外国租界的性质和格局,形成一种华洋杂处、政出多门的状况。有这样一个奇怪的现象,你越是堂而皇之地与满街乱窜的特务密探接触周旋,他们越是不知高深,甚至会以为你是某个特务系统的人,而绝不探究你的真实身份,因为他们自己就可能分属不同的特务或警察机构。另外,上海人口成分复杂,流动性大,不查户口,活动空隙大,有足够的周旋空间。

中共最初迁来之际,渡过了一段艰难时期。由于初来乍到,各机关设置比较混乱,没有统一的安排,有时一条里弄有几个机关,很不安全,往往一处遭殃,累及其余。直到周恩来回到上海后,这种状况才有了改变。

周恩来做秘密工作也不外行,他提出了一条相当重要的主张:秘密机关社会化,多用工厂、商店、学校等企事业和各种类型的家庭作掩护。按照这个原则,中共中央主要分布在公共租界,江苏省委则散置于人口流动性较大的虹口区,在敌人眼皮子底下安下了家。

　　就在今天,我们能依稀寻到当年这些秘密机关的影子。如今的西康路和南京西路路口的松寿里24弄11号,是当年的中共中央政治局秘书处;青海路19弄21号,是中央政治局联络处;成都北路741弄54号,是一幢单间石库门房子,一上一下,坐北朝南,隐藏着中国共产党最核心的机密机关,中共中央组织部;新闸路613弄12号,是中央军委所在地,1929年转移后,又交付中共江苏省委机关;江宁路673弄10号,是党中央阅读文件和例会的地点;万航渡路福康里9号、常德路福得坊1弄32号,几架大功率发报机日夜工作,红色电波在苍穹间跳跃,那是中共中央秘密电台所在;北京西路601弄1号,是中央地下印刷厂;西康路合兴坊15号,是红色文库,保存党的有关文件和原始材料……中国共产党的最高级领导机关,就这样堂而皇之地安置在蒋介石的刺刀尖下。更有甚者,全国苏维埃代表大会、全国红军代表大会,也在这里开得从容不迫,风雨不惊。这里面,浸透了周恩来的多少心血,多少操劳啊。

　　望着这熟悉的一屋、一楼,周恩来心酸地别过脸去,眼泪和着雨丝无声地流下。跟在他旁边的特科负责人陈赓有心安慰他几句,但此情此景,又从何说起……

　　尚未从痛苦中摆脱出来,又一件惊心动魄的大事轰响在他的耳边:现任中共中央总书记向忠发突然遭捕。

　　在陈独秀1927年7月脱手中共事务之后,一直到毛泽东1943年3月20日担任中共中央政治局主席兼中央书记处书记之前,这16年期间,中共的领袖如走马灯一样更换不迭,但正经八百地有着领袖职务的只有一个,即中共"六大"当选为总书记的向忠发。经过接二连三的党内斗争,向忠发尽管作为一件"摆设"留在中共最高位子上,但他早就心猿意马,精力放在了吃喝玩乐上。

　　今朝有酒今朝醉。他寻到一个风尘女子杨秀贞,两人双宿双飞,如胶似漆。

尽管因为顾顺章叛变，中央考虑他处境很危险，决定让他离开上海，前往苏区，但他贪恋杨秀贞的热被窝，一再拖延不行。

周恩来沉下脸来："这是组织的决定，希望总书记能自重自爱。"一向对上级尊重的他也忍不住动怒了。

向忠发回避周恩来的不满，蚊子一样嗡嗡道："总要打一声招呼吧，见一面就走。"他担心美人生嗔，留下负心汉的名声。

毕竟，向忠发是中共中央总书记，总得要尊重他的意愿，周恩来犹豫了一下："见一面马上走，不能在外过夜。"他特别叮嘱了一句。

告辞了周恩来，向忠发忙不迭地钻到杨秀贞那里。想到即将分别，两人情意绵绵，真是"相见时难别亦难"，早把周恩来的警告抛在了脑后。一夜风流后，1931年6月22日的拂晓，当向忠发悄悄溜出房间，刚刚走到静安寺附近，即被国民党特务一拥而上，绑了个结结实实。顾顺章熟悉向忠发的行踪，已经张网以待，如今，逮个正着。

向忠发被捕后，尚未用刑，已一一招供。倒是他的姘妇杨秀贞，虽沦落风尘，却侠肝义胆，虽然知道向忠发身份，却宁死不招。向忠发居然来劝她："我都招了，你还硬什么？"杨秀贞眼一闭，泪水止不住挂满腮旁，枉为七尺男儿，却如此软弱无能，可怜她托付非人，一片真情付诸东流。

周恩来闻讯连连摇头，心中一片鄙夷，为中国共产党出了这样一个败类而感到耻辱："他的节操还不如一个妓女！"

由于向忠发仅是共产国际强加给中国共产党的一件"摆设"，因此他并不知晓多少党内机密，造成的损害有一定的限度，连蒋介石也不重视，接到电报后，草草批了四个大字："就地枪决。"向忠发的一条性命就此了结，此案也就此尘封。

王明却是一阵阵心惊肉跳，想不到蒋介石杀人如此随便、轻松，并没有因向忠发是中共最高领导人而奇货可居，他王明又有多大分量，抓住了还不照样"喀嚓"一声，身首异处。

从此，他足不出户，小心翼翼，身边须臾不离保护，四五个"红队"枪手围绕左右。纵是如此，依然战战兢兢，如履薄冰，有人形容他"就像惊弓之鸟"，一听到街上警车警笛响，就吓得小脸发白。

王明打定主意准备拔脚开溜，到苏区穷乡僻壤，生活艰苦，而且将置身于枪林弹雨之中，随时可能"光荣"。盘算来，盘算去，还是回莫斯科，那是红色"保险箱"，万无一失。

1931年10月18日，王明携其夫人孟庆树及吴克坚、卢镜如等人，乘日轮秘密赴苏。清风徐来，海天一色，王明一身轻松。

灾难却留给了国内坚持斗争的中国共产党。

周恩来最终也不得不走了，顾顺章叛变、向忠发叛变，他的形象、行踪、活动方式，敌人已经熟悉得具体到每一个细节，他的住所也被一再抄个底朝天，不夸张地说，上海之大，已无他立足之地了。

中共中央对他采取了紧急保护措施，停止一切工作，随时准备转移至中央苏区。"左"倾路线统治下的中共中央，已对毛泽东产生了极度的不满，，那里正需要周恩来加强工作。

随着周恩来的离开，上海的中共中央几乎塌了半边天。留沪的中央委员和政治局委员已不足半数，且由留俄归国的少壮派控制，威望有限，能力有限，已失去领导、指挥、调度全国革命力量的作用。

■ 周恩来进入苏区

上海——汕头——大埔——永定——中央苏区。水路苍茫，山道崎岖，周恩来选择了这条红色通道。

这条红色通道刚刚建立不久，六届三中全会后，中共中央于1930年10月成立交通局，把军委交通总站和中央外交科归并交通局，直辖于中央政治局，周恩来亲自挂帅主持过问，吴德峰任局长具体操办，主要任务是打通去苏区的交通线，形成严密的全国交通网。

交通局的成绩斐然，经过了三个月的时间，一条从上海经香港、汕头、大埔进入闽西苏区,长达数千里路的秘密交通线已经告成。一路上,交通站、联络站星罗棋布,强有力的社会关系网严密地护住每一个角落,武装同志枕戈待令,随时出击,被誉为"红色通道的保护神"。自打这条交通线开通之日起,中共干部来往穿梭,络绎不绝,从未有大的事故出现。

像这样的秘密交通线还有几条,将全国苏区和中共中央连结到了一起。

长江线:

从上海乘浙赣火车在衢县和上饶之间的常山、玉山一带进入赣东北苏区;

从上海经合肥、六安到鄂豫皖苏区;

从上海乘轮船到黄石一带去湘鄂赣苏区;

从上海到武汉转乘粤汉路车到株洲一带进入湘赣苏区再转中央苏区;

从上海到沙市、宜昌一带转入湘鄂西苏区;溯江而上,至重庆,到成都连结四川省委。

北方交通线:

经郑州、驻马店转入鄂豫皖苏区;

由上海直接去北平,连接河北省委;

上海到满洲,与满洲省委联系。

周恩来是1931年12月上旬离开上海的。他化装成一名技术工人,搭上了一艘客货混装的小火轮,直抵汕头;再扮成画像先生,在交通员护送下,乘火车到潮安;换轮溯江而上至大埔,交通站长卢伟良派六名武装人员护送,于黑夜中翻山越岭,攀藤附葛。

1931年年底,周恩来终于到达这次旅行的终点——中央苏区首府瑞金,会见了早在这里的毛泽东、朱德,以及先期到达的任弼时、项英、王稼祥等,并就任中央苏区中央局书记。

周恩来与毛泽东不是初次见面。早在大革命时期,他们两人在广州已经相识,只是各人工作范围不同,相逢只是一笑,并没有深交。

如今朝夕相处,并肩战斗,周恩来领教到了毛泽东的锋芒。

攻打赣州,毛泽东与中央代表拍了桌子。

在批判"立三路线"问题上,共产国际和中共中央有一段令人啼笑皆非的荒唐事。李立三明明执行的是"左"倾错误，却被硬指为右倾，所以，李立三"左"倾错误结束后，取而代之的王明路线表现得更盲目、更狂热、更不分轻重，一厢情愿按照自己的意志任意胡闹，较之李立三，有过之而无不及。他们继续要求红军采取进攻态势，攻打中心城市。"目前中国政治形势的中心，是反革命与革命的决死的斗争。"红军应在粉碎敌人"围剿"后不停顿地发动进攻，"集中力量追击敌人退却部队，消灭它的一方面，在政治军事顺利的条件之下，取得一两个中心的或次要的城市，不要再重复胜利后休息，致使敌人得以从容退却，以致能很快地重整他们的旗鼓，向苏区做新的捣乱"。所以，当周恩来拿着刚刚收到的临时中央指示《中央关于争取革命在一省与数省首先胜利的决议》，与苏区中央局领导人商议时，毛泽东哑然失笑，弹弹这份文件，挖苦道："这些话他听着耳熟，是不是李立三又恢复工作了。"

周恩来也有同感，根据中央精神，要将中央苏区、闽粤赣东北、湘鄂赣、湘赣边等根据地连成一片，打下南昌、抚州、吉安等中等城市，要实现这一目的颇有困难。对此，毛泽东毫不留情下了四字评语：

"自不量力。"

周恩来急电中央：攻打中心城市有难度，临时中央不依不饶：至少要在抚州、吉安、赣州中选择一个城市攻打。

赣州之役，按照中央的意愿进行了。

毛泽东既失望，又担心。"此役必败。"他提议，"要打，就打漳州，那里敌人薄弱，易攻难守，万无一失。"

有某中央代表指着他的鼻子说："赣州处在苏区包围之中，是红军的口中之食，为何舍近就远？打下赣州，中央苏区和湘赣苏区即连成一片，战略意义非同小可，你毛泽东一味反对是何居心？说得轻一点是畏敌如虎，不相信革命的力量；说得严重，依然是右倾的余毒，发展下去是对前途的悲观，危险啊。"这一番语重心长的批评让毛泽东哭笑不得。

攻打赣州的结果如毛泽东所料，一败涂地，溃不成军。首先，就地形而言，赣州位于赣江上游，东西北三面环水，夹于章水、贡水汇合之处，城墙坚厚，高达七米，碉堡林立，素有"铜赣州，铁上杭"之称；就兵力而言，错误地判断守军马昆第三十四旅只有6000人，加上地方靖卫团2000人，以充当攻城主力的红三军团1.4万名健儿还是能啃下的，这一失误直到1965年彭德怀看了文史资料登载的马昆写的一篇守赣州经过，才知当时马旅是8000人，反动地方武装是1万人。以优势兵力，据坚防御，彭德怀再骁勇也只能望城兴叹。毛泽东批评的"自不量力"四个字毫不过分。

战斗于1932年2月13日打响，架云梯、挖地道、强攻、夜袭，各种战术手段轮番使用，将士不可谓不用命，鲜血早染红章、贡二水，红军就是难越城池一步。

随军作战的黄克诚仰望高耸的城墙，俯视汩汩的流水，不禁连连长叹，他连忙去找彭德怀："这仗打不得，地形太不利了，撤吧。"

彭德怀着急地瞪起眼睛："你以为我不想撤？上面不让，要我们钉在这里打。"

3月4日，红军总政治部颁发《告红军战士书》，号召红军指战员下最大决心，进行持久战，拿下赣州，正在石城以南地区整训的红五军团(由宁都起义的部队改编)也增调过来参战。毛泽东闻讯心痛不已，闭起眼睛挥挥手，实在不忍再听下去。

与此同时，蒋介石的宠将陈诚抛开新婚妻子，率随身仅带几天食用干粮的援军，恶狠狠地向红军扑来。

屯兵坚城之下，围城红军早就精疲力竭，囿于上级一再严令，尽管咬着牙不撤，却已是强弩之末。3月6日深夜，星稀云暗，守城敌军和陈诚援军一齐发难，前后夹击，打了红军一个冷不防。后来，黄克诚回忆了这段经过：

在敌人发起攻击之前，我军一无所知，根本没能想到敌人会在夜里出击。当时我正在师指挥所里，侯中英师长已经睡熟。我一到打仗不利的时候，就睡不稳觉，心里总放心不下。过了半夜之后，我隐约听到枪声，感到不对头，估计是敌人乘夜出击了。我立即把侯中英师长叫醒，告诉他说可能敌人向我们进攻，让他到前面去看看情况，指挥部队。侯中英刚睡醒，有点迷糊，我硬是把他拖起来。他听到枪声大作，急忙跑出指挥部队。

赣州之役,以红军彻底失败而告终,红三军损失在3000人以上,黄克诚所在的第一师几乎全军覆没,损失达八九百人,师长侯中英被俘。彭德怀又气又急,头上青筋暴跳,如此惨败,在红军历史上也是鲜见的。

赣州之败后,有人又回忆起毛泽东当时的意见,打漳州的主张占了上风,苏区中央局决定兵分两路,第一、五军团组成东路军,由毛泽东率领东下福建,入闽作战。

果然,毛泽东不负所托,漳州城轻松拿下。在这座福建主要大城市,红军获得了大丰收,仅筹得款项就达100多万元。有人喊毛泽东过目,他眯缝着眼睛乐道:"开个金银大会,让战士们散散打赣州失败的闷气。"

毛泽东此举有深意,打赣州,费尽九牛二虎之力,劳而无功,还吃了大苦头;打漳州,不费吹灰之力,吃了一个大甜头。两者相距一个多月,记忆犹新,两相比较,每一个人都会有所感触。

在漳州,聂荣臻与林彪爆发了他们两人之间的第一次争吵。

黄埔名人谱上,聂荣臻也榜上有名,曾经是黄埔军校的政治教官,与林彪还有一段师生情。林由黄埔军校毕业分配到独立团实习,也是经过聂荣臻的手分配的。

红一军团成立之后,与林彪搭档的罗荣桓调任军团政治部主任。聂荣臻接替其职务。由于那一段师生情,林彪对聂荣臻还是尊重的,对自己的任性也有所克制,聂荣臻对林彪也没恶感,他表现了一种长辈的宽厚和容忍。年轻人嘛,世故比较少一些,虽然气盛,但只要以工作为重,还是可以团结共事的。

但在原则问题上,聂荣臻决不让步。打下漳州后,为了给部队筹款,林彪指使部下将一些舍不得"出血"的老财拉到街上,皮带抡得呼呼响,一鞭子下去就是一条血印。不一会,被打的家属乖乖捧来成堆的大洋,放在林彪前面。

聂荣臻不能容忍这种胡闹,这种搞法与土匪无异。林彪反问:"我们究竟要不要钱?没钱就不能打仗。这帮老财放刁,不拿出手段,他们是一毛不拔。"

聂荣臻道:"我们既要钱,又要政治。我们是红军,如果政治影响搞坏了,即使你搞到再多的钱,甚至把漳州所有的老财的财产都没收了,都毫无意义。"

林彪主动停止了争吵,已经有人说他无容人之量,如果再同聂荣臻吵翻,真要被人骂成"无师无友"了。

本来,胜利者是不受谴责的。他们接受的应是鲜花和欢呼,可是,毛泽东在东线的节节取胜,没有让远在上海的临时中央满意,他们认为,这是对中央权威的蔑视,这种胜利比失败更可恨。

周恩来是两头受气。漳州战役给他的震动很大,可叹的是,他也是事先就预测到了攻赣州与攻漳州的得失利弊,但却受缚于组织纪律。连日来,临时中央一连声的责备让他如坐针毡,批评中央苏区已陷入"庸俗的保守主义"。还算博古(王明、周恩来离沪后,由博古主持中央工作)对他留有情面:"伍豪(周恩来化名)同志到苏区后,有些错误已经纠正,或部分的纠正,在某些工作上有相当的转变,但是……或者没能达到必要的成绩。"不满之音,已溢满琴弦,要求他尽快"夺取一二中心城市,来发展革命的一省或数省的胜利"。

周恩来又一次作了检讨,同时为中央更不满意的毛泽东辩护、解脱。1932年7月,红一方面军番号重新恢复时,按临时中央意见,苏区中央局拟由他担任总政治委员,周恩来力辞不就,以中央局代表身份否决道:"我们认为,为前方作战指挥便利起见,应取消政府主席一级,改设总政治委员为妥,即以毛任总政委。作战指挥权属总司令总政委,作战计划与决定权属中革军委,关于行动方针中央局代表有决定权。"

这份电报由朱德、毛泽东、王稼祥及周恩来联名签字,毛泽东有何感想不言自明,他只是深情地望了周恩来一眼,那里面包含的不仅仅是感激……

王稼祥现在也成了毛泽东的支持者。当初,他对毛泽东的不满也是溢满胸腔的,曾暗暗发狠,要与这位脾气大的老毛斗争一番。但自从他随毛泽东上了前线,亲身参加了战斗,他就体会出了毛泽东的英明、正确,已完全为毛泽东的魅力所折服。

周恩来的意见还是有分量的,中央局终于认可了前方领导人的要求,8月上旬任命毛泽东为红一方面军总政委。毛泽东精神大振,乐安、宜黄战役打得精彩十分,一周连克三城,俘敌5000人,南昌、抚州大震。

■ 宁都会议，毛泽东横遭指责

乐安、宜黄战役后，红军兵锋所胁，抚州、南昌均在攻击范围，临时中央大喜，苏区中央局大喜。自1932年下半年，蒋介石再度组织力量，对苏区发动"围剿"。这次行动分两个阶段，第一阶段是对中央苏区暂取守势，集中兵力对付鄂豫皖及湘鄂西根据地。为了缓解这两个根据地的压力，中央要求朱、毛红军发动对南昌或抚州的攻势，进而取得胜利，以实现他们争取一省或数省胜利的计划。

毛泽东摇摇头说不可，敌人援兵正从武汉、吉安源源而来，不能再犯打赣州的错误，要打，也得把敌人引到城外，在运动战中达到歼敌的目的。

周恩来沉吟着，他有心执行中央指示，但毛泽东的分析头头是道，他不能违背战争的规律，一意妄行，应该支持正确的意见。他致信中央局，表明急于求战对我方不利，应静观敌变，一有机会，当迅速出击。

中央局闻讯大怒，明确表示不能苟同。

周恩来锁紧眉头，抬眼望去，发现毛泽东正关切地注视着他，那里面有安慰，有鼓舞，更有焦虑。

与毛泽东相处久了，周恩来也为对方那种卓然独立的性格所感染，他商量着说："我们的意见应该坚持，但要把道理说透。"复电写得言辞痛切：

现在如能马上求得战争，的确对于鄂豫皖、湘鄂西是直接援助，并有利于向北发展的局面。我们对此已考虑再三。

但在目前敌情与方面军现有力量条件下，攻城打增援部队是没把握的。若因求战心切，鲁莽从事，结果反会费时无功，徒伤兵力，欲速不达，反而会造成更不利局面……特别要看到，敌人正在布置对苏区更大规模的进攻，残酷的战争很快就要到来。

收到电报,苏区中央局炸了窝。项英来自苏区,与毛泽东有分歧,他认为毛泽东太要强,得理不让人。尽管他对王明本人也没有好感,但对王明路线却没有恶感,因为那代表着令他尊敬的共产国际的意见,他心甘情愿地身体力行。

任弼时则是受令贯彻六届四中全会路线进入苏区的,有着很高的工作热情,努力地体会和完成临时中央的意旨。

顾作霖则以执行中央命令为准则,组织上让他干啥就干啥。

接到前方电报,任弼时首先不满,认为周恩来、王稼祥不能坚持原则,有负中央重托。但他认为主要责任还在毛泽东,没有全局一盘棋的观念。他拍板作了决定:以中央局名义立即停止红一方面军所有行动,召开中央局全体会议。

项英、顾作霖均表示赞成。

1932年10月上旬,宁都会议召开。一大片阴云黑沉沉地压向了毛泽东。毛泽东早有预感,自六届四中全会以后,王稼祥、任弼时、顾作霖"三人团"进入苏区,代表着与他完全相反的中央意见,因为正逢第二次、第三次反"围剿",党内的斗争还处于压抑的状态,随着形势的好转,他逐渐感受到了这股压力。

进入了1931年9月,王明"左"倾错误开始全面推行,中共中央发出指示,指责中央苏区犯了所谓"缺乏明确的阶级路线与充分的群众工作"的"最严重的错误",对毛泽东的打击拉开了序幕。11月初召开的赣南会议,这种打击全面地展开了。让毛泽东委屈的是,会议根本无视他曾经抵制李立三"左"倾的事实,反而指责他拥护、执行"立三路线"。他摆摆手想争辩几句,一阵连珠炮又扑面而来,"狭隘的经验论"、"富农路线"、"极严重的一贯右倾机会主义",上纲上线,批得他自己也怀疑起来,究竟是否犯了这样的错误。"有则改之,无则加勉。"他告诫自己要虚心,要接受同志间善意的批评。

会议还改组了中共苏区中央局,决定由项英接替毛泽东苏区中央局代理书记之职。

对毛泽东的打击还不止于此,红一方面军总前委也随之取消,他的总前委书记一职无形中被撤销;随后不久,红一方面军总部又被中央革命军事委员会取代,他的总政委之职又不翼而飞,如今的他真可谓"无官一身轻"了。虽然在后来的第一次全国苏维埃代表大会上,赠送了他一顶"苏维埃主席"的头衔,却是位高而无权。

幸亏周恩来来了，周恩来虽然也受王明路线束缚，但他尊重事实，能根据斗争实际调整方针，对毛泽东也是尊重的，还处处有意无意地保护着毛泽东，使他的才能得以继续施展，使红军能继续赢得胜利。

毛泽东没有更多奢望，只希望能留在红军，使英雄有用武之地，此愿足矣。

宁都会议使他扼腕而叹。

这次会议，用有些人的话来说，"开展了中央局从未有过的反倾向斗争"。斗争的对象，自然是毛泽东，周恩来是苏区的最高领导人，又是中央代表，有人还留有情面。

攻击毛泽东的火力足够凶猛，到了不讲事实的地步，打赣州已是不争的错误，还偏偏说是"绝对必要"。毛泽东最初还争辩几句，到后来叹一声，如此颠倒黑白，夫复何言！

毛泽东的态度引起批评者更大的愤怒，连历次反"围剿"战争中实行的诱敌深入的方针也被说成是"专去等待敌人进攻的右倾主要危险"，要给予"及时和无情的打击"。

会议开到这个程度，周恩来开始担心了，党内斗争的严酷性他是清楚的，不能任其蔓延，必须诱导发泄，使之消弭于无形。他没有一味地为毛泽东辩护，那样会激起更大的争论；他斟词酌句地寻找着合适的字眼，使得争辩的双方都能够接受。

他批评毛泽东，连自己也包括了进去："前方同志在会议前与发言中确有以准备为中心的观念，泽东表现最多，对中央电示迅速击破一面开始不同意，有等待现象。"

毛泽东抬起了头，他惊讶周恩来也这样批评他。但周恩来下面的话却让毛泽东释然于胸，体会了他的良苦用心。

周恩来明确表示，不同意把毛泽东召回后方："泽东积年的经验多偏于作战，他的兴趣亦在主持战争。"见有人不以为然，他又补充道，"如在前方则可吸引他贡献不少意见，对战争有帮助。"

毛泽东听懂了周恩来的意思，是要把他仍留在军中。

果然，周恩来亮出了底牌，他提出两种办法："一种是由我负主持战争全责，泽东仍留前方助理；另一种是泽东负指挥战争全责，我负责监督行动方针的执行。"

会场一片哗然："泽东同志承认与了解错误不够，如他主持战争，在政治与行动方针上容易发生错误。"显然，他们对毛泽东的倔强和不认错误耿耿于怀。

周恩来坚持，只能在他提的两条意见中选其一。

毛泽东站了起来，对周恩来这份情，他从心里领了。与会者对他表现的不信任，使他必须拒绝后一种方法。会议通过了第一种意见，批准毛泽东暂时请病假，必要时到前方。

事后，苏区中央局某些人对周恩来不满，指责他对毛泽东的保护，一语道破他的真实意图："不给泽东错误以明确的批评，反而有些地方替他解释掩护。"

这就是周恩来工作、处事的艺术。

10月12日，中央军委通令毛泽东："为了苏维埃工作的需要，暂回中央政府主持一切。所遗总政治委员一职，由周恩来同志代理。"

26日，中共临时中央正式任命周恩来兼红一方面军总政委。

至此，毛泽东无职无权，两手空空，被排斥在党和军队的领导之外。

■ 七千里小长征

自从送走了邓中夏，贺龙雄心勃勃，正准备大干一场，但夏曦令他束手束脚，一筹莫展。

邓中夏固执，却不失忠厚。夏曦就阴险得让人防不胜防，贺龙刚回洪湖不久，便感到此人心地不正。

在第三次反"围剿"中，段德昌率队北上接应贺龙红三军回洪湖，这本是夏曦的意见。中共中央后来追究洪湖根据地丢失的原因，实事求是反映情况即可，洪湖根据地毕竟又失而复得。夏曦却不敢承担责任,他给中央的报告中,指责红三军领导人脱离苏区,不要后方,不要群众,执行的是一条反国际路线的"立三路线"。

此事激起了公愤,洪湖根据地干部联名上书,告到了临时中央。已经掌握了大权的博古皱着眉头,夏曦是王明信得过的人,他很为难,他不敢轻易地对夏曦打板子。不仅如此,他还要保护夏曦。

关向应被派去了洪湖,以助夏曦一臂之力。

关向应不是王明线上的人物,对革命的忠心无可怀疑,但他眼下思想负担很重。李立三"左"倾错误盛行时,他在武汉中共中央长江局任书记,工作上难免出现偏差,正在深刻反省自己。博古抓住关向应的弱点,连敲带打加鼓励,希望他"戴罪立功"。

关向应从长江局调回上海不久,便不幸被捕,受尽酷刑,中央特科的陈赓花了九牛二虎之力,才将他从鬼门关拉了回来。一脸憔悴的关向应费劲地点了点头,他百感交集,发誓要以实际行动报答党对他的关怀。

"博古同志,请组织上放心,我会坚定不移地执行临时中央的指示的。"

关向应带来的中央精神,使夏曦更加有恃无恐,在感激王明、博古之余,也增加了对贺龙、段德昌,以及红三军的领导人万涛、柳直荀等一大批干部的反感。他的老婆谭国南刚刚从上海赶来,不是个省油的灯,枕头风一直吹个不停:"老夏啊,那伙人不好惹,欺你是个外来户。"

夏曦轻轻拍拍谭国南的肩膀,安慰说:"我有办法。"

他和谭国南是在莫斯科中山大学认识的,谭相貌还算端正,心胸却极窄,还时时会做河东狮吼,夏曦对她是又爱又怕。

谭国南是个女流之辈,掀不起大浪,但夏曦身边的亲信江奇做起乱来,却差点把洪湖水搅浑。

江奇与夏曦是同乡,大革命时期跟着夏曦投入了革命,但夏曦去苏联后的这段时间,他的历史出现了空白,这一点很值得怀疑,从他后来的表现来看,很可能有若干不可告人的秘密。江奇利用王明的"左"倾路线,以"肃反"为理由,满足了夏曦打击报复的私欲。

他捏造说，从捕获的国民党特务口中，获得了一大批隐藏在洪湖根据地的"改组派"分子，他把一张名单摊在了夏曦的面前。

何谓"改组派"？它原是国民党内部政治派别之一，是蒋介石、汪精卫权力争夺的产物。因汪派败北，其骨干分子陈公博、顾孟余、王法勤、王乐平等人于1928年11月在上海组织中国国民党改组同志会，简称改组派，总部负责人是陈公博。

陈公博的活动能量不可低估，闹得蒋介石一时间穷于应付，改组派的声势也足以影响全国，在国内十多个省和大城市，以及日本、新加坡、越南、法国、菲律宾、美国的纽约、檀香山等地区建立了支部，党羽遍布各地，集合了一批官僚政客、失意军人和一部分有民主意识的资产阶级代表人物，尤其在富有幻想的青年知识分子及国民党青年军官中有号召力。改组派的口号也很激动人心，以恢复国民党"一大"、"二大"改组精神，奉行孙中山三民主义，实现国民党"一大"通过的最低政治纲领为标榜，反对蒋介石集团的独裁政治，联合各派军阀进行军事倒蒋活动，但其目的只是向蒋介石争夺党权、军权，与共产党的反蒋斗争风马牛不相及，双方也从来没有改变过敌对状态。另外，改组派虽然声势浩大，却多集中在大城市活动，像洪湖这样的偏僻所在，即使势力有所触及，也绝对是微乎其微，不足为虑。江奇故意捏造耸人听闻的故事，自有他的用意。夏曦心头一阵狂跳，名单上都是他恨得咬牙的对头，都是向中央上书状告他的冤家。他也不去琢磨江奇的用心，不去考察事情的真伪，逼着贺龙按名单抓人。

贺龙急得眼睛都红了，抖着那张名单问夏曦："你知道这些都是什么人？是与我生死与共的战友，经过枪林弹雨的考验，是洪湖根据地的创始人和大功臣，在群众中享有崇高的威望，是红军中的谋臣骁将，战功赫赫，英明远播。"

他用颤抖的声音念出一串串闪光的名字：

"省军委主席团委员万涛、省委候补委员宜昌特委书记张宗理、省监察委员会委员侯蔚文、省苏维埃党团书记彭之玉、省委巡视员潘家辰、总工会党团书记张昆弟、银行行长戴补天、省保卫局副局长彭国材、红三军参谋长孙德清、政治部主任柳直荀、红七师参谋长赵奇、红八师师长段玉林、参谋长胡慎己、政治部主任戴君实、红九师参谋长张应南、政治部主任刘鸿光、政委李剑如……"

夏曦冷笑道："去蠹防腐，这是纯洁革命队伍的需要。"他警告贺龙，不要感情用事。

贺龙吼了起来："你这是公报私仇！"说罢拔腿就往外走，准备强行干涉。

夏曦使了个眼色，江奇堵在了贺龙面前："贺龙同志，党性原则是高于一切的，你本人也必须服从。"

夏曦见贺龙露出了犹豫，更是反守为攻："你在国民党里也是有头有脸的人物，做过旅长、镇守使、师长、军长等大官，'改组派'就是利用你的声望活动。我看，老贺，你需要写个声明，好有个交代。"

"搞到老子头上来了。"贺龙一拍桌子，浓眉倒竖，豹眼圆睁，那一撇修剪整齐的胡子愤怒地飞扬起来，"你也给我写个申明书！民国十二年，我在常德当混成旅旅长时，你拿着国民党湖南省党部执行委员身份的名片来找我，你记得吗？你向我要了10万块钱。我请你吃了顿饭，还送你5万块钱。那时，老子做的还是国民党的官。这是怎么回事？你给我写个申明书。"

没想到贺龙撕破脸皮与他干了起来，夏曦一阵心虚，拿出了杀手锏："我有最后决定权，只要你贺龙承认是共产党员，就要服从纪律！"

贺龙垂下了高傲的头颅。刚刚入党不久，况且以前又是军阀的身份，因此，较之一般同志，他更要严格要求自己，改造自己，约束自己。他后来回忆说：

那时，我是个新党员，只懂得遵守党的纪律和服从组织决定。"肃反"的中期和后期与夏曦也有过多次尖锐的斗争，但最后总是认为按党的纪律只能服从他。起初，中央指示湘鄂西要进行"肃反"，还批评湘鄂西中央分局省委开展"肃反"不力。当时，国民党强大，我们弱小，斗争残酷。中央说有反革命打进苏区和红军，我们也是相信的。后来，夏曦不停地一批又一批地杀人，其中有许多人都是从大革命时期就跟我的，怎么会是"改组派"呢？我才怀疑，才和夏曦有了分歧，进行斗争。夏曦说我是军阀出身，我不怕，是不是他说我是军阀，我就变成军阀，我心里有数。只是怕弄不懂党的政策，搞错了。还有一个很大的原因，就是按中共中央决定，政治委员有最后决定权，中央代表、中央分局书记更有最后决定权，哪怕所有人都反对，只要中央分局书记一个人赞成，也必须按书记的决定执行，这是非服从不可的。各师团干部、我，和夏曦从来争不赢。对基层人员只好不征得他的同意,就下令释放,夏曦皱着眉头不吭声,人也就算放了。这类情况我干了许多次。保大的,保不下来,只好服从。后来实在忍不住了,我向关向应政委建议,让他代替夏曦当中央分局书记,关向应严肃地批评了我。我那时政治水平不高,一些事情也弄不明白,自己为什么要搞垮自己? 心里很苦。

贺龙最终未能保下这些同志,眼睁睁看着夏曦在瞿家湾搭起了"革命法庭",召开了公审大会,万涛、潘家辰、柳直荀、孙德清一个个押了上来,他们双臂倒剪,虎目喷火,一腔孤愤,满腹委屈,又从何而诉!

夏曦在湘鄂西胡闹之际,正是国民党大兵压境之时。从第三次对苏区"围剿"失败至眼下,屈指一算,已近一年。

蒋介石此次"围剿"苏区的总体战略有了改变,对朱、毛的中央红军采守势,挥动两个拳头,同时砸向湘鄂西和鄂豫皖,先剪除两翼,打破目前红军已经形成的犄角之势。1932年6月,他在武汉成立了鄂豫皖三省"剿匪"司令部,亲自担任总司令,调集50万大军,兵分三路,其左路军十万余众,委何成浚为司令官、徐源泉为副司令官兼总指挥,第四次杀向洪湖。

徐源泉这一次是有备而来。在各"剿共"战场,只有他打得差强人意,特别是第三次"围剿"湘鄂西根据地,尽管未能达到消灭红军主力的战略目的,却也把根据地搅了个天翻地覆。蒋介石也看中他稳健持重,这一次依然委以重任,寄以厚望。

1932年7月15日,徐源泉出动三个纵队,从襄北各据点出动,由东北向东南齐头并进,寻找红三军主力决战。临行前,他一再叮嘱:稳打稳进,步步为营,不得贪功,不得冒进,与红军拼消耗,比实力,"能够三个拼一个,这仗就赢了"。他说这话是有根据的,这年3月末他曾率兵与红三军在京山县恶战一场,打了整整七天七夜,一边打,一边琢磨,贺胡子犯了什么病,以往他可不这样蛮干的。

徐源泉不会知道,这是因为夏曦在后面逼着贺龙不让撤。夏曦刚刚以湘鄂西中央分局和省委的名义,一连通过五个决议,把贺龙领导的红三军历年来实行的那套行之有效的战略战术贬得一无是处,称其是"因循守旧",是"保守主义",是"党内的主要危险",必须"转变到大规模阵地战、城市战,为夺取中心城市而斗争"。京山战役就是这五个决议的产物。

这一战，红军损失惨重，伤亡2000余人，弹药消耗甚巨，而且一时无法补充。尽管自己的阵前也横尸遍野，但徐源泉满意地自认为打了胜仗："红三军所得之于国军之兵器及弹药耗于斯役殆尽，而肃清鄂中区匪患之成功，实基于此役。"

夏曦却还自欺欺人："像这样七天七夜持久剧烈的战斗，是在中央路线领导下的二军团所绝没有的……是在执行国际路线，在中央分局领导下的红三军转变的成功。"

贺龙哭笑不得，他找到夏曦，手一摊："今后的仗怎么打？战士们枪膛里平均分不到三颗子弹。"

夏曦怔了一怔，反问道："你是军长，负责指挥作战。怎么能没有主张？"

"好，那我就拿主意了，敌强我弱，红军跳到外线去，这样才能打破徐源泉的'围剿'。"

望着夏曦怀疑的目光，为了加强说服力，贺龙又翻出一封电报，中央苏区的朱、毛也来电建议，离开洪湖中心区，向敌之薄弱地带应城进攻，威胁武汉，这样不仅可以开展襄北斗争，也可以巩固洪湖老区。

不提毛泽东尚可，一提起毛泽东，夏曦便浑身不自在，他与毛泽东太熟了。大革命时期，在湖南搞农民运动，毛泽东、郭亮与他夏曦齐名，都是名震三湘的人物。他对毛泽东不反感，也知道此人有办法，但目前还没有轮到需要毛泽东来指教他夏曦。另外，他也了解，王明、博古对毛泽东是不欣赏的，指责毛泽东为"经验主义"、"保守主义"的典型，自己怎么能"明知故犯"呢？

他使劲地摆摆手，拒绝了贺龙的建议，提出了分兵的主张：贺龙、关向应率一部转入敌后，钳制敌人；他本人率一部坚守洪湖，就地抵抗，这叫两个拳头打人。他伸出手来攥成拳头晃了晃，十分得意。

夏曦话一出口，贺龙心就沉了下去，此举实乃下下之策：分兵造成力量薄弱；"肃反"丧失军心民心；敌特已大量涌进根据地。有此三条，夏曦非一败涂地不可。

争是争不赢夏曦的，于是贺龙将红三军的精锐大部留在了洪湖。

不管夏曦的为人如何，毕竟是以国民党为敌的，而且面临的形势也十分险峻。分手时,贺龙一再叮嘱,遇到紧急情况,一定要来找他,不要见外。

夏曦也不免有点感动:"放心吧,胡子,等着你的好消息。"

他一贯是一本正经地称呼贺龙大名,今天却改了称呼,显出了几分亲热。

红军一分兵,后果可想而知,两边俱伤。贺龙、关向应在襄北与强敌周旋,大批从洪湖撤出来的干部家属也随军行动,队伍臃肿不堪,包袱沉重,其中一个连被人戏称"主席连",均由各级苏维埃政府主席组成,再加上地形不熟,仅凭关向应手中那份从中学课本上撕下来的地图引路,始终寻不到合适战机,没有达到钳制敌人的战略目的。

再回过头来看洪湖。以贺龙留给夏曦的力量,尚可一战,但夏曦坚持临时中央提出的"御敌于国门之外"的战略方针,分兵把守,寸土必争。"谁放弃阵地,就杀谁的头。"他红着眼睛警告留守部队的指战员。

仗越打越残酷,红军的地盘也越来越狭窄。到了8月底,根据地中心周老嘴已告丢失;9月2日,敌第三纵队两个旅进占刘家场、三宫店等地,已经逼近中央分局及省委、省苏维埃政府所在地瞿家湾。就在前不久,万涛、柳直荀等一大批英烈就是在这里遇害的。如果有这些精英在,怎能容敌人这般猖狂。守卫瞿家湾的战士无不触景生情、切齿痛恨,夏曦是在自毁长城啊。

9月3日,瞿家湾失守,霎时间火光冲天,鲜血迸飞,洪湖苏区遭受了前所未有的灾难。

原红三方面军的黄新廷在他的《忆洪湖苏区的第四次反围剿》中写道:

敌军进入了洪湖沿岸的苏区后,进行灭绝人性的烧杀劫掠,洪湖后方医院的近3000名伤病员落入敌手,苏区的其他医院、兵工厂、被服厂等后勤机关,全被敌人焚毁。与中央保持联系的无线电台也丢失了,银行的全部财产也被抄走。隐蔽在洪湖的数千支步枪、机枪和一部分迫击炮,也被敌人搜出运走。这批武器原为红三军从前线缴获到后方来的,是我们进行作战的宝贵财富。由于中央分局的主要领导人不相信苏区的干部群众,在关键时刻没有及时发给苏区军民,结果这批红军用鲜血换来的大批武器,未起丝毫作用便又"送还"了敌人。

第四次反"围剿"失败了,夏曦输得两手空空,血本无归。危急之中,他倒是没忘贺龙对他的叮嘱——"有危险就找胡子",匆匆打马过了东荆河。为了保护夏曦过河,那些曾被或将被他打成"改组派"的红军将士血染碧水,伏尸遍野,那惨烈,那悲壮,足以惊天地,泣鬼神。

冲过了东荆河,夏曦直奔襄北寻找贺龙。他半道上被一群国民党兵包围被俘,五花大绑捆得结结实实,将他沉入河中。如果不是红二军团骑兵大队长贺炳炎及时赶到,夏曦再也无法兴风作浪了。

苏醒后,夏曦的第一句话让谁也想不到,他竟说:

"随队押送的'改组派'有没有跑掉?"

洪湖失守,虽在贺龙意料之中,但当他真正面对这一残酷事实时,仍旧不能控制自己的感情,一脚踏翻面前的桌子,整整一天,虎着脸,谁见了谁怕。

同时,他也在担心,红三军战士大多是洪湖子弟,家乡沦陷,亲人遭殃,必将影响军心,造成混乱。随着洪湖留守部队的突围,敌人又把重兵调到了襄北,内忧外患,纷至沓来。

担心归担心,但是,大将自有大将的风度,贺龙拿得起,放得下,不去纠缠眼前一城一地之得失,甩掉一切压在心上的石头,果断决定战略大转移,另辟新天地。

红三军将士擦干眼角的泪水,毅然拔脚上了路。从1932年9月出发,出襄北,入河南,越秦岭,进巴东,占鹤峰,取桑植,整整半年时间,终于摆脱了"山穷水尽疑无路"的困境,赢得了一个临时休整的地方。

贺龙扬起嗓子喊道:"不走了,就在这里扎下营盘,与蒋介石再干一场。"

夏曦早累得瘫了下来,屈指一算,整整七千里路。因为有后来朱、毛率领的红军二万五千里长征,故此次战略大转移被冠以"小长征"之美名。

缓过劲来的夏曦又开始了他的异想天开,他也在总结红三军失败的原因,认为其根本症结依然在于内部敌人未能全部肃清,所以,有必要继续进行"肃反"运动;再一点,就是党团组织不纯洁,必须要重新建设、创造一支新红军。在一次中央分局的会议上,他公开亮出了自己的主张。

贺龙、关向应、段德昌顿时大惊失色,起而抗争,但夏曦已经丧心病狂,强行宣布红三军中党团组织就此不复存在,只有他和贺龙、关向应三个人可以保留党籍。

夏曦的丧心病狂还没有到此为止,杀害段德昌之时达到了罪孽的顶峰。仅因为段德昌提出回师洪湖的建议,夏曦便以此判定段德昌是"改组派"漏网分子,并将其处以死刑,真是"欲加之罪,何患无辞"。

■ 血战大别山

贺龙率红三军从襄北突围,实行战略大转移。最初的路线是绕道豫南,直奔湘鄂边,希望能得到红四方面军的一臂之力,重振雄风。

进入河南境内,他们发现红四方面军留下的激战痕迹,贺龙心里一阵发紧,从现场判断,红四方面军处境不妙,一路铺满弹壳,显然他们正被敌人追着打。如红军得胜,必然打扫战场,按惯例,总是要把弹壳搜集起来的。

贺龙的判断十分准确,几乎在洪湖根据地失守的同时,徐向前已挥泪离开了大别山。现在,他正奋力突围,作殊死一搏。数月前,鄂豫皖的形势还一片大好,张国焘乐观地向中央报告,目前已根本消灭"围剿",正由冲破包围进到消灭敌人包围的时刻。这些话言犹在耳,为什么形势急转直下,甚至不可收拾?

张国焘罪无可逭。

很多人都发现,张国焘踏入苏区伊始,就对曾中生横眉竖眼,挑刺找碴。曾中生有两点不能让张国焘释怀,一是李立三当权时,曾中生很被器重,负责江苏省委工作。而李立三与张国焘有隙,在他当权时,没给过张好脸色看。

第二个原因是曾中生在鄂豫皖的威信太高,这让张国焘感到嫉恨,认为是对他最高权力的威胁;特别是在前文提到的红军南下蕲、黄、广问题上,曾中生曾联合徐向前等一批人上书中央,参了张国焘一本,更是让他怒火万丈。

但是曾中生虽然是张国焘的眼中钉,肉中刺,但曾为人公正坦荡,谨言慎行,并没有明显破绽让他攻击,倒是与曾并肩战斗、出生入死的许继慎有大把辫子抓在他手里。

许继慎为人清傲,锋芒毕露,加之社会关系复杂,这就为张国焘找到了攻击的借口。

国民党方面也在策划分裂革命队伍。黄埔一期生,蒋介石"十三太保"之一的曾扩情献上一条"反间计",利用中共"肃反"扩大化的倾向,制造混乱。他的下手目标,就是他的同窗许继慎。一封密信送到了许继慎手里!许继慎展开一看,不禁拍案喝道:"曾扩情是何居心?道不同不相谋,我早与他割袍断交,与蒋介石也恩断情绝,势不两立。"

许继慎没有犹豫,把那位自称钟蜀武的送信人押送到徐向前、曾中生面前,嘿嘿一乐:"校长还记挂着我们呢。"

来信内容如下:

继慎吾兄无恙:

前由钟俊同志奉书吾兄,幸荷察纳,钦佩至极。此得钟同志返命,即为详呈校座,奉批照办。

葡匐来归之子,父母惟有涕泪加怜,或竟自伤其顾之不周尔,宁忍加责难于其子哉?苍苍此天,于孝行后,分无再见,乃后来归,虽忧千里,心实欢喜。兄所领名义防地,俟钟俊同志赴赣请示校座,自当以给。校座返京,百务待决,故一时未能缕缕呈耳,愿吾兄之勿虑也。西望停云,我心劳结,诸希自珍,以候龙命,并颂戎安。

弟曾扩情再拜。九月十九日。

曾中生脸色冷了下来,他问许继慎,看信中语气,这不是你接到的第一封信,双方接触也不是第一次。

许继慎还在奇怪曾扩情这封信说了许多莫须有的事, 只是因为他心里坦荡,又一时好奇,没有注意这些细节。徐向前皱起眉头,这个曾扩情,在黄埔时就鬼头鬼脑,爱耍小聪明,这封信写得语焉不详,留给人很大的想象空间。

"一封信也值得你俩这样犯愁，交给中央分局审问便罢了。"许继慎不改大大咧咧的毛病。

张国焘终于找到了下手的机会，陈昌浩亲自动手，以"改组派"的罪名，逮捕了许继慎，同时被抓的，还有红四方面军其他一些干部。

以此为契机，张国焘开始了铲除异己的活动，1931年9月底，他在白雀园，手握生死牌，开始了大规模的"清洗"工作。

在这场"肃反"风暴中，红军排以上干部被抓被杀者达2500余人。根据地的红军力量遭受到难以想象的削弱和打击。恰在此时，蒋介石于1932年6月，"御驾"亲征，调集了50万兵力，发动了对鄂豫皖苏区的第四次"围剿"。

鄂豫皖的军民是带着心灵上的伤痕迎战的，有的战士刚从各级政治保卫局放出，活动活动被捆绑麻木了的手脚，又抄起武器上了战场。

担任三省"剿共"总司令的蒋介石拨出左路兵马，专门对付湘鄂西的贺龙，右路和中路大军分道涌向了鄂豫皖。

这是蒋介石全力攥成的拳头，势大力沉，从以下这份参战部队指战员名单中，已可体会到它的强大。

右路军司令官李济深（未到任）

副司令官王均

第一纵队指挥官徐庭瑶

第四师师长徐庭瑶

第二纵队指挥官王均

第一师师长胡宗南

第七师师长曾万钟

第十二师师长唐淮源

第三纵队指挥官梁冠英

第三十二师师长梁冠英

独立第五旅长郑廷珍

预备队指挥官阮肇昌

第四十六师师长岳盛宣

第五十五师师长阮肇昌

第五十七师师长李松山

中路军司令官蒋中正(兼)

副司令官刘崎

第一纵队指挥官张钫

第四十五师师长戴民权

第七十六师师长张钫

第七十五师师长宋天才

第二纵队指挥官陈继承

第二师师长黄杰

第三师师长李玉堂

第五十八师师长陈耀汉

第八十师师长李恩槃

骑兵第十三旅旅长刘凤歧

骑兵第十五旅旅长李家鼎

第三纵队指挥官马鸿逵

第三十五师师长马鸿逵

骑兵第二旅旅长马腾蛟

第四纵队指挥官张印相

第三十师师长彭振山

第三十一师师长张印相

特务旅旅长刘云峰

第五纵队指挥官上官云相

第四十七师师长上官云相

第五十四师师长郝梦龄

第六纵队指挥官卫立煌

第十师师长卫立煌

第八十三师师长蒋伏生

预备队指挥官钱大钧

第八十八师师长俞济时

第八十九师师长汤恩伯

驻守据点部队

第十三师师长夏斗寅(京汉线)

第三十三师师长葛云龙(驻浠水)

新编二十师师长郜子举(驻光山)

红四方面军指战员序列如下：

中国鄂豫皖军事委员会主席张国焘

第四方面军总指挥徐向前

第四军军长徐向前　　政治委员陈昌浩

第十师师长倪志亮　　政治委员甘元景

第十一师师长王树声　　政治委员甘济时

第十二师师长陈赓　　政治委员刘杞

第二十五军军长蔡申熙　　政治委员王平章

第七十三师师长刘英　　政治委员吴焕先

第七十四师副师长张成功

第七十五师师长廖荣坤　　政治委员戴克敏

独立第一师师长曾中生

独立四旅旅长罗启疆(驻下阳关)

独立八旅旅长潘善斋(驻六安)

独立四十旅旅长宋世科(驻霍山)

相形之下，徐向前任总指挥的红四方面军力量就单薄多了，尤其是经过"大肃反"，一大批善战之将如许继慎、周炯含冤九泉，部队战斗力大打折扣。

敌我力量如此悬殊，在上海的中共中央却不切实际地提出要求：

"除以二十五军巩固皖西北新发展的根据地外，主力应向西行动，扩大与巩固鄂东区，以一师以上的兵力过平汉路，配合红三军行动，消灭徐源泉、萧之楚主力,造成平汉路两旁孝感、武胜关间比较巩固的新根据地,必要时可重新进攻黄陂,威胁武汉,调动敌人进攻鄂西力量,求得战争的解决,以造成包围武汉的形势。"

张国焘也是好大喜功之人,依然陶醉于第三次反"围剿"中苏家埠等役的胜利,对中央指示连连点头,并作出相应计划:第一步,进逼罗山,破坏京汉路;第二步,沿京汉路南下,歼灭宋埠、黄陂一线之敌,威逼武汉。

在张国焘命令下,红四方面军置敌人即将发动的大规模"围剿"于不顾,不断向京汉线出击,连续作战达七个月之久,部队疲惫不堪。徐向前建议休整一个时期,张国焘眼一横,又提出了新的要求:

"现在已经转变到我们同敌人决胜负的时候了。决胜负的战争,不是你死就是我活,绝不是马马虎虎的小事情,我们要趁热打铁,才能成功。红军下一步的任务是,要实施不停顿的进攻,围攻麻城,夺取麻城,以实现威逼武汉的计划。"

后来事实证明,围攻麻城,是第四次反"围剿"战斗中最为失策的行动,所谓"一着不慎,满盘皆输"。如按徐向前的意见,部队抓紧时间休整,占据有利位置,攻敌不备,击敌之弱,还是可以一搏的。

1932年7月上旬,红四军主力南下,将麻城围个水泄不通,蒋介石急调彭振山师、汤恩伯师、郝梦龄师分兵救援,麻城守敌倚仗城高墙厚,坚守抵抗。红军屯兵坚城,久攻不下。红四方面军在麻城与敌纠缠之机,东城之敌徐庭瑶乘虚而入。

与卫立煌一样,徐庭瑶并非黄埔出身,却统率黄埔嫡系,这在国民党军队中极为少见。徐庭瑶果然能战,一鼓作气攻下红二十五军坚守的霍丘,杀入根据地纵深。

与此同进,西线之敌陈继承已由罗山地区南犯,卫立煌纵队则由孝感向西推进,陈、卫均为蒋介石手下得力大将,所部也是精锐之师,对他们的作战能力,蒋介石十分信任。

张国焘却不知大难将至,依然催促徐向前速下麻城,丧失了摆脱被动的最后一个机会。

怯于前几次"围剿"的失败,蒋介石在发动进攻之初表现得比较谨慎,层层推进,纵深配合,部队进程较慢。如今见几路"进剿"军均未遇到有力抵抗,遂放下心来,一改稳打稳扎战术,命令部队于8月7日发起总攻,要求各部以疾速、秘密的手段,深入根据地中心区,逼迫红军于一隅与之决战。

陈继承挥师疾进,直逼根据地中心——红四方面军发源地七里坪。

卫立煌也突破红军防线河口,与陈继承遥相呼应。

张国焘终于感到了形势的危急,大呼:"今天打出一个厉害的敌人来了。"

徐向前火速回军,星夜从麻城赶至黄安,"麻城到黄安,九十当一百三,会走走一天半,不会走走两天"。心急如焚的红军战士头顶夕阳出发,星星尚未褪尽已赶到目的地。

敌我双方,在七里坪下摆开了战场,两军主帅陈继承、徐向前,都是从黄埔岛上来的战将,师生之间,兵戎相见,各不相让。

陈继承为黄埔"八大金刚"之一,此人文武兼备,尤其擅长部队的组织训练,军事人才的培养;所部基层军官也多是他在黄埔做教官时的弟子,因此指挥如意,如身使臂。当年北伐战场攻打武昌之役,陈继承的表现就让苏联顾问竖起了大拇指,以后在中原大战更是威风八面,攻守进退,法度井然,第一军在他的调教下,在蒋介石的阵营里,较之任何一支部队都毫不逊色。

陈继承手下还有两员骁将,即第二师师长黄杰和第三师师长李玉堂,两人都是黄埔一期生,与徐向前有同窗之谊。在国民党将领中,黄埔一期生官运最亨通的,并不是后来成了西北王的胡宗南,而是不爱抛头露面的黄杰,一直做到台湾"国防部部长",挂起了"一级上将"的肩章。古北口抗战、淞沪抗战、入缅作战,他都表现得可圈可点。李玉堂不及黄杰出色,但他的第三师却是地地道道的黄埔子弟兵,关键时候也能派上用场,后来的淞沪抗战,其表现就非常不俗。

双方都知道对手的厉害,甫一交手,便拼死相搏。徐向前将红四方面军主力悉数投入,集中了十、十一、十二、七十三和黄安独立师共五个师的兵力,直杀得天昏地暗,日月无光。一个山头接一个山头争夺,一个阵地接一个阵地易手。

这一仗打得好艰苦,双方相持了几天几夜,筋疲力尽,陈继承惊讶于徐向前的顽强、凶猛,已生出怯意,准备退却,却因为卫立煌斜刺里杀到,转危为安。徐向前望着重新稳住阵脚的敌营,不禁长叹,毕竟实力不足,后劲不足,他已心有余而力所未逮了。

此战打成了平手，但这只是表面，从战略意义上讲，它给敌人以重大杀伤，却也损耗了自己的实力，未能击破敌人的进攻，因而不能使整个战局发生有利于红军的变化，但徐向前尽力了，红军尽力了。双方力量的过于悬殊，从一开始就造成的战略失误，注定了只能有这样的结局。

徐向前继续为扭转败局而努力，不断出击，以期觅得敌人的空隙、破绽，周恩来、朱德、毛泽东也来电出谋划策，建议红四方面军采用诱敌深入之法，开展游击战、运动战，打破敌人包围。但一切都为时已晚了。敌人重兵分路出击，红四方面军能够周旋的余地已越来越小，经过讨论，决定由沈泽民率部分武装坚持根据地斗争；张国焘、徐向前率主力跳到外线，到平汉路以西活动。

别了，战斗数载的鄂豫皖苏区；别了，血火中饱受煎熬的大别山。徐向前几年来走遍了这里的山山水水，他恋恋不舍，心情沉重。"万重关塞断，何日是归年。"他默念着唐人李白的《奔亡道中》，触景生情，感慨无限。

10月11日，红四方面军主力共13个团、2万余人离开了四姑墩，拂晓，进入平汉路以西地面，进入大洪山区，卫立煌、胡宗南紧迫不舍，红军且战且走，于枣阳新集一带，终被敌人层层包围，奋战后脱身，却不得不向敌人薄弱的北面转移，红军企图外线寻机歼敌、打回根据地的计划，即告失败。

凄风苦雨中，张国焘已丧失了信心，建议部队化整为零，分散行动。徐向前低头抽着旱烟袋不发一言，被张国焘逼急了，他吐出一句话："我不同意。"他不能看着从血泊中、从烽烟中成长壮大起来的红四方面军就这样烟消云散，他劝着张国焘："敌人要的就是我们分散，以便各个击破，不能啊。"

他挺身迎接着挑战。

漫山川一战，终于打破了僵局，跳出了困境，从敌人层层包围的鄂西北闯入了陕南。此一役，许世友的三十四团大出风头，硬生生从敌人两军结合部杀开了一条缺口。

冲过漫山川，红四方面军马不停蹄，折道秦岭，蹚过汉水，翻越巴山，眼前又是一片新天地，战士们兴高采烈。

"红军就是离不开山，离了大别山，到了大巴山。"

"有山就有红军,通南巴可真是落脚的好地方。"

徐向前却感慨万千,眼前风景殊异,已是人去物非。他回忆起昔日在大别山,他与曾中生、许继慎并肩而立,指点江山之场景,犹在昨天;如今,许继慎已长眠在曾经战斗过的那方热土,曾中生最终也遭到张国焘的暗算。

随着红四方面军脱离险境,在川陕根据地站稳脚跟后,张国焘终于下了毒手,以"右派领袖"、"托陈取消派"罪名,将曾中生非法逮捕。此后,曾中生被张国焘长期监禁,并在被监禁的情况下,参加了红四方面军的长征。1935年6月,红四方面军和中央红军在四川懋功会师,曾中生给党中央写信表示愿意接受中央的审查和处理。张国焘得知此事后,害怕曾中生获释后揭发他的罪恶,遂于同年8月在川西卓克基将曾中生秘密杀害。1945年,在中国共产党"七大"会议上,曾中生平反昭雪,恢复名誉。

第十章

失败，掩藏在凯歌声中

■ 周恩来挑起了大梁

鄂豫皖、湘鄂西苏区的相继沦陷，让蒋介石感到了鼓舞，戎装未解，又全力投入对中央苏区的第四次"围剿"。

陈诚充当了中路军总指挥，他的以十八军、十一师为核心的土木系已经初具规模，成了此次"围剿"的绝对主力。

蒋介石也对陈诚寄予厚望。尽管此次行动出动兵马50万之众，兵分三路，但余汉谋为总指挥的右路军，蔡廷锴为总指挥的左路军，统率的都是杂牌部队，作战热情不高。特别是蒋廷锴、蒋光鼐的十九路军，还沉浸在"一·二八"淞沪抗战的热潮中，对内战已经公开表示厌倦。

相形之下，蒋介石愈益感到了陈诚的忠心，他对蒋介石的忠诚更在民族利益之上，赣城之战日，正是淞沪抗战吃紧之时，陈诚已经接到东调淞沪的命令，但他却从蒋介石的统治利益出发，掉头驰援赣州。事后，他十分得意地说：

照人情讲，当时多数官兵的心理，哪一个不愿到淞沪，既可做民族英雄，又可获得较好的给养，但如果一开拔，"共匪"要立刻进占赣州，江西剿匪形势立刻发生动摇，所以我当时召集一个全体官长会议，凡是校官以上阶级，一律参加，

陈诚

一切由会议决定进止。后来这个会议反复讨论,决定先确保赣州,所以当时凭借几天的粮,一鼓气便把赣州附近的"共匪"肃清了。

赣州一役,陈诚侥幸得手,红十师师长侯中英也做了他的阶下囚,从此,他的眼睛长在了头顶,对红军已是不屑一顾。此次出征,陈诚再三吩咐士兵,每人带好绳子,准备捆红军俘房之用。他以为红军是他枪口下的兔子。

陈诚急欲请战的另一个原因还在于,他嫉妒鄂豫皖战场的卫立煌、陈继承、黄杰、李玉堂等一批将领,如今,他们都因战功受到蒋介石奖励,苏区中心的金寨还改名立煌县,这都让陈诚眼馋心热。

所以陈诚急欲在与红军的交战中抬高自己在军中的地位,增加在蒋介石心中的分量。他的这份斗志,这种求战欲让蒋介石满意,视为"最充满活力、朝气的将军"。疑人不用,用人不疑。蒋介石不仅让中路军归陈诚调度,凡途经据守之部队,他也有辖制之权。

强敌当前,毛泽东却被摒弃在战场外,被迫上了东华山,住进了一座小庙,美其名曰"养病"。

同样落难的郭化若前往东华山去探病。宁都会议前,因为怀疑他是"托派",已将他从毛泽东身边调到红军学校。他找到毛泽东诉苦表示不想变动工作。

有难言之隐的毛泽东只淡淡地回答了一句:

"要服从调动,不管遇到什么情况,共产党人都要经得起考验。"

这句对郭化若的临别赠言,仿佛也是对他自己说的。

如今,同是天涯沦落人的毛泽东与郭化若,真是酒逢知己千杯少,抛开了上下级关系的束缚,谈人生,究天理,探讨中国革命之真谛。

豪情似海的毛泽东也有浓浓的人情味,每逢谈话时,他的夫人贺子珍总是娴静地坐在一边,眼睛里充满着柔情,毛泽东不止一次地告诉郭化若:

"现在我与她相依为命。"

郭化若也很感动,谁不知贺子珍巾帼红颜、女中豪杰,她刚强有余、温柔不足，人们戏称她与毛泽东是"钢铁"夫妻，在一起就要碰撞。毛泽东发起急来威胁要"开除"贺子珍党籍，这些都被人们传为笑谈。

但毛泽东"赋闲"的这段日子里，贺子珍却一反往日的要强，体贴入微，整天陪伴在毛泽东身边。她陪伴着毛泽东度过这寂寞，度过这无奈。郭化若当时写的一首诗很传神，借景抒情，如怨如诉：

西风落叶总无情，谁夺燕军乐毅缨？
小寺却非楼百尺，更深听雨夜清醒。

粉碎敌人进攻的重担，落在了周恩来、朱德的肩头。他俩在南昌起义时就并肩作战，如今再度联手，更多了一层默契、一份感情。

1933年元旦，红军在黎川誓师，主动抢入外线，乘敌人布置尚未就绪之际，打乱对方进攻计划。5日、6日，黄狮渡首战告捷，8日、9日，浒湾又奏凯歌。两战俘敌4000余人，缴枪4000余支，周恩来、朱德相顾一笑，这样打下去，蒋介石又要血本无归了。

周恩来建议：主力红军乘胜北上贵溪，与赣东北红十军会师，在抚州与信江之间的广大地区于运动中歼敌。

朱德颔首赞成，方志敏这几年在赣东北闹出了名堂，红十军也名震遐迩。得此生力军助战，打破敌人的"围剿"，把握就更大了。

中央红军于1月25日在上清镇与红十军胜利会师，战士们欢快地唱起了歌：

来来来，打倒它，
反动派，哪怕它，
挨户团，小奴才，
建立起工农兵政府苏维埃。

红十军战士眼里盈满了泪水，自赣东北根据地建立后，这几年，他们在方志敏率领下，在战火中煎熬，在风雨中成长，征衣何曾一日得解，战马何曾一日得

方志敏

歇,更兼党内斗争,"肃反"运动,此起彼伏,应付起来,毫不比战场上的生死搏杀来得轻松。"立三路线"以后,接着就是王明路线。中央代表曾洪易一手遮天,大杀大砍,方志敏、邵式平等一批赣东北根据地创始人被指为右倾机会主义。红十军政治部主任吴先民,参谋长舒翼,地方暴动领袖黄镇中、余杰、洪坤元、蓝广平,团省委宣传部长汪明,组织部长张天松,闽北苏维埃的创建人陈耿、徐福元,都被扣上AB团、"改组派"、"罗章龙派"、"第二党"等罪名,加以杀害。县团级干部中知识分子出身的负责干部大部分被杀掉。致使红十军元气大伤,在取得第一次、第二次反"围剿"胜利之后,终因力不从心,败于蒋介石的第三次"围剿",丧失掉赣东北根据地。

危境之中,方志敏挺身而出,当仁不让,提出并坚持自己的正确主张。在根据地的军民中,他的威信胜过人们对中央代表的崇拜,在他的率领下,赣东北根据地重新得到了恢复,又开辟了闽北新区,建立起闽浙赣苏区,并打破蒋介石再次发动的第四次"围剿"。为了配合中央红军作战,他又亲手把红十军送过信江,临别时,拉着邵式平的手,千叮万嘱:"一定要听中央指挥。"

暮色中,部队渐行渐远,已不见了踪影,信江边,方志敏依然翘首而望。

中央局没有同意周恩来的计划,他们基于两点考虑:一,作战地区离根据地太远,部队缺少依托,于红军不利;二,主力北上,根据地空虚,无力抵抗敌人的进攻。

中央局要求,红一方面军集中全力,进攻敌人重兵防守的南丰城,打破敌人进攻的支撑点。

为了防止周恩来、朱德自作主张、先斩后奏,电文出现了警告的语气:

"我们绝对的要你们在将来关于策略上的问题立即告诉我们,不要推延过迟。我们要你们站在一致的路线上执行上述指示。"

周恩来复电反对,一口气提出5条反对理由:1.暴露企图;2.易受夹击;3.损伤大;4.不能筹款;5.耗费时日。

周恩来申述道：

"中央累电催我们攻破城防，与我两电所陈战略实际有出入。但我终觉消灭敌人尤其主力，是取得坚城的先决条件。敌人被消灭，城虽坚，亦无从围我，我可大踏步地直入坚城之背后，否则徒损主力，攻坚不下，正中敌人目前要求。"

中央局的人觉得周恩来的话很耳熟，和已经赋闲的毛泽东那一套相仿，他们更是寸步不让了：

"在目前敌人据城而守的情况下，无法避免攻击坚城。所以，乘胜威胁南丰、抚州是我们目前的方针。"

为了表明自己的权威，他们向周恩来下了死命令：

"此新计划经中央局全体通过，请立即讨论并电告执行的具体部署。"

周恩来再电反对。

中央局置之不理。

周恩来终于领教了中央局的固执，只能硬着头皮打南丰了。

2月12日晚，红军对南丰发动了进攻。

陈诚立刻作出反应，一面命令南丰守军第八师六个团据城坚守，同时催动所部三个纵队迅速出击，合围红军于南丰城下，企图一举而歼之。

此时，南丰城下，正打得热火朝天，战士们个个喊"过瘾"，一向文静儒雅的周恩来也打出了火气，与朱德盯在指挥所整整一夜未合眼。但陈诚援兵已经上路的消息刚刚传来，他立即清醒了。

"撤！"他毫不犹豫地从火热的战场抽出了身，置中央局严令而不顾。朱德诧异地望着他，这种情况发生在毛泽东身上不鲜见，但周恩来的脾气与毛泽东可大不一样。

朱德赞许地点点头，周恩来的决断完全正确，这也加深了他对周的更深的了解。此人外圆内方，以大局为重，绝不计较个人利害得失。

南丰撤围，是第四次反"围剿"决定胜败的关键性决策，这一决策的及时、果断和正确，使战局朝着利于红军的方向发展，第四次反"围剿"的胜利正是奠基于此。

陈诚被周恩来这一手弄苦了。

■ "王牌军"的命运

南丰撤围,红军并不仅仅一走了之,周恩来、朱德在这里耍了一个花枪,留下一部兵力继续进攻南丰,又留一部兵力向黎川挺进,一路上摇旗呐喊,虚张声势。

陈诚不辨虚实,急拨李明的五十二师、陈时骥的五十九师跟随红军向东推进,准备配合其主力寻歼红军于黎川地区。

五十二师、五十九师虽属十八军之基干师,但并非黄埔子弟兵组成,乃陈诚从韩德勤和川军张英手中强夺兼并而来,尽管一入陈门身价倍增,武器装备焕然一新,但部队的战斗力并没有实际的改观。五十二师李明师长是个贪得无厌之人,部队出发时,发了一笔开拔费,借口来不及造花名册,扣住这笔钱不发,每个士兵只能临时借支一元大洋,部队怨声四起,当兵的公开扬言:"拿一块钱,打一块钱的仗。"

五十九师陈时骥师长倒是求战心切,急欲在陈诚面前表现一番,他通知李明,放心大胆地前进,据刚刚获得的一份红军乐(安)南军分区司令部致乐(安)北军分区司令部的文件内称:"我工农红军正围攻南丰,旦夕可下,唯乐安之两师白军,若向河口、黄陂前进,则我红军不特无法攻下南丰,本身亦感至大危险。万望派人监视此两师敌人,果其南来,即迅速报告,予当率乐部两团竭力抵抗之。"

这又是红军设计之圈套。李明闻之,笑得脸上肥肉直抖,红军太不量力了,区区两团兵力,也想挡住王牌之十八军。五十二师、五十九师遂放胆前进,大模大样,毫无防范。红军主力,早已于2月23日、24日两日由南丰附近,隐蔽转移到东陂、河口之线集中完毕,分作左、右两翼;右翼为第五军团和第二十二军,沿东陂一线进至黄陂,西向迎敌;左翼为第一、三军团和红二十一军,沿金竹、王都、竹坪之线,隐蔽接敌。

李明也够骄妄了,2月26日一上路,只是埋头挺进,因淫雨连绵,道路泥泞,为加快行军速度,连侧翼警戒哨都撤了回来。他想得也有道理,五十九师与他只有十里之隔,翻过一座大山,两军就会合了。

红军正是从这不设防的侧翼捅下了刀子。27日中午,五十二师行进到蛟湖,陷入了红军的重围,左翼一个猛扑,已将敌截为数段,分割包围,聚而歼之。

林彪的红一军团是进攻的主力,这一次,他一再地要求,不能放走敌人指挥官。他太要强、太好胜了。第一次反"围剿",张辉瓒落入了黄公略手中,第二次反"围剿",抓了个公秉藩,又给溜了,这都被他认为是"美中不足"之处。

所以,战斗打响后,战士们眼睛都盯住拿短枪的、挂望远镜的。红九师参谋长耿飚透过雨帘,一眼望去,只见小桥边有个穿雨衣的胖子,正拿着望远镜四下观察。从旁边的马匹、护兵、提包拿图的随从来看,此胖子来头不小。

"不知是不是敌人的师长。"旁边有战士嘀咕。

"不管是师长旅长,抓活的。"耿飚一扬手,机枪连立即刮起了风暴。

一场激战下来,那个胖子被抓住了,正是五十二师师长李明,聂荣臻眉开眼笑:"这叫做擒贼先擒王。"林彪脸上反倒毫无表情了,他就是要争得这个强。

此一战,红军取得完胜,总计"第五十二师全师人员损失下级干部三分之二,士兵约6000余名,武器损失步枪2000余支,自动步枪50余支,机枪80余挺,追击炮10余门,无线电机7架"。红军花了四五天时间,才搬完战利品。

攻击五十九师的战斗比蛟湖伏击战晚两个小时打响。下午3时左右,五十九师进至西源西端隘路口,陈时骥抬眼四顾,两侧高山如刀劈斧削,雨雾中,更显得冷峻、诡异。他吸了一口冷气,暗自惊心,心想如果红军在此设伏,他是插翅也逃不脱的。

他刚刚命令部队停止前进,令人心惊的枪声已在头顶猝然而响,埋伏在此的红五军团和红二十二军一齐发作,居高临下,子弹、手榴弹像雨点一样漫天铺开,五十九师局促于一隅之地,连还手的机会都没有。

陈时骥把唯一的希望放在李明的身上,求援信写得哀哀切切,可怜巴巴:

"文献兄,弟无能,于本日午后一时失利,现部队已溃散,弟仅率士兵数十人在距蛟湖七八里许之山庄中,请迅速援助为盼,弟陈时骥。"

这封信永远交不到李明手中了,陈时骥的求援书成了红军的笑料。陈时骥也没有逃脱被俘的命运,他化装成士兵企图逃走,但是他脸上有一个显著的特点:麻子。于是红军战士到处找麻子。电台班的战士终于在上山砍树架天线时发现了这位"满天星"。陈诚十八军的三个师长,已经有两位被捆在了红军的脚下。闻此败讯,陈诚抱头痛哭,第五十二、五十九师乃他在1932年费了一年的心血,由杂牌部队编并过来,并在干部、装备等方面下了不少工夫。然而,黄陂一役,只是半天功夫,这两个师却毁于一旦。

蒋介石也来电隐隐责备陈诚,五十二、五十九师之被歼,为"本军未有之惨事",让他"无限之隐痛"。陈诚也臊得满脸通红:"诚虽不敏,独生为羞。"

羞愧之余,陈诚2月19日,下达攻击命令,将所部排成一字长蛇,翻滚着进入苏区腹地。3月20日,主力第十一师已突前至草台冈,形成了孤军。

战机稍纵即逝,陈诚系大将罗卓英已率部赶至东陂以北之五里排,几天来,他发现红军小股部队不断干扰,根据以往经验,这是对方有大动作的前奏。十一师孤军突前,草台冈地形又不利,罗卓英越想越不放心,深夜,将电话摇到了十一师师长萧乾的床头。萧乾是黄埔一期的毕业生,此人凶悍敢斗,陈诚十分欣赏。接过罗卓英电话,萧乾沉吟半晌,考虑到部队已与红军接近,天雨夜黑,后撤会造成混乱,有损士气,故一动不如一静。

黄埔出来的人个个眼高于顶,况且萧乾的话也有一定的道理,罗卓英也就不坚持要他撤退了。

红军恰恰把握住了机会,周恩来、朱德联名向参战红军各部队发布命令:

"我军拟于21日拂晓,采取迅雷手段,干脆消灭草台冈、徐庄附近之十一师,再突击东陂、五里排之敌。"

此次攻击主力,依然是林彪、聂荣臻的红一军团。

林彪后来曾向他的老部下吴法宪传授作战要诀,专门引黄陂、草台冈伏击战为例:

我有"常胜将军"的美名,这并不是我有什么特别的才能。事实上,我只有一种才能,我绝不把打赢一场战役的机会搞砸,这个机会绝对不能放过。机会一旦失去,就永远不会回来。

林彪这不是吹嘘,他的作战风格,最能体现"谋定而后动"之特点,深思熟虑与雷霆一击完美地相结合。直到战斗打响的最后一刻,他还在不厌其烦地核对情报,检查情况,深入到团、营、连,甚至下到某个基层排。苍白的脸上没有一丝表情,眉头锁得像连日不开的阴云,让每个人感到了紧张,不敢有丝毫懈怠、马虎。

直至战斗打响,他的脸上才有了血色,眼睛也顾盼生动,射出了光彩。强将手下无弱兵,红一军团的参战部队如出林猛虎,咆哮而前。21日凌晨,两军迎头相撞,发出震天的轰鸣。

如果说十八军是国民党的精锐,十一师就是这把利剑的锋刃,这才是陈诚的看家资本,是他的心头肉。自出道以来,从未尝过败绩,从未有过狼狈,十一师始终是强中之强,习惯于品尝胜利的美酒。尤其值得重视的,它并非浪得虚名,从武器装备,从干部配置,从士兵素质,从战术素养,从部队士气、斗志等等而言,在国民党军中都称得上是佼佼者。

红一军团的红七师、红九师、红十师、红十一师轮番而上,争夺的焦点集中在草台冈南面的制高点黄柏岭,攻击的浪潮似海涛拍岸,穿云裂石,惊心动魄。敌十一师困兽犹斗,顽强抗击。红一军团中,居然有两个师长都挂了彩,十师二十八团政委沈联雄当场阵亡。

敌人的飞机也前来助阵,一个炸弹下来,强大的气浪把正在指挥作战的林彪、聂荣臻吹倒在地。真是泰山崩于前而目不瞬,他们爬起来拍拍尘土,镇定得连眉毛都没抖一下。林彪唤过红九师师长李聚奎,还是那样慢条斯理:"从拂晓打到现在,还没拿下来,现在命令你们九师从正面山垭口突过去,两个小时内解决战斗。"

话说得平静,却斩钉截铁,李聚奎硬着头皮顶了一句:

"口子太窄,敌人只要两挺机枪,就能封得风雨不透,我们冲不上去。"

林彪皱起眉头,在战场上,他并不固执、自大。

李聚奎建议以一个团正面佯攻,以两个团从垭口左翼上梁攻上去。

"你怎么不早说。"林彪责备地说了一句,心里却满意李聚奎出的这个主意。

红九师终于冲垮了敌人,素称战无不胜的敌十一师只逃走了不过一个团的兵力。师长萧乾和他的参谋长,还有三十二旅旅长均被击伤,两个团长阵亡当场,三十一旅旅长悍将黄雄坐着担架逃出了苏区。尤其让林彪开心的是,缴获了大批难得一见的轻机枪,这在当时是个稀罕物。分配下去,红一军团每个连都能配上二至三挺,其装备冠于红军各支武装,即使较之国民党王牌军,也不遑多让。

敌五十二、五十九、十一师的相继被歼,令陈诚失去了再战之力,第四次"围剿"不得不就此草草收场。中央红军至此已发展到10万人,并与闽浙赣根据地连成一气,实力大增。反映在战略战术上的变化,他们已开始转入大规模的大兵团作战的格局,整师整旅地吞并敌人,苏区军民大喊"过瘾"的同时,更是信心百倍。

第四次反"围剿"的胜利,提高了周恩来的威信,人们对他与朱德的合作感到信任,感到放心。特别是中央局的同志心里长舒了一口气,因为胜利,他们已忘了在南丰撤围问题上的争论,反而沾沾自喜,谁说中央来的人是纸上谈兵,周恩来不是打得挺好,胜任愉快。

毛泽东则继续受到冷落,有人放出风来,第四次反"围剿"的胜利已证明了"宁都会议"的正确,对此,毛泽东一笑置之。周恩来、朱德取得的胜利,只是他的战略思想、战术手段,在周恩来手中发扬光大、贯彻执行,尽管他现在坐了冷板凳,念及此,也不无安慰。

周恩来、朱德心中也像明镜一样清楚,他们每一次战略安排、战术行动,都是按照毛泽东的思路在进行。

■ "项庄舞剑,意在沛公"

对小圈子中人,王明最器重的是博古(即秦邦宪),他绝对算不上人中龙凤,而被人戏称作"黑面木偶",这不仅仅因为他黑而瘦,也是讽刺他像一个有人牵着线的傀儡,一举一动都要受别人控制。

主宰博古思想、意志、灵魂的,是王明和共产国际。

客观地评价,博古不是有野心的人,他的领袖欲也不强烈,甚至喜欢跟在别人后面跑。他很崇拜王明,这种崇拜在莫斯科上学时就形成了。博古很好学,也想努力掌握马列主义,但他总不能像王明那样对马列经典烂熟于心,倒背如流。这就让他自愧不如,让他产生了崇拜,他把理论知识和实践运用混合到了一起,以为王明就是马克思、列宁在中国的化身,从而对其言听计从。

王明了解博古对他的这份崇拜,内心里甚至有点感动,视他为知己。从上海回苏联前夕,他立马想到了博古,这才是他最合适的代理人。

博古却连连推辞,说自己才疏学浅,不堪重任。

王明责备他胸无大志:"王侯将相,宁有种乎?况且,我们从莫斯科来,就是来担负领导中国革命重任的。"他告诉博古,现在连卢福坦那样的人都想当中共的总书记,他充其量,也就是向忠发那种水平。

看到博古还有犹豫,王明又答应给他配备一个助手:"洛甫怎么样,理论能力、工作能力都是上上之选。"

洛甫就是张闻天,此人目前虽有点"左"倾,但为人坦荡,知错能改,与博古还算谈得来。

博古终于答应了王明的要求。就这样,在中共中央委员名单里都不曾出现的博古、张闻天一跃成为中共核心的领导成员——临时中央政治局常委。而且,博古还接替了王明的位子,成了临时中央的当家人。

随着王明、周恩来的相继离开,上海临时中央的作用明显下降。博古事事都得听王明和共产国际的,对苏区又是关山阻隔,鞭长莫及,再加上上海的白色恐怖,临时中央东躲西藏,也没有安定的工作环境。相形之下,中央苏区却是日新月异,已成为中国革命的中心,与其困守愁城,不如挪个地方去发号施令。顺着周恩来进入苏区的那条秘密通道,博古一路躲躲闪闪来到瑞金,尽管他在上海是破帽遮颜,如惊弓之鸟,但一踏上苏区地面,头已昂向了天空,骄傲得像开屏的孔雀。

到底是中央当家人的身份,一来就颐指气使,发号施令,大刀阔斧进行班子和机构的调整,党、政、军权一把抓。首先将中华苏维埃中央革命军事委员会同红军总司令部分开,在前方组织中国工农红军总部,任命朱德为中国工农红军总司令兼第一方面军总司令,周恩来为中国工农红军总政治委员兼第一方面军总政治委员,把原来随军在前方的中革军委移至中央所在地瑞金,增加博古、项英为委员,并规定:当中革军委主席朱德在前线时,这个职务由项英代理。如此,中央苏区的军事行动就由他们在瑞金直接插手指挥了。

接着,临时中央同苏区中央局合并,称中共中央局,周恩来的苏区中央局书记的名义也不存在了。任弼时、王稼祥、顾作霖的所谓"中央三人团"也失去了分量。自毛泽东赋闲后,任弼时反而清醒了许多,开始反省剖析自己,对于根据临时中央批示以往所搞的一系列"左"的东西开始产生怀疑,执行上自然让博古感到"不力"。不久,任弼时就被免去中央局组织部长之职,派到湘赣区做省委书记。

博古的打击矛头,主要还是对准了毛泽东。毛泽东虽已赋闲,但影响犹在,有人就敢公然替他鸣不平。

中共福建省委代理书记罗明就是其中代表。

罗明在中共党内并非举足轻重的人物,与毛泽东也没有深交,他只是在第四次反"围剿"期间因腰伤住在汀州傅连暲主持的福音医院,恰巧与正在此地疗养的毛泽东成了"病友"。

失意中的毛泽东与罗明谈得很投机,尤其得知罗的腰伤是在配合中央红军打漳州时落下的,更让他产生了亲切感(因为在打漳州问题上他曾和中央局有过一场争论)。两个人靠在病床上,各自掏出心中话,直言无讳,各抒己见。

罗明被毛泽东的魅力征服了:"真是雄才大略,绝代英雄。"他在心里感慨这样的人才为什么却遭到排挤。罗明是个有主见、有独立思想的人,李立三"左"倾错误盛行时,他就和福建省委其他同志顶着干,不同意在福州发动武装举动,不同意把闽西苏区划归广东并进军东江。尽管胳膊拗不过大腿,他也落下了"右倾保守"的批评,但这份勇气是可贵的。

因此,他现在对落难的毛泽东依然钦佩,对他的理论依然信奉。出院后,他立即按着毛泽东的指示,到上杭、永定、龙岩老区开展游击战争,牵制和打击敌人,保卫中央苏区。

临时中央对罗明的做法自然感到不满，博古一行从上海去瑞金途中，路过上杭时，专门找罗明谈了一次话：

博古

"你是省委书记，不领导全省工作，来杭永岩干什么？"

罗明不解，他是按照毛泽东批示并经省委决定，来这里重点开展游击战争的。

博古脸色严峻起来，看来毛泽东那一套在苏区挺有市场。

在后来给中央的报告中，罗明的某些措词就更让博古不爽了，居然称毛泽东是"我们最好的领袖"，并且与斯大林、列宁相提并论。更有甚者，他对临时中央根据六届四中全会精神向福建省委下达的工作批示也逐条逐句地评头论足一番，表示了怀疑。言下之意，似乎不如毛泽东那一套高明。

博古不能坐视这种倾向发展下去，于是展开了对罗明的批判。

1933年2月15日，通过了《苏区中央局关于闽粤赣省委的决定》（闽粤赣省委实为福建省委），宣称："中央局在检查了福建省委工作之后，认为省委处于一种非常严重的状态中，在省委内部的一部分同志中，形成了以罗明同志为首的机会主义路线。"并宣布立即撤销罗明的福建省委代理书记及省委驻杭、永、岩全权代表的职务。

博古还警告罗明道："你不承认路线错误，就开除你的党籍，撤销你的党内外一切职务！"他重重地哼了一声，"还有比你更高级的领导干部，也犯了同样的错误。"

这个更高级的领导干部，无疑是毛泽东了。

犯了"错误"的罗明被调到瑞金接受批判和斗争。有一天，在翻阅苏区《斗争》报时，惊讶地发现，他的"流毒"已经扩散到福建以外，《罗明路线在江西》，标题既明了又刺目，文字辛辣火爆，一看就知道是出自张闻天手笔。

同病相怜，他仔细寻找了被批判人的名单：邓小平、毛泽覃、谢维俊、古柏——通称"江西的罗明"。

这四个人除邓小平外，均与毛泽东关系密切。但邓小平却成了"江西罗明路线"的头。

邓小平这一次犯"错误"不是偶然。在瑞金时,他就敢顶着当时的大气候纠正"肃反"扩大化,实践的结果证明他是对的,瑞金的工作也因此被带回了正轨,这一点,有目共睹。

就因为在瑞金的工作出色,邓小平被调到了"会寻安"(会昌、寻乌、安远)三县中心县委任书记,会寻安又迎来了一片生机勃勃。

在会寻安上任期间,适逢广东军阀陈济棠趁红一方面军主力在北线作战,南部苏区空虚之际,向会寻安苏区大举进攻,并占领了寻乌县城,发生了所谓"寻乌事件"。这在敌强我弱的情况下,根据地特别是边缘苏区的这种流动性和不稳定的状态,本来是正常的情况。邓小平没有纠缠于一城一地的得失,而是采用坚壁清野、开展游击战争的方法,最终又使寻乌失而复得,这是完全正确的。上级也没有对他多有指责,不久,还提升他为江西省委宣传部长。

反"罗明路线"开始后,"寻乌事件"成了"纯粹防御路线"的典型。还有一点让博古不满的,就是邓小平对通过四中全会在党中央取得统治地位而又缺乏领导中国革命实践经验的王明"左"倾者表示不信仰,这就不能原谅了。于是1933年3月下旬,苏区中央局撇开江西苏区省委,直接召开会寻安三县积极分子会议,在中央局代表引导下,集中"布尔什维克火力",对已调任江西省委的邓小平作排炮式的攻击:

"会寻安三县过去在以邓小平同志为首的中心县委的领导之下,执行了纯粹的防御路线。这一路线在敌人大举进攻面前,完全表示悲观失望,对于群众的与党员同志的力量没有丝毫信心,以致一闻敌人进攻苏区的消息,立刻表示惊慌失措,退却逃跑。""这一路线显然同党的进攻路线丝毫没有相同的地方,这是在会寻安的'罗明路线'。"

排在邓小平之后的第二号人物是毛泽东的弟弟毛泽覃,曾任江西"永吉泰"中心县委书记,现已调至中央局任秘书长。有一篇题为《毛泽覃同志的三国志热》的批判文章,指责他实行的是"诸葛亮式的机会主义战略和战术","怕有伤亡打滑头仗"。明显的指桑骂槐,贬的是毛泽东的战略、战术。

谢维俊、古柏都担任过毛泽东的秘书,现在分别为江西第三军分区司令员和江西省苏维埃政府裁判部部长兼内务部长。在他们心里，毛泽东不知比王明、博古这些"洋房子先生"强多少倍，他们讽刺说：大城市里出了立三主义，我们苏区的山沟里，全是马克思主义。

博古的面孔气得发了紫："毛泽覃、谢维俊还与毛泽东通信，他们心里还不满，这是派别活动。"他是要剪除毛泽东的"羽翼"，消除毛泽东的影响，防止他东山再起。

邓、毛、谢、古并没有在压力下放弃原则，他们据理力争，坚持自己的意见，用中央局的话说："并没有在党的布尔什维克的火力下解除武装。"

1933年7月，肃清江西"罗明路线"的江西省委扩大会议召开，会场气氛紧张，各机关部门代表轮番上阵，批判的火力逐步升级。

江西军区始终保持沉默，没有人上台发言，军区负责人陈毅嘴唇紧抿，表情冷淡，对今天的会议很反感。

罗荣桓为会议打了圆场。他现在已调到江西省军区任政治部主任，刚刚走马上任，满腹牢骚的谢维俊和驻在宁都附近的第三军团教育大队政委江华就冒雨上门探望，他们都是毛泽东的老部下，彼此无话不谈。

罗荣桓拿出花生招待这两位老战友。谢、江两人问：

"我们硬是想不通，为什么吃红米南瓜就没有马列主义，偏偏只有到莫斯科吃了洋面包才有马克思主义。"

罗荣桓唯有长叹，他的组织观念很强，尽管心中有谱，但不愿随便议论。

因此，在省委扩大会议上，罗荣桓仍是保持着一贯的克制和稳重，在性格上，他比陈毅更内向，更注意协调周围的环境、气氛。江西省军区必须有人发言，否则将惹火烧身，不仅今天过不了关，今后的工作也难做。罗荣桓捅了捅身边的政治部青年部部长钟发宗，他是年轻人，说错了大家也会理解、保护。

钟发宗跳上了台，他说的都是大实话："过去不认识邓、毛、谢、古，提不出什么意见，但江西苏区工作做得挺好，取得不少胜利，这些大家都有目共睹。"

钟发宗发言未结束就被轰了下去，中央代表当场斥为"这是机会主义的发言"。陈毅暗自发笑，一散场，就和罗荣桓商量，将小钟调到偏远的三分区当政治部主任，以防遭到报复。

陈毅、罗荣桓无声的抵抗并不能阻挡"左"倾路线的推行。

邓、毛、谢、古也无力洗刷这漫天泼洒的污墨,被迫相继离开工作岗位,下到了基层。邓小平一生三落三起,这是他第一次遭受打击。

■ 沉寂中的毛泽东

如今,毛泽东的府上,已是"门前冷落鞍马稀",往日的高朋满座,变成了今日的门可罗雀,冷清凄然,只有郭化若不时地来看望他。

在一个春意醉人的下午,毛泽东揉着发倦的双眼,正准备午休,陈毅扣响了毛泽东的门扉。

贺子珍连叫"稀客",陈毅的来访让她十分高兴,毛泽东的情绪近来很低落,需要这位老战友排解愁肠。

见到毛泽东,陈毅心酸,几个月不见,毛泽东乱糟糟的长发垂至耳下,失意之中的毛泽东已经无心注意修理自己的边幅了。

但是,谈吐之中,陈毅却发现,毛泽东的思想更深邃、更博大、更宽广了,宏论迭出,精彩纷呈,振聋发聩。

他有了一丝欣然,有了一丝安慰,更多的却是惋惜,放着这样的人才不用,这是共产党最大的浪费。

他劝解毛泽东:一定要珍惜,保重,不要闭门不出,要与群众多接触、多联系,寻找机会发表意见,让红军听到你的声音,让群众听到你的声音。

接受了陈毅的劝告,毛泽东走下东华山,踏遍了苏区的山山水水,进行了深入的社会调查,著名的《长冈乡调查》、《才溪乡调查》就是这一时期写出来的。

1933年夏,他为指导查田运动来到了大柏地,故地重游,感慨万千。想当年,正是红军最危急关头,在这里一战扭转乾坤。遥想往事,豪情飞扬,如今,却是空有凌云志,抱负难展,壮志难酬。

整整一个下午，他躲在自己的小屋，闷热的天气让人感到了烦躁、不安，毛泽东伏案长思，他想得很多，想得很远，时而沉静，时而躁动，情绪起伏难定。

一场突如急来的暴雨打断了他的思索，天际间雷鸣电闪，毛泽东那张憔悴的脸变得生动起来，他记起了由瞿秋白翻译过来的苏联作家高尔基《海燕》一文中的名句：

"让暴风雨来得更猛烈些吧！"

雨停了，风止了，毛泽东步出了小屋。当他迈出门槛的一瞬间，从精神到表情，已经完成了一个彻底的变换，一人独处时的那种委顿、烦躁，陡然间换成了丰神俊朗、潇洒自信。

好一幅雨后山景图！

连绵的山峦，苍翠得仿佛滴出绿来，空气新鲜而洁净。一抹彩虹横跨苍穹，绚丽灿烂之至。当阳光洒向毛泽东宽阔的额头时，他的双眼已经闪烁着智慧的光芒，倦容一扫而空。他为眼前的美景所震撼，诗兴大发，一首飘洒俊逸的《菩萨蛮·大柏地》随着林涛鸟鸣流淌着：

赤橙黄绿青蓝紫，
谁持彩练当空舞？
雨后复斜阳，
关山阵阵苍。

当年鏖战急，
弹洞前村壁。
装点此关山，
今朝更好看。

淡泊、清幽、瑰丽、雄浑，其艺术意境，直追诗人王维"空山新雨后，天气晚来秋"，而又更显雄奇、俊美。

后人评价此诗，多以乐观、浪漫褒之，因为历来写旧战场的诗词文赋大都给人以衰飒萧条之感,充满了宿命论和历史循环论色彩,即便连苏轼之类豪放派诗人也不例外,或者"大江东去,浪淘尽,千古风流人物"(宋·苏轼《念奴娇·赤壁怀古》);或者"赤壁矶头落照,肥水桥边衰草,渺渺唤人愁"(宋·张孝祥《水调歌头·闻采石矶战胜》);或者"虎踞龙蟠何处是,只有兴亡满目"(宋·辛弃疾《念奴娇·登建康赏心亭呈史致道留守》)。但是,毛泽东并没有从个人的角度回顾历史和观照景物,他想到的是全局,是整个的革命事业,而这个事业正欣欣向荣,因此,他的诗中也就满含着乐观向上的精神。

黄克诚对毛泽东这首诗有非常独到、精辟的见解,他认为毛泽东这首词表现出来的那种"闲情逸致",与前几次反"围剿"时所填的词意境迥异,正折射了毛泽东此时的复杂心态。

黄克诚的分析很有道理,翻开毛泽东诗词,《大柏地》的风格、意境都颇令人诧异。毛泽东的性格细腻、洒脱、豪迈,如果单从传统的继承角度而言,他的诗词既不乏"婉约"派的多情善感,如早年写给杨开慧的情诗,柔声低诉,"一钩残月向西流,对此不抛眼泪也无由"(《虞美人》),"眼角眉梢都似恨,热泪欲零还住"(《贺新郎》),道不尽的缠绵悱恻,回肠荡气。

但是,构成毛泽东诗词主体基调的仍然是豪迈激越的高亢之声,恢宏宽广,乐观向上。如《卜算子·咏梅》,如《念奴娇·昆仑》,如《沁园春·雪》。这些都是革命现实主义与浪漫主义完美结合的典范。

因此,我们可以说毛泽东柔情似水,充满了人情味;也可以说毛泽东坚如磐石,是一个永不屈服的斗士。但是,我们不能说毛泽东是一位隐士,他绝不会甘心生活在"桃花源"里。他可能会欣赏老庄,可能会欣赏陶渊明,但绝不会亲身去实践"采菊东篱下,悠然见南山"。所以,《大柏地》的那种悠然,那种"闲情逸致",并不符合毛泽东此时此地的心态。

无独有偶,毛泽东在稍后所作的《清平乐·会昌》一词中唱出了同样的平静。

东方欲晓,
莫道君行早。
踏遍青山人未老,

风景这边独好。

会昌城外高峰，

颠连直接东溟。

战士指看南粤，

更加郁郁葱葱。

　　这首词的写作时间已是1934年夏了，熟悉中国现代史的人们知道这是中共历史上最险恶的时刻之一：第五次反"围剿"失败已成定局，中国共产党却依然没找到摆脱困境的办法。毛泽东词中的那种潇洒，那份悠扬，又从何而来？

　　显然，在这两首淡雅宁静的词中，毛泽东克制和掩饰了自己的情绪。美国作家哈里森·索尔兹伯里道出了毛泽东的困境："没有人同毛商量，也没有人征求他的意见，这毫不夸张。在党的领导层中占统治地位的'苏俄'派里，他就失掉了军事和政治决策权，仅剩下了有职无权的一个头衔——中央苏区政府主席。"

　　索尔兹伯里没有夸张毛泽东的困境。据说博古始终担心毛泽东的东山再起，在1934年的春天，与军事顾问李德签发了给共产国际的电文，提到将毛泽东送到苏联。5月间收到回电，鉴于毛对红军和苏区的重要作用，莫斯科拒绝了这一意见。毛泽东肯定了解这种情况，他不能给打击他的人、排斥他的人以任何口实，他需要收敛起锋芒，需要静观变化，需要韬光养晦，调整好自己的心态。这不是明哲保身，也不是委曲求全。他在锻造着自己，天将降大任于斯人，中国革命需要他，红军需要他，他懂得自己的分量和责任。

第十一章

乌云遮红日

■ 风烟滚滚来天半

自从"剿匪"失败,蒋介石寝食难安,坐卧不宁。4月,他在南昌召开各种会议,竭力宣扬"攘外必先安内"的谬论,挥舞着拳头吼叫:"国家的大患,不在倭寇而是江西的土匪","抗日必先剿匪,安内始能攘外,在匪未清前绝对不能言抗日";今后"若再以北上抗日请命而无决心剿匪者,当视为贪生怕死之辈,立斩无赦"。

1933年6月21日,国民政府军事委员会委员长南昌行营正式成立,它的首要任务便是全权统领赣粤闽湘鄂五省军政事宜,直接组织和指挥第五次"围剿"。

在对革命根据地进行第五次"围剿"之前,蒋介石干了这样几件大事——

第一件事,便是在当年的6月8日至12日,在南昌行营召开"剿共"军事会议,各方"剿共"部队官长出席。

会上,蒋介石重弹"攘外必先安内"的老调,重申"三分军事,七分政治"的"剿共"方针。会议通过了党务、政治、军事等"剿共"方案。这次会议的最重要之处,就是确定了所谓的新军事原则,即在"围剿"中普遍推行"堡垒政策"。所谓"堡垒政策",即是对中央革命根据地采用合围之法,层层构筑碉堡封锁线,步步为营,节节进逼,以达到消灭红军和根据地的目的。

国民党军队中首先提出采用"堡垒政策"的是反动将军柳维垣,后来还有戴岳。戴岳曾在全军覆没的张辉瓒师任旅长,1930年年底前后,他写成一篇《对于剿匪清乡的一点贡献》的意见书,以曾国藩镇压太平军的经验及他自己参加"围剿"红军的体会,提出并详细地解释了"堡垒政策"。

这份颇有新意的意见书,很快得到指挥第二次"围剿"的何应钦的赏识,何还亲自为之作序,称赞"此书乃戴旅长岳本其平日'剿匪'清乡之经验汇集而成,知己知彼,洞中窍要,可作'剿匪'部队之参考。我党政军各界同志,允宜人手一册,细心研究,应时运用,于'剿匪'前途,当大有裨益"。

虽然国民党军队在第二次"围剿"中曾筑有不少碉堡,但在毛泽东指挥红军进行的运动战、游击战面前,"围剿"军仍然失败。毛泽东曾以诗讽曰:"有人泣,步步为营嗟何及!"

尽管如此,在第五次"围剿"时,蒋介石还是正式采纳了实行"堡垒政策"的建议。他在南昌行营第一厅增设第六课,委柳维垣为课长,专门负责堡垒战术的设计指导事宜。随后,令各"进剿"部队大量构筑堡垒,同时派遣大批军事人员赴各地督察实施,并制定奖励办法,促进"堡垒政策"之推行。至1934年1月底,国民党军队仅在江西便筑有碉堡4000余座。

第二件事,便是倾全力向美、英、德、意等国大量借款。

在确定新军事原则之时,蒋介石向国民党中政会一下子提出需2300万元的治标治本费。国民政府财政部不敢怠慢,一面向国内增发各种债券,一面向美英等国大量举借外债。于是,从亿万民众身上榨取的血汗钱,以及出卖主权从外国主子那里借到的美元、英镑、马克等,源源不断地汇往南京。有了钱,蒋介石便向外国购买大炮、坦克、飞机等武器,一批批运往南昌、武汉等地,装备将要大规模进攻红色根据地的"围剿"军。

第三件事,便是在庐山举办军官训练团,对部队各级军官,有计划地分批进行轮训。

蒋介石把首批举办军官训练团的重任,交给嫡系将领陈诚,首批受训军官亦来自于陈诚所辖之北路军——即担负此次"围剿"主攻任务的部队。

7月18日,正是暑热难当之际,庐山上却很凉爽,茂密葱茏的树林遮蔽了炎夏骄阳。此刻，"中国国民党赣粤闽湘鄂北路剿匪军官训练团"正举行开学典礼。

蒋介石一身戎装，正进行讲演，说什么训练团的目的就是"要训练打'赤匪'的本领"，就是要恢复并培养大家的"自信力、信任力与信仰力"等等。

蒋介石身后站着一矮一高两个人。那矮个便是训练团团长陈诚。陈诚虽为败军之将，一度曾在南昌躲起来，羞见蒋介石，但值"剿共"用人之际，蒋介石不但没有怪罪他，反委他以重任，这使陈诚感激涕零，越发表现出对"领袖"的忠诚。他决心办好训练团，发誓洗雪前耻，并且要求每个学员在听到"蒋委员长"或"领袖"的称呼时，都要迅速立正，以表敬意。这个传统后来就此流传了下去，蒋介石是打心眼里赏识他的这位宠将。

那高个是蒋介石恭恭敬敬请来的德国军事总顾问赛克特。此人已是一头银发的67岁老人。在第一次世界大战期间，他就出任德国陆军参谋长，1920年至1926年又担任德国国防军总司令，1926年退休前晋升为一级上将。在德国军界，他算得上是声名显赫。赛克特曾引用希特勒的"名言"开导蒋介石："我们的斗争只有两种结局，不是敌人踏着我们的尸体过去，就是我们踩着敌人的尸体过去！"

赛克特来到庐山，充分发挥他的"顾问"职能。他建议蒋介石采纳"堡垒政策"，这虽然不是他的首创，但他的话对蒋介石来说却有如"神谕"。他分析道："江西共产党的统治区不过5万平方公里，只要保持每天前进2里的速度，不出一年，就可以全部吃掉！"

训练团从7月18日至9月18日共办三期，计训练北路军中排长以上军官7500余名。经过蒋介石、陈诚的悉心调教，学员们的"剿共"勇气被鼓动了起来，有针对性的山地作战训练也很有"成果"，蒋介石心中一阵窃喜。

经过一番紧锣密鼓的准备，蒋介石调集了100万大军、200架飞机，于1933年9月向各革命根据地同时展开"围剿"，其中以50万兵力重点进攻江西中央革命根据地。

黑压压的乌云，翻卷着从四面八方向中央革命根据地涌动、逼近，一场疾风暴雨即将来临。

■ "乞丐"同"龙王"比宝

　　瑞金位于中央苏区的南部,在它不远处的沙洲坝,持枪的红军战士警卫着看起来很普通的民房。这里是中共中央、中华苏维埃中央政府、中革军委的所在地。它是中央根据地的"心脏",是工农红军的"首脑"。

　　第四次反"围剿"按照毛泽东的正确军事作战原则取得胜利后,王明等"左"倾者认为这是他们的"进攻路线"的胜利,认为进攻、进攻、再进攻,只有进攻,才是"马克思主义",才是执行"国际路线"。

　　1933年6月13日,中共中央局根据在上海的共产国际军事总顾问弗雷德的意见,给在中央苏区的中国工农红军及红一方面军总司令朱德、总政委周恩来发去长电,提出一个"分离作战"的错误方针,即将红一方面军拆分组成东方军和中央军,从福建和江西两个方向进攻作战,实行"两个拳头打人"。

　　周恩来、朱德和前线将领提出反对意见,但"左"倾领导者们不接受,来电要求前方同志必须"彻底地最坚决地执行这一计划"。

　　根据中共中央局的长电,由红三军团和红十九师组成东方军,在彭德怀率领下入闽对国民党第十九路军作战。7月至9月,东方军在福建虽然取得了一些胜利,但战果并不大,加上酷暑远征,连续作战,全军战斗力严重削弱。

　　由红一、红五军团组成的中央军,留在中央苏区北部游击地区活动,实际上并没有多大的作战任务。正如已被剥夺了红军指挥权的毛泽东所说的:这种战略战术实行的结果,"是一个拳头置于无用,一个拳头打得很疲劳"。

　　9月下旬,蒋介石下令对中央苏区进行第五次"围剿"。北路军陈诚部三个师首攻苏区北部的黎川。驻守黎川的红军闽赣军区主力因参加东方军入闽作战,致使城内空虚。鉴于敌强我弱和退路将被切断的危急情况,军区司令员兼政委萧劲光当机立断,率70余人的教导队撤至城外30公里的溪口。随后,敌军于9月28日进占黎川。

黎川失守,对于主张"御敌于国门之外"、"不丧失苏区一寸土地"的"左"倾领导者们来说,不啻一声惊雷。他们急电东方军回师收复黎川。正值此时,瑞金迎来了一位来自远方的神秘"大人物"。

此人便是李德,是共产国际派来的军事顾问。他原名奥托·布劳恩,1900年出生于慕尼黑的一个小镇。第一次世界大战期间当兵打过仗,并在巴伐利亚参加革命军队,在慕尼黑进行过街垒战。1920年,已是德国共产党员的他被捕入狱,后越狱逃往苏联。1928年,入苏联伏龙芝军事学院深造,接受战术和战略方面的训练。1932年毕业,随即受共产国际派遣辗转来到上海,充当中共军事顾问的角色。

那时,中共临时中央主要负责人博古还在上海,他在去瑞金前,向共产国际驻中共中央代表尤尔特提出将李德派到中央苏区去的要求,这个要求得到共产国际的批准。李德出发前,弗雷德总顾问命令他务必在中央苏区建起一个飞机场,暗示苏联将会给红军以武器援助。

李德怀着激动、兴奋的心情,在地下交通员的节节护送下踏上去苏区的征途。他为自己能担当这样的重任而自豪,并显得雄心勃勃。他决心干一番轰轰烈烈的大事业,一定要让共产主义的红色大旗在全中国高高飘扬,一定要让共产国际和苏联最高领导人看看他是如何奋发有为,不辱使命的。他还知道,蒋介石已请来了另一位德国人赛克特为顾问。想起赛克特,李德厌恶地哼了一声:"这个老朽,中用吗?"

10月金秋时节,李德终于到达瑞金。博古等簇拥着共产国际派来的"顾问",兴奋之情难以言表。

李德被安排在沙洲坝一片稻田中央的一座房子里住下,有人说这里原先是一座庙,也有人说是一家祠堂,还有人说那是临时盖起来的,当时人们称它为"独立房子",离这里不远便是苏区党政军机关的办公驻地。

为了使这位"顾问"能工作得好,中央派伍修权、王智涛为他作翻译,并从生活方面尽力给予照顾,名烟、咖啡、罐头,有的是从战场上缴获的,有的是从白区购买的。

按共产国际的指示,李德仅是一位"没有指示权力的顾问",并且要接受中共中央的领导。然而,他刚到瑞金,权力欲望便极大地膨胀了。李德在他的自传体著作《中国纪事》中回忆说:当天晚上博古、洛甫(即张闻天)与我长谈,"规划了一下我的工作范围,我们一致同意,由我主管军事战略、战役技术领导、训练以及部队和后勤的组织等问题"。由此来看,李德名为顾问,实际上已是红军的"太上总司令"了。

李德刚到瑞金,便哇哩哇啦地下命令,作指示。他和"左"倾领导者们不考虑实际情况,急于收复黎川,一味命令红一方面军在敌人堡垒间左冲右突,冒险进攻,致使在10月下旬前后进行的多次战斗中,不但未能收复黎川,反而使红一方面军遭受重大伤亡。可是,李德、博古等人不去总结初战受挫的教训,不从作战指导思想上查找原因,却以萧劲光为对象,在军内搞起了"残酷斗争,无情打击"。

1934年1月6日,由苏区最高法院组织的最高临时军事裁判法庭,对萧劲光进行公审,以黎川失守为主要理由,开除了他的党籍和军籍,并判处五年徒刑,无上诉权。

萧劲光在数十年后,还清楚地记得这沉痛而难忘的一幕:

公审判决以后,我被关押起来。在此期间,毛泽东同志派贺子珍同志前来探视。贺子珍转达了毛主席的话,大意是,黎川失守是"左"倾军事路线的错误造成的,你应该撤退,做得对。这给了我很大的安慰。后来我听说在决定处罚我时,有的人主张杀掉我,毛泽东同志坚决不同意,王稼祥同志几次拒绝签字。我被关了一个月后,在2月初的一天,一位负责同志找我谈话,让我到红大当教员。可以说,我得以释放,能活到今天,是毛泽东等同志同"左"倾教条主义者坚决斗争的结果。如果没有中央这些领导同志的保护,在红军离开中央苏区长征时,根本不会留下我这个"罪犯",很可能杀掉了。"

处分萧劲光,并没能改变红军在反"围剿"中的被动地位。因为李德和"左"倾领导者们在红军进攻作战中推行的是军事冒险主义方针,在防守上推行的是军事保守主义方针,进行阵地防御战,与敌人拼消耗。毛泽东曾一针见血地指出这是一种错误的战争指导，是"乞丐同龙王比宝"，而不是"龙王与龙王比宝"。

李德对作战的瞎指挥以及粗暴的作风，给他当翻译的伍修权亲眼目睹，他在《我的历程》一书中写道：

李德的独断专行取代了军委的集体领导，更抛弃了红军多年血战中取得的成功经验，由李德一人躲在房子里凭着地图指挥战斗。当时的地图大部分是一些简单的草图，误差很大，不够准确，李德也不问，所以他的指挥往往与前线的实际情况差距很大。图上看只有一百里路程，他也不问是山路还是平路，也不给部队留吃饭和休息的时间，敌情、气候和自然条件等等困难都不考虑，只凭比例尺量地图上的距离来推算路程，定下到达和投入战斗的时间，又常常不留余地。这给红军指战员的行动带来了很大的困难，有些困难根本是不可能克服的，常常使部队不能按时投入战斗，以致难免吃败仗。这本来都是李德的主观主义瞎指挥造成的，可是他却动不动就训斥处分别人，不断发脾气骂人，根本听不得反对意见。我们在他跟前的工作人员更是常受他的气。

周恩来对李德的"地图指挥"也十分恼火，曾对博古等人说，不能全听李德的，要在一定范围内给指挥员以必要的机动权。后来，李德干脆以统一前后方指挥为名，提议取消在前方的红军总司令部和第一方面军司令部的名义和组织，将原前方总部撤回后方，并入中革军委，由中革军委直接指挥部队作战。1934年初，周恩来等从前方回到瑞金，虽然不久周恩来被任命为中革军委副主席，但他对前线部队的指挥权实际上被剥夺了，仅做些技术性的组织工作。

这样，李德对红军反"围剿"作战的指挥更顺畅了，然而，对于中国革命的危害却更大了，灾难即将来临。

■ 彭德怀怒斥李德

就在中央苏区第五次反"围剿"初战失利，形势越来越严峻的时候，1933年11月20日，福州南校场忽然鞭炮声大作，鼓乐声齐鸣，高高的旗杆上升起了一面旗帜，上红下蓝，中嵌一颗黄五星，全场响起欢呼声。

这是以陈铭枢、蒋光鼐、蔡廷锴为首的国民党第十九路军将领，联合李济深等国民党内一部分反蒋势力，在福州发动了"福建事变"，宣布成立"中华共和国人民革命政府"，公开举起反对蒋介石及国民党政府的大旗。

据蒋介石侍从室主任晏道刚回忆：

当时蒋介石进到抚州指挥，深恐红军与十九路军联合，神色异常紧张。好几天我与他同坐汽车时，见他忽而自言自语，忽而挥拳舞掌。他坐在房间里就不时拿出他自己所著的《剿匪手本》中的军歌高声歌唱。每逢他出现丑态时，宣铁吾（蒋的侍卫长）就找我去看，说他又在发神经了。宋美龄到抚州，发现蒋的床下隐藏着他的原配老婆带给他的宁波小菜罐坛，都被宋掀出打破了。在痛苦中还夹着"吵架打罐"的小插曲，这确实使蒋的日子不太好过。

然而蒋介石的担心似乎有些多余了。在瑞金的"左"倾领导者们，并无诚意在军事上去援助十九路军。他们认为十九路军不过是"军阀"，"人民革命政府"的成立，也不过是"反动统治的一种新的欺骗"，是"一些过去反革命的国民党领袖们与政客们"的一种新的"把戏"。从这一关门主义策略出发，"左"倾领导者非但不派有力部队东向行动，实际援助十九路军对蒋军作战，反而将红军主力西调，去劳而无功地攻击永丰一带敌人的堡垒线。

幸而，在瑞金还有苏维埃临时中央政府主席毛泽东。他虽然被剥夺了对红军的指挥权，但却密切关注着反"围剿"形势的发展。他看到"福建事变"的发生

为反"围剿"带来了极好的机会,便及时向中共临时中央建议:

以红军为主力"突进到以浙江为中心的苏浙皖赣地区去,纵横驰骋于杭州、苏州、南京、芜湖、南昌、福州之间,将战略防御转变为战略进攻,威胁敌之根本重地,向广大无堡垒地带寻求作战。用这种方法,就能迫使进攻江西南部福建西部地区之敌回援其根本重地,粉碎其向江西根据地的进攻,并援助福建人民政府"。

彭德怀也提出红军主力进军闽浙边区的方案,周恩来提出由红三、红五军团侧击蒋介石入闽部队的建议。但这些都遭到博古、李德等人的拒绝。

对红军的这次错失机会,事后朱德非常痛惜。他遗憾地说:"当蔡廷锴暴动的时候,应该用全力去打击闽浙赣边。敌如果来,就会陷死在里面,有进无出,饿也会饿死。当时在闽浙赣边的中央军相当空虚,他们又焦急,如果打去,可以消灭他几个师,而且牵掣了敌人,可以使福建至少能支持半年……李德当了军委会顾问,一切我们都没法反对他。我们当那时,却想休息疲乏,就没有进行。就是同十九路军挨近些打也好些。就是失败了,也不会让十九路军被缴了枪。在五次反'围剿'中最大的关键就在这里,实在太可惜了。"

1934年1月15日,福州的短命的"人民革命政府"在蒋介石的军事进攻及白花花"银弹"的轰击下垮台了。也是在这一天,中共六届五中全会在瑞金新落成的中央大礼堂举行。这次会议把以王明为代表的"左"倾错误发展到顶点,宣称中国已存在"直接的革命形势",第五次反"围剿""即是争取中国革命完全胜利的斗争",在党内要反对主要危险"右倾机会主义"。会议上李德极力鼓吹堡垒战、阵地战、短促突击等。

五中全会结束后的第四天,即1月22日,中华苏维埃共和国第二次全国苏维埃代表大会也在沙洲坝隆重召开。在2月3日的第二届中央执行委员会第一次会议上,毛泽东继续当选为中央执行委员会主席,但是他兼任的人民委员会主席职务却改由张闻天担任。会议在选举中革军委时,主席还是由朱德担任,副主席由周恩来代替彭德怀担任。

瑞金的会议开得热烈,然而不祥之云正黑压压地涌来。

蒋介石在收拾了十九路军之后,立刻调转枪口,加紧对中央苏区进行"围剿"。4月初,他命令北路军、东路军加紧碉堡推进,由陈诚统一指挥11个师的兵力,首先进攻中央苏区的北大门广昌。

大敌压境,博古、李德等集中了红军第一、三、五、八、九军团的主力和地方上的四个独立师,决心以阵地战、堡垒战与敌决一死战,来"保卫赤色广昌,不让敌人侵占苏区寸土"。博古、李德亲自披挂上阵来到前线,而将军委副主席周恩来留在瑞金后方。

在历次反"围剿"作战中勇冠三军的彭德怀,看到李德欲以如此阵法和战术与强敌死拼,忧心如焚,于是直陈己见:"广昌是不能固守的,必须估计到敌人的技术装备。"可李德却自信地说:"噢,不用担心,我们构筑有永久工事,嗯,赛克特、蒋介石、陈诚,拿我们没办法。"博古则补充说:"不必悲观,要看到我们的红军战士是有高度觉悟的,为了保卫苏维埃共和国的每一寸土地,他们会以一当十、以一当百的勇气致敌于死地。"

彭德怀仍坚持自己的意见:"在自己没有飞机大炮轰击的情况下,就算是比较坚固的野战工事,在今天敌军的装备下,也是不起作用的。如果固守广昌,少则两天,多则三天,三军团1.2万人,将全部毁灭,广昌也就失守了。"

博古、李德对彭德怀的劝诫嗤之以鼻,他们要在此创造一个奇迹,要让中国的广昌成为又一个"马德里"。

从4月10日开始,国民党军队对广昌进行疯狂进攻。红军战士确实是以一当十,依托阵地向敌实行"短促突击",但鲜血和勇气阻挡不了敌军的进攻,敌军凭借兵力优势,依然拖着"乌龟壳(堡垒)",步步向红军阵地逼近。此时,蒋介石还调来重炮参战。

4月27日,各路敌军会攻广昌。

不到半天,在敌军飞机的轮番轰炸以及猛烈炮火的连续轰击下,李德所说的那些所谓"永久性的强固工事"便被轰平,守备工事的许多红军战士,尚未与敌交锋便全部壮烈牺牲。

当时,并未掌握作战指挥实权的朱德总司令,眼看一道道防线被突破,一批批红军战士倒下去,心情异常沉重,他摇头叹息着:"不能这样搞啊!这样下去是不行的啊!以前粉碎敌人四次'围剿',哪有过这种打法?"

在残酷的事实面前,博古、李德被迫放弃坚守广昌的计划,命令红军退出广昌。广昌保卫战，这血与火的18天，红军仅毙伤俘敌2626人，自己却伤亡5093人，占参战总数的四分之一。

战斗刚停，博古打电话给彭德怀，说他和李德要回瑞金去，找彭德怀和杨尚昆(时任红三军团政委)谈话。彭德怀料想他可能会被带到瑞金去，受公审、开除党籍、杀头，于是带上一套旧军装，做好了一去不复返的准备。

到了博古、李德那里，彭德怀见李德还在喋喋不休地谈论什么"短促突击"、"组织火力"，不由得怒火上冲，连珠炮似地斥责李德说："怎么组织火力？根本就没有子弹；怎么短促突击？敌人碉堡密布，十次突击十次失败。你这是主观主义，是图上作业的战术家。"

彭德怀越说越气，声调更高了："要不是红军高度自觉，一、三军团早就被你葬送掉了，你这是'崽卖爷田不心疼'。"

等伍修权把这段话翻译完，李德登时暴跳如雷，连声大吼："封建！封建！你是因为被撤掉革命军事委员会副主席不满。"

彭德怀鄙视地回敬道："下流！无耻！"

也许是慑于彭德怀在红军中的崇高威望，也许是李德自知这次指挥搞"砸"了而心虚，竟没有追究彭德怀的"犯上之罪"。

在后方"赋闲"的毛泽东对广昌保卫战提出尖锐批评，他说：这次战役对红军来说，简直是个灾难，毫无战绩可言。连曾经支持"左"倾的张闻天，也表示怀疑，认为照这样打下去，我们能获得胜利吗？在5月上旬的一次中革军委会上，他当面批评博古过于重用李德是不对的，指出我们中国的事情不能完全依靠李德，自己要有点主意。博古不接受，面红耳赤地反过来批评张闻天，说这是普列汉诺夫反对1905年俄国工人武装暴动的机会主义思想。

红军总参谋长刘伯承当时也反对李德的瞎指挥。一次，李德到总参谋部去，路遇几个机要员在路边烧火做饭，这位洋顾问嫌挡了他的路，竟然一脚把饭锅给踢翻了。见此情景，刘伯承怒不可遏，当场便与他争吵起来。

■ 先遣北上，悲歌天落

1934年的7月，骄阳似火，暑热炙人。

红都瑞金的领导者们，心里更燃着一团火，烤得他们焦灼不安。广昌失守，敌军逼近，在各处阵地上分头抵御蒋军进攻的红军部队，已被迫向根据地腹心退却，反"围剿"形势愈加严峻。

在南昌行营，蒋介石、何应钦、陈诚等喜形于色，翘指赞赏赛克特的堡垒战法。他们高叫着："加紧筑垒，快速修路，不停歇地巩固占领区。一定要抽干塘中的水，捉尽池中的鱼！"

这时，中共中央、苏维埃中央政府、中革军委作出一项重大决定——派红七军团以"抗日先遣队"名义，北上闽浙赣皖边区，并派曾洪易为中央代表，随军行动。

7月初，红七军团奉命从福建连城火速赶回瑞金。李德和中共中央、中革军委主要领导接见了军团长寻淮洲、政委乐少华、参谋长粟裕、政治部主任刘英等人，当面交待任务，要他们立即率部向闽、浙、赣、皖等省出动，沿途宣传中共抗日主张，并在一个半月内到达皖南地区，配合那里的群众暴动，支援和发展那里的小块苏区。但是，中央这个决定的真实意图何在？几十年后粟裕细说了原委：

后来我们才知道，当时中央派出这支部队的更加直接的目的，是企图以这一行动威胁国民党统治的腹心地区，吸引和调动一部分"围剿"中央苏区的敌人，配合中央红军主力即将实行的战略转移。在中央领导同志接见我们时，并没有说明这个战略意图。当时中央下发的作战任务训令和政治训令中，虽然表达了要以先遣队的北上行动促使敌人变更战略部署的意图，但在"左"倾宗派主义控制下，这两份绝密文件未见传达，我是若干年后才看到的，当时对于中央这个重要的战略意图，并不知晓。

7月6日,经过短暂几天整补的红七军团6000余人,扛着枪支梭镖,挑着160多万份宣传品,从瑞金出发了。

8月上旬,红七军团入闽攻打敌人坚固防守的福州,遭受很大损失,且攻城未果。接着又转战闽东、闽北,挺进浙西,9月底到达皖赣边,这时才得悉皖南几个县的武装暴动早已失败,于是,全军团暂时就地开展活动,打击敌人。

10月21日,中革军委电令红七军团向闽浙赣苏区转移,不久该军团便冲破敌人两道封锁线,于11月初到达闽浙赣苏区。

四个月来,"抗日先遣队"艰苦转战闽、浙、赣、皖四省,行程3200多里。军需、兵源得不到补充,还要经常与优势敌军的围追堵截拼战,人数折损过半。虽然没有完成中革军委内定的战略任务,但还是宣传了中共的抗日救亡主张,扩大了党和红军的影响,并在一定程度上牵制了一部分"围剿"中央苏区的敌人,颇使蒋介石忙乎了一阵子。

11月上旬,在江西德兴县的重溪镇,红七军团与方志敏领导的闽浙赣苏区红十军会师了。红旗飘飘,军号声声,两军领导人亲切握手,两军指战员热烈拥抱。

闽浙赣苏区,即赣东北苏区,是方志敏等领导创建的,苏区各项工作搞得红红火火。毛泽东在《星星之火,可以燎原》的通信中,曾把"方志敏式"创建根据地的路线和政策与"朱德毛泽东式"并列。毛泽东还在第二次全国苏维埃代表大会报告中,热烈赞扬赣东北的同志们"有很好的创造",是建设根据地的"模范工作者"。

会师后,红七军团即遵照中革军委命令与红十军及闽浙赣区地方武装合编,成立红十军团,辖第十九、二十、二十一师,刘畴西任军团长,乐少华任军团政委。

之后,为了完成创造浙皖赣边新苏区的任务,成立了由方志敏任主席的军政委员会,随红十军团行动。

在当时的情况下,组建红十军团是不合适的。把擅长打游击的红十军和地方武装集中起来,进行大兵团活动,企图打大仗、硬仗,这是"左"倾的错误指导。这个重大失误,为红十军团后来的挫折和失败埋下了祸根。

1973年12月,朱德在关于战史问题的谈话中评价这次合编时指出:"编成一个军团,不编不垮,一编正规战打不成,游击战也打不成。经验还是要把正规军变成游击队。"

事实确是如此。12月14日,会合后的全军团部队在黄山东麓谭家桥地区,依仗有利地形伏击追敌一个旅,但由于兵力配置不当,缺乏正规作战经验,致使开战后的好形势丧失。战斗中,年仅22岁的红军优秀指挥员、第十九师师长寻淮洲负伤牺牲。

从12月下旬到1935年1月上旬,全军团在皖南和皖浙赣边的十余县地区往返转移,打的多是消耗战,始终摆脱不了敌人的追堵,处境愈加险恶。鉴于此,军团领导遂决定全军南下,经化(开化)婺(源)德(兴)苏区返回闽浙赣基本区。

1月12日,方志敏和军团参谋长粟裕随先头部队一路不停地翻山到达化婺德苏区,并前进到靠近闽浙赣区的港头才停下休息。

可是军团长刘畴西顾虑部队疲劳,竟在途中宿营,第二天下午才继续行进。这时追敌一个团连夜急进35公里,超越军团主力赶到前方占领阵地。军团主力前进受阻,只好边打边迂回转移,至15日方进入化婺德苏区。

16日,鉴于敌情紧急,方志敏、粟裕商定部队应立即行动,先头部队(有机关、后勤人员及伤病员等)先走,并通知主力迅速跟进,当夜一定要全部通过敌陇首地段封锁线,进入闽浙赣苏区。傍晚,先头部队正要出发时,不料刘畴西派人送来通知,说人员疲劳,当晚不能再走。

军情紧急,方志敏决定派人到主力部队,说服刘畴西,并帮助他指挥部队迅速通过封锁线。

粟裕当即抢着说:"让我去!"

方志敏忙摆手制止,坚决地说:"我是部队的主要负责人,大部队还在后面,就责任说我不能先走。"于是,他让粟裕率先头部队出发,自己连夜摸黑翻山赶到主力部队驻地。

是夜,在作战指挥上优柔寡断,缺乏在白区同敌人机动作战经验的刘畴西,因顾虑部队疲劳,坚持原地休息,结果遭到七倍于我的敌兵包围。在方圆不到7.5公里的荒山深谷中,主力部队在过分疲劳、弹尽粮绝又雨雪交加的极端困难情况下,鼓足勇气,同敌军反复拼杀,最后终因寡不敌众而惨遭失败,仅有少数人员跑回闽浙赣苏区或突围到皖南去。军团主要领导人方志敏、刘畴西也遭敌人搜捕。本来搜山的敌军报告"清剿"已基本结束，要求撤出休整，但蒋介石下令，没有搜到方志敏、刘畴西以前，凡要求撤出休整者，"杀无赦"。于是，敌人再次"清剿"。1月27日，在叛徒指点下，敌人终于在陇首封锁线附近的山里，俘获了已七天七夜粒米未进的方志敏。

方志敏被捕，蒋介石如获至宝，兴高采烈。2月6日，敌人在南昌豫章公园召开了一个所谓的"庆祝生擒方志敏大会"。那天春寒料峭，公园四周军警遍布，大街要道戒备森严，被敌人强迫前来开会的群众密密麻麻挤满了会场。

美联社一个记者亲眼目睹了"大会"情况：豫章公园周围都排列着警察队伍，街上架着机枪，谁也不准从路旁跑入街心。戴着脚镣手铐而站立在铁甲车上的方志敏，其态度之激昂，令观众无限敬仰。周围是大队兵马戒备着。观众看见方志敏后，谁也不发一言，大家默默无声，即使是蒋介石参谋部的官兵对此气派昂然之囚犯，也表示无限敬佩……当局看来，群众态度之静默，殊属可怕。

方志敏站在"示众"的铁甲车上，眼望着父老乡亲，无限深情而又无限愤激地说：

"同志们！同胞们！我很高兴还能和大家见面，还能和大家讲话。我们中华民族，外受帝国主义侵略压迫，内受贪官污吏、土豪劣绅的统治剥削，国将不国，民不聊生，只有实现共产主义，才能……"

人群骚动，从惊愕中猛醒过来的国民党文臣武将们发疯似地叫喊："快，堵住他的嘴！拉下去……""庆祝大会"草草收场。

方志敏被俘后，敌人走马灯似地来"劝降"：

有与方志敏有点"旧谊"的国民党玉山县县长王振寰的"盛情接待"；

有国民党江西省党部书记长俞伯庆的"趋前相迎"；

有曾和方志敏中学时同窗的国民党弋阳县县长张伦元的"说情叙旧"；

有国民党"剿共"大员顾祝同的"薄宴压惊"。

总之，蒋介石动员了"各方力量"，使出了浑身解数，甚至许以江西省政府主席的职位，但铮铮铁骨的方志敏，对此统统嗤之以鼻，他将"视死如归"四个大字书于囚室墙上。

方志敏抱定为革命事业、为共产主义信仰而"殉道"的决心,指斥那些可耻叛徒同敌人一起出卖可爱的中国,残杀昔日的同志和无辜的工农。

在狱中最后的日子里,方志敏总结苏维埃斗争的经验教训,以炽热的感情和全部心血,在艰难条件下秘密写成共14万字的16篇文稿,其中有《可爱的中国》、《狱中纪实》、《清贫》等。这些文稿经多种渠道转送给鲁迅等人,并转到了中共中央。这些用血写成的文稿,是方志敏在生命的最后时刻对党和人民所作出的宝贵贡献,是他留给后人的一份宝贵财富。

蒋介石的案头,摆放着顾祝同呈来的报告。顾在报告中无奈地称:方志敏"实在不可屈"。蒋介石百思不得其解:为什么这些共产党员的骨头那么硬?他像只斗败的公鸡"吭吭"几声,终于下达了"秘密处死"的命令。

1935年8月6日,东方尚未破晓,蒙蒙细雨洒落大地。中国共产党的优秀党员、中国人民的优秀儿子方志敏,被杀害于南昌市下沙窝,年仅36岁。

■ 披荆斩棘,探路西征

就在红七军团组成"抗日先遣队"从瑞金出发北上不久,1934年7月23日,中共中央及中革军委又发急电,训令红六军团"离开现在的湘赣苏区转移到湖南中部去发展广大游击战争及创立新的苏区";如果继续留在现地区,将有被敌人层层封锁和紧缩包围之危险;而此次转移可"破坏湘敌逐渐紧缩湘赣苏区的计划及辅助中央苏区之作战";"最大限度地保存六军团的有生力量";"确立与二军团(当时已改为红三军)的可靠的联系,以造成江西、四川两苏区联结的前提"。命令还对预定转移的方向、计划及组织领导机构作了具体指示。

红六军团的领导,根据中央指示成立了军团军政委员会,中央代表任弼时为主席,军团长萧克、政治委员王震为委员。8月7日,红六军团9700余人依依不舍地告别了湘赣苏区的父老乡亲,告别了抛洒过鲜血的热土,以极其迅猛的行动,从湘军和粤军结合部之衙前、五斗江间,冲破封锁线,胜利地踏上了西征路。紧接着,红六军团又接连突破敌人在遂川至黄坳间、遂川到七岭间、寒口至广东桥间的三道封锁线。指战员们不畏盛暑酷热,不顾饥饿疲劳,于22日疾速行进到湖南桂东县城以南的寨前圩。

在这段行军过程及以后的行军中,红六军团遵军委电令,每日将行军路线和宿营地用电台报告军委总部。于是,怪事发生了:红六军团每经过一地之后,此地必遭国民党飞机的狂轰滥炸。军团参谋长李达非常纳闷:敌机"为什么不炸我们,偏偏要炸我们路过的地方呢"?

这个谜底很快就解开了。一天,李达偶然看到一份湖南报纸,头版上用特大号字印着一个醒目的标题:"前面乌龟爬开路,后来乌龟跟着来"。再看内容,方知军委总部机关正在按照红六军团的行动路线前进,敌人破译了红军的电报,侦察到了总部的行动规律,所以就定期地沿着红六军团的宿营地点轰炸。至此,军团领导才恍然大悟:红六军团在受命寻找红二军团并与之会师的同时,实际上还担负着中央红军实行战略转移向西突围的先遣队的任务。

红六军团迅猛地突破了敌人数道封锁线,蒋介石大为震惊。他连连发电,命令西路"剿匪"军总司令何键速派部队跟追防堵,并赶筑新的纵横碉堡线和加强已有的碉堡封锁线,务必全部消灭西进的红六军团。何键不敢怠慢,急忙调兵遣将对红六军团围追堵截;广西军阀惧怕红六军团进入广西,也匆匆派出两个师协力进行防堵。

红六军团为争取先机,毅然甩掉携带的部分笨重物资与器材,于8月23日晚赶到零陵东北之湘江右岸,准备抢渡湘江。后因敌军重兵把守,加之江宽流急,没有船只,渡河已无可能。军团首长当机立断,迅速率部转移到零陵东南之阳明山区,开展游击战争。直至9月4日在界首地区顺利渡过湘江,进占西延(今资源)县城。蒋介石、何键企图阻止红军渡江的愿望化成了泡影。9月18日,全军到达湖南靖县新厂地区。

此时,邀功心切的湘敌补充第二总队两个团跟追而至。红六军团首长决心抓住战机,歼灭孤军深入的敌人。

9月19日拂晓,天边还闪着几颗明亮的晨星,红六军团一部克服疲劳,抢先占领了岩崖山主峰和金线吊葫芦两个制高点，顽强地阻击敌人，军团主力则乘敌人欲进不能之时，向敌发起猛烈反攻。战斗中，天空突然乌云密布，顷刻间大雨倾盆。红军战士踩着满地泥泞，勇猛地冲向敌人。阵地上敌军尸体堆积如山，雨水血水横流满地。经一天激战，红军歼敌500余名，缴枪300余支，残敌狼狈逃走。其后，红六军团从容进入贵州。

何键想将红六军团歼灭在湖南境内，不料美梦难以成真，懊丧中无可奈何地承认：红军"时而声东击西，行踪飘忽，作圈子政策"，以致数师之众"跟踪追逐数千里，从未遇其主力"，气得大骂部下无能。

深秋的黔东，霜降高原，寒气逼人。红六军团指战员们艰难地在崇山峻岭中攀援前进，但他们遵守纪律，爱护群众，在苗族、侗族等少数民族聚居区，更是严格执行党的民族政策，因而获得了包括少数民族群众在内的广大人民群众的欢迎和援助，其间也发生过一些笑话。萧克回忆说："由于国民党反动派一再宣传什么'共匪、共匪'，有些年轻人不知道'共'是什么，'匪'是什么，他们看我们纪律好，就不怕我们，但也叫我们'共匪'。我们问他们：'我们怎么样？'他们说：'你们好，你们共匪好！'我们就跟他们讲一通大道理，他们才明白过来。"

在贵州行军不仅山路难走，而且地形不熟，连军团部也只有中学生用的简单地图。待进至黄平，才在一座法国教堂里找到一张近一平方米大的法文贵州地图。起先看不懂，好在那里有个牧师能讲点中国话，虽然发音不准，但还能够听懂，于是军团长萧克指着地图，一边请牧师讲，一边迅速翻译、标注。有了这张地图，才稍微详细地看清了贵州山川城镇的大略，行动也才开始方便起来。

在黄平，红军还争取到两个意大利神父，通过他们从国民党统治区买回了一批急需药品。后来这两个神父随军到达桑植，1935年春离开苏区回国后，曾写文章赞扬："毛泽东领导的军队有素质，能吃苦，纪律严明，英勇善战，是一支群众拥护、不可战胜的英雄军队。"

10月初，红六军团遵照中革军委电令，由西向改为东进，计划经石阡进至东口地区。10月7日上午10时，红六军团进至石阡的甘溪，便不断被桂敌包围，激战中红军被隔断。15日，其中一部约400余人，在军团参谋长李达带领下，突围到沿河县铅厂坝地区。

正当指战员们饥渴困顿之际,忽然打听到水田坝一带有红军活动。喜出望外的李达率部迅速赶往水田坝,当即便同贺龙派出的侦察分队取得了联系。随之,李达给贺龙写了一封简信,说明红六军团奉命来与红三军会合的情况。贺龙看完信欣喜万分,忙与关向应等一起会见了李达。李达告知红六军团主力尚在后面与优势敌军激战。贺龙、关向应即刻部署红三军主力南下接应红六军团,途中在印江县苗王坡又会合了红六军团另一部。

此时,红六军团主力正在石阡、施秉、余庆间的高山密林中与敌人周旋,同时,还要和饥饿、疲劳、疾病进行斗争。任弼时患了疟疾,但他仍以坚强的意志,手拄木棍,领导全军行动。他的夫人陈琮英掉了队,幸被收容队发现才连背带拖地把她带回来。

军团主力转战中,红十八师五十三团在师长龙云率领下,与敌血战数日,终因弹尽粮绝而大部牺牲。龙云师长率少部分战士突围后又不幸负伤被捕,英勇就义。

10月24日,在印江县木黄地区,备受艰辛的红六军团主力与红三军主力会师了。当任弼时、萧克与贺龙、关向应等紧紧握手时,大家都按捺不住激动、兴奋的心情,双方指战员们更是热烈地拥抱着,泪光闪闪,声音哽咽。

26日,红三军和红六军团主力进至四川酉阳县南腰界地区的猫洞大田,当日下午在这里举行了隆重的庆祝会师大会。两军领导人相继发表了热情洋溢的讲话,任弼时还宣读了中共中央发来的贺电。

会师后,红三军奉中革军委令恢复原红二军团番号,并由贺龙任军团长,任弼时任政治委员,关向应任副政治委员,李达任参谋长,张子意任政治部主任,辖第四师、第六师,约4400余人;红六军团由萧克、王震续任军团长、政治委员,谭家述任参谋长,甘泗淇任政治部主任,约3300人。由红二军团军团部兼总指挥部统一指挥两军团行动。

至此,红六军团突围西征,一路披荆斩棘,克服艰难险阻,终于完成探路与会师的任务。

10月下旬,为了策应中央红军已经开始的战略转移及开创新的苏区的行动,红二、红六军团从黔东出发,挥戈北上,向湘西之敌发动凌厉攻势,从而拉开了创建湘鄂川黔革命根据地的伟大斗争的序幕。

■ 漫漫征途，落脚何处

瑞金梅坑，中革军委驻地。

1934年8月的一天，天气闷热，无风。树上的知了一个劲地鸣叫着。在大树浓荫遮蔽下的一间办公室里，军委副主席周恩来正在与红二十三师师长程子华谈话。

周恩来递给程子华一杯凉茶，语调沉稳地说："中央决定派你到鄂豫皖苏区完成一项重要战略任务。事情是这样的，自从红四方面军撤出鄂豫皖后，红二十五军在那里坚持斗争、艰苦转战已有数年。当前'围剿'鄂豫皖苏区的敌人占有绝对优势，他们用碉堡、封锁线把我根据地压缩、分割成几小块，红军不断伤亡，并且难以补充。这样下去，红军有被消灭的危险，那时根据地也就完了。出路在什么地方呢？"

周恩来站起身，郑重地指出："中央和军委决定了，鄂豫皖的红军主力要进行战略转移，去外线建立新的根据地，以引走敌军'围剿'主力，减轻原苏区压力。"

"在什么地方建立根据地，"周恩来继续说下去，"要选择在敌人力量比较薄弱的地方，党在群众中有较大影响、群众易于争取的地方，有便于我军作战、防御的地形和粮食等物质条件比较丰足的地方。"

中央作出红二十五军战略转移的决定，直接的原因是考虑到鄂豫皖苏区斗争的艰难环境，同时也与中央红军决定突围西征有着重要的联系，即希望通过红二十五军的转移，调动敌人部分"围剿"部队，在战略上对中央红军的行动起一定的支持与掩护作用。这是继红七军团先遣北上、红六军团探路西征后，中共中央和中革军委下的第三步棋。

当然，周恩来还没有明讲这些，但程子华已隐隐感觉到事关重大。所以他领受任务后，简单做些准备，便乔装打扮，告别了战争正酣的中央苏区，急急地赶往鄂豫皖根据地。

确实,鄂豫皖革命根据地的形势是十分严峻的,由于敌人的不断"进剿",以及王明"左"倾错误政策的危害,根据地人口锐减,兵员枯竭,财力匮乏。今后斗争如何坚持和发展,中共鄂豫皖省委和红二十五军的领导人正苦思对策。

　　1934年11月4日,鄂豫皖省委率红二十五军在向葛藤山地区进军的行动中,惊喜地收到中共鄂东北道委书记郑位三的来信,称党中央派程子华来鄂豫皖工作,已到道委,建议省委和二十五军速来这里研究今后计划。

　　中央派人来了,消息传开,大家十分高兴。在那艰难的岁月里,孤军奋战的地方党和军队,多么需要中央的指导与帮助。所以,省委当即率红二十五军赶赴鄂东北,一路向西挺进。

　　11月8日拂晓,红二十五军到达河南光山东南的扶山寨地区休息。10点左右,遭追敌十个团的突然袭击,红二十五军官兵仓促应战。敌"追剿纵队"总指挥上官云相得知截住了红军,大喜过望,乘飞机亲临战场上空督战。

　　敌人的轰炸机在空中投弹、扫射,战场烈焰冲天,敌人的步骑兵在地面一次次地猛攻红军阵地,炮声中夹杂着枪声。仅有3000兵力的红二十五军指战员们顽强地抗击着,扶山寨还在红军手中。

　　在极其危险的时刻,军长徐海东、政委吴焕先分析当前形势:若走,敌人会像恶狗一样扑上来追咬,走也走不掉;若守,会有更多的敌人围上来,那会全军覆没;不如主动出击,用"打恶狗"的方法摆脱追敌。

　　计议已定,遂令红七十四师继续扼守扶山寨制高点,其余部队悄然迂回到敌人后面,突然发起猛攻,七十四师也趁势反击,敌人纷纷溃乱败退下去。整个战斗到黄昏时胜利结束,共计歼敌约4000人,缴获了许多弹药武器,红二十五军伤亡数百人。

　　扶山寨战斗的胜利,简直是个奇迹。红二十五军以少胜多,以弱胜强,依靠的是军首长决心果断,指挥正确,灵活机动;依靠的是指战员不怕疲劳,不怕牺牲,英勇顽强。"恶狗"被打退,红军继续西进。

　　10日,红二十五军到达光山西南部的花山寨与先期到达的郑位三、程子华会合。至此,红二十五军胜利完成了赶赴鄂东北接受中央指示的任务。

　　11日,鄂豫皖省委在花山寨举行常委会议,讨论红二十五军实行战略转移的问题。会议根据中央指示和实际情况,决定立即率红二十五军实施战略转移,转移地区初步以平汉铁路以西鄂豫边界的桐柏山区和豫西的伏牛山区为目标;转移行动中,红军对外称"中国工农红军北上抗日第二先遣队",以扩大党和红军的政治影响;省委委员高敬亭留下领导部分武装组建红二十八军,继续坚持鄂豫皖边区的武装斗争。

会议在讨论部队干部安排问题时,徐海东主动提出,由程子华任军长,自己任副军长。大家感到很意外:徐海东领导红二十五军,转战南北,战功显赫,威望很高,指战员们都拥护,他这不是自贬吗?

徐海东看着大家疑惑的样子,诚挚地说:"程子华同志进过黄埔军校武汉分校,参加过广州暴动和海陆丰斗争,领导过大冶暴动,又在中央苏区当过中央红军,文的、武的都比我强。由他当军长,对指挥作战和部队建设,会有利得多。我不是怕挑重担,我是为革命着想啊!"

听罢这番肺腑之言,大家都对他投去敬佩的目光。经过讨论,最后采纳了徐海东的意见,政委还是由吴焕先担任。

可是,当会后郑位三向程子华传达会议决定时,程子华却连连摆手说:"不行,不行,徐军长既有指挥才能,又有斗争经验,我来时中央是叫我当参谋长的,请省委再议。"省委最后对决议没有更改。

果然,徐海东当副军长的消息传开后,确有许多基层干部和战士不大理解,甚至有人猜测老军长犯了错误。徐海东并不放在心上,倒是省委书记徐宝珊担心这会影响他的情绪,便找徐海东谈心,做工作。谁知徐海东一听竟哈哈大笑起来,说:"你不要把我当娃娃看。当军长是打仗,当副军长还是打仗,一样干革命!我这个人,打仗有瘾,走路有瘾,就是没有官瘾。我们闹的是革命,又不是为了官当得大还是小。"

说到这里,徐海东转而严肃起来:"我是个窑工,受不了豪绅地主的压迫和剥削才起来造反闹革命,蒋介石反动派杀了我徐家几十口人。要不是参加革命,还不是当个穷窑匠,整天和泥巴打交道!"

徐宝珊听后深为感动,愈增敬佩。

16日,在整编中已撤销师一级组织,共辖四个团2900余人的红二十五军,从河南罗山县的何家冲出发西进,迈开长征的第一步。同日,发布了《中国工农红军北上抗日第二先遣队出发宣言》,第一先遣队是由寻淮洲、粟裕等领导的红七军团,依此排列,红二十五军成了第二先遣队。

次日,红二十五军以秘密的行动,一举越过平汉铁路,此后很快进入桐柏山区。

红军的神速行动,令忙于追堵中央红军的蒋介石大吃一惊,他敲着桌子连连嚷道:"太大意了!太大意了!"随即调动鄂豫皖地区的"追剿"部队共30多个团堵截,欲乘红军孤军远出之际,迅速包围消灭之。

到了桐柏山区,省委和军部领导实地调查后认为,此地距平汉线和汉水太近,回旋范围狭小,且有敌重兵跟追,难以立足发展。于是决定穿越豫西平原,向伏牛山区挺进,在那里创建新的根据地。

为了隐蔽北上意图,引诱敌人"上钩",红二十五军继续西进,并派小部兵力佯攻湖北枣阳县城。当各路追敌纷纷向枣阳进逼,欲全歼"逃匪"时,红军主力却突然掉头向东,绕道泌阳城东一路北上。

敌人在枣阳扑空,蒋介石大发脾气,随后急令各部迅速查明红军行踪,并作出红军有经"象河关及独树镇、保安寨之间西窜企图",于是赶快派"追剿纵队"第四十军步骑兵前堵后追。

由于红二十五军远离根据地信息不灵,未能摸清敌情,因而途中遇险,引发出一场恶战。

11月26日,红二十五军到达距许(昌)南(阳)公路20公里处,过了公路即伏牛山东麓。为了防敌追堵,部队分为前梯队和后梯队。这天恰遇寒流袭击,雨雪交加,且能见度差,衣服单薄的指战员们一身雪水、两腿烂泥地艰难行军。午时,前梯队第二二四团进至方城独树镇附近时,遭到已提前到达这里的敌军一个旅和一个骑兵团的猛烈攻击。缺乏战斗准备的先头团,一时陷入被动,加之战士们冻僵的手指一下拉不开枪栓,遂抵抗不及而被迫后撤。敌人乘机猛烈冲击,并调动兵力实施两翼包围,形势十分危急。

在这千钧一发之际,吴焕先政委迅速赶上来,立即指挥部队就地抵抗,并从一交通队员身上抽出一把大刀,高呼:"同志们!现在是生死存亡关头,坚决不能退!共产党员们,跟我上!"在他的带领下,战士们不怕枪弹纷飞,奋不顾身地冲上前去,枪砸刀劈,与敌人展开激烈的搏斗。

正在这紧要关头,副军长徐海东率后梯队及时赶到,立即投入战斗。战士们奋勇的喊杀声,惊飞了雪花,斥退了寒流。经过一番恶战,终于遏制住了敌人的疯狂进攻。

入夜,四周昏黑。军首长集拢部队,不顾极度的饥饿劳累,由地下党同志带路,借助夜幕的掩护,穿过敌人的防守间隙,从小道疾速行进,并穿过许南公路,次日清晨便进入伏牛山东麓。

红二十五军悄然夜遁,敌"追剿"部队当然不肯善罢甘休,忙调整部署再度紧迫。但红军且战且走,很快进入伏牛山深处。

令人遗憾的是,伏牛山区仍不适宜建立根据地。因为该区域狭窄,人口稀少,粮食缺乏,盗匪出没,而且这一带为豫西"内乡王"别廷芳的势力范围,凭险据守的地主山寨也很多。这些都给发动群众、开展工作带来很大困难,加之敌追兵又紧跟而至,看来在伏牛山区还是难以立足发展。因此,省委决定继续西进到陕西南部,在那里创建新根据地。

30日,红二十五军以中国工农红军抗日先遣队司令部、政治部名义发出通告,阐明红军北上抗日的宗旨和政策,随后即日夜兼程向陕南挺进。

12月8日,红二十五军经陕西雒南(今洛南)县铁锁关进入陕西南部。10日,鄂豫皖省委在雒南庾家河召开常委会,决定在鄂豫陕边建立根据地,并决定将省委改为鄂豫陕省委。

鄂豫陕边北起秦岭北麓,南抵汉水,地势险要,交通不便,敌人"进剿"困难,有利于游击战争的开展。这里兵灾匪祸连年,人民群众苦难深重,以前曾有渭华起义部队、红三军、红四方面军经过此地,给当地人民留下好的印象。因此,在这一地区建立根据地有着较好的条件。

根据庾家河会议决定,红二十五军从此开始了创建鄂豫陕根据地的艰苦斗争。

红二十五军从鄂豫皖到鄂豫陕的漫漫西征胜利结束了,英勇的红军指战员们用自己的铁脚板,踏开了一条生存之路、发展之路,同时也踩碎了蒋介石企图围歼红军的黄粱美梦。

■ 最后的抉择:将共和国搬上马背

中央苏区第五次反"围剿"面临严重失败,博古、李德等人已被敌人气势汹汹的进攻所吓倒。1934年5月,自感无法粉碎"围剿"的李德,提出了一个连他自己都感觉有点难以启齿的建议:中央红军主力撤出苏区,进行一次战略大转移,目标是贺龙领导的湘鄂西苏区。闻听此言,中共中央最高层领导博古先是惊愕,随之默然。临时中央迁来中央苏区近一年半,李德来此还不足一年,就要把原本好端端的中央苏区丢掉而远走他乡,这无论在感情上,还是在革命者的立场上,都有点说不过去。然而现实是严峻的:敌军50万,碉堡1万个,把苏区围了个铁桶一般;根据地财政经济极度困难,连年征战,苏区人民差不多已是尽献其有了,如何还能继续支持长期战争?于是,中共中央最高层领导通过了李德的提议,撤!

中共中央将这一决定向共产国际报告。6月25日,共产国际复电指示:"动员新的武装力量,这在中区并未枯竭,红军各部队的抵抗力及后方环境等,亦未足使我们惊慌失措";红军主力退出,"这唯一的只是为了保存活的力量,以免遭受敌人可能的打击"。(中共中央党史资料征集委员会、中央档案馆编:《遵义会议文献》,第17页,人民出版社1985年版。)共产国际对中共提出的从中央苏区撤退的要求,既未肯定,也未否认,实际上是默认了。

在请示共产国际批准行动方案的同时,中共中央和中革军委的领导核心已开始做突围的准备。李德自己回忆说:

> 5月初,我受中央委托草拟了1934年5月至7月关于军事措施和作战行动的三个月的季度计划。这个计划是以军事委员会决议的三个观点为基础的。这三个观点是:主力部队准备突破封锁,独立部队深入敌后作战,部分放弃直接在前线的抵抗。[(德)奥托·布劳恩(即李德):《中国纪事》,第97页,现代史料编刊社1980年版。]

随后,中央在组织上成立了由博古、李德、周恩来组成的最高决策机构"三人团"。博古主管政治,李德主管军事,周恩来负责督促军事准备计划的实行。

按李德的说法,"突围的准备工作从1934年5月开始,此后一直是按计划进行的"。这包括贮备粮食、冬服;赶修枪械,制造弹药;扩大红军,编组军队,进行运动战训练等等。

当然,这些准备工作是在极其保密的情况下进行的。对于突围的决定,只有中央少数几人知道,直到9月底,这个重大问题也未在政治局会议上讨论。

时间倏忽到了9月,中央苏区已缩小到只有几个县了。严酷的事实表明,红军在苏区范围内打破"围剿"已经不可能了。于是,突围准备工作更急迫地进行着。请看以下时间表:

9月4日,中革军委在《红星》报上发表《为扩大红军的紧急动员的号令》,要求中央苏区无论如何要做到在9月间动员3万新战士上前线。

9月8日,中革军委指示中央红军在阻止敌军推进时,应以最高度地节用有生兵力及物质资材为原则,在战斗间隙应集结补充整理训练主力部队,同时强调在防御时,"应准备全部撤退"。

9月13日,中革军委命令红军各军团在10月1日前组织好后方机关,加强运输队建设。

9月19日,中华苏维埃共和国人民委员会主席张闻天发出《关于边区战区工作给各省各县苏维埃的指示信》,指示取消国民经济部、财政部、粮食部,成立财政经济委员会,销毁所有苏维埃机关中各种无用文件,机关工作人员中的家属另行安顿。

9月29日,张闻天在《红色中华》报上发表《一切为了保卫苏维埃》的社论,其中有一段非常重要的话:

为了保卫苏区,粉碎五次"围剿",我们在苏区内部求得同敌人的主力决战,然而为了同样的目的,我们分出我们主力的一部分深入到敌人的远后方,在那里发动广大的群众斗争,开展游击战争,解除敌人的武装,创造新的红军主力与新的苏区……我们有时在敌人优势兵力的压迫之下，不能不暂时地放弃某些苏区与城市，缩短战线，集结力量，求得战术上的优势，以争取决战的胜利。(《红色中华》,1934年9月29日,第239期)

这是中央红军准备战略转移的第一个公开信号。

按原定计划,突围时间定在10月底11月初,但红军的阵地防御战斗不断失利,从9月底起,又发现敌人的北路军、东路军和南路军,正取大包围之态势,日甚一日地加紧向中央苏区的中心区进攻,妄图一举围歼红军。这样,突围计划被迫提前到10月上旬实施。

距离突围的日子已进入倒计时了。在很短的时间里,要把苏维埃共和国搬上"马背",并且成功地突围出去,决非一件易事,还有许多事要做。

共和国要出征,那共和国的"秘密金库"怎么办? 一天,毛泽东的弟弟、中华苏维埃共和国临时中央政府银行行长毛泽民,急匆匆来找毛泽东商量此事。毛泽东知道,这个金库还是他在1932年4月,率领东路军在漳州缴获大批金条、银元后建立起来的。他告诉毛泽民,这些金条、银元不能留在苏区,应该立即分散,让部队自己管起来更好。后来,毛泽民即把金库中的大部分交给各军团直接保管使用,一部分专门组织部队押运,保障中央各机关随时使用。这些黄灿灿、白花花的"宝物",在长征中发挥了特殊的重要作用。

共和国要远行,那五六十个犯"错误"的干部如何处理? 国家保卫局将这些人划分为三类,一类是杀,一类是留,一类是随队走。当保卫局长邓发带着这份名单征求军委四局局长叶剑英的意见时,叶剑英坚决反对杀人,极力主张带走。于是,这批受"左"倾领导者打击迫害的干部,最后保留了下来。

在通往红都瑞金的大路小路上,来来往往的人群多了起来。在一队队走过的红军新战士队伍旁边,不时有从前线召回的指挥官策马疾驰而过,也不时有脚穿草鞋的苏维埃干部在和旁边的人交谈着什么。

天边涌来大片大片的乌云,渐渐遮住了刚才还晴朗的天空,渐渐遮住了刚才还播洒光芒的煦日。秋风吹来,卷起路边片片红叶,打着旋儿奔向远方。

第十二章

共和国西征

■ "你喂的鸽子飞了!"

1934年,10月初的一个下午。一阵马蹄声"嘀嘀嗒嗒"、"嘀嘀嗒嗒"地由远而近,不时还夹杂着"吱扭"、"吱扭"有节奏的响声。少顷,从山峦后边,转出一行数十人的队伍。

这是支特殊队伍。前有两顶四人抬的花轿,后边跟随着一群帽缀青天白日徽章的骑兵。

坐轿者眼戴墨镜,西服笔挺,器宇轩昂,一副阔少爷的派头。其实他们并非什么阔少爷,而是去执行重要任务的红军高级干部何长工和潘汉年。

何长工,中央革命根据地(即中央苏区)粤赣军区的司令员兼政治委员。1927年9月,他跟随毛泽东参加了著名的秋收起义,后随部队上了井冈山。他出洋留学过,见过世面,且头脑灵活,能言善辩,因此毛泽东十分器重他,曾派他到王佐部队里当党代表,成功地改造了这支"绿林"部队,后又派他寻找和联络南昌起义失败后保存下来的朱德部队,辗转千里圆满完成任务,使朱毛会师得以实现。

潘汉年,化名潘健行,时年虽只28岁,却已是老资格的中国共产党党员。30年代初,他在上海中共特科工作,1933年到达中央苏区,先后任中共苏区中央局宣传部副部长、部长。他有着丰富的白区工作经验，又擅长交际。1933年10月，当蔡廷锴、蒋光鼐率十九路军准备发动反蒋事变时，潘汉年曾以中华苏维埃共和国临时中央政府及工农红军全权代表的身份，与十九路军代表徐名鸿进行停战谈判，双方达成了《反日反蒋的初步协定》。

这天，何长工和潘汉年是作为红军代表前往白区，与国民党南路"剿匪"司令陈济棠的代表进行停战谈判的。

陈济棠，广东防城人，早年毕业于广东陆军速成学校步兵科，1925年在国民革命军第四军第一师任师长。次年北伐开始后，他奉命留守广东，却借机扩张势力，遂成为盘踞广东的地方军阀，人称"南霸天"，又号"南天王"。

自中国工农红军兴起后，陈济棠奉蒋介石令，连年"剿匪"，但损兵折将。后来他渐渐明白，蒋介石用的是一箭双雕之计，既利用广东部队与红军火并，又企图在"剿共"战争中削弱广东势力。自己既非蒋之嫡系，何必尽全力为蒋卖命？因此，陈济棠部在1934年5月攻占苏区南线筠门岭后，便不肯积极向前，而是与红军打打停停，并伺机向红军求和。

陈济棠听说红军第九军团军团长罗炳辉的舅舅在广东做生意，便派人设法找到，托其向红军传递消息，由此拉上关系。不久，陈济棠派他的参谋长亲往红都接洽。这样，双方联系的渠道就此打通。

9月底，中革军委主席朱德亲自写信，转致陈济棠，提出红军抗日反蒋的基本主张及双方停止作战的具体意见。于是，陈济棠电约红军方面派代表前去谈判。

恰好，此时中共中央和中革军委也迫切需要与陈济棠部谈判。

原来中央红军第五次反"围剿"失败，红军主力决定撤离苏区，突围西征，突围的方向便成为摆在红军面前的迫切问题。颇具政治头脑的周恩来几经思索，反复商讨，决心利用蒋介石和广东地方军阀的矛盾，抓住已和陈济棠建立联络渠道的机会，通过谈判实现暗中停火，以达到从广东借道突围的目的。计划已定，中央特选派潘汉年、何长工任红军谈判代表，去完成这一重要使命。

事不宜迟，周恩来急电还在粤赣军区指挥军事的何长工，速来瑞金接受任务。当何长工策马疾驰到达后，周恩来即紧握着他的手说："'南天王'陈济棠电约我们,要举行秘密军事谈判,这很好,我们可以利用他与蒋介石之间的矛盾。根据目前党的策略和形势要求,我们准备与陈谈判。经商定,派潘汉年和你为代表。到陈济棠管辖区的寻乌附近和陈派来的代表——参谋长杨幼敏及他的两个师长黄质文、黄旭南举行密谈。"说到这里,周恩来顿了顿,接着又郑重地强调说,"长工同志,这是中央给你的重任,望你勇敢沉着,见机行事。"

谈话中,中革军委副参谋长叶剑英也在一旁嘱托道:"此去白区同陈济棠代表谈判,任务重大。谈成了,对红军行动是很有益处的,要尽力而为;万一谈不成,也不要紧,关键是要沉着、灵活。"

谈话结束时,周恩来向何长工面授联络密语,并交给他一封代朱德起草的介绍信,信的内容如下:

黄师长大鉴:
兹应贵总司令电约,特派潘健行、何长工两君为代表前来寻乌与贵方代表幼敏、宗盛两先生协商一切,予接洽照拂为感!专此,顺致
戎祺
朱德手启
十月五日

就这样,潘汉年、何长工肩负重托上路了。在红白区交界处,他们按约与粤军方面派来迎接的一个骑兵连队会合。为了保密起见,他们分别乘上对方准备好的轿子,一路向寻乌方向赶去。

这时候,坐在轿中的潘汉年、何长工,无暇观赏道路两旁的金秋景色,而是在脑子里紧张地思索着如何不辱使命,努力使谈判获得成功。

"什么人?停轿检查!"这是粤军的哨兵在盘问。

"他们是司令请来的客人,瞎了你们的狗眼,还不赶快把道让开?"那是骑兵连长粗声粗气的声音。

哨兵喏喏着让开了,一路通行无阻。

不多久,两顶轿子便被抬往离筠门岭40里、寻乌附近的一处寂静的山村罗

塘镇里,在一幢二层小洋楼前停下,何长工送给轿夫每人一块大洋。此时,粤军的谈判代表已在楼前恭候。

第二天,在楼上一间不大的会议室里,双方的秘密谈判开始了。经过三天三夜的紧张谈判,双方终于达成五项协议:

1.就地停战,取消敌对局面;

2.互通情报,用有线电发报;

3.解除封锁;

4.互相通商,必要时红军可在陈的防区设后方,建立医院;

5.必要时可以互相借道,红军有行动事先告诉陈,陈部撤离40华里。

停战协定签订后,粤军方面送给红军大量食盐和几百箱子弹。

谈判结束后,何长工、潘汉年接到粤军电台转来的周恩来的密语电报:"你喂的鸽子飞了。"

陈济棠的谈判代表很敏感,似乎觉察出什么,警觉地问:"二位先生,贵军是否要远走高飞了？"

此时,何长工知道红军实行战略转移的队伍就要出发了,但他不露声色,平静地回答说:"不,不是,这是说谈判成功了,和平鸽飞上天了。"

谈判结束后,何长工、潘汉年即离开寻乌返回苏区。果然,红军开始出动了。

这次谈判是成功的,对中共来说,是对地方实力派统战策略的一次成功运用,它为中央红军的突围西进,创造了有利条件。

■ "鸽子"果真要飞了

中央红军就要突围西征了,就要告别根据地的父老乡亲,告别这片用鲜血浇灌的土地了。

西征的目的,是去湘西与贺龙、萧克等领导的红二、红六军团会合。

西征的路线，是循红六军团8月间突围西行往湘西的旧径。

西征部队，称为中央红军野战部队，辖五个军团和二个野战纵队：即红一军团，代号南昌，林彪任军团长，聂荣臻任政委；红三军团，代号福州，彭德怀任军团长，杨尚昆任政委；红五军团，代号长安，董振堂任军团长，李卓然任政委；红八军团，代号济南，周昆任军团长，黄延任政委；红九军团，代号汉口，罗炳辉任军团长，蔡树藩任政委；第一野战纵队，亦称军委纵队，代号红安，由中革军委、红军总司令部和总政治部及其直属队组成，叶剑英任司令员兼政委；第二野战纵队，亦称中央纵队，代号红章，由中共中央机关、苏维埃政府机关和军委后勤部门、工会、共青团等单位组成，李维汉任司令员兼政委。各部受辖于中革军委(代号红星)，中革军委由中央"三人团"直接领导。全军共8.6万多人。

中共中央、中革军委对主力西行后根据地内的组织领导机构已作了安排。即在苏区设中共中央分局、中华苏维埃共和国政府中央办事处和中央革命根据地军区；并留下红二十四师及十多个独立团及地方部队，共1.6万余人，在中央苏区继续坚持革命斗争。

中央高级干部的去留名单，中央"三人团"也已确定。

中共中央政治局常委、中央政府副主席、中革军委副主席项英留下来，担任中共中央分局书记、中央军区司令员兼政委，负责领导中央革命根据地及闽浙赣地区的斗争。

江西军区司令员陈毅也留下来，担任中央政府办事处主任。当时陈毅因在兴国前线作战时受重伤，坐骨断裂，体内还有许多碎骨没有取出来，疼痛剧烈，住在红军医院里。当他被告知不能随军西行时，便在10月9日写信给周恩来，请求在主力出发前给他做手术。周恩来得信后，即令卫生部长贺诚打开已装箱的医疗器械，派两位医生给陈毅动了手术。第二天出发前夕，周恩来亲到医院看望陈毅，深情地说："中央已决定把你留下来坚持斗争，你有革命斗争的丰富经验，相信你一定能够依靠群众，依靠党的领导，坚持到胜利。"

列入留守名单的还有：前中共中央主要领导人、此刻正患肺病的瞿秋白；参加过中共"一大"，不久前还被指斥为"右倾机会主义"的何叔衡；反对过"左"倾错误的毛泽覃、古柏等。

高级领导人去留名单的确定,主要由博古、李德拍板。周恩来虽是"三人团"成员之一,但不能过问所有决定事宜。军事干部的去留,博古征求过周恩来的意见,周恩来在力所能及的范围内据理力争,使尽量多的人参加西征。刘伯承于1932年3月就任红军总参谋长,只因在第五次反"围剿"中激烈反对李德以堡垒对堡垒的错误战略战术,被撤销了总参谋长职务,降职担任红五军团参谋长。这次转移西征,李德竟将他列入留守名单。周恩来坚决不同意,经力陈理由,刘伯承才被批准加入主力红军队伍。

对于毛泽东的去留,博古、李德颇费了一番脑筋。关于这个问题,当年担任李德翻译的伍修权曾回忆说:

最初他们还打算连毛泽东同志也不带走,当时已将他排斥出中央领导核心,被弄到于都去搞调查研究。后来,因为他是中华苏维埃执行委员会主席,在军队中享有很高威望,才被允许一起长征。如果他当时也被留下,结果就难以预料了,我们党的历史也可能成了另一个样子。

主力红军撤离后,被留下来的人员绝大多数是党和军队的优秀干部,他们在得知组织决定后,愉快地、坚决地服从了。以后,他们在极端艰险的环境下,抱着坚定的革命信念,战胜困难,英勇地坚持着斗争。

为了组织好这次战略大转移,中革军委于10月9日向各军团印发了《中国工农红军第一方面军突围前部队集结位置图》、《野战军由10月10日至20日行动日程表》,其中详细规定了军委第一、第二纵队和各军团逐日行军的路线、任务、要求等。中央"三人团"接受了毛泽东的建议,决定中央党、政、军主要领导博古、朱德、周恩来、张闻天、王稼祥、毛泽东以及军事顾问李德等,均随军委第一纵队第一梯队行动。

1934年10月10日,一个载入史册的永远值得纪念的日子。

这天,中革军委发出命令,各路红军按计划从第一集中点开始移动。

这天,中共中央、中革军委率领中央党政机关、军委总部及直属部队编成的军委第一、第二纵队,从瑞金出发向集中地移动,伟大的长征从此开始了。

中央红军的撤离是仓促的。虽然撤离的决定早已作出,在实际行动上也做了一些准备,但直到9月底,"左"倾领导者才在中央政治局和中革军委中传达了突围的决定,红军中的许多高级干部并不知道。

聂荣臻曾回忆说:长征之前,一军团奉命回到瑞金待命。我和林彪提前一天赶到瑞金(当时林彪任一军团军团长,聂荣臻任政委),"周恩来同志找我们单独谈话,说明中央决定红军要作战略转移,要我们秘密做好准备,但目前又不能向下透露,也没有说明转移方向。转移之前,要一军团先到兴国抗击和迟滞周浑元纵队的进攻,以便掩护各路红军到预定地域集结。当时保密纪律很严,所以我们也没有多问。听说毛泽东同志这时候也从外地回到瑞金了,我提议去看看他,就和林彪一起去。毛泽东同志见到我们很高兴,说:'你们为什么到这里来呀!'我说:'我们回来了,接受新任务来了。'毛泽东同志故意反问:'什么任务?'我回答说:'要转移。'毛泽东同志听我们说到转移,就说:'你们知道了?'我说:'我们接受任务了。'"可是毛泽东谈到这里,就不再往下谈了,却提议一同去看看瞿秋白同志办的一个图书馆。

聂荣臻说,他和林彪这次去见毛泽东同志,本想打听一下往哪个方向转移,但因为毛泽东同志很守纪律而没有得到结果。同时,"那个时候毛泽东同志也在避嫌疑,因为一军团长期是由他直接领导和指挥的部队,他要防止教条宗派主义者怀疑他在暗中搞什么宗派活动。"

是的,毛泽东是要避嫌疑,"左"倾领导者时刻在抓他的把柄,他后来曾对外国朋友说起过他那时的艰难处境:

我们反对那一套过"左"的政策。我们有一些马克思主义,可是我们被孤立。我这个菩萨,过去还灵,后头就不灵了。他们把我这个木菩萨浸到粪坑里,再拿出来,搞得臭得很。那时候,不但一个人也不上门,连一个鬼也不上门。我的任务是吃饭、睡觉和拉屎。还好,我的脑袋没有被砍掉。

■ 风萧萧兮贡水寒

1934年10月10日的傍晚，落日的余晖洒满大地，淡淡的暮霭逐渐在原野上流散，升起。

大道上，走过来长长的一队人马，其中有老，有少，有男，有女，有佩枪的，有挑担的，有乘马的，有躺在担架上被抬着走的。

这是中共中央、中革军委率领军委第一、第二纵队，从瑞金出发，开始作战略转移。第一个行进目标是于都，按计划在那里会合红军主力部队，然后南渡贡水突围西征。

中央党政军的主要领导人基本上都在这支队伍里，唯有苏维埃政府主席毛泽东这时已在于都。

红军总司令朱德，身着褪色的灰布军装，脚踏草鞋，步履稳健、神态凝重地走在队伍前列。出发前，中央已确定为党政军的主要领导人配一匹马、一副担架及数名担架员。可是为了节省几名强壮士兵去充实作战部队，朱德既不要担架，也不要文件挑子，只要了两匹马，一匹用来骑，一匹用来驮行李、文件。实际上在后来的漫漫长征路途中，他那匹马也常常被留在队伍后头收容伤病员。

走在朱德旁边的是红军总政委周恩来，此刻他似乎陷入了沉思。前几天，他曾先期赶赴于都，选择行军路线，布置架桥工作，为大部队行军、过河做准备。这次出征，他个人的全部"家当"仅两条毯子，一条被单和作枕头用的一个小包袱，里面包有几件替换的衣服和一件灰色绒衣。

队伍里还有一位高个子，年龄约莫50岁的领导干部，他就是林伯渠，曾任苏维埃中央政府经济部长、财政部长。此刻他急促地迈着步子，却时不时地向后张望，他希望能再看到一个人的身影，那个人就是何叔衡，曾任苏维埃中央政府工农检察部部长，并兼任内务部代理部长和临时法庭主席，1933年冬因受"左"倾领导者打击而被撤销了领导职务。

他们两人都是湖南人，家乡相距不算太远，并且是莫斯科中山大学特别班的同窗好友，这几年都在苏维埃中央政府工作。在叶坪、沙洲坝共事期间，二人坦诚相待，情同手足。

前天晚上，年近60岁决定留下不走的何叔衡，在梅坑住地略备一壶清酒，为即将远征的老友林伯渠饯行。在跳动的灯光下，二老对酌长谈，共忆过往的风风雨雨，瞻念西征的险阻艰难。临别前，何老脱下自己身上的一件毛衣赠给林老，林老坚辞不受，终拗不过老友的深情厚谊，只好收下。晨曦中，二位老人含泪互道珍重，握手告别。此情此景，林伯渠感怀至深，特作《别梅坑》诗一首：

共同事业尚艰辛，清酒盈樽喜对倾。
敢为叶坪弄政法，欣然沙坝搞财经。
去留心绪都嫌重，风雨荒鸡盼早鸣。
赠我绨袍无限意，殷勤握手别梅坑。

在行进队伍里，还有两位重要人物：一位是戴着眼镜、身材略显单薄的青年，他就是中共中央的总负责人博古；另一位是高鼻梁、蓝眼珠的大个外国人，他就是共产国际派来的军事顾问李德。此刻，他们的脸上显现出惆怅、沉重、沮丧的神情。博古环顾一下左右，只见人们还是在匆匆地走着，并无人注意他，倒是路旁村庄墙上刷着的大字标语映入他的眼帘。那些标语上清楚地写着："誓死保卫苏区"，"不丧失苏区一寸土地"，"御敌于国门之外"，"保卫苏联"……

队伍穿过几个村庄，有的大娘大嫂在倚门张望，好像在为这支队伍送行，有的小孩子三五成群地站在路边，一会儿看看那匹大马，一会儿指指这杆长枪，似乎还在猜测着这支队伍要开往哪里去。

想到要同这些熟悉的地方和乡亲们离别，行进着的人们都有一种不舍之情。望着那在暮色中逐渐消失的山野村庄，人们在心里呼唤：

"再见吧，瑞金！再见吧，亲人！"

10月10日后，不同番号、代号的红军部队，从不同方向，一批一批地集结在于都县城周围。

于都县城，位于瑞金和赣州之间，当时是中央苏区"赣南省"苏维埃政府的办公地。赣南省是1934年7月才设立的，人口不过40万，包括于都、登贤、赣县、杨殷四县，另外还辖有两个游击区。

于都县城南面有条河，叫贡水，也称贡江或于都河。河面宽约二三百米，但水并不深，也无多少险滩急流。多少年来，这条河静静地流淌着，现在却因红军大部队的陆续到来，顿时热闹起来。

按计划，中共中央、中革军委要率红军主力从此处的十个渡口渡河西征。于是，军委令工兵部队在16日前必须架起五座浮桥。浮桥不仅要承受近10万大军的踩踏，而且要能够安全通过骡马和辎重装备。架桥应在傍晚至黎明之间进行，以免被敌机发现轰炸。

一到夜晚，河岸上几乎是人山人海。于都的乡亲们，慷慨地送来了门板、床板、绳索等架桥材料。老人、妇女、娃娃们也拥向河岸，或挑灯照明，或搬运资材。此情此景，令红军官兵们备受感动。随着时间的一天天推移，一座座浮桥稳稳地向对岸延伸。

为了掩护其他主力部队向于都集结，林彪、聂荣臻已先率红一军团开往兴国以北的高兴圩，阻击北路敌人周浑元纵队的进攻，在英勇抗击数天后与红五军团换防，奉命撤往于都以东附近地区。与此同时，红三军团也已集结在于都城外。

从13日起，就有部队陆陆续续渡河，有的乘船，有的走桥。

几天来，无论在桥边、渡口，还是在部队宿营地周围，乡亲们川流不息地来为出征的红军送行。到16日、17日、18日，军民告别的场面达到高潮。

本来红军这次战略转移是高度保密的，连红军中的许多中高层领导都不清楚，更何况苏区的老百姓。但群众凭多年战争的经验，十有八九已猜出红军大部队要远行了。这样一来，许多乡亲们的心缩紧了。这大部队一走，敌人来了可咋办？

祝愿、企盼、担忧，种种复杂的感情涌上乡亲们的心头。

但苏区人民毕竟是苏区人民，他们从实际中体会到，共产党是为工农谋福利的,红军一定会回来,他们是不会忘记咱老百姓的。走,送红军去!

于是,到傍晚时分,连绵不断的人流从四面八方涌向贡水岸边。他们中有怀抱婴儿的大嫂,有胡须花白的老翁,有稚气未脱的小孩,有步履蹒跚的大娘,也有留下来坚持斗争的干部。

乡亲们或捧出大碗的热茶,让红军战士喝下去,暖暖身子,或拿出煮熟了的鸡蛋,硬塞在出征将士们的口袋里。乡亲们有的拉着战士的手问:"你们什么时候打回来?"有的竟止不住"呜呜"地哭了起来。

在红四团集合地点,团政委杨成武的房东老大娘也匆匆赶来送行。老大娘有三个儿子当了红军,两个牺牲了,一个在队伍里,这次也一起出发,大娘是看过儿子又来看杨政委的。

大娘小心翼翼地拿出用白布包着的两块热气腾腾的红薯,递给杨成武,慈爱地说:"孩子,拿上吧! 路上好吃。"

"大娘!"难以用言语表达感激之情的杨成武,只深情地喊了一声,泪水就模糊了双眼。

大娘拢了拢满头白发,高兴地拉着杨成武的手说:"好好打仗,大娘等着你们回来!"

几十年后,杨成武将军激动地回忆道:"是的,两个红薯算不上什么珍贵的东西,可是在苏区连续遭到破坏,粮食极端困难的情况下,大娘捧出两个红薯来,真是捧出了自己的一片心啊!"

当时,出征的红军指战员们,莫不为乡亲们的真情所感动,莫不怀着留恋的心情。

秋风萧萧,贡水清冷,篝火跳动,星光暗淡。桥面上,一刻不停地通过着人群、马匹、担架……北岸,人群在逐渐减少,南岸,过河部队又相继出发了。

18日傍晚,苏维埃中央政府主席毛泽东带着警卫班离开了于都城。在即将走完最后一节浮桥时,他停住了脚步,缓缓地转过身来,朝对岸,朝于都,朝蜿蜒的群山,凝视良久。

毛泽东踏上了长征的路途。

■ 蒋介石病房惊梦

1934年10月初,在江西的"围剿"与反"围剿"战场上,国民党50万军队和10万红军激烈厮杀,枪炮轰鸣,硝烟弥漫。

此时,雄峙江滨的庐山,却是另一番景象——山清水秀,清静怡人。

蒋介石置身这如诗如画的"仙境"中,心情倒也不错。他对一年来的"剿共"战事,流露出少有的满意。这多亏了请来的德国顾问赛克特将军提出的"堡垒战术",方才逼得红军败而退,退而败。现在各路"进剿"大军正在继续进逼,料定红军数万乌合之众已插翅难逃。

在精神亢奋中,蒋介石将随行的几个高级幕僚召来,颇为自得地训示道:"诸位已知道江西的战事了吧!国军正在节节推进,而共军则正节节败退。如此看来,他们已无法施展其机动灵活的战术了,只能局促回旋于我林立的堡垒之间,已成被动之局。如今彻底剿灭共匪指日可待,洗雪前几次进剿之大耻就在眼前。"

说着说着,蒋介石攥紧拳头,抿紧嘴唇,从椅子上腾地站起,似乎数万红军已被他捏得粉碎。

随后,蒋介石为了使"胜利"的时刻早日到来,即刻下令,督各路军加紧包围,勿稍松懈,最后关头,莫要功亏一篑,凡勇进者赏,退缩者杀。

此令颁布,蒋介石意犹未尽,又给前线各将领写信,为他们打气,激励他们为"党国"立功。

至此,蒋介石长长地舒了一口气,下面的事,就是"静候佳音"了。

然而蒋介石还有一块"心病":那就是近几年只顾着调动大军在江西"剿共",而日军却在北方步步进逼,还企图策划华北五省独立,惹得国人指斥政府对日一味妥协、退让,甚至卖国。各界要求"停止内战,一致抗日"的呼声,也是一浪高过一浪。在国民党军队内部,厌恶内战,要求抗日的情绪也在蔓延滋长。共产党以抗日救亡相号召,会动摇各地"剿共"军队的士气,不可等闲视之。看来,在江西"剿共"大局已定的时候,到北方巡视一趟,做一番安抚工作,还是必要的。于是,10月初,蒋介石偕夫人宋美龄下了庐山,去华北、西北视察,历经北平、察哈尔、归绥、太原、西安等地,分别接见了当地军政首脑,其中有原东北军政人员莫德惠、王树常、马占山、苏炳文、宋哲元、傅作义、杨虎城、阎锡山、马鸿逵等。

会见中,蒋介石重弹"攘外必先安内"的老调,什么"政府不是不抗日,而是共产党拖住了后腿,所以必须集中全力,先行消灭共军";什么"不安内则不能攘外,日寇是疥癣之疾,共匪才是心腹大患,亡于日本,还可作个亡国奴,亡于共党,则死无葬身之地";什么"共匪不除,国无宁日",等等。

蒋介石一路巡察,一路训示,可谓身疲口燥。为了寻求清静,他推托应酬,称病与宋美龄双双住进北平协和医院。

在医院里,蒋介石获得暂时安宁。不过,江西的"剿共"战事仍使他放心不下,频繁发电询问、督示。

10月16日清晨,尚未睡醒的蒋介石做了一个噩梦——恍惚间梦见自己骑着高头大马,身披黄呢大氅,手挥指挥战刀,正在驱动各路"剿共"大军,最后围歼残余红军。突然,不知何方一挺机枪,"嘟嘟嘟"地朝自己扫射过来……蒋介石梦中惊醒,已是一身冷汗。

"笃笃笃",一阵敲门声。

"谁?"

"侍从室主任晏道刚!"

"何事?"

"南昌行营发来急电。"

一听是"剿共"前线来电,蒋介石忙披衣下床,接过急电匆匆看起来。

原来南昌行营近来从多方刺探侦知,江西中央苏区有异动。红军调动频繁,于都城外的贡水渡口,每到夜晚便有架桥行动,瑞金中共首脑驻地好似在做转移准备。

"啊!毛泽东又在搞什么名堂,共军莫不是要突围?"蒋介石低声自语。其实他不知道毛泽东早已被剥夺了指挥权,洋顾问李德早已坐上了红军军事指挥的第一把交椅。

一想到突围,蒋介石额头上立时沁出汗珠,若让红军跑了,这撒下的大网不是要收空吗?"想突围,妄想!"好一会儿,蒋介石终于从牙缝里狠狠地挤出这五个字。

16日这天,蒋介石夫妇急急出院,匆匆登机,风风火火飞向南昌。

南昌行营,亦即"剿共"的大本营,戒备森严。蒋介石稍憩片刻,立即召集杨永泰、熊式辉、林蔚、贺国光和晏道刚等,听取他们汇报战场局势,同时商议应对之策。

这些"剿共"大员们不负蒋望,议论纷纷,各抒"高见"。

一说红军主力可能由赣南的信丰窜入广东,以靠近海口,图谋获取共产国际、苏俄的武器物资援助,伺机卷土重来。蒋介石沉吟一下说:"共匪利在乘虚,如果进犯粤境,会逼迫陈济棠的粤军拼死抵抗,那样会遭到前后夹击。腹背受敌,兵家之忌。此不利之处,他们去了亦无足为虑。"

一说红军主力可能从赣南经粤湘边窜入湘南,重建基础,几年前朱德曾率部在那里起事,群民附和者众。蒋介石思量一会,然后点点头说:"此议应加重视。因赣粤湘边区是我们政治上的薄弱点,因此也是军事上的薄弱点,而且如江西共军窜入湘南后,有与贺龙部会合之战略大利。"

一说红军主力窜入湘南后,有出鄂皖再北进之可能。蒋介石略作考虑说:"这是当年太平天国贼寇的北进路线,这在政治上倒是有较大威胁,此点亦可考虑。"

一说红军主力可能经湘西窜入黔、川,然后再北进,当然也不排除红军北渡长江上游金沙江,进入川西的可能性。蒋介石立时摆摆手说:"这是石达开走的死路,共军走死路干什么?他们若真要走此死路,那消灭他们就更容易了。"

蒋介石的这些高级幕僚们,对红军突围后的战略方向有种种猜测,但他们谁也拿不准哪种猜测是正确的。

这时,蒋介石显示出他的"统帅"和"领袖"才能。他清了清嗓子,以胜券在握的姿态总结说:"诸位所谈,各有千秋。现在我们不问共军是南下、西行还是北进,只要他们离开江西匪巢,就除去了我心腹之患。"他干咳两声,再度提高嗓音,"共军不论走哪一条路,久困之师经不起长途消耗,只要我们追堵及时,政治配合得好,彻底消灭共军的时机就在眼前。大家要好好策划,拟定出周密的剿匪计划大纲来。"

说完这些,幕僚们鱼贯退出,唯蒋介石还挺立在那里,嘴角露出一丝奸笑。

■ 陈济棠借道"送"红军

"哗哗"的流水声越来越小,贡水河渐渐地被抛在身后。

伴随着"嚓嚓"的脚步声,红军大队人马在月光下行进。

这次大规模的红军战略转移,行军队列采取了独特的方式,即以红一军团为左路前卫,红三军团为右路前卫,两军团担负着开辟道路的重任;红九军团随红一军团左侧跟进,负责掩护左翼安全;红八军团随红三军团右侧跟进,负责掩护右翼安全;红五军团殿后,担负着重要的后卫任务;军委第一、第二纵队居中,党政军的首脑中枢都在这里,担架队、运输队也在其中。这是"抬着轿子"行军,是甬道式的行进。

中央红军出发时带了许多"坛坛罐罐",大到机器,如印币机、造械机、爱克斯光机等,小至办公桌椅、箱包笼柜,还有许多并不重要的文件资料。"左"倾领导者在反五次"围剿"时,提出"不打烂坛坛罐罐"的口号,现在要转移了,则是"不丢下坛坛罐罐"。为挑、抬这些"家当",出发时发动了6000民工随行,途中还临时招募了不少。如此搬家式的行军,埃德加·斯诺戏称为"整个国家走上征途"。

在转移初期,大家斗志高昂。望着新发的帽子、衣服、草鞋、绑带、皮带,年轻的战士心里高兴。所以在刚出发上路时,队伍中不时响起阵阵歌声,歌名是《直到最后一个人》:(《中国工农红军第一方面军长征记》,第55页,人民出版社1955

年版。）

　　神圣的自由土地谁人敢侵？

　　红色政权哪个敢蹂躏？啊！

　　铁拳等着法西斯蒂国民党，

　　我们是红色的战士，拼！

　　直到最后一个人！

　　这是第五次反"围剿"的战歌，歌是激昂的，但歌词却与现实显得不够协调。从歌词中，也不难窥见"左"倾领导者们，在反"围剿"中所实行的死打硬拼的错误战略方针。

　　为了避免敌机轰炸和过早地暴露目标，部队都是夜行军。瑟瑟秋风，闪闪群星，呜呜林涛，唧唧秋虫。蠕动着的"长龙"大军，行进在无边的夜幕中。

　　到了红白交界处，再向前跨进一步，就是白区了。此时，毛泽东再次回头，深情地看了看中央根据地内那模糊的群山，感慨地说："从现在起，我们就要走出苏区啦——"

　　10月21日夜晚，红军主力按照中革军委部署开始突围，即穿过敌人设在江西的信丰至安远间的第一道封锁线。在这一线，有许多碉堡和粤军陈济棠部的几个师，此为阻挡红军西进的首道封锁线。

　　当红军突围开始时，陈济棠按借道协议在湘粤边境划定通道，让红军通过。但是为了掩人耳目，还是装模作样地派出部队堵截，沿途筑碉挖壕，架枪设炮，摆出恶战的架势。暗中却秘密通知各高级将领，共产党、红军只是借道西行，保证不侵入广东境内。因此，应饬部属做到"敌不向我射击不得开枪，敌不向我袭击不准出击"。

　　当时陈济棠部负责指挥警卫旅的少将副旅长黄国梁，在红军到来时曾私下说："我与叶剑英在云南讲武堂同学多年，千万不要碰头打仗。"当他接到互不侵犯的命令后，心情顿觉舒畅，设法指令部下避免与红军接触，以便让红军安全通过。当某营长不遵令后退布防，反向红军开火时，黄当即令其即刻撤退，并严厉斥责那个营长,声称要把他枪毙。27日夜,黄部第一团团长莫福来打来电话,说红军部队正在徒涉锦江,队伍庞大,有乘骑、有辎重,好像一个高级指挥机关,请示准予半渡而击。旅部没有批准,以致尾追红军的第五团团长陈树英,到旅部破口大骂:"眼看着共产党经过,不截击,真饭桶!"

在红军通过时,粤军不仅未组织实际上的堵截,还赠送红军步枪子弹1200箱,由巫剑虹的第四师负责运送到乌径附近交接。

由于陈济棠的借道,中央红军从于都西南的王母渡、新田之间突破敌人第一道封锁线,全部渡过了信封河。

红军突破第一道封锁线后,指战员们斗志高昂,队伍中歌声响起来,这是《胜利反攻歌》,歌词内容是这样的:

战士们高举着鲜红的旗帜,奋勇向前进,配合那全国红军,要实行总的反攻,创造新的根据地,大家要努力!

红军突然转移西去,蒋介石尚不清楚中央红军战略转移的意图。在南昌行营里,蒋介石的"智囊"们又在纷纷猜测。有的判断"朱毛出去是少数,大部留在中央苏区";有的认定"朱毛出去是主力,留在苏区是少数";还有的分析朱毛在搞声东击西,"故意弄一部分向西,而大部留下向东边发展"。蒋介石此时犹豫不决,生怕顾此失彼,放跑红军。但他倚仗兵力优势,一面命令"围剿"中央苏区的北路军主力集结待命,一面命令南路军总司令陈济棠和西路军总司令何键火速出兵,立即在湖南汝城、广东仁化间布置第二道封锁线,在广东乐昌、湖南宜章、郴县间布置第三道封锁线,务必阻止红军西进。

在第二道封锁线面前,形势对红军是有利的,陈济棠为了阻止红军进入广东,已将南路军主力撤至粤湘边界地区,并采取守势;何键部队主力尚在分散"清剿"状态,湘中、湘南仅有一个多师的兵力防守,远不是红军的对手;北路军远在赣江以东的江西兴国、古龙冈、石城一带,暂时鞭长莫及。

形势有利,机会难得,中革军委命令红军,仍以"轿子队形"向湖南汝城和广东仁化以北的城口方向前进。朱德在电报中指出:"估计在汝城北面没有打开前进道路的可能,汝城南面的道路已有初步保证。"汝城南面为粤军防区,红军还要继续利用与陈济棠达成的借道协议,以求再次顺利通过封锁线。但"轿队"的行军速度很缓慢,大队人马拥挤在狭窄的山道上,举步维艰,大大限制了红军主力机动灵活的作战能力。

由于敌人主力部队尚在集结之中,沿途遭遇的小股敌人一触即溃。11月2日,红一军团第二师迅速占领仁化县的城口,次日,红三军团包围汝城。11月5日至8日,红军大队分三路,由汝城、城口之间通过第二道封锁线。

红军开始突破封锁线时,蒋介石在南昌行营急得直跺脚,他急电尚在江西集结部队的薛岳:"汝城附近碉堡线已被匪突破,正围攻汝城。第六路军呼应兼程前进,不失时机向匪堵截为要。遵办情形随时具报。"

薛岳虽然着急,也难即时追上红军。陈济棠的南路军倒是离红军最近,但他实行"我军以'保境安民'为主"的方针,并不积极截击红军。唯有"反共健将"何键卖力追堵,但苦于兵力分散,一时尚难调集聚齐。这样,红军未遇到严重抵抗,便迫近敌人设在湖南郴县、良田、宜章之间的第三道封锁线。在这条封锁线上,湘军一个师守卫郴县,粤军两个团守卫宜章、坪石。

宜章城是朱德于1928年发动年关暴动的地方,守敌惧怕红军而仓皇逃走,城内民众则热烈欢迎红军的到来。在短短的几天时间内,红军打土豪、分浮财,当地青年及在粤汉铁路做工的工人踊跃参军,城内城外一片红火景象。

11月8日至15日,中央红军各部队未经大的战斗,便从宜章南北地区突破了敌人的第三道封锁线。

在红军突破第三道封锁线时,红军内部出现了一场风波。

当时,为了部署突破第三道封锁线的战术,朱德总司令几次电令林彪率红一军团迅速抢占粤汉铁路东北约20里处的制高点九峰山,以掩护军委、中央纵队和各军团从九峰山以北安全通过。但是林彪不执行军委命令,不派兵占领九峰山,以敌人还没有到达乐昌为由一直拣平原走,企图一下子冲过粤汉线上的乐昌。

政治委员聂荣臻明确地说不行,虽然敌人现在可能还没有到达乐昌,但我们离乐昌还有一段路程,等我们用两只脚走到那里,乘火车或汽车的敌人可能早已到了那里。聂荣臻强调指出："我们不能只管自己在平原上跑过乐昌就算完，还有中央军委纵队在后面，我们担任的是掩护任务。如果我们不占领九峰山，敌人把后面的部队截断怎么办？"

可是，林彪仍然坚持个人意见，并与聂荣臻争吵起来。

聂荣臻认为这是原则问题，作为政治委员，对军委命令的执行，是负有责任的。因此他也不退让，坚决主张执行军委命令。

在激烈的争吵中，参谋长左权为了缓和气氛，建议派一个连到乐昌侦察一下。聂荣臻说："侦察也可以，不侦察也可以，你去侦察时，敌人可能还没有到，等你侦察回来，敌人可能就到了。担任如此重大的掩护任务，我们可不能干这些没有把握的事。"接着他以不容置疑的口吻说，"一定要遵照军委的命令行事，一定要派部队控制九峰山。"

正在争吵中，派出去侦察的部队回来报告说，在乐昌大道上已经看到敌人，正在向北开进。这时林彪才不再坚持他的错误意见了。

11月6日下午，红一军团军团部行进到了麻坑圩，在这里意外地发现了一部敌人撤逃时未来得及拆走的电话。当电话铃响起时，林彪立即抓起听筒问："什么事？"

"你们发现赤匪了吗？"电话是乐昌附近一个叫赖田的民团团长打来的。林彪脑子一转，立即用大大咧咧的口气回答："我们是中央军，刚来这里接防，此处没有发现'赤匪'。你们那里发现'赤匪'了吗？你们是怎样布防的？"

那个愚蠢的民团团长便如实相告，说粤军邓龙光部的三个团已经开到乐昌，还有一个团正在开往九峰山。

听到这里，林彪着急起来，赶紧派二师四团，昼夜直奔九峰山，前去抢占阵地。他自己也亲率后续部队，攻击九峰山南侧的茶岭，监视九峰圩之敌。

四团官兵冒着瓢泼大雨，连夜奔袭，终于提前到达并控制了九峰山。与此同时，红三军团在右翼先后占领了宜章、良田等城镇。这样，就从南北两个方向，掩护了中央军委等后续部队安全通过第三道封锁线。

事后，朱德曾致电批评红一军团行动的无计划和执行命令的迟缓，"使迅速通过敌人封锁线成问题"。同时，又以军委名义通电各军团，"赞扬三军团首长彭

(德怀)、杨(尚昆)同志及三军团全体指战员,在突破汝城及宜、郴两封锁线时之英勇与模范的战斗动作"。

关于这段长征中的插曲,聂荣臻说过如下一段话:

我平时总认为林彪不是不能打仗之人,有时他也能打。他善于组织大部队伏击和突然袭击。可是由于他政治上存在很大弱点——个人主义严重,对党不是很忠诚,有时就使他在军事指挥上产生了极端不负责任的行为。这次在突破敌人第三道封锁线时就表现得很明显。

三道封锁线冲过去了,李德、博古有些得意。但形势却不容乐观,蒋介石正在调兵遣将,以数十万大军追堵红军,而红军却被"家当"所累,行动迟缓。

不利的阴影正悄悄向红军袭来。

■ 血雨腥风浴红都

中央红军主力长征后,中央苏区顿失支持。蒋介石获此情报后,立即命令各路"进剿"部队加速推进。1934年10月26日,敌人侵占宁都,这是赵博生、董振堂等率部起义并成立红五军团的地方;11月10日, 占领中华苏维埃共和国中央政府的首都,中共中央、中革军委的所在地瑞金;11月17日,侵占红军主力长征出发地于都;11月23日,侵占被毛泽东称为"风景这边独好"的会昌。至此,整个中央苏区的全部县城均陷于敌手。

蒋介石有令在先:对共党分子及其嫌疑人员"格杀勿论"。

于是国民党军队侵占苏区后,立即对原苏区地方进行了残酷的摧残和"扫荡"。他们大肆屠杀苏区干部、红军家属和革命群众,烧毁人民房屋,抢夺人民财产。其残暴行径令人发指。

革命时期逃亡在外的恶霸地主、土豪劣绅也回来了。这伙恶贼以十倍的疯狂、百倍的仇恨，日夜进行着反攻倒算。"还乡团"、"铲共团"、"挨户团"，转着圈儿地迫害苏区人民。工农大众在土地革命中取得的胜利果实，转眼之间被剥夺殆尽，而且付出数倍的代价。

国民党反动派狂叫着，要"大乱三天，大杀三年"；要"斩草除根，诛家灭种"；要"屋换石头人换种，笤帚也要过三斩"。他们的口号是："有可疑的就杀掉，杀了比没有杀好。"可怜许多几岁的小孩及八旬老人，也被视为"共匪"、"通匪"而惨死于刽子手们的屠刀下。

田野荒滩，成群野狗撕咬着被害干部和群众的尸体；枯树焦枝，倒垂着被害干部和群众的尸体；城楼高杆，悬挂着被害干部和群众的头颅……

这悲惨的一幕，连蒋介石也难掩饰。他在《剿匪报告》中承认：

"剿匪之地，百物荡尽，一望荒凉；无不焚之居，无不伐之树，无不杀之鸡犬，无遗留之壮丁，闾阎不见炊烟，田野但闻鬼哭。"

在大屠杀进行的同时，蒋介石又在策划对苏区的"整治"。"中央社"11月20日电讯称："蒋委员长以宁都、石城、兴国、瑞金、于都、会昌六县匪化最深，决划为特别区，设政治局。赣省府遵令拟具施政纲要从教养卫着手实施。"

所谓"教养卫"，就是严格实行保甲制度和联防政策，目的在于加强控制，割断人民群众同共产党、红军游击队的联系。它的内容是五家一联，十甲一保，一家"通匪"，十家"联坐"；一家"窝匪"，十家"同祸"。同时，在各地还建立"清乡委员会"、"铲共委员会"、"没收委员会"等机构，专事反共"剿共"及反攻倒算等活动。

在此保甲制度和联防政策下，苏区群众要出门走亲戚或留客人住宿，都得向保、甲长报告，保证"安分守己"方可被应允。闽西上杭县有一村庄，因一家被称为"通匪"，全村30多口人竟然全遭杀害。

白色恐怖吓倒了革命队伍中的某些不坚定分子。一些曾是苏区党和红军的干部，经受不起严峻考验，变节投敌，反过来又助纣为虐，为虎作伥，充当搜捕、"围剿"共产党人和红军、游击队的走狗。

但真正的革命者，面对凶顽，却表现出视死如归的大无畏英雄气概。

1935年2月24日,中共前主要负责人、正患肺病的瞿秋白和中共"一大"代表、61岁的何叔衡,遵照中央指示,从瑞金化装逃出,行至福建长汀县水口镇附近的小径村时,被地主武装"民团"包围。护送队伍在激战中大部牺牲,何叔衡在突围中也壮烈牺牲,殷红的鲜血染红了身边青青的小草。

瞿秋白这次侥幸脱险,但在第三天于山中行走时又被敌人抓获。开始敌人尚未发现他的真实身份,但不久被叛徒认出。6月18日下午,在汀州罗汉岭的刑场上,当刽子手们端起枪对着他的时候,他平静地用俄语唱着《国际歌》。枪响了,"英特纳雄耐尔就一定要实现"的余音还回荡在天地之间。

茫茫黑夜中,为革命作出重大贡献,为革命付出重大牺牲的苏区人民,盼望着天亮,盼望着红军早日打回来。

第十三章

鱼死网破战湘江

■ 蒋介石预设"口袋阵"

红军从第五次"围剿"的天罗地网中挣脱，突然跳出重围，并一举突破第一道封锁线西去以后，蒋介石本想集合主力迅速围歼，又担心中了红军声东击西之计，因而不敢有太大动作，以致心神不宁。

1934年10月底以来，蒋介石阴沉的脸上稍透出一丝亮光，原来他综合各方情况，初步判定红军"西窜"的路线是循"萧匪故道"。因此，他给任第六路军总指挥的薛岳下达命令："本路军以歼灭朱、毛赤匪之目的，速向永州附近集中堵截匪之西窜，尔后视战况之推移，务压迫该匪于湘粤赣边境地区而聚歼之，于31日开始前进。"

同日，蒋介石还令其他各追击部队"轻装前进，并携带炒米袋"；空军每日派飞机"追匪轰炸"，使其白昼不敢行动。

蒋介石初步拉开了在红军西行前方布设"口袋阵"的序幕。

11月5日，红军开始突破第二道封锁线时，蒋介石急如星火，连电薛岳"亟应兼程前进，不失时机向匪堵截为要"。一夜之后，又给西路军总司令何键发电，告诉他"共匪必沿五岭山脉，循萧匪故道，经兴（兴安）全（全县）间窜，且其行动必速，不致北犯，既有亦不过以一部掩护其侧翼"。所以，为"歼灭该匪于湘、漓两水以东地区",各方部队应迅速出郴县、永州以南,宜章、道县以北,分别"堵剿"与追击。如果薛岳、周浑元两部追赶不及,须先抽出湘中部队进行堵截,以迟缓红军行动。

这里,蒋介石已明确地把"口袋"划定在"湘、漓两水以东地区",即摆阵于湘江东岸。

尽管蒋介石调兵遣将,但仍追赶不及,中央红军借先机之利,于11月8日至15日全部通过第三道封锁线。

蒋介石虽然懊恼,但也有可"庆幸"之处:追击部队与红军的距离大大缩短了,其他各方部队也正在运动之中,大迂回、大包抄之势正在形成;粤军在延寿圩和红军激战两日,发现红军一、三、五、九等军团番号;何键派一个旅守卫汝城,虽然打了几天仗,战况却不激烈,说明红军对汝城意在牵制;"围剿"部队攻陷瑞金后,从中共机关残留的文件中确认此次红军行动不是战术机动,而是战略转移,不是南下、北上,而是西进,不是小股"窜扰",而是主力行动。

蒋介石心中有底了。于是,他施展开"大动作",加紧布置"口袋阵",并使它赶快严密起来。

11月12日,蒋介石委任何键为"追剿军"总司令,"所有北路入湘第六路总指挥薛岳所部及周浑元所部统归指挥,并率领在湘各部队及团队追剿西窜股匪,务须歼灭于湘、漓水以东地区"。蒋介石另任命薛岳为前敌总指挥,陈诚任预备军总指挥。同时,命令原南路军总司令陈济棠部的四个师北进粤湘桂边进行截击;命令广西"剿匪"总指挥李宗仁、白崇禧以五个师控制灌阳及湘江边之兴安、全州至黄沙河一线;命令贵州省"剿匪"总指挥王家烈派有力部队到湘黔边积极堵截。

蒋介石此番人事安排,可谓用心良苦。本来国民党军队内部各派系间勾心斗角,矛盾重重,特别是那些占省、占地的"王",往往是"不顾大局"的,蒋介石深知此点。所以这次人事调配,他充分使用纵横捭阖的手段,力求达到互相牵制和利用之目的,以完成全歼"共匪"之大业。

像何键,原是西路军总司令。蒋介石认为红军现在进入西路作战地境,直接触及何键利益,若将追剿军"总司令"的帽子给何戴上,可激励他卖力追堵。另外，这样做可以将何键部队调离湖南，从而更容易控制何键这个"湖南王"。

为了达此目的，蒋介石除发给何键委任电外，还派飞机给他投下亲笔信：

芸樵兄勋鉴：

今委兄以大任，勿负党国之重托，党国命运在此一役，望全力督剿。并录古诗一首相勉：

昨夜秋风入汉关，朔云边月满西山；

更催飞将追骄虏，莫遣沙场匹马还。

何键手捧蒋信，心里自然乐滋滋的。14日，他便赶到衡阳通电就职，声称"共匪弃巢南犯，折而西窜，键负西路重责"，并因此而引来陈济棠、白崇禧、王家烈等各路"诸侯"的"恭贺"。

喜庆声中，有一人颇为不服，即蒋介石和陈诚的"宠将"薛岳。他自恃为中央军嫡系，根本不把何键放在眼里。但是蒋介石告诉他现在以"剿匪大局为重"，须有忍耐精神。事实上，薛岳、周浑元所率的中央军或明或暗地直接听命于蒋介石，何键的"总司令"说到底只是个空架子。

在拟定追堵计划时，蒋介石的侍从室主任晏道刚考虑蒋粤、蒋桂疑忌很深，粤桂惧怕中央军嫡系乘机入侵并不亚于惧怕红军，因此，当蒋严电粤陈济棠、桂李宗仁全力防堵红军时，他便建议说："粤桂是否依我们的计划办事乃是防堵的关键，应派员妥为联系才能贯彻命令。"

不料蒋介石坚决地说："你不要管，命令只管下。他们不照我的命令行事，共军进去了他们受不了，他们拒不执行我的命令是第二步。"挟红军以迫陈、李出兵是蒋介石的"杀手锏"。

11月间，蒋介石还借口红军可能去西南，把他筹谋许久的组织参谋团入川的计划端了出来，决定以行营参谋长贺国光为主任，率参谋团进驻重庆，统率川黔各部配合作战，堵截和"围剿"红军。

至此，蒋介石的追堵部署初步完成。

当11月下旬中央红军从湖南的道县至江华间渡过沱水后，蒋介石颇为自信地宣布:红军已经"流徙千里,四面受制,下山猛虎,不难就擒"。但是,他并不敢怠慢,急令何键与粤桂军相配合,依湘江天险,设置第四道封锁线,从四面对红军进行围追堵截。同时,对原部署作了一些调整。

蒋介石站在军用大地图前,欣赏着自己精心布置的"口袋阵":沿湘江布防的北段是刘建绪、薛岳,南段是李宗仁、白崇禧,这是口袋底;口袋北侧有李云杰,南侧有陈济棠、李韫珩;担负尾追和扎紧袋口的是周浑元。

突然,蒋介石想起一事,万一在决战中红军有一部或残部漏网,窜到湘江以西,将作何处置?于是,他即刻令行营拟出《湘水以西地区剿匪计划大纲》,并于11月17日发布。内称:为了"不使该匪能长驱入黔,会合川匪及蔓延湘西,与贺、萧合股之目的",应在湘、漓水以西地区由黔军王家烈等部预作布防,赶筑工事,构建据点,坚壁清野,原任追击部队亦应"穷匪所至,追截抄袭,与各守备部队联合兜剿"。

这下蒋介石才舒了一口气,期望设在湘江东岸的"口袋阵"能万无一失,目前就是等待红军近10万人马进入这宽大的"口袋"了。

■ 抬着"轿子"远征

蒋介石在南昌行营正驱动着三四十万"追剿"大军,快马加鞭地围追红军,抢回已失去的时间时,中央红军的"轿队"却还在崎岖的山间小道上缓慢地蠕动着。这"轿队"中心是党、政、军领导机关,是数千肩挑背扛的民工、担架队,是手握红缨枪的老人、妇女。红一、三、五、八、九军团忠诚地守护在"轿子"的前后左右,所以,将士们多次眼睁睁地看着良好的战机从身旁悄悄溜过。没有命令,他们不能、也不敢远离"轿队"去机动一下。当然,前卫要开辟道路,但有时开辟了道路却要等候"轿队"的缓慢到来,有时却因受缓行"轿队"的牵制而失去占领前方要点的先机。后卫更困难了,"轿队"缓行,后卫要抵住优势敌军的凶猛进攻,即便作出再大的牺牲也不能稍有闪失,况且后卫还被要求死守防御,而不是积极防御。

这种甬道式的行军队伍,被称为是拖着圆木在树林中拖沓行进的"象队"。

刘伯承说这是"抬着轿子行军";

毛泽东说这是"叫化子打狗,边打边走";

彭德怀干脆说这是"抬着棺材送死"。

如此长达一百多里的庞大而有些杂乱的队伍,居然能顺利通过三道封锁线,也算是个小小的奇迹。博古、李德庆幸自己计划的成功,也小瞧了蒋介石军队围追堵截的能力,低估了前面可能遇到的极大的风险。

红军总司令朱德这时却表现出深深的忧虑。他清楚蒋介石的"追剿军"正在迅速从四面围拢过来,红军正在一步一步走向绝境。作为总司令、中革军委主席的他可以签发命令,调配兵力,却没有最后的决定权,决定权在李德那里。看着那些负重的挑夫们在队伍中慢慢地挪动,他心急如焚。

"三人团"之一的周恩来心里也很不轻松。他看着红军大队人马以一天三四十里甚至十几里、几里的速度蜿蜒行进,他感到自己负担的沉重。

行进中,毛泽东似乎是"无官一身轻",虽然顶着中华苏维埃中央政府主席的头衔,可是在这"轿队"中领导谁呢,有什么"政府工作"要做呢?军委会议没他的份,手下除了几名警卫员,不能领导一兵一卒。可是,他仍然时刻担忧红军的命运,关切周围的敌情,注意行军中的组织。每到一处宿营,他总是挂上或摊开大幅军用地图,仔细地在上面查看勾画,他的简陋宿处,俨然最高统帅部的作战室。偶尔与贺子珍会面时,又详细询问中央纵队行军情况。当看着笨重的机器等物品十分艰难地从山崖上抬上抬下的时候,他眉心拧成了疙瘩。

为了躲避敌机的轰炸和扫射,部队基本上是夜晚行军。为防止掉队或摔下山崖,往往在每人背包上拴条白带子,后面的人拉住前面的人的背包。

红军部队被拖得疲惫不堪,极度缺乏睡眠,坚强的红军战士难以抵住瞌睡的进攻。在英雄的红四团曾发生过这样一件事:一次,晚上行军时队伍突然停住了,本来这是常事,时间不长队伍就会继续行进。可是这次,等了许久还不见动静。杨成武政委赶往前面察看,一下子愣住了。原来队伍中断了,前面的队伍早走了,后面拉着背包的那个小战士,竟然趴在山道拐弯的地方睡着了。后面的人看不清,以为又是路阻,时间一长,便一个挨一个地站在路上打起盹来。

在艰难行进的"轿队"中间,还有更艰难的一族,那就是休养连中的几十名女同志。

休养连里大部分是老弱病残和妇女,因此担架多,民工也多。连里一些身体好的女同志都要担负起照料民工的任务,当时被称作"政治战士"。刚开始时,每人要照料三四副担架。抬担架的民工都是花银元雇来的,他们对革命的认识深浅不一,有的人不愿意远离家乡,思想不稳定;有的人不习惯于夜行军,常常掉队;更有个别思想意识不好的,趁队伍不注意时,竟带着担架溜掉了。

针对这种情况,政治战士在行军时就要同民工们走在一起,做思想宣传工作,鼓励他们跟上队伍。当民工躺倒不干时,政治战士还要顶替他们抬担架。她们说:"真是睡着了,也要睁一只眼。"

贺子珍身体不好,又怀了孕,所以休养连党支部就没有安排她管担架。可是她看到同志们那么累,就主动帮助照料担架和做民工的思想工作。到了宿营地,她又和大家一起,为民工们安排吃住,烧水烫脚。民工休息了,她还和大家轮流值班,照管连队的东西,以防发生意外情况。一拨民工走了,又来了一拨新的,贺子珍和大家继续做着这些工作。

就这样,红军"轿队"十几里、几十里地向前艰难移动。可是,蒋介石的五路"追剿"部队却几十里、几百里地轻装、快速追上来,甚至赶到前头,摆下"口袋阵"。

8万人的红军"轿队",其前途命运堪忧。

■ 湘江涌血——绝境大厮杀

蒋介石调动40万大军云集在湘江两岸,尤其是将主力置于灌阳、兴安、全县之间,形成了一个"铁三角"的包围圈,张大"口袋"等待红军进入。而中央红军在前有大江阻隔,后有追兵紧随,两侧有敌军袭扰,空中有飞机轰炸的情况之下,仍舍不得丢弃"家当",致使大队人马行进困难。

对这种做法,红三军团军团长彭德怀十分恼火,也非常担心,认为这样下去后果真是不堪设想。于是,他在行军途中,郑重地向军委提出关于今后军事行动的建议,即三军团向湖南湘潭、益阳挺进,威胁何键老巢长沙,吸引敌军主力北上,迫使其改变部署;中央率一、五、八、九军团进占溆浦,以此为中心创建根据地;坚决甩掉笨重辎重,运用机动灵活战术,在运动中调动和歼灭敌人,变被动为主动。

但是,中央"三人团"没有采纳彭德怀的重要建议,仍坚持原计划:渡湘江北上,与贺龙、萧克的红二、六军团会合。此时,敌军已蜂拥而至。这样,迅速西渡湘江,突破敌人第四道封锁线,杀出重围,成了红军生死存亡的关键一战。

为了调动敌人,寻机渡江,中央红军以一部兵力西进永明(今江永),做出向广西腹地进军模样。敌第四集团军(即桂军)副总司令白崇禧害怕红军夺取桂林,急忙给蒋打电报,说是南线告急,便把在湘江正面防御的桂军主力撤走,仅以一团兵力留驻兴安,两营干训队留驻全州。顷刻间,兴、全一线一百多里的湘江几无兵把守。蒋介石于11月22日电告何键,通报了这个情况,要何派兵接防。

何键接电后急得直跳脚,大骂"白狐狸",同时回电蒋介石,大发牢骚。尽管如此,他还是急令零陵、东安的守军刘建绪率四个师南下全州,同时命令其他各路部队尽力迟滞红军行动,以作掩护。

事实上,何键也有他的"小九九"。他不愿在正面与红军硬拼,也不愿红军被逼入湖南,引火烧身。但他有总司令的头衔,若"追剿"不力,无法向蒋介石交代,所以只能硬着头皮派兵填补缺口。

桂军已撤走,兴、全一线一百多里的湘江甚少守敌,而何键派兵一时尚难赶到,这是中央红军抢渡湘江的绝佳时机。可是不知何故,红军却在道县地区停留数日未曾西进,这倒引起白崇禧的忧虑。白崇禧既怕红军进入广西,更怕中央军借"追剿"之名进入广西,此时他希望红军沿湘桂边境快速通行。于是便在11月下旬发电给桂军第十五军军长夏威,"着将四关(指红军行进前方的清水关、永安关、中关、北关)工事星夜挖去,让红军通过"。当夜,该部照令执行。23日夜,红军进入清水关,首尾衔接向西挺进。

迟至25日,中革军委和总政治部才分别发出"突破敌人之第四道封锁线,并渡过湘江"的作战命令和政治训令。规定红军分四个纵队向广西东北部前进:第一纵队红一军团主力向全州以南前进;第二纵队红一、红五军团各一部和军委第一纵队向文市以南前进;第三纵队红三军团和军委第二纵队、红五军团一部向灌阳前进;第四纵队红八、红九军团向灌阳、兴安前进。全军在兴安、全州间抢渡湘江。

27日,右翼红一军团第二师率先顺利渡过湘江,控制了界首到脚山铺的各个渡口,并在附近架设浮桥。本可以乘虚拿下全州,不料敌刘建绪派部队已抢先一步入城。夺取全州未果,红二师只得将第一道阻击线选在距全州西南30里名为脚山的小山岭上。与湘江平行的桂黄公路穿岭而过,脚山铺小村庄就在公路与山岭相交的十字中心,守住了这里,就卡住了敌人进攻的咽喉。

28日,左翼红三军团第四师也顺利渡过湘江,进至界首布防。但后续部队因道路狭窄、辎重过多,没有及时跟进先头部队赶到渡河点,宝贵的时机被延误了,敌军从周围凶猛地压了过来,形势急剧恶化。

一场血战不可避免地在湘江两岸展开了。

敌机从空中撒下红红绿绿的传单,狂妄地叫嚣着:

"共匪们!我们奉总司令的命令等你们好久了,请你们快来!"

"来!来!来!"

"来进我们安排好的天罗地网!"

同日,敌一路军一部由全州向脚山铺的红二师发起进攻。同时,桂军两个师在湘江东岸之新圩,向红军后卫红三军团五师阵地猛攻。

29日,桂军一路由兴安北出,向据守界首南兴华铺的红三军团第四师进攻。其他各路"追剿军"亦分别在江东道县、文市等地,向红军后卫猛烈进攻。

在各个阻击阵地上,红军广大指战员为坚守渡河点,为掩护军委第一、第二纵队渡过湘江,与敌人展开殊死搏斗。

黑压压的敌机群,轮番轰炸着红军阻击阵地,各处敌军在密集、猛烈的炮火掩护下,一次次地向红军阻击阵地猛攻,前面的士兵倒毙,后面的又拥上来。红军战士与敌人展开肉搏,嘶哑的喊杀声似沉雷滚动在山野岗峦。一些阵地终因红军官兵们在战斗中全部壮烈牺牲而丢失了。

易荡平,坚守尖锋岭的红二师五团政委,在敌人攻上阵地时,身负重伤的他朝自己扣响了扳机,实现了与阵地共存亡的誓言。

红五师阵地,仅有枪弹不足的二个团在拼死坚守,伤亡惨重,师参谋长胡浚、第十四团团长黄冕昌英勇牺牲。

界首阻击阵地,彭德怀不惜一切,背水一战,在前沿亲自指挥这场异常严酷的战斗。第十团团长沈述清指挥反击时倒于血泊中,刚刚接任不久的杜中美团长又壮烈牺牲。相继损失两个团长,这在红三军团的历史上是前所未有的。

蒋介石在南昌行营焦躁不安,不断向前线发电报,斥责"追剿"不力者,督令各路军"加紧"再"加紧",勿使红军逃脱。

红军总司令朱德在危急时刻勇挑重担,镇静地指挥着各处抗击的红军,"坚持"再"坚持"的指令飞向各军团首长。红军总政委周恩来在东岸紧张地指挥各部队渡江,熬红的双眼仍射出坚定的光芒,"快行"再"快行"的指令不断传给尚在后边的军委两个纵队。

面对如此激烈、残酷的战斗场面,洋顾问李德失去了往日大权在握、傲视一切的特有威仪,沮丧、无奈的情绪挂在他的脸上。中共中央最高领导人博古,对已提不出什么重要意见的李德稍有不满,至于他自己,除了焦急地关注战局发展外,也是别无良策。

30日,红一军团一师、二师继续在脚山铺地区阻击敌军,阵地上硝烟弥漫、火光冲天。在敌人连续猛烈进攻下,部队不得已从第一道阻击线撤至第二道阻击线。

同日,军委两个纵队经过四天行军,方才走了一百多里路来到江边,拥拥挤挤地陆续渡过湘江。一些已实在难以搬运的辎重或丢弃路边,或沉入江中。许多军事、政治、文化教育书籍也散落地上,任人马踩踏,任寒风撕裂。敌机俯飞,向着岸边、江中待渡或正渡的人群扫射,水面上漂浮着血肉模糊的尸体、马匹,红军战士的鲜血染红了一江碧水。

入夜,军委主席朱德正在看林彪、聂荣臻发来的紧急电报:"如敌人明日以优势猛进，我军在目前训练装备状况下，难有占领固守的绝对把握。军委须将湘水以东各军，星夜兼程过河。一、二师明天继续抗敌。"朱德明白西岸红军阵地所承受的巨大压力，也明白东岸还有担任掩护、后卫任务的红军战士尚未摆脱敌人的围追。已是12月1日凌晨一时半了，朱德给全军下达了万分火急的命令：

一军团全部，在原地域消灭由全州向西南推进之敌，并无论如何要将这段地域向西的公路保持在手中；

三军团应集中两个师的兵力，向南驱逐光华铺之敌；

五军团主力应向渡口前进，并随时扼阻桂军及周浑元部的追击。

所有被切断的部队应自动突围并向麻子渡口前进……

三时半，中央政治局、中革军委、总政治部联名，又特意给红一、红三军团再发万分火急电报：

一日战斗，关系我野战军全部。西进胜利，可开辟今后的发展前途，迟则我野战军将被层层切断。我一、三军团首长及其政治部，应连夜派遣政工员，分入到各连队去进行战斗鼓动。要动员全体指战员认识今日作战的意义。我们不为胜利者，即为战败者。胜负关全局，人人要奋起作战的最高勇气，不顾一切牺牲，克服疲惫，以坚决的突击，执行进攻与消灭敌人的任务，保证军委一号一时半作战命令全部实现，打退敌人占领的地方，消灭敌人进攻部队，开辟西进的道路，保证我野战军全部突过封锁线应是今日作战的基本口号。望高举着胜利的旗帜，向着火线上去。

电报语气之沉重，措辞之严厉，是红军建军以来所没有过的。各指挥员掂量得出这一字一句的分量。

12月1日，惊天地、泣鬼神的湘江之战达到白热化。每处阵地，都是尸陈遍野；每处阵地，都是血流成河。

林彪铁青着脸，给部队下了一道死命令："誓死不让敌人突破白沙河。"这白沙河正当桂黄公路要冲，其后就是红军渡口。中午时分，一股敌人竟突袭到红一军团指挥部门口，紧急关头，军团首长立即组织人员抗击，军团部迅速转移到山隘口后的安全地带。遇险的林彪大发雷霆，命令军团政治保卫局长罗瑞卿提枪领人去追查，若是有人临阵退缩或有意纵敌，就地执行军法。后经查明敌人所通过的阵地，守卫战士已全部牺牲。

在红军战士英勇顽强的抗击下，湘江西岸红军抵住了南北夹击之敌，东岸红军且战且走，以尽可能快的速度向江边靠近，但直至下午4时，尚未全部摆脱追敌抵达江边。红五军团第三十四师和红三军团的第十八团被敌阻于湘江东岸，虽经英勇战斗，给敌以沉重打击，终因寡不敌众，除极少数人突出敌之重围外，其余均壮烈牺牲。红军以血的代价突破了敌人的第四道封锁线，粉碎了蒋介石围歼红军于湘江两岸的企图。

滔滔江水，涌动着红军战士的血和泪，

凛凛寒风，伴和着红军战士的悲和泣。

■ 悲壮的后卫——红军"打狗队"

中央红军长征，担任后卫的部队是红五军团，军团长是董振堂。红五军团是宁都起义部队，所部曾和其他几支红军部队进行过混编。在中央苏区的几次反"围剿"中，红五军团于斗争中锻炼成长，赢得了英勇善战的美名。

长征开始，红五军团辖第十三、三十四两个师，陈伯钧、陈树湘分任师长。

告别苏区，踏上征途，红五军团保护着红军大队的骡马、辎重，沿着粤桂湘边境向西转移。它既要迟滞后追的敌军，击退他们的追击，又要掩护主力前进。稍有不慎，就有被敌人阻断或围歼的危险。在突破前三道封锁线时，由于"追剿军"主力尚未追上来，所以战斗规模并不很大。待突破第四道封锁线时，围追堵截的敌人集中过来，湘江的阻隔又限制了大部队行进的速度，因此，后卫承受了极大的压力。

在阻击阵地上,英雄的红五军团广大指战员,忍受着连续行军、作战的疲劳,抱着掩护红军主力过江的坚定决心,以鲜血和生命顽强地抵抗着敌人的疯狂进攻。

红五军团担任全军的后卫,而红三十四师又担当着全军团的后卫。中革军委和军团部所以将全军的总后卫任务交给红三十四师,是因为它是一支"特别能战斗"的英勇部队。

红三十四师的前身是福建的红军地方部队。周子昆、谭震林首任师长、政委,后彭绍辉、程翠林继任师长、政委。师内的战士,几乎全是闽西、赣南的翻身青年农民。在反"围剿"斗争中,红三十四师屡立战功。这支部队战斗作风顽强,能攻善守,敢打近战、夜战和肉搏战。师长是赫赫有名的战将陈树湘。

陈树湘,1905年1月30日生于长沙福临铺一个贫苦的佃农家里,8岁时便给地主家当小长工,天天放牛割草。1914年,为逃荒躲债,全家落脚于长沙小吴门外,从此以种菜为生。

1922年,中共湘区委员会书记毛泽东在长沙城东郊清水塘居住办公,距陈树湘家仅一岭之隔。17岁的陈树湘常为毛家送菜挑水,毛泽东、杨开慧很喜欢这个小伙子。毛泽东和其他同志常帮他学文化,给他讲革命道理。陈树湘开始向往革命,并参加农民运动,1925年便成为一名共产党员。1927年9月,他参加毛泽东领导的秋收起义,并上了井冈山。在红军队伍里,作战勇敢、机动灵活的陈树湘先后担任过排长、连长、营党代表、支队政委、独立团团长、独立师师长等职,最后被任命为红军主力师之一的红三十四师的师长。

红军西征转移,敌军紧紧追赶,后卫战斗十分频繁。毛泽东看着这种情况,曾风趣地对身边的人说:"这是打狗战术,红三十四师是走在后头,边打边走。"这样,红三十四师就成了红军长征中的"打狗队",而"打狗队长"就是陈树湘。这"打狗队长"比其他师团指挥员要紧张忙碌得多。长征途中他和他的部队一直是兵不卸甲,马不离鞍。敌人追兵在哪里出现,他便率三十四师到哪里去阻击。

11月下旬中,红军主力渡过潇水后,红三十四师即在道县城南布防,阻止敌军渡河追击,但敌军从潇水上游偷渡过来。陈树湘为了掩护主力红军和军委纵队西进,又指挥全师在道县城南的葫芦岩、岭江渡与敌人展开激战。

战斗中,军团长董振堂、军团参谋长刘伯承来到师部。在师团干部紧急会议上,久经沙场的刘伯承深知三十四师此次担任全军总后卫任务的艰巨性,深情地拍着陈树湘的肩,语重心长地说:"现在敌重兵压境,军委把整个殿后任务交给你们师,这个担子可不轻啊!你们既要有完成这次光荣任务的最大决心,又要有万一被敌截断而孤军作战的充分准备。"董振堂看着身材高大、面露疲惫之态却又不失刚毅神情的陈树湘说:"三十四师是能打敢拼、有着光荣传统的好部队,朱总司令和周总政委要我告诉你们,军委相信三十四师一定能够完成这一伟大而艰巨的任务。"陈树湘和全体干部坚决表示:"请首长放心,请中央和军委放心,我们保证完成总后卫任务!"

27日,领受任务的红三十四师急速进入湘江以东的灌阳,在水车至文市一带接替在此布防的兄弟部队,并紧张地构筑和加固工事。

次日,英勇悲壮的后卫阻击战开始了。敌机的炸弹、追兵的炮弹像冰雹砸在红三十四师的阵地上,爆炸声震耳欲聋,滚滚气浪使人站立不稳。霎时,密密麻麻的敌人叫喊着冲上来。各个阵地上的红军勇士们,在工事里静静趴伏着。他们知道,宝贵的子弹不能随便射击,要等敌人近些、再近些。

"打!"随着一声号令,千万发子弹射向近在咫尺的敌人,敌人一片片倒下,可是后边的又拥上来。"杀啊!"战士们端起刺刀,跃出战壕,同敌人白刃格斗。英雄们枪刺刀劈,全无畏惧,敌人的首次进攻被打退了。

敌人的冲锋在继续,红军的反击在继续。阵地前敌人横七竖八的尸体在增多,在堆高,而红军的弹药在减少,人员在减少,有的班、排、连,只剩下了几个人,甚至还有全部牺牲的。而且每个活着的人差不多都负了几处、十几处伤。在他们身上,布满混合着血的泥土,粘凝着混合着泥土的血。

全师指战员只有一个信念,坚决拖住敌人,掩护全军安全突围。任凭凶残的敌军如何进攻,只要三十四师在,就不容敌人前进一步。

在师部指挥所里,陈树湘镇定自若,毫无惧色。他目睹硝烟滚滚的各处阵地,耳闻阵地上的震天杀声,沉着指挥着全师从北、东、南三个方向奋力顶住敌人。他明白，只要这里多坚持一分钟，全军主力转移就少一分危险。战斗间隙，他不时地向西边张望，盼望红军大队人马早早安全渡过湘江。

凶恶的敌人，尽管用尽了最大的力量，终于没能突破红军后卫用鲜血与骨肉筑起的这座钢铁长城。这惊天地、泣鬼神的数天数夜阻击战，为军委两个纵队和其他兄弟部队渡过湘江赢得了宝贵的时间，最终完成了全军的后卫掩护任务。此时，三十四师已由6000多人减少到不足千人。

12月1日，当红三十四师且战且退，赶到湘江岸边时，红军的主要渡口处界首已为桂军占领。陈树湘率全师余部在当天下午来到另一渡口凤凰嘴，那里也已落入敌手。次日，全师数百人在凤凰嘴强行涉水过江，半渡中遭敌机猛烈轰炸和敌军机枪密集扫射，师政委程翠林、政治部主任蔡忠以及两位团长，都在抢渡中壮烈牺牲。

陈树湘眼看过江追赶主力已不可能，便带领余部按军委电报指示，向群众基础较好的湘南撤退。沿途不断遭到敌军包围、袭击，每天都有一批战士倒下。陈树湘在艰难的困境中鼓舞伤残饥疲的指战员们，争取突围到湘南发展游击战争，万一突围不成，誓为苏维埃新中国流尽最后一滴血。

12月12日，陈树湘带余部抢渡牯子江时，中了敌保安团的埋伏，部队伤亡惨重，他自己亦腹部受重伤。抢上岸后，大家用担架抬着他继续突围。看着四周敌兵渐近，陈树湘让人放下他，艰难地说："你们不要抬我了，这样冲不出去的，不要作无谓的牺牲了。现在最重要的是保存革命力量，死我一个陈树湘算不了什么，革命一定会成功，你们，你们赶快向外冲吧！"

指战员们泪如泉涌，说什么也不肯离开可亲可敬的好师长，仍然抬着陈树湘继续突围。敌人收拢了包围圈，一阵枪弹打来，抬担架的战士牺牲了。这时，陈树湘不容置疑地命令其他同志奋勇突围，他自己就地掩护，吸引敌人火力。当子弹打完的时候，敌人抓住了他。

在押送途中，陈树湘不想受敌人侮辱，不想让敌人拿他做什么"文章"，便乘敌不备，毅然从自己伤口处掏出肠子，忍着剧烈疼痛，把它绞断而英勇牺牲，时年仅29岁。

红三十四师打光了，但它所掩护的红军大队已渡过湘江继续前进。

陈树湘牺牲了,但他的鲜血,以及三十四师全体红军将士的鲜血,正浇灌着、滋润着萌发春意的寒冬大地。

同红三十四师一样,在湘江东岸担任阻击任务的,还有红三军团的第十八团。12月1日,这个团也被阻于湘江以东,虽经英勇战斗,终因寡不敌众而大部壮烈牺牲,他们的英名亦留驻在天地之间。

■ 网破谁责? 蒋介石、白崇禧互相扯皮

中央红军付出血的代价,终于突破蒋介石在湘江两岸布下的"口袋阵"。

12月1日,蒋介石接到红军渡江西去的电讯,颓然瘫坐在椅子上,紧张的神经似乎一下子崩断了。待慢慢缓过神来,他才将目光投向墙上那张大幅军事挂图,几番扫描,最终定位在全州至界首间的湘江及公路上。"缺口,缺口,这缺口怎么没能堵住呢!"蒋介石喃喃自语。想当初真不该轻信白崇禧之言,让桂军主力移兵恭城附近,致使何键部填堵不及,红军先头部队乘隙过江,并控制了渡口。"健生误我!"他将拳头重重地擂在宽大的办公桌上,震得桌上物品纷纷乱跳。

蒋介石不承认自己的"失策",把责任全推卸在别人身上。11月27日,红军先头部队渡过湘江,次日,蒋介石即给何键、白崇禧发电,严词训斥他们。电文中说:

迭电固守河流,阻匪窜渡,何以全州沿至咸水之线并无守兵,任匪从容渡河,殊为失策。窜渡以后,又不闻我追堵各队有何处置,仍谓集结部队,待机截剿。匪已渡河,尚不当机立断痛予夹击,不知所待何机?可为浩叹。为今之计,唯有一面对渡河之匪……痛予歼除,一面仍击匪半渡,务使后续股匪不得渡河,并照芸樵(即何键)预定之计划,速以大军压迫。匪不可测,以迟滞匪之行动,使我

追军得以追击及兜剿。总之，窜匪一部漏网，已为失策，亡羊补牢，仍期各军之努力，歼匪主力于漓水以东、四关以西地区也。

在蒋介石的催逼训斥下，白崇禧再次调动已撤走的桂军主力北上，一部进攻界首，一部进攻红军后卫。这次，白崇禧所制定的对红军的基本方针是"不打头，不斩腰，只击尾"，目的是赶红军快快离开广西边境；在围追策略上实行"送客式的追击，敲梆式的防堵"。实行同样策略的还有陈济棠的粤军等地方军阀势力。

红军走了，白崇禧"有礼貌"地拱手对窥伺广西的中央军"追剿"部队说："毋劳入境。"甚至桂军先锋还与中央军一部因"误会"发生交火事件。蒋介石无奈之下，只好下令中央军"追剿"部队拨转马头，离开广西边境折入湖南。

白崇禧为了宣扬"剿匪战绩"，把本来只俘获红军1000余名伤病残弱者和掉队者，夸大为俘获了红军7000余人。他一边向蒋介石汇报，一边将数千民团人员混杂于红军俘虏之中，拍成"纪实"电影广为宣传。蒋介石明知有诈，也不去戳穿。这在他的军队里是司空见惯的，何况他自己就是制造这类骗局的行家里手。针对蒋介石的严厉斥责，白崇禧在12月1日给蒋介石发去一份长电，内容曲曲折折，其意颇多玩味。

他一开始就称"亦匪盘踞赣闽，于兹七载，东南西北四路围剿，兵力达百余万，此次任匪从容脱围，已为惋惜，迨其进入湖南，盘踞宜章，我追剿各军，坐令优游停止达十余日不加痛击。尤引为失策"。言语之间是要"追究"委员长和其他各路"追剿军"的失职责任。

接着，说明他南移兵力，是"奉委座电令，谓追剿各军偏在西北，须防共匪避实就虚，南扰富、贺(指广西富川县、贺县)西窜，更难剿灭"等，才"以主力集中于龙虎、恭城一带，冀以机动作战，捕捉匪之主力而击破之"。并且还与湘军协定夹击湘江西岸红军方案，几天来连日激战，截击"共匪"，"其经过情形，曾经陆续电呈在案"。"事实"如此，怎么还能责怪桂军防堵不力呢？

随后话锋一转，直言申辩："委座电责各节，读之不胜惶恐骇异……此次共匪入桂以来，所经五日苦战，又何尝非职军之独立担负，不畏螳臂挡车之识，更无敌众我寡之惧。至于于全、咸之线,因守兵单薄,被匪众击破,则诚有之;谓无守兵,则殊非事实。以我国军百余万众尚被匪突破重围,一渡赣江,再渡耒河,三渡潇水,如职军寡少之兵力,何能阻匪不渡湘江,况现届冬季,湘江上游处处可以徒涉乎。"

最后,捎带着戳了何键"一刀":委座要桂军遵照何键、刘建绪计划,速为亡羊补牢,但"目前问题似不全在计划,而在实际认真攻剿,尤忌每日捷报浮文,自欺欺人,失信邻国,贻笑共匪。至若凭一纸捷电,即为功罪论断,则自赣、闽剿共以来,至共匪侵入桂北止,统计各军捷报所报,斩获匪众与枪械之数,早已超过共匪十有几倍,何止此次与本军激战尚不下五六万乎!"这段话却也针砭了国民党军的"时弊"。

蒋介石耐着性子看完电文,气得两手发抖:你白崇禧围追"共匪"不出大力,并且连发"捷电",现在倒来指责别人,真是岂有此理!

气急败坏的蒋介石提笔起草电文,对李宗仁、白崇禧等严厉呵责:"共党势蹇力竭,行将就歼,贵部违令开放通黔川要道,无异纵虎归山;数年努力,功败垂成。设竟因此而死灰复燃,永为党国祸害,甚至遗毒子孙;千秋万世,公论之谓何?中正之外,其谁信兄等与匪无私交耶?"

完毕,他吩咐即刻将电文拍发,至此,怒气方稍有平息。

与白崇禧的完全推卸责任相比,何键尚存一分"自责"之心。12月初,他在长沙的一次集会上"沉痛"地说:"这次赣匪倾巢西窜,中央与委员长均已下了最大决心,要乘此时机,将其消灭。本人奉令追剿,亦是要完成最后剿匪的使命,务必将其歼灭而后已。同时在时机上与地势上,均有歼匪的可能。而现在结果竟未能依照计划,将其全部消灭。虽于时机迫促,兵力未集上有很大的关系,然准备未周,不无遗憾。所以本人今天在此庆祝剿匪胜利大会中,深致惭悚。"

蒋介石、白崇禧之间的扯皮也罢,何键的遗憾也罢,总之均无济于事,红军已挣脱了天罗地网,走向新的征途。

■ 毛泽东救了周子昆

中央红军湘江一战，人员折损过半，从中央苏区出发时的8.6万人减少到3万多人。这3万余人渡过湘江后，向着西延山脉急行军，敌人仍在后边紧紧追赶，两侧也有敌人在迂回运动，王家烈的黔军已在前边布置堵截。

一脸憔悴的周恩来，心情异常沉痛。这不到4万人的队伍，真是虎口余生啊！此刻他很难指望李德——一个外国人，能拿出什么锦囊妙计，以迅速扭转危局。他已负起这支部队的实际指挥责任，和朱德总司令配合研究如何摆脱国民党军队的围追堵截，以保存实力。

博古——中共中央的总负责人，虽然在红军队伍里任职多年，却未见过大阵仗。这次亲历湘江血战，残酷的战争场面，使这位戴着眼镜的"文弱书生"刻骨铭心，以致闭上眼睛就想起阵地上生死搏杀、血肉模糊的惨烈场面。

担架队从他身边穿过，伤者的呻吟声刺痛着他的心，有认识他的，还投来怨愤的目光。

作为一名共产党员，作为一名党内负主要责任的革命者，博古内心愧疚，思绪纷乱。他竟掏出别在腰间的手枪，荒唐地指向自己的脑袋。

就在这千钧一发之际，红一军团政委聂荣臻恰巧经过，一眼瞥见他的愚蠢之举，立即制止。几十年后，聂荣臻还清楚地记得当时的情景：

突破第四道封锁线这一仗，是离开中央根据地打得最激烈也是受损失最大的一仗……博古同志感到责任重大，可是又一筹莫展，痛心疾首，在行军路上，他拿着一枝手枪朝自己瞎比划。我说，你冷静一点，别开玩笑，防止走火。这不是瞎闹着玩的！越在困难的时候，作为领导人越要冷静，要敢于负责。

与博古相比，李德似乎要"轻松"一些，虽然他也愁眉不展，更拿不出摆脱困境的"高见"，但在他看来，主要责任都在中国同志身上，若还有什么导致失败的原因的话，那就是"情报不准确"或"地图有误差"。因此，他很会迁怒于人。周子昆就是他迁怒的对象之一。

那是在渡过湘江后的行军途中，周子昆正在和妻子曾玉讲着什么，恰被李德撞见。李德胸中那股无名火正无处发泄，这下他抓住机会，指着周子昆的鼻子大骂起来：

"你带的是什么兵？整个部队都被你带垮了，老婆倒带着！"

周子昆一时莫名其妙，这"洋大人"发的什么火？我的部队虽然遭受较大损失，可并没有垮嘛！而且这和妻子有什么关系？妻子原是留在苏区的，是她自己拼命跟着部队走，千辛万苦才追上来，我还不知道这回事呢！

李德继续骂道："红三十四师全师覆没，你这个师长倒逍遥自在！"

这下周子昆明白了，原来是"顾问"搞错了。周子昆1933年3月至1934年2月，担任红三十四师首任师长，但长征期间，是陈树湘任红三十四师师长，而周子昆担任的是红九军团第二十二师师长。

周子昆想说明一下，可是李德不容他分辩，仍是骂不绝口，甚至把周子昆骂为"萧劲光第二"。

萧劲光在第五次反"围剿"中曾被错误地审判，李德现在又想重演历史的一幕，他命令警卫班把周子昆绑起来，送交军事法庭审判。

这时，"救星"出现了，这个"救星"仍是毛泽东。当年为李德做翻译的伍修权这样回忆当时的场景：

可是警卫班的同志就是不肯动手，李德大为恼火。当时博古和毛泽东同志正好在场，博古对此默不作声，还是毛泽东同志出来解了围，说把周子昆交给他去处理，这才使李德下了台阶。

李德转身气愤地走了，毛泽东挥挥手，也让周子昆走了。抗战期间，周子昆曾任新四军副参谋长，皖南事变中牺牲。

■ "要讨论失败的原因！"

　　湘江东岸，敌机还在俯冲扫射，周恩来冒着危险在浮桥边指挥渡江，时间是11月30日。

　　周恩来看着一批批队伍从身旁经过，到达对岸，渐渐地他的脸上现出焦急的神色。"毛泽东怎么还没来？"他询问身旁的随行人员，询问赶上来的军委纵队的指挥员。

　　不多久，毛泽东从后边大步走来了，周恩来惊喜地连忙迎上去，紧握着毛泽东的手说："你好啊！请迅速渡江。"

　　毛泽东看着周恩来熬红的双眼、深陷的双颊，深情地说："恩来，你辛苦了！咱们一起过江吧。"

　　周恩来说："你先过，我还要在后边交代任务。"说着，他嘱咐毛泽东身边的警卫员，一定要保证毛泽东的安全。

　　几发炸弹落于江中，浮桥剧烈地摇晃起来，幸好未被炸断、掀翻。

　　于是，周恩来又忙着组织、指挥后续部队过江。

　　毛泽东跨上浮桥，眼见江中漂浮着红军战士的遗体以及马匹、背包、军帽、纸张等，心中一阵沉痛。这当然是蒋介石军队的罪恶，可难道不也是错误的军事指挥的结果吗？

　　过了湘江后，毛泽东对实际掌握红军指挥权的周恩来说："要讨论失败的原因！"

　　周恩来赞同这个意见，认为是得好好总结一下，再这样下去前途将更加艰险。但他同时也表示，现在蒋介石的几路军追得很紧，军情危急，等形势稍稍安定下来再开会，讨论失败的原因。

　　红军过湘江后，队伍里有一种情绪在滋生、蔓延。刘伯承的一段话真实地记述了当时的情况。

广大干部眼看反五次"围剿"以来,迭次失利,现在又几乎濒于绝境,与反四次"围剿"以前的情况对比之下,逐渐觉悟到这是排斥了以毛泽东同志为代表的正确路线、贯彻执行了错误的路线所致,部队中明显地滋长了怀疑不满和积极要求改变领导的情绪。这种情绪,随着我军的失利,日益显著,湘江战役后,达到了顶点。

于是,有些干部甚至当面询问毛泽东为什么不来领导指挥红军,这样下去怎么得了! 毛泽东难以正面回答,只是微笑。

明显的一点是,自过湘江后,被认做"闲人"的毛泽东日趋活跃,出头露面的机会多起来了。这使李德感到十分恼怒,认为毛泽东自冲破国民党部队第二道封锁线以来,就有"准备重新在党和军队的领导中挑起宗派斗争的企图","他对每个作战方案都加以非难,特别是我提出来的每个建议,他都表示反对",而且"不顾行军的纪律,一会儿待在这个军团,一会儿待在那个军团,目的无非是劝诱军团和师的指挥员和政委接受他的思想"。现在毛泽东又提出什么"要讨论失败的原因",这不是要"把不稳定的因素带进领导之中,使它逐渐分裂"吗?

李德想起长征出发前夕,他曾向博古转达了对毛泽东有可能利用某种时机,夺取军队和党的领导权的忧虑。但博古却显得很有信心,说,关于党的政治总路线已不存在任何分歧了;至于以前在军事问题上的不同意见,由于各地的红军都转入了运动战、转入了反攻,现在也都消除了。他还说,毛泽东同他谈过,毛并不想人为地制造一场会把中央红军的命运推向危险境地的领导危机。

李德很后悔,当初应坚决把毛泽东留在苏区,省得他现在又是批评,又是指责。

湘江之战留给人们的教训太深刻了,也正是由于这一深刻的教训,促使中国共产党和红军逐渐清醒过来。

第十四章

红军通道大转兵

■ 老山界的星月与苗寨"鬼火"

中央红军拼死渡过湘江,即分作左右两路向通道(今县溪镇)、鄱扬(今鄱阳)和长安堡(今通道县城附近)前进。

在湘江血战中,庞大、迟缓的军委两个纵队及各军团所带的行李辎重,大大限制了主力红军的机动作战能力。

痛定思痛,12月4日,朱德、周恩来、王稼祥发布《后方机关进行缩编的命令》,命令缩小军团、师级的直属队,取消师的后方机关及兵站,将所有后方机关直属队多余人员全部编入作战部队,同时要求各单位检查携带的物资,立即抛弃和销毁不必要的担子,以便部队能够轻装前进。

红军战士们抚摸着那些千辛万苦从苏区搬抬到这里的"家当",真有点恋恋不舍。一些设备是从敌人那里缴获来的,上面还浸润着牺牲者的鲜血。

但是为了前进,为了胜利,必须抛掉、毁掉这些。经过清理,部队负担大大减轻了,行进的步伐也快捷了。

红军进入桂北西延山区,大小山峰连绵起伏,道路崎岖难走。傅连暲曾回忆当年的惊险一幕:"一天下午,部队走在一条狭窄的山路上,这条路只有二尺来宽,一边靠山,一边临河;山是一座高山,河又是一条大河,河面很宽,水流也很急,老远就听到河水哗哗地流……我骑着马走在这条路上,眼睛往河里一看,就好像站在高楼顶上往下看了一眼一样,不禁有些头昏眼花。""部队人多,又有担架、牲口、行李担,路又窄,不免有些拥挤。"正巧马踩在松土上,一失蹄,"立刻连人带马跌下河去,只觉眼前像打了个闪电一样,哗地一亮,随后就掉进了一个无底的黑洞,什么也不知道了"。

幸好他掉在河边,水浅,没被冲走,而那匹马连同马背上的毯子、被子,全被激流冲得无影无踪。

傅连暲这位红军中的"大知识分子",长征开始时是队伍中唯一获准坐轿子行军的人。过湘江时,轿子不得不抛弃,从此他不太熟练地乘马行走,这下他真是"一无所有"了。

毛泽东得知他的"救命恩人"遇险,立即派警卫员送来被子,表示慰问,而他自己此后则靠一床薄薄的毛毯,渡过长征中的那些艰难岁月。过了几天,蔡畅又把她的一头骡子送给傅连暲。

西延山脉的主峰是老山界,地图上称为越城岭,是五岭之一,海拔2100多米。这里西接贵州高原,地势险峻。翻越老山界,是长征以来最难走的一段路,对于部队中那些从城市来的、从平原来的后勤、机关人员来说,行路自然更为艰难。当时队伍中不论是正患肺病的邓颖超,还是挺着大肚子的贺子珍,抑或称为"老者"的徐特立、董必武、谢觉哉等,都是一步一步翻山越岭过来的。

军委第二纵队司令员李维汉这样回忆说:"我们纵队过老山界,是夜间行动。在漆黑的夜晚,翻越崇山峻岭,一级石阶一级石阶地往上攀登,山高路陡,马不能上山,只好把马扔掉。一纵队走在前面,我们跟在后面,走几步,停几步,行动缓慢。敌人追得很紧,五军团在后面打仗,挡住敌人,保卫我们。"

陆定一写过一篇优美的散文《老山界》,其中有述说那晚过老山界的情景:"满天都是星光,火把也亮起来了。从山脚向上望,只见火把排成许多'之'字形,一直连到天上,跟星光接起来,分不出是火把还是星星。""在'之'字拐的路上一步一步地上去。向上看,火把在头顶上一点点排到天空;向下看,简直是绝壁,火把照着人的脸,就在脚底下。"

正艰难行进间,前面传下命令,说遇到峭壁,就地睡觉。于是,极度疲倦的人们裹条毯子，便在只有一尺来宽的石疙瘩山路上躺下，一会儿就酣然入梦了。"半夜里，忽然醒来，才觉得寒气逼人，刺人肌骨，浑身打着颤……天上闪烁的星星好像黑色幕上缀着的宝石，它跟我们这样地接近哪！黑的山峰像巨人一样矗立在面前。四围的山把这山谷包围得像一口井……冻醒了的同志们围着火堆小声地谈着话。除此以外，就是寂静。耳朵里有不可捉摸的声响，极远的又是极近的，极洪大的又是极细切的，像春蚕在咀嚼桑叶，像野马在平原上奔驰，像山泉在鸣咽，像波涛在澎湃。"

长征结束后，毛泽东用"五岭逶迤腾细浪"的诗句，形象地描绘了这一时期红军战士翻山越岭、不惧艰险的勇敢豪迈的图画。

12月5日，中央红军冒着敌机威胁和民团的袭扰，越过老山界后进入龙胜山区。在西延、龙胜山区，居住着苗族群众，所以这一带又称作苗山。

在进入苗族地区时，毛泽东给身边的警卫人员讲，要尊重苗族的风俗习惯，那是同汉族不同的，大家要更好地遵守群众纪律，执行党的民族政策。

广西桂军为了给红军制造困难，破坏红军对群众的影响，胁迫老百姓实行坚壁清野，更恶毒的是派特务在红军经过或宿营的村寨偷偷纵火，企图嫁祸于红军，激起苗、汉群众对红军的愤恨。

开始时，红军对房屋着火并未在意，后来感觉奇怪，许多次火是从空房子里着起的，而且着火处离水源都较远。由于群众的住房是用竹木依山而建，一家连着一家，从下而上，因此一处着火，往往一个村寨全被烧光，很难扑救。

很快，此事引起总部的注意。12月7日，朱德总司令命令各部在宿营地严密巡查，"一遇火警，凡我红色军人，务必设法扑灭，及救济遇难群众。纵火奸细，一经捕获，应即经群众公审后枪决"。

12月10日，部队在龙坪宿营。龙坪是广西龙胜县管的一个镇，有四五百户居民。虽然各单位晚上仔细检查了防火工作，但火还是在几处着起，一时烈焰冲天，映得满天通红。指战员们奋力扑救，还是无济于事，很快全镇几百家住房都化为灰烬，部队赔了群众几千块大洋。

谁是放火者？有人发现，在最初起火处，有人从火内跳出来。这些人不像普通老百姓，而是外表凶悍的恶汉，随即捉到几个。

经审讯,他们承认火是他们放的,他们是受民团和桂军派遣而来,目的很明确,一是制造红军杀人放火的事实;二是破坏红军和群众的密切关系;三是扰乱红军,使之不得安宁,甚至烧死红军。

真相大白,红军召开群众大会,在群众的要求下,这几个纵火犯被枪毙。群众的眼睛擦亮了,于是纷纷拥护红军。敌人的阴谋破产,他们搬起石头砸了自己的脚。

■ ★ 蒋介石重设"口袋阵"

几天来,蒋介石徘徊在大幅军事挂图前,一会儿注目细看,一会儿踱步沉思。他在想,遭受湘江失败的红军下一步要往哪里去,还会坚持原来的计划去湘西与贺龙、萧克部会合吗?

何键关于红军动向的电报送来了。

薛岳关于红军动向的电报送来了。

还有飞机在空中侦察得来的讯息也报来了。

综观这一切,判断红军仍旧是循"萧克故道",前往湘西与贺龙、萧克两部会合。

"好啊!"蒋介石猛地一拍桌子,自言自语地叫起来,"湘江之战未能如我全歼之愿,让共匪逃脱,这次还要再设'口袋阵',定要全歼共匪,生擒朱毛!"

蒋介石围追堵截红军新部署的电报接二连三飞向何键的"追剿军"总司令部,同时也飞向薛岳的前敌指挥部。

何键这几天既喜且忧,喜的是红军继续向西行走,有可能脱离湖南省境,忧的是红二、六军团在湘西发展、壮大,甚至有威胁长沙的趋势。

接到蒋介石的电报,何键当即按其部署将原五路"追剿军"改组成两个兵团,以刘建绪为第一兵团总指挥,辖第一、第四、第五路,并附第十九师(欠两个旅)及各补充团;以薛岳为第二兵团总指挥,辖第二、第三路,分别由黄沙河、全州一带向新宁、城步、绥宁、靖县、会同、芷江地区开进,依托河流山势构筑工事,布置战场,张大"口袋",等待红军再次钻入。

何键将"追剿军"划分为两个兵团,自有他的一份"心计"。他绝不情愿将全部兵力交给前敌总指挥薛岳指挥,怕第四路军(由湘军组成)所辖的三个纵队交给薛岳指挥后,离开湘境,脱离自己的控制,削弱自己的实力,于统治湖南不利。因此,他与薛岳协商,以亲信刘建绪指挥以湘军主力组成的第一兵团。

湘江战后,薛岳心里很不舒服。当他看到粤军、桂军、湘军分别受到蒋介石嘉奖时,心里就酸溜溜的。他说,那些人都是"车大炮"(意为吹牛)。他未受到嘉奖,只怪何键偏心,愤愤地说:"湘、桂军不是我们中央军监视压迫他们,他们连一仗也不会打的。"

事实上,薛岳率部自江西尾追红军以来,除周浑元的三个师加入战斗外,他亲自统领的两个纵队几个师是作为机动兵团使用的,在战役中未打过什么仗,路倒是跑了不少,所以他忌妒别人。薛岳牢牢记住陈诚在江西军官集会上说过的一句话:"剿共有了薛伯陵(薛岳号),等于增加十万兵。"现在,薛岳想的是如何在这次围歼战中全歼红军,一展薛伯陵的威风。因此,他率第二军团抄捷径,赶往红军右侧前头,在预设战区筑碉修堡,张网以待。

桂军李宗仁、白崇禧看到中央红军进入西延山区,侦悉其并无久留广西意图,便长长地松了一口气,只派了不足两个师的兵力在越城岭大苗山下监视了事,仅遣少量部队在红军后追击,派民团在两侧袭扰,目的是赶红军快走,早早脱离广西境界。

桂军的这种做法岂能瞒过蒋介石的眼睛。蒋介石在气愤的同时心想:只要你桂军还未公开反叛中央,还打着"国民革命军"的招牌,我就要对你下命令。于是他连电催促李、白派重兵加紧追击,勿再放任"共匪西窜"。

李、白前有开放湘江渡口的"短处",这次也不好硬顶,只好派第七军军长廖磊带周祖晃师、覃联芳师跟踪追击,进入贵州边境。

红军将抵黔境,这时,广东陈济棠"追剿共匪"的积极性却窜上来了。12月11日,他联合李、白给蒋介石发电,表达"追剿"之志,其情甚为慷慨激昂。什么"当仁不让,继续努力",什么"共匪不除,国难未已",什么"抽调劲旅,组编追剿部队,会同各路友军,继续穷追,以竟全功"等。电文中还"恳切"表示:即请颁布明令,用专责成,并请蒋委员长随时指示机宜,俾便遵循。"

蒋介石接电"嘿嘿"冷笑几声:"真有意思,红军从你处经过,尚不尽力'堵剿',现在'共匪'已连续冲破四道封锁线,快要到贵州省界了,你还'追'什么,'剿'什么,莫不是借机敲我一笔'竹杠',或是哗众取宠,做个样子给正在召开的国民党五中全会看看,让人们知道,你是何等坚决的'反共英雄'!"

过了几天,蒋介石回电陈济棠,对其所提"追剿"事项,"至深感佩,尚望勇往迈进"。但对具体事宜却只字未提,实际上是委婉地拒绝了他的出兵要求,蒋介石不希望陈济棠在贵州插一杠子,他早已有了别的打算。

何键身负"追剿"重责,但他也深知,自己能指挥得动的也仅湘军而已,所以当红军渡过湘江西进时,他既想令川军、黔军在前方堵截,又怕对方不予配合,思虑再三,终在12月2日给刘湘、王家烈发去一电,称:

赤匪伪一、三、五、八、九各军团,人号称十万,枪半数,自经我节节痛击,已消灭三分之一。原拟此次协同桂军尽歼于漓水以东,因咸水、兴安一带无兵堵击,致使残部漏脱,仍取萧克旧径向西急窜。现我正一面转移兵力于武、新、城、绥之线,一面尾匪跟追。如绍武兄(即刘湘)能集结兵力扼要堵剿,可收夹击聚歼之效。甫澄兄(即王家烈)如能以相当兵力协助绍武兄堵剿,则歼灭更易。盖该匪自离巢后,首尾受敌,兵无斗志。所惜在我军方面屡失良机,遂致功亏一篑也。如何布置,惟二兄函起图之。

何键此电意思很明白,前因粤军、桂军"追剿"不力,甚至不堵不击,致使"屡失良机"、"功亏一篑",现在红军到了你们这边,可不能再有疏漏,否则向上不好交待。

12月12日,为协调各部"围追堵截"行动,蒋介石再次亲自出马,发电重申11月17日发布的湘水以西地区"会剿"计划大纲:

查赣匪西窜,前已拟定湘、桂、黔各军会剿计划大纲……兹为严防赣匪入黔,重申前令起见,各军守备区域,按照筱电规定地点,迅速完成碉堡,严守之。

（1）黔军除巩固原防外，于玉屏、锦屏、黎平、永从、洪洲线上，赶筑坚固工事，先择重要城镇，构筑碉堡，以防匪之突窜。

（2）桂军除巩固原防外，须以一部迅由长安、古宜进至榕江，协助黔军堵剿。

（3）湘军除巩固原防外，以追剿部队之一部，追至铜仁，巩固黔军左侧之防线。（《红军长征·参考资料》，解放军出版社1992年版，第158页）

蒋介石这次部署的特点，一是严令黔军前堵，桂军尾追配合。虽然黔军战斗力弱，但判断红军西行深入黔地的可能性不大，因此有黔军在此壮壮声威足矣；二是令中央军薛岳部快速抢先斜插进至新宁、绥宁、洪江、芷江地区，设置"口袋"，辅以湘军有力配合。因为已判定红军必经此处北上与湘西红军贺、萧两部会合，因此在这里预伏近20万精兵，应对红军三四万疲惫之师，当是稳操胜券。

蒋介石这次早早地笑了：你红军可以脱逃湘江，却不能再逾越我新的钢铁防线。若此大股红军既灭，其余各地红军"剿灭"亦不难。这块"心病"一除，再收拾那些各霸一方的"诸侯军"，统一大业不就成了！我蒋某人，不就成了中国历史上的"特大英雄"了！

蒋介石越想越高兴，竟不由自主地哼起家乡的小调来。

■ 担架上"三人核心"的策划

红军长征开始时，为工作需要，组织上为党政军的高级领导人安排有担架，但他们大多数还是乘马、走路。只有中共中央政治局候补委员、红军总政治部主任王稼祥例外，因为他负有重伤，整个长征期间，他几乎全部是躺在担架上度过的。

王稼祥是在第四次反"围剿"中负的伤。1933年4月28日，王稼祥和周恩来在江西乐安县谷岗村的一座小庙里，召开军委政治工作会议。上午9点多钟，敌机突然飞来，并投下一串炸弹，爆炸声震得瓦片簌簌下落。王稼祥忙对与会者说：

"快跟我到外面隐蔽！"他刚走出大门，又一颗炸弹猛烈爆炸，周恩来忙伸手拉他卧倒，但已晚了，弹片钻进他的右腹部，鲜血浸透了他的衣服。

在瑞金红军医院里，医生给他做了仔细检查，发现弹片嵌在腹部骨窝上。限于当时医疗条件，大手术没法动，只能采取保守疗法。不久，腹部化脓，医务人员只得经常为他插管排脓。长征中亦是如此。

毛泽东是擅长走路的，在湖南第一师范学校上学期间，就和同学萧瑜利用暑假游学远行。大革命期间，他曾走访湖南五县，考察农民运动。在中央苏区，行军打仗更是他的家常便饭。可是，长征出发前夕的一场恶性疟疾，弄得他身体疲弱不堪。所以，长征出发后的一段时间，他也是躺在担架上度过的。

战士们把担架抬得很平稳，但毛泽东、王稼祥躺在担架上心里却很不平静。毛泽东想着，"左"倾领导者不从实际出发，军事上抛弃从实践中得来的正确的战略战术原则，致使根据地丢失，红军不得不进行战略转移。可是在转移中又实行逃跑主义，红军接连遭受重大损失，革命难道就此走向失败吗？不行，要做工作，要争取中央领导层内曾经犯过"左"倾错误的人，要让他们站到正确路线上来。

毛泽东首先想到与自己同编在红星纵队一个梯队里的王稼祥，认为王稼祥虽然来到苏区后，犯过"左"倾错误，但对博古等人的那一套错误做法不满；而且他思维敏捷，敢于讲话，如能得到他的支持，无疑有利于反对"左"倾错误。

于是，毛泽东在行军中常要自己的担架与王稼祥的担架并排而行。他仔细地向王稼祥分析第五次反"围剿"失败的原因，讲解红军应该采取的正确的战略战术，指出红军目前所处的危险环境。宿营后，毛泽东亦在篝火旁与王稼祥促膝交谈。

王稼祥对博古事事依靠李德，动不动就严厉打击与他意见不合的同志有看法，现在与毛泽东朝夕相处，听毛泽东一番见解，脑子里原来不甚清楚的问题逐渐明白了，认识到毛泽东的想法做法是符合实际的。于是，他放弃了"左"的那一套，旗帜鲜明地站在毛泽东正确路线一边，并且表示要把李德等"轰"下台。

毛泽东对王稼祥敢于坚持原则和很快转变立场，感到欣喜和敬佩。他对王稼祥说："改变领导，光我们两人的力量不够，还要争取更多的人。"王稼祥高兴地说："那好，我再找其他人，洛甫那里我也可以去谈。"

洛甫，即张闻天。他和毛泽东、王稼祥同编在"中央队"，也时常坐担架。

毛泽东自然也想着张闻天。虽然张闻天曾和博古等人以"右倾"为名批判过毛泽东，但后来他不同意博古等人"左"的政策和方针，因此与博古争吵过。这事惊动了李德，李德劝解说："你们两人都是从苏联回来的，你们应当齐心协力，中国革命需要你们齐心协力。"但这番劝解没有奏效，张闻天和博古的分歧越来越大。在瑞金云石山古寺中，与毛泽东同住一起的张闻天向毛泽东倾心谈了他对博古等人的看法，此后，他们两人越谈越融洽。

毛泽东在担架上向张闻天做工作，讲述根据地创建、反敌人"围剿"、红军西征转移、当下形势严峻等一些事情。善于分析思考问题的张闻天，也较早地有了许多和毛泽东同样的想法，现在正反两方面的经验教训，更进一步证明了毛泽东所说的是正确的。因此，他同意王稼祥提出的召开政治局会议，总结第五次反"围剿"失败原因和解决军事领导权问题的建议。

王稼祥、张闻天越来越了解毛泽东，并支持毛泽东的正确主张。这是他们从革命事业大局出发，坚持真理，修正错误所做出的正确选择。毛泽东也越来越了解王稼祥、张闻天，认为他们两人的转变，对同"左"倾错误开展斗争，有着非常重要的作用，这是党和红军的一大幸事。

担架上的小小方寸之地，变成了讨论中国革命重大政治问题的舞台。寒夜里，闪烁的篝火旁，围坐着将要使中国革命进程发生重大转变的三位关键人物。

中央队里形成了"三人核心"，或称为"三人小组"，毛泽东是"头"，王稼祥、张闻天是"组员"。

一些党和军队里的高级干部主动找他们谈，反映部队里官兵的情绪和要求，他们也主动找朱德、周恩来和其他一些高级干部交谈，分析形势，倾听意见。朱德、周恩来也支持毛泽东的主张，同意在适当时机召开会议，讨论反"围剿"失败问题和检讨军事指挥方面的错误。

毛、张、王的密切接触和毛泽东的积极活动，瞒不过同在一个纵队里行军的李德。他虽然听不懂他们在谈论什么，但意识到这种谈论肯定对他不利，明显的是近段时间以来，军队中的指挥员对他和博古的批评越来越多。

实践证明，毛、张、王的"三人小组"，代表了中国共产党内的正确路线，这条路线将把中国革命的航船引向正确的航道。

飞行会议——毛泽东气走李德

从过老山界起,中共中央和中革军委内部就发生了激烈争论,并且越来越公开化了,争论的焦点是关于红军战略行动方针问题。

中央队里的"三人核心"——毛泽东、王稼祥、张闻天,公开批评中央的军事路线和目前的战略行动方针。

毛泽东在行军中虽然是个"闲人",但他时刻在研究问题,思考问题,关注红军的命运。

他尽一切可能在途中搜集桂、湘、黔等地的报纸,从字里行间捕捉信息,特别是有关报道蒋军行动的信息,同时在地图上查找着、圈画着一些地名。

另外,他对蒋介石的心思也摸得透透的。在中央根据地,前几次反"围剿"时,他出奇兵,施巧计,撒罗网,摆"口袋"使蒋军进亦难进,守亦难守,不得不一次次地失败退却。蒋介石在湘江之战中讨了便宜,企图再次布置新的"口袋"。这种伎俩如何能瞒得过他的眼睛。

毛泽东明白,红军若再撞入那"口袋"之中,将有全军覆灭的危险。可是,目前军委还是决定往蒋介石的"口袋"方向走,去湘西会合贺龙、萧克。

共产党人的使命感促使毛泽东不再"沉默",不再充当"闲人"了。他要讲话,他请求军委改变北上湘西的战略行动方针,而改向敌人军事力量薄弱的贵州进军,在那里争取让疲弱的红军有个休整的机会。

毛泽东的这一大胆、重要的战略行动建议,首先得到王稼祥、张闻天的积极支持,随后也得到周恩来的赞同,认为毛泽东的建议很值得考虑。此时,周恩来在"三人团"中的权力扩大,事实上成为全军的最高领导者。他认为蒋军重兵扼阻红军北上之路,那么在这种情况下同贺龙、萧克会师能实现吗?若不能实现,红军又该向哪里去呢?周恩来想来想去,认为具有统率指挥才能的毛泽东,应该进入军委决策层。现在首先要开个中央负责人的扩大会议,让毛泽东发表意见,大家进行讨论。张闻天、王稼祥也已提出这个要求。当然，开会需要取得博古、李德的同意。

12月11日，红一军团第二师第五团占领了通道城。该城是湘西通道县的老县城，东边是一座小山，西边有一道小河，河岸上排列着吊脚楼，这也是当地民居的一个特色。

中央纵队进驻城内后，毛泽东、张闻天、王稼祥同住在一处院落里，长征以来，他们基本上都是被安排在一起宿营和居住的。

12日，中共中央负责人临时紧急会议在通道城恭城书院举行。据邓颖超回忆，这次会议是在城外一村庄的某户农民的厢房里举行，当时这家农民正在举行婚礼。说也凑巧，这大红"喜"字，对红军的命运来说，可能是个好兆头。

出席会议的有"三人团"成员博古、李德、周恩来，"三人核心"成员毛泽东、王稼祥、张闻天，还有中革军委主席朱德等。

李德把这次会议称为"飞行会议"，是说这次会开得紧张、短暂，有点像他在上海见到过的"飞行集会"——一群青年学生突然出现在大街上，然后讲演，慷慨激昂地揭露国民党反动派祸国殃民的罪行，迅速散发传单，宣传中国共产党救国救民的主张，然后迅速撤走，待国民党军警闻讯赶来，现场已不见组织者、参加者的人影。"飞行集会"是"左"倾错误在白区的一大"杰作"，曾因此给党的白区工作带来严重损失。

这次"飞行会议"以及毛泽东在会上的发言内容，除李德在他所撰的回忆录《中国纪事》中有过记述外，再就是会议召开之前毛泽东与张闻天在住地的一席谈话，通过这个谈话可以推知毛泽东在会议中发言的基本情况。罗明曾听到了这场谈话的内容。

罗明后来回忆道，到通道县第二天，他就去看望毛主席。毛主席见他来了，很高兴，说大家正在商量军事问题，要他坐在大厅前面等等。因为距离大厅很近，所以他清楚地听到了毛主席和张闻天的谈话——

张闻天说："红军在湘江之战中受到了严重损失，现在敌人已发现了我们去湘西与红二、六军团会合的意图，调集了相当大的兵力企图包围我们，现在处境极其困难，你看今后应该怎么办？"

接着,听到毛主席讲话,他的声音很洪亮:"1933年冬第五次反'围剿'不久,发生福建事变……我主张红军主力要突进到江浙地区,迫使敌人回援。这时,我们与十九路军配合,共同打击蒋介石的进攻,趁机消灭一部分敌人,粉碎敌人的第五次'围剿'。当时你们不实行出兵。敌人打败了十九路军后,又回来向我们根据地进行'围剿'……后来我又提出红军主力……向湖南中部地区前进,调动江西的敌人到湖南地区予以消灭,你们又是不听。现在我们突破敌人的第四道封锁线,受到了严重的损失,无论如何不能照原计划去湘西与二、六军团会合了,因为敌人已调集了三四十万兵力,部署在我们的前进道路上企图消灭我们。"

说到这里,毛主席语气更加坚定地表示:"我主张现在应坚决向敌人兵力比较薄弱的贵州前进,才能挽救危机,争取主动。"

李德在《中国纪事》中对这次"飞行会议"的记述颇为详细,也许是他在这次会议上首次尝到在政治斗争中"失败"的滋味,因而印象特别深刻。

他这样写道:

我们举行了一次飞行会议,会上讨论了以后的作战方案。在谈到原来的计划时,我提请大家考虑:是否可以让那些在平行路线上追击我们的或向西面战略要地急赶的周部(指薛岳所率之周浑元纵队)和其他敌军超过我们,我们自己在他们背后转向北方,与二军团建立联系。我们依靠二军团的根据地,再加上贺龙和萧克的部队,就可以在广阔的区域向敌人进攻,并在湘黔川三省交界的三角地带创建一大片苏区。

从李德的发言可以看出,他是"咬定湘西不放松",全然没察觉蒋介石早已对此意图洞若观火,在红军北上湘西的途中张大了"口袋"。

按李德的说法,"毛泽东又粗暴地拒绝了这个建议,坚持继续向西进军,进入贵州内地。这次他不仅得到洛甫和王稼祥的支持,而且还得到了当时就准备转向'中央三人小组'一边的周恩来的支持。因此毛的建议被通过了。他乘此机会以谈话的方式第一次表达了他的想法,即应该放弃在长江以南同二军团一起建立苏区的意图。"

李德对毛泽东反对他的建议很反感,同时对张闻天、王稼祥、周恩来支持毛泽东的意见也很恼火,以前还从未有人这么有力地顶过他,而且战胜了他。

李德自称是"很费劲地听了这个谈话",然后就"过早地走开了"。

会后,李德看到军委发布的命令,才知道了最后决定的全部内容,原来会议并未因为"顾问"的负气出走而接受他的建议和否定毛泽东的建议。李德此时大概也有些后悔,不过他还端起"架子",让周恩来给他讲一讲他走后会议的详细情况。

李德写道:"他(指周恩来)显得有些激动,虽然他往常总是很镇定自若的。他说,中央红军需要休整,很可能在贵州进行,因为那里敌人的兵力比较薄弱。博古认为,从贵州出发可以一直向北,在那里才真正有可能遇到很小的抵抗。"

连博古也发生了动摇,李德只有叹气的份。

毛泽东这次参加讨论红军战略行动方针的扩大会议,是受到周恩来邀请的,当然也得到了"三人团"其他成员的同意,同时也是张闻天、王稼祥积极促成的结果。

毛泽东关于放弃北上湘西与贺龙、萧克会合而转兵贵州的建议被通过,这是与会者中绝大多数人面对严酷现实所做出的正确抉择。

在通道召开的"飞行会议",是毛泽东受排挤两年多时间后重新崛起的标志。会议时间虽短,但它的影响却不可低估。

■ 红军到,"干人"笑

通道会议后,朱德总司令命令红军各军团、纵队,"迅速脱离桂敌,西入贵州,寻求机动,以便转入北上"。红军随即分作两路,很快进入黔境。

红军突然折入贵州,一下子把20万敌人甩在湘西,使他们刚刚筑起的200多座碉堡眼睁睁地成了废物,这大大出乎蒋介石的意料,于是他连续致电何键、薛岳,火急火燎地询问红军新的动向。

12月13日,在向贵州黎平进军的途中,中央决定撤销红八军团建制,除营以上干部外,其余官兵编入红五军团。同时,还决定将军委第一、第二纵队合并成新的军委纵队(后一度改称中央纵队,但不久仍称军委纵队),刘伯承任司令员,陈云任政治委员,叶剑英任副司令员兼一局局长,负责组织行军作战。通过这次调整,有效地精简了机关,提高了红军的机动作战能力。

红军进入贵州,看到更为贫困落后的社会状况,人称“天无三日晴,地无三里平,人无三分银”。其实这“人”指的还是一般的老百姓,真正的穷苦民众,是连个“银毫毫”也没有的,所以他们被称为“干人”,是被封建剥削、苛捐杂税榨干了的人。

这些“干人”因为一无所有,所以也不怕“共产”。红军路过时,道旁常有零零散散的山民向红军乞讨:“红军先生,我们是干人儿,请行行好,给点钱儿。”这些人一个个衣衫褴褛,瘦骨嶙峋。

陈云于1935年化名廉臣,发表了《随军西行见闻录》一文。为了便于在国民党统治区流传,他在文中装作一个原在国民党军队中后来又被俘在红军中工作的医生,以此身份和语气,叙述了他在红军长征中的所见所闻。关于贵州的贫困状况,他这样写道:

贵州居民之贫困真是远非我等……所能想象。做庄稼的(农民)冬穿单衣,且无完整者。每人有一件已补缝千百次的“家常衣”,小孩则隆冬还是一丝不挂。当我等行军经过时,立于路边之小孩,正在发抖。而居民唯一御冬之物,即为“烤火”。

他还目睹了这样一幅令人心酸而又感人至深的情景:

当我等行经剑河县附近之某村落时,见路边有一老妇与一童子,身穿单衣,倒于路边,气息尚存。询之,始知为当地农家妇,秋收之后,所收获之谷米,尽交绅粮(地租),自己则终日乞食,因今日气候骤寒,且晨起即未得食,故倒卧路旁。

正询问间，红军领袖毛泽东至，告以老妇所言。当时毛即从身上脱下毛线衣一件及从行李中取出布被单一条，给予老妇，并命人给以白米一斗。老妇则连连称谢含笑而去。

毛泽东赠衣送粮，若非陈云亲历亲记，怕有些人还认为这是文学家的杜撰呢！

时任国民党第二十五军(即黔军)军长兼贵州省主席的贵州军阀王家烈，获知红军入黔，惊慌之际不得不硬着头皮照蒋介石的指令派兵防堵，但他在尚未与红军接触交火之前，已先向全省收了几道"剿共"捐，可谓敛财有术。

红军进入黔境，尚未真正施展拳脚，敌军便一路溃逃。12月15日(一说14日)，红一军团二师六团会同三团未经什么大的战斗，便迅速占领了黎平县城。随后，红一军团以一个师的兵力驻守黎平，驱逐城外的黔敌。

城里群众见红军到来，自动赶制旗帜，燃放鞭炮，列队迎接。17日，红军左路军及军委纵队抵达黎平城。红军入城后，总政治部命令全军加强群众纪律，并号召每个指战员给苗、侗族人民(城内以苗、侗族人为多，而且所受压迫与剥削最重)送一件礼物，而且还把没收豪绅的粮食衣服等分发给他们和其他穷人。

城内墙上，贴着各色标语："红军是帮助干人的军队，当红军去"、"红军保护干人分田地"、"绅粮(即地主、富人)压迫干人，辛苦没有饭吃，打倒剥削干人的绅粮"。

世代受穷受欺压的"干人"高兴了，他们唱着一首新民谣：

红军到，干人笑，绅粮叫。

白军到，干人叫，绅粮笑。

要使干人天天笑，白军不到红军到。

要使绅粮天天叫，白军弟兄拖枪炮。

拖了枪炮回头跑，打倒军阀妙妙妙。

红军到达黎平及其附近地区后，因为敌人的大部兵力一时还未能跟上来，情况稍有缓和，便在这里进行短暂休整，并研究部署下一步的行动。

■ 黎平——周恩来怒而拍案

黎平位于黔东,与湖南、广西毗邻,地理位置颇为重要。县城虽不大,但也略显繁华气派。远远望去,可见高耸的德国路德式教堂。一条小河从城西流过,向北注入清水江。在教堂右边,有一排白墙青瓦、前低后高、外砖内木的平房。这里是商人胡序维的店铺,红军入城后成了中革军委总部的所在地,朱德、周恩来等党和红军重要领导人住在这里。

12月18日,中共中央政治局会议就在这所平房里举行。出席会议的政治局委员有博古、周恩来、毛泽东、张闻天、朱德、陈云等,政治局候补委员有王稼祥,还有总政治部代主任李富春。"三人团"之一的李德也出席了会议,虽然他几十年后回忆说,他"因为发高烧没有出席",但据许多人回忆证明他确实出席了会议,主持会议的周恩来也指出李德出席了会议。

黎平会议是通道会议的继续,要最后确定红军的战略行动方针。

会议双方对垒,气氛紧张、激烈。

一方以毛泽东为核心,主张彻底放弃北上湘西与贺龙、萧克会合的既定战略目标;继续西行,攻取贵州第二大城遵义,以遵义为中心建立新的根据地;在适当时候召开政治局扩大会议,全面总结第五次反"围剿"失败及其西征以来的教训。

另一方实际上就是李德、博古两人,主张仍然北上湘西与红二、六军团会合,放下行李再打仗。虽然他们的主张并无多少拥护者,但是因为博古是中共中央总负责人,李德是共产国际派来的军事顾问,而且两人又都是"三人团"成员,所以他们的意见有着不可轻视的分量。

会议上双方如何各执一词,唇枪舌剑,互不相让。

"三人团"之一的周恩来,面对险恶的军事形势,由衷地认识到毛泽东主张的正确性,所以这次坚决支持了毛泽东的主张。周恩来态度的转变,使双方争论的天平决定性地倒向毛泽东一边，这使李德感到惊讶，并说，到湘西去你周恩来不是也同意吗？

会议上，李德和周恩来吵了起来，而且吵得很厉害（关于争吵情况，有人说发生在会议前，有人说发生在会议后，但至少可以肯定，争吵是事实）。延安时期，周恩来有一次在中央政治局会议上追述说："从老山界到黎平，在黎平争论尤其激烈。这时李德主张折入黔东。这也是非常错误的，是要陷入蒋介石的罗网。毛主席主张到川黔边建立川黔根据地。我决定采取毛主席的意见，循二方面军原路西进渡乌江北上。李德因争论失败大怒。此后我与李德的关系也逐渐疏远。"（《遵义会议文献》，第64页）

周恩来当时的警卫员范金标1978年这样回忆：

会议是在晚上召开的，"会上吵得很厉害，总理批评了李德，把桌子一拍，搁在桌子上的马灯都跳起来，灯都熄了，我们又马上把灯点上"。他还补充说："黎平会议，总理发了脾气，批评李德，争论的焦点是向敌人防守薄弱的贵州前进，还是与二、六军团会合。说话最多的是总理，因为他懂得四国文字，德文、法文、英文、俄文。

通过争论、讨论，毛泽东的正确意见被会议接受，这是毛泽东取得的一个很大胜利，同时也是李德、博古错误主张的失败。这是一个历史性的变化，表明毛泽东的地位迅速上升，在政治局的影响已举足轻重；表明李德头上那"共产国际军事顾问"的头衔已不再那么神圣，他对中共和红军的影响迅速削弱。

会议通过了一项重要决议，即《中央政治局关于战略方针之决定》。《决定》的重要内容如下：

一、鉴于目前所形成之情况，政治局认为过去在湘西创立新的苏维埃根据地的决定在目前已经是不可能的，并且是不适宜的。

二、……政治局认为新的根据地区，应该是川黔边区地区，在最初应以遵义为中心之地区。在不利的条件下应该转移至遵义西北地区，但政治局认为深入黔西、黔西南及云南地区,对我们是不利的。我们必须用全力争取实现自己的战略决定,阻止敌驱迫我至前述地区之西南或更西。

三、在向遵义方向前进时,野战军之动作应坚决消灭阻拦我之黔敌部队。对蒋、湘、桂诸敌,应力争避免大的战斗……

黎平会议的决定,有利于今后苏维埃运动及红军的发展。

《决定》通过的第二天,即12月19日,中革军委作出《关于执行中央政治局十二月十八日决议的决议》。其中对红军的行动路线和方向作出具体安排,同时指示红二、六军团目前应在常德地域积极活动,以便调动湘敌。当湘敌所抽调之部队北援时,二、六军团应立向永顺西移动,以后则向黔境行动,以便钳制在铜仁之薛敌部队;红四方面军应重新准备进攻,以便当野战军(指中央红军)继续向西北前进时,四方面军能钳制四川全部的军队。

同日,红军总政治部代主任李富春还签署了总政治部关于执行决议的训令,号召官兵一致,为实现新的战略任务而努力奋斗。

会议决定恢复刘伯承中革军委总参谋长的职务,这是长征中第一次大的人事调整,实际上取消了李德军事上的指挥权。

会议还根据毛泽东等党内军内许多领导者、指挥者的要求,决定在不久召开一次政治局扩大会议,系统总结第五次反"围剿"以来的教训,并责成博古在行军途中草拟报告,周恩来准备一个副报告,提供政治局扩大会议进行研究与审查。

红军改道,从通道会议开始酝酿,会后初步改变,到黎平会议最后作出决定,这是红军长征取得胜利的一个重要的战略方针转变。在危急关头,这不仅使中央红军避开敌人的重兵堵截,而且还可以使中央红军在运动中歼灭敌人。

东方地平线上,已经露出黎明之光。

第十五章

强渡乌江生死线

■ "双枪"军长王家烈急电求援

12月20日，中央红军根据中革军委19日指示，划分为两个纵队，其中红一、红九军团为右纵队，目标是在占领剑河后，沿清水江南岸向施秉前进；红三军团、军委纵队及红五军团为左纵队，目标是经台拱（今台江）以西地区向黄平前进。

是日，红军两路部队昼夜兼程西进。右纵队红一军团快速经过剑河，25日即攻占施秉、镇远。在红一军团后跟进的红九军团，由剑河北渡清水江，积极配合红一军团的作战行动。左纵队红三军团由黎平西北地区出发，经南加、南哨地区，24日便进抵台拱以南。同日，军委纵队亦到达南哨附近，后随的红五军团到达剑河。红军的这一进军部署，摆脱了原先那种"甬道式"前进的队形，展现出机动灵活的新景象。

红军西入贵州，使敌军在湘西同红军决战的计划成了泡影。此时各路敌军不得不改变部署。桂军主力在黔桂边界止步不前，"追剿军"刘建绪部两个主力师准备开往常德进攻红二、红六军团，仅派一个师由会同、广平尾追红军。"追剿军"薛岳部开始变动部署，以主力在铜仁、新晃、玉屏、天柱一带设防，另遣一部向镇远、施秉方向前进。黔军匆忙集中六个团在施秉、黄平两地组织第二道防线。

毛泽东的这条建议，顿时打乱了蒋介石围追堵截的部署，须知几十万"追剿"大军的重新调动并非易事，这为红军下一步迅速抢渡乌江争得了时间。

红军从黎平及其附近地区出发，左右两路纵队犹如两把利剑，直插贵州腹地，使本来就惊慌不安的王家烈更加心惊胆战。

王家烈在"山高皇帝远"的贵州称王称霸已有多年。他贫家出身，靠背盐巴挣钱糊口。后来，身材魁梧的他在黔军里当名小兵，因打仗勇猛，又有点心计，竟从班长一步步升为旅长、师长、副军长，后竟在混战中，以武力征服前任军长毛光翔，登上军长宝座。

据说王家烈飞黄腾达，得力于他的夫人万淑芬。万为铜仁名门之女，祖上数人曾是朝廷命官。万淑芬自幼聪颖好学，而且爱读兵书。自与王家烈结为伉俪后，实际成了王家烈的"军师"。她为丈夫起草文告文章，设计筹谋，应付社交，圈内人称她是"外交夫人"。

王家烈知道，他这个军长顶多算半个，手下部属分为四派，犹国材的独立第一师割据盘江八属，侯之担的教导师割据赤水、仁怀、习水、绥阳等县，蒋在珍的第三师割据正安、沿河各县。这三路"诸侯"虽然在口头上表示拥护听命，实际上王家烈不能直接调动他们的部队。王家烈能直接调动和指挥的是何知重的第一师、柏辉章的第二师及五个独立旅。

蒋介石早给王家烈发过电报，要他"严防赣匪入黔"，速"构筑碉堡，以防匪之突窜"。王家烈曾召集军事会议共筹决策，最后形成了一个基本意见："以保存地盘及军政大权为目的；红军若来，即采取防而不打、堵而不追的方式，尽量避免冲突；不能避免时，则'退避三舍'，让其通过；以保存实力为原则；对邻省竭尽亲善，密切联系；对蒋介石采取电报政策。"当时王家烈及其大员们估计，红军可能不来，即使来，也不会那样快。

可是，红军偏偏就来得这样快，先头部队已于12月15日进占黎平县城。此时，王家烈正在贵阳东面平越县的马场坪举行军事会议。会场设在一家院落的厢房里，床上摆放着鸦片烟具，烟雾在室内飘飘荡荡。

王家烈首先讲话，号召大家"团结对敌，制定良策，保护桑梓"。之后是纷乱的发言，有的信誓旦旦地拍着胸脯，有的忧虑重重地低着脑袋。会议结束时形成一个初步计划,把全省划为四个作战地区,分设四路指挥官,在军部统一指挥下分区负责,坚壁清野。但实际上各人都有自己的"小算盘",如王家烈,他把自己安排在贵州东南路的指挥作战区内,就是准备在情况不妙时向广西靠拢,因为他同陈济棠、李宗仁暗中订有三省互助同盟。

红军攻占黎平的当天,王家烈发电,"请各友军不分畛域进剿","期将黎城早日恢复"。各"友军"对这个电报还未详加研究,红军即强渡清江河,矛头已直指剑河县城。

惊慌失措的王家烈这次不再向"友军"发电了,而是在12月18日直接向蒋介石发电告急:

查该匪号称十万,若今日久蔓延,不仅黔省被其赤化,恐川、湘及其他各省,亦同感危殆。除集中所部进剿堵截外,并恳中央飞令到湘各军,西移黔境,及桂省各部队越境会剿,以期聚歼该匪,挽救黔难,无任感祷。

蒋介石看完电报,喜不自胜,当天,即电薛岳,"督励所属,克日迅由晃县、玉屏直趋镇远截击,以期一举聚歼。"末了还特别嘱咐一句:"希速照办。"

蒋介石又布下了什么"暗道机关",惊慌中的王家烈当然不得而知。

■ 猴场——李德再生事端

黎平会议后,中革军委为了争取先机,决心消灭黔军一部,迅速抢渡乌江。中央的意图已很明确,过乌江,占遵义,在川黔边建立新根据地。

12月下旬,中央红军右纵队红一军团在林彪、聂荣臻率领下占领余庆,攻取老黄平(黄平旧县城),一路势如破竹。左纵队在彭德怀、杨尚昆率领下,占领黄平,吓退王家烈的"双枪兵",一路风卷残云。

为了迷惑敌人,红军在行军中有意"宣传":

"老哥!这里到贵阳省城有多少路?"

"估摸着不到200里吧!"

"贵阳好打吗?"

"好打,好打。王家的人(指王家烈的兵)不多,你们红军大队去打,一定能打开。"

"是,我们正要去打贵阳,把贵阳打开来好不好?"

"好哇!那样王家烈就不能再向我们老百姓敲诈啦!"

于是,红军要打贵阳的"动向",就这样一传十、十传百地传播开去,而且经过口头"加工",善意"渲染",红军的威名更加远扬。

王家烈仔细倾听着侦察得来的"情报",慌忙将主力退守重安江以西地区,重点阻止红军向贵阳前进。

中央和军委为了实现新的战略方针,令红一军团在占领余庆后,迅速向乌江南岸前进。29日,红一军团分作两路进逼乌江。一路为第二师,由师长陈光、政委刘亚楼带领,从老黄平、梭洞出发,向猴场(今草塘)、江界河方向前进,30日即进占猴场,次日便进至木老平及其东北地区。另一路为第一师,由师长李聚奎、政委赖传珠带领,从余庆出发,向龙溪、袁家渡、回龙场方向前进。两路部队分别到达乌江南岸指定地点后,立即开始侦察渡口,准备渡江器材。

与此同时,罗炳辉、蔡树藩率领红九军团,在施秉以东的紫荆关阻击薛岳部追敌,第三军团进抵瓮安附近,军委纵队进驻猴场,董振堂、李卓然率红五军团进至老黄平。

这段时间,中央红军前进比较顺利。连李德也高兴地承认这一点,他说从黎平出发后的这次行军,"是在非常有利的条件下完成的",因为:

这个地区没有防御工事,我们可以加快自己的行军速度,而且又有足够的伪装用来对付频繁的空袭……虽然这个地区很贫瘠,资源也很少(贵州是中国南部最落后的省份),但是部队的给养没有发生困难。我们除去占领了一些较大的村镇外,还占领了好几座城市,其中有富饶的商业中心镇远。我们没收了地主、商人和高利贷者的大批存货,不仅能够保障自己的供给,而且还可以分发给穷苦的老百姓。当地居民友好地接待我们,有时还派代表对我们表示欢迎。我军只与贵州省军队有过直接的战斗接触,他们的装备不如我们,而且训练也很差,至于他们低落的士气当然就更不用说了。实际上他们还没有认真地试一试,来进行长时间的抵抗,就被我们赶跑了。(奥托·布劳恩:《中国纪事》,第125~126页)

猴场是离乌江不远的一个小镇,周围林木繁茂,溪水潺潺,为猴子出没之地,故名猴场。自军委纵队30日进驻后,偏僻小镇顿时热闹起来。

毛泽东被安排住在一所在当地算是比较漂亮的房子里,院子宽敞,室内明亮,这是长征以来所没有过的"享受"。这大概也是毛泽东在党和军队里的地位和影响不断提高的缘故吧!

就在全军按既定部署,积极准备抢渡乌江的时候,中央领导层内部又起风波。

还是博古、李德,他们本来对黎平会议决议就不赞同,只是因为处于少数地位,无法扭转局面;现在他们听说前面的乌江谓为"天险",抢渡难度不下于湘江,而且薛岳的"追剿军"一部马上就要赶上来,因此,又重新提出老话题,不过乌江,不到遵义了,掉转马头仍向湘西开进,前去与红二、六军团会合,到那里开辟局面。

总负责人和顾问提出疑异,自然不可等闲视之。于是,在1935年元旦这天,中共中央政治局在猴场开会,再次讨论红军的战略方向问题。

会上,与会者真不想再与他们谈什么道理。事情是明摆着的:蒋介石在湘西道上重兵设防,红军稍有机动,又要往死胡同里去钻,难道非得要把这剩下的3万多红军赔光吗?毛泽东耐着性子,讲述了过乌江、取遵义,不去湘西的理由和根据。他特别指出,乌江虽险,但不是湘江,王家烈的部队是远比不上何键的湘军的;现在也没有过湘江时湘、桂、薛岳部队之合围态势。只要我们组织、调配得好,乌江是一定能过去的,不能"一朝被蛇咬,十年怕井绳"。

博古、李德一看大多数政治局委员、候补委员都反对自己的意见,尽管心里不服气,也不再说什么了。

会议通过了《中央政治局关于渡江后新的行动方针的决定》,重申了黎平会议的精神。

《决定》指出:"立刻准备在川黔边广大地区内转入反攻,主要的是和蒋介石主力部队(如薛岳的第二兵团或其他部队)作战,首先消灭他的一部,来彻底粉碎五次'围剿',建立川黔边新苏区根据地。首先发展以遵义为中心的黔北地区,然后向川南发展是目前最中心的任务。"

《决定》还指出:"必须尽量利用我们所争取得的时间,使部队得到短期的休息,并进行整顿补充的工作。特别加强在连队中的政治工作,在充实战斗连的原则之下,应缩编我们的部队,军委纵队必须继续缩小,以适合于新的作战环境。"

《决定》中作出一项重要规定,即"关于作战方针以及作战时间与地点的选择,军委必须在政治局会议上做报告"。很显然,这一条是针对"三人团"的,特别是针对那位"顾问"李德的。因为毛泽东是政治局委员,让军委在政治局会议上做报告,这就使毛泽东有了参与军事方针制定、指挥战役行动的机会和权力,从而实际上否决了"三人团"垄断军事指挥的权力,打破了手持"尚方宝剑"的李德所拥有的主宰一切的地位。从此,李德再也不能做"崽卖爷田不心痛"的事了。

政治局会议结束了。外面,阴沉沉的天,寒风裹着冷雨,雨中夹着雪花。毛泽东走出会场,头脑一下子清醒了许多。在回住处的路上,警卫员们兴致勃勃地对毛泽东讲着怎样准备吃年饭。但今天,毛泽东对吃不感兴趣,他说:"今晚不能大吃大喝了,必须抢在薛岳部队三个师之前赶到乌江。"回到住地,毛泽东看着准备好的"丰盛"饭菜,对大失所望的警卫员们说:"还真像个过新年的样子,我在开会时吃过饭了,你们赶快吃吧。""可是,我们还特意为你准备了你最爱吃的酒酿呢!"一个警卫员不无遗憾地说。"好吧!那我们一块吃。"毛泽东便和大家一起坐下来。

吃了一点东西,毛泽东即起身开始紧张的工作。现在,他虽然还不是名义上的全军"统帅",没有担负军委的领导职务,但实际上"统帅"的重担已逐渐压在他的肩上,红军已按照他的战略意图在行动。

凌晨4点,消息传来,已有红军先头部队到达乌江岸边。毛泽东立刻吩咐收拾行装,随后便直奔乌江而去。

■ 乌江渡口——侯之担吹破牛皮

乌江谓为天险,名不虚传。它是贵州省内的最大河流,由西南贯穿西北,在川东汇入长江。

红军要实现自己的战略目标,必须在追兵赶到之前,迅速突破乌江。

乌江沿岸守敌主要是黔军侯之担的教导师,侯之担几天前在王家烈召集的军事会议上,曾信誓旦旦地宣称:"军人以服从命令为天职。这次红军由江西、湖南入黔,委员长早有明令,要我们阻击狠打,配合中央军消灭红军于黔中。我侯之担有四个旅共八团人,定当扼守黔北,决不许红军越过乌江、进入乌江以北一步!我愿立下军令状,与诸公共存亡!"此番话把与会者吓了一跳:好大的口气,湘军那么剽悍、桂军那么狡猾、中央军武器那么精良,都未能堵截住从江西突围的红军,你侯之担有什么能耐说此大话,到时有你好瞧的。

不过大家都不说穿,而是给他已吹胀的牛皮继续"鼓气"。这个说,侯师长不愧"英雄本色",红军要过乌江,插翅也难飞过;那个说,副军座(侯之担任第二十五军副军长兼教导师师长)智勇兼备,奉命扼守乌江,正是"英雄有用武之地"。

其实,侯之担也并非有那么大胆,而是不得已而为之。因为黔北是他的地盘,一家老小,金银细软,房地财产均在此地。他认为,红军要过了乌江,要逃、要搬都不容易,眼下都是自管自,指望不上别人,所以只好自己硬撑着在乌江设防。

另外,侯之担脑子里也转着圈圈:虽说红军锐不可当,但凭借乌江天险,只要把守住各个渡口,谅红军一时也无法渡过。若中央军从后急速追来,红军在前后夹击情况下只有转道他往。这样一来,黔北不就保住了吗?而我也为党国立了大功,说不定在贵州还能取王家烈而代之呢!

侯之担在会议上把大话说了,行动上自然不敢怠慢。他把亲信林秀生旅长调来,委以"江防司令"之职,让他带部队严密把守数百里范围内的所有渡口,并提前把渡船、渡筏及架桥材料或拉往北岸,或就地毁掉,岸边再筑强固碉堡,密设枪炮火力点。

布置完这一切,侯之担十分得意,边吐烟圈边口授向上汇报之电报:"官兵勤劳不懈,扼险固守,可保无虞。"

然而,侯之担高兴得太早了。

1935年1月2日凌晨,红军右路渡江先遣团便率先在回龙场渡口突破乌江。

右路渡江先遣团即红一军团第一师第一团,团长是杨得志,政委是黎林。单看番号中的三个"一",就可知这支部队有着不同寻常的地位和勇敢顽强的战斗作风。

在回龙场这里,乌江两岸全是几百米高的大山,耸天壁立,如同刀削斧劈。江面倒也不宽,大约有100米,但滔滔的江水打着漩涡翻起白浪,发出隆隆的吼声。杨得志后来回忆说:"到了乌江岸边一看,别说渡过去,就是站在岸边,也会使人心惊胆战。"

但再难也难不倒红军。

元旦抵达江边的先遣团,竭尽全力遍寻渡江工具资材,但是毫无所得,所有能利用的都被敌人弄走了。时间一分一秒地过去了,敌人在对岸还不时地向这边开枪。

下午时分,江中漂浮着的一根竹子启发了指战员们的灵感,对!扎竹筏过江。

大家七手八脚地扎好了第一只竹排,八名勇敢的战士撑着它乘夜色悄悄向对岸驶去。不幸的是,竹排在江心被汹涌的浪涛打翻,漩涡卷走了可爱的战士。

第二只竹排接着被推下水,这次渡江地点选在下游水流较缓的地方,挑选出来的十几名战士再次勇敢地划着竹排前进。

这次偷渡成功了,勇士们向守江敌兵发起进攻,后续竹排源源不断地渡到对岸。至2日凌晨,回龙场渡口完全被红军占领,浮桥随后也紧张地架起来了。

回龙场的抢渡比较顺利,而江界河渡口的抢渡要"麻烦"一些。在这里担负左路渡江先遣团任务的是红一军团第二师第四团,这也是一支敢打硬仗、威名远扬的英雄团队,耿飚任团长,杨成武任政委。

在江界河渡口对面,侯之担派重兵据险把守,渡口完全暴露在敌人火力之下,并且这段地形更加险要,南岸要下10里陡壁的石山才能到达江边,北岸又要上10里的陡山,才能踏上通往遵义、桐梓的大道,渡口东西两旁都是难以攀登的悬崖绝壁。江面宽约250米,流速每秒1.8米,碧绿的江水在墨黑的石山中穿流,恰如一条乌龙在峡谷中狂怒地奔腾。

在这个渡口,不但红军主力一部要从此通过,而且军委纵队也要从此通过。艰险、困难、压力,元旦这日赶到江边的四团官兵们心里都很清楚。

鉴于任务艰巨、事关重大,陈光师长、刘亚楼政委都来到江边直接指挥强渡。

1月2日这天,寒风凛冽,雨雪交加。强渡在上午9点钟开始。第一批八个红军勇士在火力掩护下,携枪赤身跃入冰冷的江水中泅渡到对岸,但准备拉过去架桥用的粗索绳因水宽流急而未能拉过去,此时敌人也发现了他们,他们不得已又奉命游回南岸,途中一名勇士因体力不支而被激流卷走。与此同时,已撑到江中心的第一只竹筏也被敌火力射击而倾覆。

白天的强渡失败了,为了减少伤亡,师团首长决定在晚上偷渡。第一筏顺利地离开江岸向江心划去,第二筏、第三筏也相继下水。

黑夜中,指挥员们在岸边焦急地注视着对岸的情况,期待着那边出现显示登陆成功的手电筒光联络信号。时间五分钟、十分钟地过去了,对岸仍是黑漆漆一片,江中依然响着涛声。不久接到报告,第二、第三筏上的勇士们划至江心,被激流冲到下游数里,不得已返回,第一筏下落不明。

又失败了。

元月3日凌晨,军委副参谋长张云逸来到江边,他带来了重要情况——"追剿军"薛岳部队快要追上来了,敌情紧张,军委来电催促四团迅速完成渡江任务,时间越快越好。他还派来了军委工兵营归四团指挥,担负架桥任务。最后张云逸再三强调,如果我们不能过江,将面临背水一战的不利局面,那情况就会更加危急。

没有退路,团党委立即召开紧急会议,决定天亮后立即抢渡。

拂晓,江面上雾腾腾的。载着十几名战士的竹筏,在红军猛烈火力的掩护下向对岸奋力划去。敌人拼命向竹筏扫射、轰击。离对岸不远时,忽然从对岸边的石崖下钻出五个人,勇猛地向敌人火力点射击、投弹。敌人遭到突如其来的打击,慌忙后退,竹筏上的战士乘机登岸。原来那五个人是昨晚乘第一筏偷渡过去的,因怕被石崖顶上的敌人发觉,故未敢用手电光联络,只得静伏藏身,等待时机。

接着,第二梯队也划过江去,正待向敌纵深攻击时,忽然,对岸的枪炮声异常猛烈地吼叫起来。原来是敌人的预备队开上来了,并且夺回了已被红军占领的阵地。

在这紧急关头,陈光师长叫来炮兵连长赵章成,命令他把对岸冲上来的敌人打回去,并且警告他:"要是打不回去,拿着脑袋来见我!"

这是死命令,赵章成原来在白军中当炮兵副连长,受过正规训练,炮打得极准,后来在江西参加了红军。现在他瞅瞅仅剩下的五发炮弹,紧张但不慌张地瞄准、发射,炮弹像长了眼睛似地接连飞向敌群,炸得敌人血肉横飞,鬼哭狼嚎。红军滩头部队冒着硝烟,乘势向敌人发起猛烈进攻。

渡口占领了,红四团全部渡过乌江。

与此同时,工兵营也把浮桥架起来了。在架桥队伍中,有一位穿着红军服装满脸麻子的人,他就是中央苏区第四次反"围剿"时,在宜黄县磨罗嶂脚下被红军俘虏的敌五十九师师长陈时骥。他原是保定军官学校的毕业生,被俘后经教育留在红军中。红军长征时,他被安排在工兵营里随队一起出发。乌江架桥,陈时骥表现得还很积极。以后他跟部队长征到达陕北,然而不久,他还是"开小差"跑掉了。

红一军团抢占回龙场、江界河两个渡口,随后红三军团第十团也在茶山头突破敌人防御线占领渡口。至6日,中央红军第一、第三、第五、第九军团和军委纵队,分别由这三个渡口渡过乌江。接着,各路红军乘胜连克珠场(今珠藏)、湄潭、龙坪场、老蒲场、团溪、尚稽等地。那个江防"草包"司令林秀生率领残兵,慌忙向遵义地区逃窜,而"吹牛"师长侯之担也率领亲信,携家带口逃往重庆。在逃离之前的1月10日,侯之担好半天才"琢磨"出一封特急电报,发给南京中央党部和蒋介石,叙述乌江失守经过,竟称:"匪于1日抵江来犯,担部沉着应战……该匪竟猛攻三昼夜,片刻未断,各渡均以大炮集中轰击,强渡数十次,均经击退,毙匪、溺匪约三四千名,浮溺满江……该匪渡江后,节节进攻,连日激战肉搏,担部虽伤亡过重,仍以孤军固守遵义。"

侯之担在电文中极尽夸张之能事,把自己打扮成奋勇守江的"英雄",然而最后还是不得不承认红军"突过乌江"的事实。"牛皮"终于被他吹破了。

乌江不是湘江。

■ 蒋介石涮了王家烈

蒋介石早想统一贵州,只可惜时机不成熟,无由进入。现在红军进入黔境,他认为这是天赐良机,千载难逢,所以在1934年12月,他便部署中央军"追剿"部队急速向湘黔边境进发,只是由于当时顾虑红军北上湘西,因而向贵州大举进军的计划拖延了一些时日。

蒋介石对王家烈早就不满以至怀恨在心。据王家烈自己讲,自他主持黔政以来,由于地方势力犹国材、蒋在珍作乱,多次请求调离,但蒋介石就是不调他们离开黔境;缺枪缺弹的他,为了保持地位,只好将贵州土产鸦片烟运出,通过两广换回武器补充。因此,贵州曾经同陈济棠、李宗仁订立三省互助同盟,暗中反蒋。后来,这个密约被陈济棠的部下余汉谋盗出去,向蒋介石告密。从此,他就被蒋视作"眼中钉"。而蒋介石则企图通过攫取贵州,达到控制西南各省的目的。

在南昌行营,蒋介石对他的幕僚陈布雷有过一段表露心迹的"剖白"。他说:"川、黔、滇三省各自为政,共军入黔我们就可以跟进去,比我们专为图黔而用兵还好。川、滇为自救也不能不欢迎我们去,更无从借口阻止我们去,此乃政治上最好的机会。今后只要我们军事、政治、人事、经济调配适宜,必可造成统一局面。"

王家烈处于两难境地,既怕红军入黔,又阻挡不了红军入黔;既想请中央军入黔堵截追击红军,又怕中央军入黔心怀"异志",另有他谋。结果,迫于红军的声势和蒋介石的压力,他还是电"请"中央军入黔"追剿"。不过他提示红军的行动方向是"北窜渡江",因而中央军"追剿"部队应由施秉、黄平,向瓮安、余庆追击,以在乌江南岸"收聚歼之效"。同时他还暗示,有他的部队守卫,"贵阳已无顾虑",言外之意是,不劳中央军向贵阳进发。

蒋介石岂能受王家烈摆布,为了实现他的计划,部署早就确定并且开始实施了。

12月28日,薛岳命令两个纵队,由施秉、黄平向重安江、平越、马场坪、贵定方向迅速推进,矛头直指贵阳。

1935年1月1日,薛岳嫌布防在贵阳及其以东地区的黔军"碍事",便给王家烈发电,诡称红军"未北窜",并且必越贵阳东北方向之清水江,"转扑贵阳北郊无疑",因此中央军纵队将"以全力追匪于清江东岸而歼灭之",请贵军主力速向贵阳北边之瓮安、紫江(今开阳)"截剿"。

真有意思,红军大队已抵达乌江岸边,正在组织抢渡,薛岳却告诉王家烈,红军要过清水江,要贵军北开截击。

就在薛岳给王家烈发电的同一天,他又向部属发出密电,称本路军要"迅速向西追剿,免匪窜犯贵阳,而保我中心城市",部署是以一部尾追红军,而以"主力进出于贵阳"。电文末秘示:"本路军部署,不得向友军(指黔军)宣泄,希遵办。"

中央军向贵阳急进,引得白崇禧也眼红起来,他也想乘机在贵州捞一把,否则中央军控制贵州,对广西是个威胁,故此他亦令桂军向贵州"追击"。

蒋介石急了:增援贵州是中央军的事,何劳你广西"费神"?于是他即刻给白崇禧发电,令他"制止桂军前进"。

中央军生怕事久生变,便加快了向贵阳的前进步伐。一时间公路上烟尘滚滚,人喊马嘶,道路两旁贴着大字标语:"不问匪窜如何,本军总以贵阳为目的。"

薛岳挥动大军,向贵阳一路疾进,并向蒋介石"逐日电呈"行军情况。1月3日,薛岳又向蒋介石综合报告入黔后的所见所闻,说"黔政黑暗",民间"疾苦甚深";黔军战斗力低下,"匪来则望风披靡";黔省贫瘠,"遍地植烟";王家烈"各次要求本路军向铜仁、石阡、余庆截剿,颇以中央军入贵阳为虑"。

王家烈当然有"虑",中央军咄咄逼近,他是一筹莫展。1月初,当他接到薛岳要他到贵阳东面马场坪会面的电报后,更是脊梁骨阵阵发凉。然而只是虚惊一场,会面时薛岳的嘴"甜"得很。

薛岳告诉王家烈,在武器装备方面,他可以给黔军补充。在政治方面,薛岳又关切地提示王家烈说:"你政治上的敌人是何敬之(应钦),今后要和他保持距离,应该走陈辞修(诚)的路线。"

随后,在王家烈的引导下,薛岳率队顺利进入贵阳,吴奇伟、周浑元两员大将也雄赳赳地踏进城门。

以后的情况是:

蒋介石任命王家烈为"剿匪"第四纵队司令,犹国材为副司令。

薛岳派亲信郭思演接管贵阳城防,并任命郭为贵阳警备司令。中央军反客为主,王家烈出入城门均受他们盘查,自称"处境异常难堪"。

王家烈感到在贵阳已不能立足,便向薛岳建议,让他亲率所部,打过乌江追"匪",成败在所不计。薛岳不同意,让他安心"呆"在城里。

薛岳断绝王家烈的财税收入,又拒绝给王部发军饷,同时直接调动黔军,不让王家烈集中部队,防止他另打主意。

蒋介石派人"征求"王家烈的意见,希望他对贵州的政治和军事专攻一项。王家烈表示政治非他所长,"愿专搞军事"。不久,蒋介石飞抵贵阳,明令免去王家烈的贵州省主席职务,同时任命他为"第二路军追剿总指挥"。

蒋介石并不以王家烈交出政权为满足,还要他交出军队。办法是以5万元、3万元大洋的价格,贿赏王的亲信师长何知重、柏辉章,同时许以高官。于是何、柏二人在蒋介石的导演下,对王软攻硬逼,公然"劝"王下台。蒋介石的侍从室主任晏道刚也转弯抹角地劝导王家烈说:"杨虎城在某个时期,也转不过弯子,就自动让开一下。可是后来，蒋先生还是请他回西安了。"

在各方面的夹攻劝说下，王家烈在贵阳愤然向蒋介石面请辞职："我要求解除兵柄，到国外考察。"蒋介石很关切地说："辜负你啊，在国内各地看看就得了，勿劳远行。"次日，报上公布："任命王家烈为军事参议院中将参议。"

1935年5月3日，张学良由汉口飞往贵阳面蒋，蒋介石告诉张学良，让王家烈搭机同行。这样，王家烈就告别了他曾经称王称霸的贵州地盘，偕同张学良飞往汉口。

"贵州王"终于被蒋介石顺手牵走了。

第十六章

遵义城头飘祥云

■ 遵义打了个"便宜"仗

中央红军突破乌江天险,下一个目标就是夺取遵义。按照毛泽东提出并为中央政治局所接受的战略行动计划,是要在川黔边建立新的根据地。政治局还计划在遵义召开一次扩大会议,以全面总结第五次反"围剿"以来在军事指挥方面的经验教训。

中革军委把攻占遵义的战斗任务交给红一军团第二师。接受任务后,从军团首长到下面的指战员都很兴奋。因为遵义是贵州第二大城市,也是红军长征以来要夺取的第一个较大城市。夺取遵义,不但意味着军委领导对红二师的信任,而且直接有利于部队的休整和补给。

红二师六团是攻城部队。他们在渡过乌江后,经过一天一夜的急行军,于1月5日推进到距遵义45公里路的团溪镇。当晚,总参谋长兼军委纵队司令刘伯承急急赶到这里,向团长朱水秋、政委王集成部署攻占遵义的战斗。

刘伯承说:"从团溪过新场、龙坪场,离遵义城30里,有个小镇叫深溪水,驻有敌人一个营,这是遵义的外围据点。你们团的任务,是斩断遵义敌人的触角,还不要让他知道。要秘密,要全歼,不允许有一个漏网。否则给遵义守敌通了消息,就会增加我们攻城的困难。"

接着,他又启发六团的干部们说:"现在,我们的日子是比较艰难的。既要求仗打得好，又要伤亡少，还要节省子弹。这就需要你们多动脑筋，多用巧计啰！"

"请首长放心，我们一定完成任务！"团干部们声音响亮、满怀信心地表示着坚强决心。

正谈话间，机要员送来"十万火急"电报，发报时间是1月6日2时。内容如下：

彭（德怀）杨（尚昆）并告刘（伯承）：

一、三军团渡江后主要任务在截断遵义贵阳交通，并扼守乌江北岸，因此，三军团应迅速以一个师循乌江北岸向老君关（即镇南关）开进。

二、如来得及三军团可以另一个师向遵义追击，以随同二师及干部团主力攻占遵义消灭黔敌，派去之师并应暂受刘伯承司令员统一指挥。

朱德

阅罢电文，刘伯承笑着说："有三军团截断贵阳到遵义的交通，敌人援兵来不了，同时三军团又有一个师配合进攻，这样，我们更有把握攻占遵义了。"

天下着大雨，红六团在刘伯承的亲自率领下，顶着寒风，踏着泥泞，快速向深溪水进发。

深溪水之敌以为红军还远在乌江边，在这大雨天，绝对不会赶到这里。因此，有的打麻将，有的过烟瘾。不料，"砰砰"一阵枪响，红军忽从天降，把镇里的敌人围了个严严实实。敌营长企图逃窜，一颗子弹追来，便立刻结果了性命。红六团全歼了深溪水的敌人。

团领导通过和俘虏谈话，摸清了遵义城敌军的防守情况，决定乘敌人尚未明白之前，利用俘虏去诈城，万一诈城不行，再行强攻。刘伯承听完汇报很高兴地说："很好，这就是智慧，诸葛亮当年就用过此计。不过你们装敌人一定要装得像，千万不能让敌人看出破绽来。"于是，六团立即对俘虏兵做争取工作。

傍晚，六团由一营营长曾宝堂带着团侦察排，全部换上俘虏的衣服，并由十几名俘虏带路，全团其他人稍后跟行。

经过两个小时的冒雨急行军，这支特殊部队到达遵义城南门外。

"干什么的？"城楼上凶狠地发问，枪栓拉得"哗啦哗啦"响。

"自家弟兄！"俘虏兵用贵州土话回答。

"哪一部分？"城楼上再追问一句。

俘虏中的一个连长按照事先说好的内容，凄凄惨惨地回话说："我们是外围营的，今天叫'共匪'包围了，庄子丢了，营长也打死了，我是一连连长，拼死领着剩下的弟兄逃了出来。现在'共匪'还在后边紧追，请快快打开城门，放我们进去吧！"

楼上敌人又问了一下营长的名字，没有问题，再用手电照了照服装，不再怀疑，遂"咣当"一声打开了城门。

敌人惊慌地询问闪进来的"弟兄"："怎么'共匪'已经过乌江啦？好快呀！"

"是来得快，现在都进了遵义城了！"侦察排的战士用枪顶着面前敌人的太阳穴，严厉地说，"告诉你们，我们就是中国工农红军！"

红军后续部队像旋风一样冲进城内，激昂嘹亮的冲锋号声为红军战士助威，令守城敌兵胆战心惊。

1月7日凌晨，遵义全城落入红军手中。身为黔军副军长的侯之担，早在4日夜里便携眷逃往老家桐梓。留下收拾残局的城防司令侯汉佑，一闻枪声，也从北门抢先溜走了。

几天之内，丢乌江，失遵义，"侯家军"损失过半，侯之担捶胸顿足，一把鼻涕一把眼泪。眼看红军又气势汹汹而来，侯之担干脆丢下败军，只身逃往重庆。1月18日，蒋介石命令参谋团主任贺国光，在重庆将"罪臣"侯之担"先行看管，听候查办"。

为侯之担私逃被拘事，王家烈发出通电称：

奉电前因，查侯副军长，前此贻误戎机，经委座电令申斥，勉以戴罪立功。殊值匪患方殷之日，不图奋勉，竟自私赴渝城，乖方失职，看管允宜。务望我袍泽，因之惕励，奋勇努力，以复我黔军过去之光荣声誉，勿稍耽误，致蹈覆辙为要。

鉴于遵义是个"大城市"，早在1月5日，林彪、聂荣臻就制定了一个入城规定，电发军团各师领导督行。其中说，我们已进到以遵义为中心的赤化黔北、创造黔北新苏区根据地的地域，就要夺取遵义城附近的城市与市镇了；为了正确执行城市政策和苏维埃法令,为了更好地发动、争取群众,要求我们红军能够严格遵守纪律,毫无违反苏维埃法令的行为,并且要有庄严的军容。为保证这一要求的充分执行,军团部特提出11条规定,明确告诉部队,哪些应该做,哪些不应该做。

1月8日,总政治部代主任李富春签发通令,颁布红军各部队进遵义城的八项注意,具体内容是:

(一)整齐武装服装。

(二)不掉队落伍。

(三)不脱离部队,不自由行动。

(四)到宿营地后出外要请假。

(五)私人不准向群众借东西。

(六)不乱买东西吃。

(七)无事不要进群众家去。

(八)注意卫生,不乱屙屎尿。

军委纵队是1月9日进城的。城内群众热烈欢迎红军到来,有的还赶到城外摆开香案迎接红军。毛泽东、朱德、周恩来等中央领导早早地下了马,喜笑颜开地向群众挥手致意。锣鼓声、鞭炮声、口号声,混合成欢乐的交响曲。

接着召开群众大会,群众从四面八方涌来,毛泽东站在一张方桌上讲话。他的湖南话大家虽然听不大懂,但他不断地打着手势,其热烈的情绪感染了听讲的群众。他号召工农团结起来,打土豪,分田地,建立苏维埃政权。台下有人领呼"欢迎红军""欢迎毛主席""欢迎朱总司令"!毛泽东讲完话,群众都不走,他只得向大家拱手,告诉以后还有机会见面,人群这才散了。

入城后,军委任命刘伯承为遵义警备区警备司令,陈云为警备区政治委员。在此期间,红军还攻占了遵义北面之战略要地娄山关,攻克了桐梓县城。随后,中央红军除仍以一部阻敌外,主力在遵义、桐梓、湄潭地区进行短期休整,这是红军长征出发三个月来,所获得的极为难得的休整机会。

遵义城变成了红色城,它为中国革命发生伟大的历史转折准备了大舞台。

■ 易公馆、柏公馆的新主人

遵义是座古城，已有2400多年的历史，唐朝时设遵义县，明朝时设遵义府。先曾隶属四川，后转归贵州。

19世纪30年代，遵义人口约有四五万（1984年有30万），在黔北算是个繁华城市。一条芙蓉河把全城分为两部分，河西是老街、老城；河东是新街、新城，是清朝咸丰年间辟建的。老城、新城都有用红砂石砌成的城墙，都有飞牙出檐的城门楼。远看遵义城郭，明显地给人一种红色的热烈景象。

这个自然景象存在了几百年，自红军攻克、进驻遵义城后，这座历史古城发生了显著的变化。一队队红军战士在街上穿行，红领章、红五星帽徽，引来众多居民驻足观看，红军表现出的严明纪律使他们不再害怕了。所有店铺又重新开张，生意也红火起来，特别是鞭炮和红纸，差不多全卖光了。1月12日，召开群众大会，在口号声中，遵义县工农兵临时政府——革命委员会宣布成立。毛泽东主席、朱德总司令在大会上再次发表演说，号召被地主、豪绅、军阀压榨的人民群众起来，打土豪、分田地，建立穷人自己的革命政权。

城内自然少不了敌人的密探，一份份情报送给上司。黔军第三师师长蒋在珍综而观之，于1月11日从遵义之北的正安致电王家烈，称"遵义设匪军总机关，毛泽东当主席"。

很遗憾，毛泽东这时在红军中还没有指挥权，连个"空头司令"也不是。但是，在红军指战员的心目中，在人民群众的感觉中，甚至在敌人密探的"以为"中，毛泽东就是红军的"领袖"。

在遵义新城，穿过繁华的丁字口，有一条小巷，名叫古寺巷。在小巷深处，有一幢两层洋楼，周围有草坪、花坛、假山。楼内有红漆地板，彩色玻璃窗，宽大的楼梯将楼上楼下沟通。整幢楼的外墙用青砖砌成，四周有宽大的回廊。站在二层阳台上，可俯瞰潺潺流动的芙蓉河水，可观赏鳞次栉比的排排平房。

这幢洋楼非一般人所有,它是"川南边防军"第一旅旅长易少荃的住宅,人称"易公馆"。只是这个易旅长风闻红军已突破乌江,直奔遵义而来,遂早早打点行装,携眷逃往他乡。于是,这搬不动的"不动产"就留下了。

1月9日,"易公馆"住进了新主人,他们是毛泽东、张闻天、王稼祥。易公馆真的成为易了主人的"公馆"。

毛、张、王住在这里,是苏维埃国家政治保卫局局长邓发亲自安排的。自黎平会议后,在尽可能的条件下,毛泽东的住房"待遇"逐步提高,这次在遵义更是上了"档次"。

毛泽东住在楼上,卧室内有张锃亮的黄铜大床。张闻天、王稼祥也被安排住在楼上,他们三人的随行人员住在楼下。

贺子珍没有住在这幢楼里,她的临产期快要到了,所以她随休养连住在遵义第三中学。别小看这所中学,后来成为中华人民共和国林业部部长的雍文涛和外交部副部长的韩念龙,都是从这所学校毕业的。

在遵义城里,还有一幢比"易公馆"更气派、更豪华的二层洋楼,是"柏公馆"——王家烈的亲信师长柏辉章的住宅。"柏公馆"位于老城区,在子君路(曾名枇杷桥)东87号。

柏辉章的父亲叫柏杰生,是做酱醋生意的,酱园的字号称"柏天顺",意为"柏家天天顺利"。可是柏家也有不顺利的时候,那年头战乱频仍,小伙子走在大街上,常常就被抓去当壮丁,送到战场上,多数是非死即伤,而柏杰生有七个儿子,实在令他担惊受怕。1921年他干脆采取"主动",将第二个儿子送往贵阳,进入贵州讲武堂骑兵科学习军事。毕业后,柏辉章竟一步步高升,最终成了王家烈手下的嫡系师长。柏辉章当了官,也就发了财,于是,他花费3万多银元,参考上海的洋房,设计、建成了这幢中西合璧的洋房。房子虽然气势雄伟,雕梁画栋,但面街的三间,仍为酱醋店铺,"柏天顺"的招牌还高高悬挂着。

红军要打过来了,知晓军情的柏辉章忙派人将家中老小接往贵阳,金银细软也一并带走。

这幢没有主人居住的漂亮住房,成了红军总司令部的办公处所,红军的主要领导人也多住此处。周恩来和邓颖超、朱德和康克清夫妇住楼上,刘伯承、张云逸等住楼下。

楼上有一个宽敞的客厅,这就是即将召开的中共中央政治局扩大会议(即遵义会议)的会场。解放后,遵义地方政府有关部门曾一度把"遵义会议纪念堂"的牌子,误挂在离"柏公馆"不远处的天主堂大门上,但不久,通过查阅档案和当年一些与会者的回忆与辨认,才确认"柏公馆"二楼客厅是遵义会议的会址。

"易公馆"和"柏公馆"已经"客满",还有两位重要人物——博古、李德,他们住到哪里去了呢?

他们分别住在离柏公馆不远的两处地主宅院里。房子虽然坚固宽敞,屋内摆设也古色古香,但是略显得"寒酸"一些。

离柏公馆百米左右的一所住房里,是红军总政治部的所在地,代主任李富春和《红星报》主编邓小平住在那里。自红军入驻遵义后,总政治部的工作更加繁忙了。开群众大会,批发布告,部署部队的思想、政策教育,检查部队纪律,调查当地民情、社情,研究如何争取黔军士兵等等,这一切都紧张而有序地进行着。

平平淡淡的遵义城,一下子变得热闹起来。

■ 山雨欲来,不平静的古城

红军占领遵义已有好几天了,朱德总司令、周恩来总政委仍然忙着。为使将在遵义召开的政治局扩大会议有较为充裕的时间和安全的环境,他们调动兵力,令一军团开往遵义北面,守护桐梓、松坎一线,阻止川敌南下;令三军团警戒遵义南面懒板凳至乌江一线,防备中央军"追剿"纵队和王家烈的黔军过江突袭;五军团守卫遵义东南的珠场至团溪一线,防止追敌从江界河渡口及附近其他渡口过江;令九军团驻防湄潭地区,监视东面之敌。

在这一较短时期内,敌情并不十分严重。蒋介石的十几万"追剿军"被甩在乌江以东和以南地区；何键对深入贵州作战积极性不大，所以他把直接指挥的湘军主力大部开到常德地区与贺龙、萧克领导的红二、六军团作战去了；四川刘湘搞不清红军虚实，因而把部队摆在川南地区，不敢轻进黔北；桂军原想染指贵州，后见中央军入主贵阳，所以也不愿在别人的地盘上继续深入追击红军，因此兵行至黔南榕江地区后，便止步不前；黔军已经连吃败仗，军营中谈红军而色变，现在也不敢主动地在正面与红军交锋。

与此同时，但在共产党和红军领导层内部的争论却相当激烈。

王稼祥过湘江后已经对毛泽东和其他一些中央领导人讲过，要把博古、李德"轰下台"。进入遵义，他的这个意见更加明确。除毛泽东、张闻天外，有越来越多的高层领导人赞成和支持这个意见。

毛泽东已经说过，要改变错误的军事领导，"那就要活动活动"。所以他在过湘江后的行军过程中，主动找一些党和军队中的领导干部交谈，给他们讲解发展根据地和红军的正确路线和政策，分析那些脱离中国革命战争实际的"左"倾领导者在军事指挥上的错误。在遵义，毛泽东继续找人谈话，倾听意见，争取有更多的领导人认识自第五次反"围剿"以来在军事指挥上的错误。

在"易公馆"二楼上，有一间宽敞明亮的客厅，中间放着一张长方桌子和几把雕花的太师椅。这里既是毛、王、张一起用餐之处，同时也是他们商谈如何开好政治局扩大会议的聚会之处。

一次饭后，毛、王、张依旧在客厅里交谈起来。毛泽东手里拿着一叠纸，平缓地说："扩大会就要召开了，我们应该准备个发言提纲，我这里先拟了个要点，你们看看观点如何。"随后，毛泽东把这些要点作了简要说明。王稼祥、张闻天认为要点明确，符合实际情况，可以此为基础扩展成较详细的发言提纲，这时，毛泽东微笑着说："我看，稼祥身体不好，这个发言提纲就由洛甫来写，并且在会上首先发言吧！"

王稼祥马上答话："泽东说得对，洛甫搞写作是内行，建议发言的内容要尖锐些，据我看，他们的总结报告不大会触及错误的实质，也不大会承担他们主观上应负的责任。"

张闻天向上推了推眼镜，爽快地接受了这个任务。他沉稳地说："你们信任我，我也不推辞。对错误的军事指挥，我提过不少意见，可他们不接受。第五次反'围剿'失败了，湘江之战又遭受那么大的牺牲，再这样下去，革命的前途就被断送了。请放心，我会把他们军事指挥上的错误全抖搂出来，为了党的事业，为了革命的前途，我是不怕什么的。"

毛泽东一拍椅子扶手，很有信心地说道："好！相信这次会议一定会开成功，中国人能够解决自己的问题，我们的党已经不是小孩子，而是大人了。"

在另一个庭院里，顾问李德也正和博古交谈。他们都能流利地说俄语，所以不用翻译。

李德问博古："中央政治局扩大会议是否还要召开？"

博古回答："要开会是黎平会议决定了的，不好改变。"

"可是，这次会要开起来对你会不利的。"李德有些担忧地接着说，"不要轻视毛泽东，他在苏区和红军中有很大影响，几乎没有人能超过他。在这次西进途中，他又是找人谈话，又是提出新的建议，洛甫、王稼祥时常和他聚在一起，周恩来也在转向毛泽东，看来毛泽东他们在这次会上要行动的。"

博古有些茫然，许多问题他也想不通：临时中央从上海搬到中央苏区，按说中央可以直接领导苏区和红军了，而且还有从共产国际来的军事顾问亲自指挥作战，可是为什么蒋介石的第五次"围剿"就是打不破呢？而以前中央苏区的几次反"围剿"都是胜利的呀！还有，西征出发以来红军人数不断减少，湘江一战竟损失过半，难道在军事指挥上真的没有错吗？还有，毛泽东实际上已经没有了权力，是个被批判过的干部，可是为什么张闻天、王稼祥他们愿意和毛泽东聚在一起呢？张、王二人可是同自己一道从苏联回来，而且到苏区后也是一起反对过毛泽东那一套的呀！他想来想去，还是认为仗没打好，所以舌头短，才有人家说的，要不是客观上敌人力量过于强大，今天也不至于出现这种局面。

博古一时无法理清这些问题的头绪，只是无可奈何地对身旁的"顾问"说："开会就开会吧！或许情况不至于那样严重，我们做的那么多工作，可都是完全按照共产国际的指示做的！"

正说着，周恩来来了，他向李德打了个招呼。李德最近对周恩来的"好感"在减退，所以没多少话要说，只是"嗯嗯"几声后就主动告辞，回他的住所休息去了。

周恩来和博古走进客厅入坐,警卫员把茶水端来。负责具体筹备会议的周恩来向博古谈了会议的筹备情况,包括与会人员名单的拟定、会议的议题以及会场的布置等。博古表示同意,这些原则在黎平的政治局会议上已经确定了。让一些军团领导人参加扩大会,这是毛泽东提出的,他的理由是,既然会议总结五次反"围剿"以来军事方面的问题,在第一线指挥作战的军团首先就应该有发言权,政治局会议理应听取他们的意见。博古认为毛泽东说的有点道理,没有充足的理由可以加以拒绝,况且多数政治局委员都表示同意,自己也就不好再说什么了。

　　然后,周恩来询问总结报告的起草情况,因为博古是主报告人,而且这个报告实际上是代表"三人团"而作的。博古说自黎平会议后已在考虑,现在已经基本写好。接着他把要点简单地作了说明。

　　周恩来隐隐感到不安,看"总负责"博古的架势,是要把失败的责任归为客观方面,这恐怕通不过,因为现在许多领导人和基层干部对军事指挥方面的意见大着呢!看来,在自己所起草的关于军事问题的补充报告中,应当更实际地多谈谈在军事指挥方面的错误。

　　扩大会还未召开,许多人已经感到这次会议不同寻常。如今阵营渐趋明朗,一方是毛、王、张,支持和拥护的人多;一方是博古、李德,支持和拥护的人已经很少。

　　在当时支持和拥护博古的人中,有一个很活跃的青年人。他叫凯丰,即何克全,时任政治局候补委员,共青团书记。聂荣臻对凯丰有过这样一段回忆:

　　听说要开会解决路线问题,教条宗派主义者也想争取主动,积极向人们做工作。会前和会议中,凯丰……三番两次找我谈话,一谈就是半天,要我在会上支持博古,我坚决不同意。我后来听说,凯丰向博古汇报说,聂荣臻这个人真顽固!

　　实际上,凯丰不只找了聂荣臻一个人谈话,他还找了一些其他人,希望他们能在会议上支持博古。

　　然而大势已去,已经没有多少人再相信"左"倾领导者的那套"理论"了,特别是在军事路线方面。毕竟实践是检验真理的唯一标准,谁也不能把第五次反

"围剿"的失败和湘江之战所遭受的惨重损失，说成是"伟大胜利"。

看来遵义政治局扩大会议还没有召开，格局就已经确定了。

■ 三个报告——张闻天语惊四座

具有伟大历史意义的遵义中共中央政治局扩大会议召开了。

会场就在"柏公馆"的二楼客厅，隔壁就是军委副主席周恩来的卧室。

时间是1935年1月15日。为确定这一日期，专家、学者们颇费了一番工夫。开始人们认为遵义会议是1月6日至8日举行的，依据是遵义会议的决议注明"1935年1月8日政治局会议通过"。但历史事实却是：红军1月7日凌晨占领遵义，军委纵队1月9日才进入遵义城内。

于是，专家、学者们查下去，终于发现了一份能有力地说明开会日期的电报底稿。这份电报是周恩来1月13日24时发给五军团政委李卓然、全国总工会委员长（长征开始时为八军团中央代表）刘少奇的。电文中说："15日开政治局会议，你们应于明14日赶来遵义城。"这样，会议的开始日期便确定为1月15日。

会议的参加者根据陈云传达提纲的说明及有关与会者的准确记忆，确定有政治局委员六人：秦邦宪（博古）、周恩来、张闻天（洛甫）、毛泽东、朱德、陈云（全国总工会党团书记）；政治局候补委员四人：王稼祥、邓发、刘少奇、何克全（凯丰）；其他军委领导和军团领导：刘伯承、李富春、林彪、聂荣臻、彭德怀、杨尚昆、李卓然，中共中央秘书长（1934年年底接任）、《红星报》主编邓小平，共产国际驻中国军事顾问李德及翻译伍修权也列席了会议。以上共20人。在出席会议的军团首长中，没有第五军团军团长董振堂。陈云对此解释说，遵义会议是党中央政治局的扩大会议，董振堂同志虽然是五军团的军团长，但在党内没有担负职务，因而没有出席会议。另外，红九军团部队尚在乌江以北湄潭一带整训和担负后卫任务，因此军团长罗炳辉、政委蔡树藩也未能出席会议。

会议大约在晚上7点开始。

当洒落在玉屏山上的夕阳余晖逐渐退去的时候,分住各处的与会者纷纷向会场聚拢。彭德怀等军团首长多是策马而来,毛泽东、张闻天则是步行出发,走到会场也不过15分钟左右的时间。聂荣臻、王稼祥是坐担架来的。聂荣臻因为过湘江后行军时脚部磨破化脓,行走不便,因而这段时间坐着担架。

会场正中摆着长方桌子,四周置放着一些木椅、藤椅以及木凳等。天花板正中挂着一盏带白色荷叶边灯罩的煤油灯。为驱寒冷,会场还放着一盆炭火。

据伍修权回忆,会议的参加者"不像现在开会有个名单座次,随便找个凳子坐下就是了。会议开了多次,各人的位置也就经常变动"。在会议开始后,李卓然才赶到。而且,遵义会议未结束,彭德怀和李卓然因为各自部队又与敌人发生战斗,所以提前离开了。

会议的主题,据陈云传达提纲所说,一是"决定和审查黎平会议所决定的暂时以黔北为中心,建立苏区根据地的问题";二是"检阅在反对五次'围剿'中与西征中军事指挥上的经验与教训"。

中央总负责人博古主持会议。看看前来开会的人差不多都到齐了,他宣布会议开始,随后拿出一叠纸开始做报告,这个报告被称为"主报告"。

博古在报告中虽然对红军在退出中央苏区前后的一段时期中军事指挥上的错误作了一定的检讨,但是他着重强调:六届四中全会后中央在政治上军事上的领导是正确的,第五次反"围剿"遭受重大挫折主要是客观原因,如帝国主义、国民党反动力量过于强大等;而且敌人这次进攻苏区采取了新的堡垒战的战略战术;另外苏区的物质条件太差,党对白区斗争的领导没有显著进步,对瓦解白军的工作做得很不够,各苏区红军缺乏在统一战略意志之下的相互响应与配合。总之,在他看来,敌人对中央苏区的第五次"围剿",在客观上是根本不能粉碎的,在主观上也是没有办法粉碎的。

大约一个小时后,博古的主报告方才做完。他自我感觉不错,认为讲的还是有根有据的,能够回答毛、王、张等人可能对中央的责难。

听了他的报告,会场上的人们脸上各显神色,但都没有作声。

接着是中革军委副主席、"三人团"之一的周恩来作补充报告,他着重谈的是军事问题,被称为"副报告"。

此时的周恩来,谈到军事上的失利问题时感到十分痛心。他觉得:自己在中央从事军事工作时间很长,来到苏区后又是在第一线从事军事领导工作。在"三人团"中,李德是外国人,对中国情况毕竟不是很熟悉,博古是中央总负责人,没有做军事工作的经验;而自己实际上是中央委派的军事方面的最高领导,虽然博古、李德排斥有丰富军事斗争经验的毛泽东,抛弃中央苏区红军原有的正确的战略战术,另外推行一套看来是行不通的错误的战略战术,而且独断专行,可是自己或者对正确与错误的界限认识不清楚,或者认识了却未能坚决反对和有效制止错误的发展,或者还一起犯过一些同类的错误。

想到这些,周恩来深深感到内疚。所以,他在报告中比较详细地检查了"三人团"在军事指挥上的重大失误,同时主动承担了自己的责任。

周恩来的"副报告"和博古的"主报告"形成鲜明对照。周恩来强调的是主观因素,而博古强调的是客观因素,这点连李德也听出来了。他认为两个报告有着不同倾向。

其实听讲者心里大多都很明白:对于失败,周恩来自然有着重要责任,但最主要的责任还是博古把实际最高指挥权交给那个洋顾问李德。周恩来能够对错误实事求是地进行分析,并诚恳地承担责任,还是应当给予谅解的。

"现在请大家对以上两个报告讨论吧!"博古环视了会场一周,略带笑容地说。"我发言。"

大家循声望去,原来是张闻天,他手中正捧着写满字的20多页纸,那是他已经"琢磨"好了的发言提纲。

"听了博古同志关于第五次反'围剿'的总结报告和周恩来同志的副报告之后,我们认为博古同志的报告基本上是不正确的!"

真是开门见山,语惊四座。寥寥数言,一下子就抓住了与会者的神经,博古刚才还很坦然的神色一下子换成了阴沉的表情。毛泽东、王稼祥则显得较为沉稳、平静,因为那几句话中的"我们",其实主要就是毛泽东、王稼祥、张闻天三人。

擅长表达的张闻天,思路清楚、有根有据地讲了一个多小时,有力地驳斥了博古主报告中的基本观点。张闻天的发言被称为"反报告"。

张闻天在发言中指出："博古同志在他的报告中过分估计了客观的困难,把第五次'围剿'不能在中央苏区粉碎的原因归之于帝国主义、国民党反动力量的强大,同时对于目前的形势却又估计不足,这必然会得出客观上第五次'围剿'根本不能粉碎的机会主义的结论。"

"机会主义",这是个很敏感、很严重的词汇。陈独秀的"右倾机会主义",曾导致了1927年大革命的失败。张闻天抛出"机会主义"这个词,使博古顿时惊愕得张大了嘴巴。其他与会者则均是凝神静听。

张闻天继续发言,点名批评博古、李德二人在军事指挥方面的错误。他指出:中央苏区的党,在中央直接领导之下,在动员广大工农群众参加革命战争方面,得到了空前的成绩,这些都是粉碎第五次"围剿"的有利条件。虽然工作中在一些方面还有严重缺点,但是绝不应该把此看做是不能粉碎第五次"围剿"的主要原因。

张闻天越说越激愤,音调也逐渐提高:"博古同志夸大工作中的弱点,对军事领导上的战略战术基本上是错误的估计,却又不认识与不承认,这就没有法子了解红军主力不得不离开中央苏区与不能粉碎第五次'围剿'的主要原因究竟在哪里,这就掩盖了我们在军事领导上战略战术上的错误路线所产生的严重恶果……"

最后,张闻天特别指出:华夫(即李德)的领导方式是"极端的恶劣","军委的一切工作为华夫同志个人所包办,把军委的集体领导完全取消,惩办主义大大发展,自我批评丝毫没有,对军事上一切不同意见不但完全忽视,而且采取各种压制的方法"。而博古同志"代表中央领导军委工作,他对于华夫同志在作战指挥上所犯的路线上的错误以及军委内部的不正常现象,不但没有及时地去纠正,而且积极地拥护和助长了这种错误的发展。因此,博古同志在这方面应负主要责任,并且他自己的领导方式也是很恶劣的"。

张闻天发言完毕,会场出现小小的骚动,有的点头肯定,有的小声交谈,有的投来敬佩的目光。而博古却显得神情木然,想说什么却又一时说不出来。李德坐在门口连续不断地吸烟。

正报告、副报告、反报告,三个报告三种调。

毛泽东给李德上军事课

遵义政治局扩大会议继续举行,尽管室外寒风阵阵,可室内气氛却显得激奋、热烈。

当大家还在回味张闻天"反报告"中的意蕴时,毛泽东开始发言了。这点大家稍感意外:毛泽东参加会议一般都是先倾听别人的发言,然后自己再讲,而一讲几乎就是带结论性的东西,今天怎么破例了?有些人猜测,毛泽东这几年受压受屈,被剥夺了参与重大决策的发言权,如今在这样的形势下,他一定要发泄胸中的愤懑,严厉斥责博古、李德他们的错误了。

可是,与这些人的预期大不相符,毛泽东心平气和地开始了讲话。

他的发言中,没有疾言厉色的大声斥责,有的是哲理、机智和幽默,使人感到言词中显现出来的是政治家、理论家、战略家的特有气质和优雅风度。

毛泽东说:"博古同志关于反'围剿'失败及红军西征以来所受挫折原因的说明,基本上是不正确的,掩盖了领导者在指挥、组织上的严重错误,洛甫同志刚才已有指正。我现在要讲讲战略方面的争论问题。

"我们共产党领导的革命战争是在敌强我弱的情况下进行的,'围剿'与反'围剿'是目前国内战争的主要形式,从这些特点出发,产生我们的战略战术原则。

"敌人有时也是很聪明的,在第五次'围剿'中,他们将屡用屡败的'长驱直入'战略战术,改换成了'持久战与堡垒主义'的战略战术。在这种情形下,我们的战略路线应该继续是决战防御,或者说是积极防御、攻势防御,集中优势兵力,选择敌人弱点,在运动战中,有把握地去消灭敌人的一部或大部,以各个击破敌人,彻底粉碎敌人的'围剿'。

"可是,我们的领导者呢?抛弃了红军以前行之有效的战略战术,反倒采取了单纯防御路线,以持久的拼消耗的阵地战、堡垒战,代替了可以有效歼灭敌人的运动战,并且以所谓的'短促突击'的战术原则来支持这种单纯防御的战略路线,其结果大家是知道的。"

会场一片安静,与会者都在凝神细听。毛泽东略略加重语气,继续讲下去:

"推行单纯防御路线的领导者,说'诱敌深入'是退却逃跑,会打烂坛坛罐罐,革命者就应当'御敌于国门之外',就应当既不打烂坛坛罐罐,又能取得伟大胜利,又说运动战等正确方针是'游击主义','游击主义'是山沟里产生的,而山沟里是没有马克思主义的,等等。这真是荒唐可笑到极点。

"试问,在强敌进攻面前,如果不适时地进行战略退却,为求得有利战机而暂时放弃一部分土地,那以后怎么才能保存主力,恢复和发展根据地呢?这叫做'将欲取之必先与之',即只有丧失才能不丧失,要是连这点道理也想不明白,那是很可怜的。

"在积极防御中,红军应该集中兵力打歼灭战、速决战,而不应当打以堡垒对堡垒的消耗战、阵地战。'比宝'不是龙王向龙王比,而是乞丐向龙王比,真是滑稽得很。"

毛泽东最后作了总结,指出:错误的领导者所谓"以一当十,以十当百,勇猛果敢,乘胜直追","全线出击","夺取中心城市","两个拳头打人","御敌于国门之外","先发制人","不打烂坛坛罐罐","不丧失寸土","六路分兵","短促突击","堡垒战","持久战"等等新原则,在理论和实际方面全部都是错的。"这是主观主义,这是环境顺利时小资产阶级的革命狂热和革命急性病的表现;环境困难时,便依照情况的变化依次变为拼命主义、保守主义和逃跑主义,这是鲁莽家和门外汉的理论和实际,是丝毫也没有马克思主义气味的东西,是反马克思主义的东西。"

"另外,指挥者也只知道纸上谈兵,不考虑战士要走路,也要吃饭,也要睡觉,也不问走的是山地、平原还是河流,只知道在地图上一划,限定时间打,当然打不好。"

毛泽东对"左"倾军事指挥错误进行了入木三分的剖析,同时又着重阐明了从实践中诞生,又为实践所证明是正确的革命战争的战略战术原则(对此毛泽东在1936年12月发表的《中国革命战争的战略问题》这部著作中予以系统论述),其中显现着马克思主义唯物论与辩证法的立场、观点和方法。

毛泽东追求的是"大智慧",他高屋建瓴的发言,将听讲者带进了一片新境界,引上了一座高山峰巅。

毛泽东确实有异于常人之处。1912年,以全省第一名成绩考入湖南全省高等中学(后改名省立第一中学)的19岁的毛泽东,写了一篇题为《商鞅徙木立信论》的作文。该文联系社会现实,提出要取信于民,开发民智,必须以法治国。说"法令者,代谋幸福之具也",法令之善与不善关系到是否"利国福民"。他还高度评价商鞅变法说:"其法惩奸宄以保人民之权利,务耕织以增进国民之富力,尚军功以树国威,孥贫怠以绝消耗。此诚我国从来未有之大政策",并称赞商鞅是首屈一指的"伟大之政治家"。

这篇作文受到国文教员柳潜的极力称赞,他不但破例给这篇作文打了100分,而且写了下面的一些批语:"传观","实切社会立论,目光如炬,落墨大方","有法律知识,具哲理思想,借题发挥,纯以唱叹之笔出之","历观生作,练成一色文字。自是伟大之器,再加功候,吾不知其所至"。

后来毛泽东在湖南第一师范上学期间,杨昌济教授(杨开慧之父)就把毛泽东视为"资质俊秀若此,殊为难得"的"异材",并把毛泽东与他的好友蔡和森同看作"挂长天"的"大木"。直到逝世前,他还写信向章士钊推荐说:"毛、蔡二君,当代英才,望善视之!"又说,"毛泽东、蔡和森是海内人才,前程远大,请兄务必尽其可能帮助此二人。君不言救国则已,救国必先重二子。"

以后,在国家民族危亡的时势下,刻苦勤奋、善于独立思考的毛泽东,接受马克思主义,走上了救国救民的道路。1927年大革命失败,他在井冈山点燃工农武装割据的星星之火,在革命战争的实践中,开辟了一条农村包围城市的革命道路,总结出一套适合中国实际的革命战争的战略战术原则,与"左"倾错误形成了鲜明的对照。

毛泽东条分缕析、有理有据、直抒胸臆、痛快淋漓的发言结束了,会场上爆发出一阵热烈的掌声和欢呼声。绝大多数与会者感到毛泽东说出了自己想说的话，而且说得比自己想的更清楚、更深刻、更令人信服。

王稼祥接着发言，他虽然讲话时间不长，却开门见山，句句涉及实质问题。他说："我完全赞同洛甫、毛泽东的发言；今后红军应该由毛泽东这样富有实际经验的人来领导、指挥；立即取消李德、博古的军事指挥权，'三人团'应予解散。"

王稼祥的发言刺激了与会者——那位年轻的共青团书记、当时"左"倾集团中的重要成员凯丰。凯丰按捺不住地冒出一句："毛泽东懂什么，他懂马列主义？他懂军事？他顶多是看了些《孙子兵法》！"

毛泽东马上接过话头，机智地反问："凯丰同志，请问，你读过《孙子兵法》吗？你知道《孙子兵法》一共有多少篇？"

凯丰顿时哑然，自己确实没有读过《孙子兵法》。

毛泽东感慨道："《孙子兵法》也是古人战争中血的经验的总结。它上面讲'知己知彼，百战不殆'，而我们一些人缺少的恰恰就是这个。不知己，不知彼，在实际中碰得头破血流，现在该是清醒的时候了。"

第一天的会议至深夜方散。与会者走出会场，远方已传来雄鸡的报晓声，天快要亮了。

■ "核心人物"——毛泽东进入常委会

1月16日，天气虽然有些寒冷，阳光倒也灿烂明媚。红军宣传队、工作队在大街小巷紧张地忙碌着：扩红、筹款、宣讲穷人闹翻身的道理。一队队红军战士穿街而过，经过几天休整，他们疲惫的神态基本上没有了，嘹亮的歌声又不时响起。

今天才赶到遵义的五军团政委李卓然，抽空来到易公馆，看望老首长毛泽东。毛泽东昨夜受了点风寒，正患感冒，头上裹了一条毛巾，尽管是在病中，但精神尚好。他专注地倾听李卓然的军情汇报。

当李卓然谈到部队对第五次反"围剿"以来的失败和挫折意见很大,已经怨声载道时,毛泽东笑笑说:"怨声载道哟,对领导不满意啦?"李卓然点点头,说:"是的。""那你在会上讲一讲,好不好?""好。我一定反映部队的实际情况。"李卓然欣然回答。

第二个、第三个晚上的会议继续举行。围绕着会议主题,发言踊跃起来。

聂荣臻回忆说:"我在会上一提起李德的瞎指挥就十分生气。他对部队一个军事哨应放在什么位置,一门迫击炮放在什么位置——这一类连我们军团指挥员一般都不过问的事,都横加干涉。"

伍修权回忆说:"我印象中比较深的是李富春和聂荣臻同志,他们对李德那一套很不满,对'左'倾军事路线的批判很严厉,彭德怀同志的发言也很激烈,他们都积极支持毛泽东同志的正确意见。"

李卓然自然也有一篇发言,述说部队是如何的"怨声载道",如何的对领导有一大堆意见。此外,刘伯承、陈云、刘少奇等其他同志也都发言,批评博古、李德的指挥领导错误,赞成毛泽东关于中国革命战争的正确观点。

红军总司令朱德历来谦逊稳重,这次发言却声色俱厉地追究博古等人的错误,谴责他们排斥毛泽东,依靠外国人李德,以致弄得丢掉根据地,牺牲了许多红军战士!他有一句分量很重的话:"如果继续这样的领导,我们就不能再跟着走下去!"这个意思很明确,就是要博古、李德下台。

会上实际形成了以毛、张、王为核心和以博古、李德及凯丰为核心的对垒局面。在这个重要时刻,在党和红军里身居要职的周恩来的态度就更为与会者所关注。

其实,周恩来的态度已经明确了,战争的实践已使他认清"三人团"在军事指挥上的错误。听了毛泽东及其他同志的发言,他的立场更坚定了,态度更鲜明了,因而在发言中衷心地全力推举由毛泽东出来领导红军今后的行动。他的倡议得到大多数与会者的支持。周恩来作出明智而正确的历史性选择,从此开始了他同毛泽东四十余年密切合作、共同奋斗的革命生涯,这是中国共产党成长发展中的一大幸事。

博古、李德不承认自己的错误，并推卸责任。博古强调许多工作都是完全按照共产国际的指示做的。李德则说"一个外国顾问既没有下达指示的权力，又不懂中文，和外界又没有联系"，怎么能说包办了军委会的一切工作呢？事情是中国同志自己搞坏的。要说在战略上，那根本没有错误，顶多在战术上可能有一点错误。

伍修权回忆当时的情况说，李德"一边听一边不断地抽烟，一支接一支地抽，垂头丧气，神情十分沮丧"。有人则说李德在会上发脾气，还把烤火盆踢翻了，把桌子也推倒了。这事现在还没有得到确证。伍修权说："当时会议的气氛虽然很严肃，斗争很激烈，但是发言还是说理的。"

陈云在遵义会议传达提纲手稿中，这样提及会议参加者的不同态度：

"扩大会中恩来同志及其他同志完全同意洛甫及毛、王的提纲和意见，博古同志没有完全彻底地承认自己的错误，凯丰同志不同意毛、张、王的意见，A同志（指李德）完全坚决地反对对于他的批评。"

除了博古、李德、凯丰之外，毛泽东的意见得到了与会绝大多数同志的拥护和支持，毛泽东所代表的正确路线（此时主要还是表现在军事方面）赢得了基本的胜利。

遵义会议最后作出四项决定：

（一）毛泽东同志被选为常委。

（二）指定洛甫同志起草决议，委托常委审查后，发到支部中去讨论。

（三）常委中再进行适当的分工。

（四）取消三人团，仍由最高军事首长朱周为军事指挥者，而恩来同志是党内委托的对于指挥军事上下最后决心的负责者。

这四项决定是非凡的历史性的决定。毛泽东选为常委，既表明毛泽东以实事求是为基础的正确主张为会议所接受，即在相当大的程度上为全党所接受；也表明毛泽东正式进入党中央的领导核心。从此，确立了毛泽东在红军和党中央的领导地位。

遵义会议成为中国共产党历史上、中国革命发展史上一个生死攸关的转折点。中国共产党找到了自己的伟大领袖——毛泽东，这是党从幼年走向成熟的表现。会议从军事方面批判和清算了"左"倾错误,同时接受了毛泽东根植于实事求是、理论联系实际基础之上的革命战略理论,因而标志着以马列主义与中国革命实际相结合为特色的毛泽东思想已初步形成。

遵义会议所做的一切,是在没有征得共产国际指示的背景下进行的。作为共产国际一个支部的中国共产党,以前任何大的组织人事变动,都要取得共产国际的同意,甚至共产国际要派代表亲自前来主持,像米夫扶植王明上台一样;并且中国共产党任何大的战略方针的确定,也都要共产国际给予指示,而"左"倾领导者不管这些指示以及其他的什么指示正确与否,一概"完全接受"、"坚决执行",谁要根据实际情况提出异议,动辄就扣以"反对国际路线"、"右倾机会主义"的大帽子,给以"残酷斗争,无情打击"。而现在遵义会议打破这些"惯例",甩掉拐棍,独立自主地解决自己的组织和军事路线问题,这是中国共产党成熟的表现。

■ 博古乖乖地交"挑子"

遵义会议意义伟大,影响深远,从此以后,中国共产党排除艰难险阻,一步步地发展壮大,一步步地走向胜利。随着岁月的推移,它的历史功绩更加为人们所认识、所体会。

遵义会议所以开得很成功,起核心主导作用的当然首推毛泽东,连李德也承认,毛泽东的发言实际上是会议的"主报告"。但是,身历其事的毛泽东,后来诚恳地说:

遵义会议是一个关键,对中国革命的影响非常之大。但是,大家要知道,如果没有洛甫、王稼祥两位同志从第三次"左"倾路线分化出来,就不可能开好遵义会议。同志们把好的账放在我的名下,但绝不能忘记他们两个人。当然,遵义会议参加者还有好多别的同志,酝酿也很久,没有那些同志参加和赞成,光他们两个人也不行;但是,他们两个人是从第三次'左'倾路线分化出来的,作用很大。

毛泽东这个评价,是实事求是和发自内心的。他还多次说过,王稼祥在遵义会议上对他投的是"关键一票",张闻天也"立了大功"。

不仅是王稼祥、张闻天,毛泽东也充分肯定周恩来在遵义会议中的功绩。据当时任红一师师长的李聚奎回忆,在遵义会议后的行军途中,毛泽东亲口对他讲:"最近党中央召开了遵义会议,这个会议开得很好,解决了军委的领导问题。这次会议所以开得很好,恩来同志起了重要作用……"

遵义会议集中全力解决了红军在军事上和组织上的问题,但对政治问题上的"左"倾错误,因许多同志尚未认识到,而需要时间。当时在会上确实有人提出要批判和纠正六届四中全会以来的政治错误,但毛泽东机智地制止了这种倾向,从而保证了会议的胜利和成功。

遵义会议没有改变中央的最高领导,博古在会后一个较短时期内还是党的总负责人,他职务的变换是在2月5日,地点是在云贵川交界处的一个叫"鸡鸣三省"的小村子里。周恩来1972年回忆博古交出职务的情况时说:遵义会议后,"博古再继续领导是困难的,再领导没有人服了。本来理所当然归毛主席领导,没有问题。洛甫那个时候提出要变换领导,他说博古不行。我记得很清楚,毛主席把我找去说,洛甫现在要变换领导。我们当时说,当然是毛主席,听毛主席的话。毛主席说,不对,应该让洛甫做一个时期。毛主席硬是让洛甫做一做看。"

中央总负责人要变动,引起凯丰的愤愤不平。他在遵义会议上支持博古、李德,会后扬言:"谁正确,谁错误,走着瞧!"这次他又对博古说:"对路线错误的批判,我还是接受不了,中央的大印不能就这样交出去!"

博古虽然犯有错误,受到严厉批评,但他还是照顾大局的。他说,局势已经定了,我们不好再讲什么,中央的"挑子"还是要交出去。"挑子"是指几担用来装文件和党中央印章的挑子。博古交出"挑子"后,还是政治局常委、中央军委委员。1935年2月至7月,还担任红一军总政治部代主任。

博古和王明在本质上不同。博古主持遵义会议，虽然自己受到批评、指责，但他表现出一定的民主作风，没有利用自己的职权压制不同意见，而且遵守少数服从多数的原则，服从遵义会议决议，表示愿意为实现会议决议而忠诚地进行合作。

博古在以后的长期革命斗争中，逐步认识到遵义会议的伟大意义，认识到毛泽东关于中国革命的理论正确后，便诚心拥护、服从毛泽东领导，继续为党做了许多有益的工作，如同张国焘分裂党、分裂红军的阴谋进行了斗争，参加和平解决西安事变的谈判，主持在延安的《解放日报》和新华通讯社工作等。

在延安"整风"运动和中共"七大"期间，博古对王明"左"倾路线的错误和危害有了更深刻的认识，并且作了诚恳的、认真的和实事求是的自我批评。"七大"时，他仍然被选为中央委员。1946年2月，作为中共代表团的一个代表，他到重庆参加与国民党的谈判。4月8日，他与王若飞、叶挺、邓发等乘机飞返延安途中，因飞机失事，不幸遇难。毛泽东、朱德、周恩来等中央领导人，高度评价包括博古在内的"四八"烈士的功绩，称他们是"为人民事业而死，虽死犹荣"；是"才德兼备，真正为群众所拥戴的领袖"；是"中国人民的珍宝"、"中国共产党的光辉"。

在遵义会议上激烈反对过毛泽东的凯丰，后来也逐步认识到自己的错误。他说他"顶牛顶了两个月，就转过弯来了"。在回忆这一转变过程时，他说："因当时对过去中央苏区所犯错误还不了解，在遵义会议上坚持了错误的方向。现在想起来是幼稚可笑。经过中央的批评，在很短的时期内就了解了自己的错误（大约两个月光景）。在威信的干部会时，就实行了对自己错误的初步批评。在红军第二次回遵义时，党中央又派我到九军团工作。"遵义会议后不久，他被任命为中共中央宣传部副部长，在反对张国焘分裂阴谋的斗争中，他也明确地站在毛泽东等一边。1937年8月，在中共中央洛川政治局扩大会议上，他被增补为政治局委员。此后，他积极致力于党的宣传教育工作，1955年逝世。

遵义会议批评李德的指挥错误，同时又撤销了"三人团"，等于剥夺了李德的军事顾问的职权，他对此耿耿于怀，几十年后仍极力诋毁遵义会议，攻击毛泽东等人是搞"阴谋"，是挑起"派别斗争"，还说："在遵义人们根本就不把我看成是共产国际执行委员会的代表。"

会后,李德主动提出他跟红一军团行动,可能是由于他对林彪在中央苏区写过《论短促突击》一文支持过他,仍有好感的缘故吧。中央同意后,他便与伍修权到了红一军团。但这时的林彪已不再同他多接触了,只是派了管理科一个科长照顾他的生活。到宿营地后,李德还是住着较好的房子,部队打土豪得来的东西,也给他提供最好的一份。虽然这样,他的情绪却很不好。

一次,伍修权到他的屋里,看见他桌上摆了一堆核桃,还有把小锤子,看来是他自己刚刚敲了吃的。伍修权也就随便敲了一个吃起来。李德正好肚里有气无处发泄,突然拿伍修权出气道:"你为什么吃我的核桃?你跟我只有工作关系,没有吃核桃的关系!"伍修权见状大为愕然,真是哭笑不得。

在以后的长征途中,毛泽东在一些重大问题上仍然征询他的意见,听取他的有益建议。在和张国焘斗争中,李德赞成北上,反对南下,并为此和红四方面军副参谋长李特发生争吵。

中央红军长征到达陕北后,李德帮助红军训练过骑兵,到红军大学讲过战役学。1936年,斯诺在陕北根据地的保安采访过李德。李德向斯诺承认:"西方的作战方法在中国不一定总是行得通的。"他还说,"必须由中国人的心理和传统,由中国军事经验的特点来决定在一定的情况下采取什么主要战术。中国同志比我们更了解在他们本国打革命战争的正确战术。"[(美)埃德加·斯诺:《西行漫记》,第348页,生活·读书·新知三联书店,1979年版]

1939年,中共中央送李德返回苏联,据称共产国际和斯大林批评了他。后来他回到德意志民主共和国,主要从事翻译工作,1974年病故。

■ 苗岭升旭日,百鸟报新春

将军兼诗人的萧华,写过"红军不怕远征难"的长征组歌,其中第三组"遵义会议放光辉"中有这样一段:

苗岭秀，

旭日升。

百鸟啼，

报新春。

遵义会议放光辉，

全党全军齐欢庆。

这虽然是诗的语言，却也生动、真实地反映了遵义会议决议传达后，全党全军热烈拥护的喜庆场面。

遵义会议没有正式通过决议，只是指定张闻天起草决议，委托常委审查后再进行传达和讨论。

遵义会议后，中央红军出发北上。2月6日至8日期间，中共中央在往扎西行进途中，召开过政治局会议。会议由2月5日刚接任的在中央负总责(习惯上也称之为总书记)的张闻天主持。会议议题是通过遵义政治局扩大会议决议。

张闻天不愧是中国共产党内长于写作的杰出理论家。遵义会议后不过十余天，他根据毛泽东的思想和观点竟能在戎马倥偬的行军途中，草就1.3万多字的决议，须知这是需要深刻思考和字斟句酌的啊！

扎西会议比较顺利地通过了这个决议，这是张闻天接任中央总负责职务以来所做的第一件大事。由于决议文字太长，不便于用电报发到各处，于是，张闻天将它压缩成一个简本，称为《中央政治局扩大会议总结粉碎五次"围剿"战争中经验教训决议大纲》，2月8日以"中央书记处"名义迅速发出。

2月10日，在扎西会馆门前的操场上，张闻天亲自向军委纵队的干部传达遵义会议决议。

传达完毕，听讲者便纷纷发言，表示完全拥护会议决议，批评中央一些领导人所推行的单纯防御路线，赞同毛泽东关于积极防御的正确的战略战术原则。

这时，有一个身材娇小但是精干聪颖的女青年上台发言，她便是正与张闻天恋爱的刘英。

现在，刘英在台上批评凯丰在共青团中央"总是宣传博古为首的中央领导五次反'围剿'如何如何正确"，总是"强调客观困难，总是说五次'围剿'是蒋介石亲自指挥，又有德国顾问，又有一百万大军，好像反'围剿'失败不是战略方向和军事指挥的错误"。

刘英批评过后，凯丰满脸涨红地上台表示："刘英同志批评得正确，我接受。我用同样的思想去影响同志，是不对的。"

传达遵义会议决议，中央领导几乎都参加了。2月18日，部队到达走马坝，毛泽东出席红一军团直属队排以上干部会议，传达遵义会议决议。当时任少共国际师师长的彭绍辉在当天的日记中记载，毛主席在报告中央扩大会议决议时指出："五次反'围剿'单纯防御路线，短促突击，分兵把口，不让敌人进占苏区一寸土地等，都是错误的。而'反攻'（指长征）以来，这个错误还在发展，变成了退却逃跑，叫做'叫化子打狗——边打边跑'，也是错误的。我听了这个报告非常高兴，许多过去有怀疑、不清楚的问题，得到了明确的答案。"

红一师的萧锋在2月20日的日记中也写道："听完传达后，分组讨论了两天。广大干部对机会主义者错误指挥造成的损失很不满，有的气得直冒火。上级指出，主要是总结经验，不要过多责备个人。我们贯彻遵义会议精神，就是要在党中央、毛泽东同志的领导下，高举苏维埃的红旗，克服困难，搞好创建黔滇川边苏区的工作，执行北上抗日方针。"

周恩来、陈云、刘少奇等也到部队进行传达。陈云所写的传达提纲手稿，辗转保存了下来，其中澄清了许多有关遵义会议研究中的争论问题，成为十分珍贵的档案材料。

据聂荣臻回忆说："关于遵义会议的传达，由于经常处在军情紧急状态，我们只能先用电报或个别告诉等形式向团以上干部打招呼，正式传达是在二渡赤水回来，第二次攻克遵义后，在遵义由中央召集团以上干部开会传达的。会上，张闻天、周恩来同志都讲了话。一些过去受过王明路线打击的干部，一提起过去的错误领导和它给革命带来的损失时，就气得又捶桌子又打板凳。"给连以上干部传达，是在仁怀县一个镇子里，"传达的那天正下着小雨，谭政同志还帮我撑着伞。干部都很集中精力听，传达几小时无人走散避雨的。大家都拥护毛泽东同志出来领导。"

在传达遵义会议决议精神的同时,中央还先后为受王明路线错误打击的同志平反。曾任红二十二师政委的方强,在中央苏区南线筠门岭战斗中,虽然指挥得当,但终因敌众我寡而致筠门岭失守,为此便被撤销了师政委职务,关进国家保卫局的"招待所"反省。

方强后来回忆说:遵义会议结束后,"一个阳光明媚的下午,保卫局局长邓发,把我、谢翰文和另外几个被关押的同志找到一起,庄重地向我们传达了遵义会议的有关决议。遵义会议的决定反映了我们的愿望和要求,喜悦和激动交织在一起,使我久久说不出话来,只有泪水扑簌簌地滚落。"

次日,总政治部主任王稼祥亲切接见了这些受委屈的同志,紧握着他们的手微笑着说:"同志们,你们受苦了……"随后这些被关押的同志先后分配到了工作,一些被错误地开除了党籍的同志也恢复了党籍。方强被分配到中央军委干部团担任总支书记,他说:"我把遵义会议文件珍重地放进随身携带的皮包里,浑身充满了信心和力量,继续跟着党中央和毛泽东同志长征。"

遵义会议的召开和会议决议的传达,确实振奋了党心和军心。虽然毛泽东此时只是进了政治局常委,在军队中还没有具体职务,但上上下下都有一种感觉:毛泽东又来领导红军了,今后又可以打胜仗了。据当年参加听取传达决议精神的一些同志回忆,当时大家欢欣鼓舞,心情格外畅快,以致许多有条件的单位,当晚还会餐、喝酒,互相祝贺。

遵义会议开过后,组织人事和军事路线已定,中央和军委便根据新的方针,讨论各地苏区斗争的方针与策略。

2月1日,中央及军委电示红二、六军团,运用正确的战略战术原则,打破湘鄂敌人"围剿",如当"敌人离开堡垒前进时,集结红军主力,选择敌人弱点,不失时机在运动战中各个击破之。总的方针是决战防御,而不是单纯防御,是运动战而不是阵地战"。同时指示成立军委分会,以贺龙为主席,任弼时、关向应、萧克等为委员,统一指挥两军团行动。

2月5日、13日、23日,中央三次电示在赣南的中央分局,"应在中央苏区及其邻近苏区坚持游击战争","要立即改变你们的组织方式与斗争方式,使与游击战争的环境相适合"；在游击战争中，要"把那些多余的独立团营，都以小游击队的形式有计划地分散行动，环境有利则集合起来，不利又分散下去，短小精悍是目前的原则"；"占领山地，灵活机动，伏击袭击，出奇制胜是游击战争的基本原则。蛮打硬干，过分损伤自己是错误的，分兵抵御是没有结果的"；"在游击活动中，必须特别反对关门主义，反对机械地使用老苏区的一切办法的倾向"；成立军委分会，以项英为主席。

2月28日，中共中央还致电红二、六军团、红四方面军及中央军区，正式传达遵义会议的基本精神，其中点了李德、博古的名字，并通报了他们所犯错误的主要内容。

这样，遵义会议决议基本上传达到全党全军，从此，中国革命磅礴前进，正如朱德诗篇《遵义会议》中所颂：

群龙得首自腾翔，路线精通走一行。

左右偏差能纠正，天空无限任飞扬。

第十七章

赤水巧弄兵

■ 鹿死谁手——双方各自忙布阵

遵义会议集中解决当时具有决定意义的军事问题,同时也讨论了迫切的中央红军战略方向问题。

黎平会议上曾决定要在川黔边区建立新的根据地,自红军转进贵州以后,势如破竹,证明这里确实是敌人兵力薄弱之处。但是随着蒋介石调遣"追剿军"大举进入黔境,敌情很快严重起来,而且也发现这里确实存有不宜于建立根据地的许多困难。

因此,聂荣臻和刘伯承在遵义会议上,就今后行动方向问题建议,"我们打过长江去,到川西北去建立根据地,因为四川条件比贵州好得多。"聂荣臻说,"从我到贵州看到的情况,这里人烟稀少,少数民族又多,我们原来在贵州又毫无工作基础,要想在这里建立根据地实在是太困难了。而到四川,一来有四方面军的川陕根据地可以接应我们;二来四川是西南首富,人烟稠密,只要我们能站稳脚跟,就可以大有作为;三来四川对外交通不便,当地军阀又长期有排外思想,蒋介石想往四川大量调兵不容易。"

聂荣臻、刘伯承都是四川人,他们对家乡的情况原本比较熟悉,现在通过与贵州的各方面对比,因而提出了这个大胆的建议。

会议经过审慎讨论，最后接受了这个建议，"一致决定红军渡过长江，在成都之西南或西北建立苏区根据地"，理由是："四川在政治上、军事上、经济上都比黔北好。"

按照新的行动方向，中共中央和中革军委于1月19日率中央红军分三路从松坎、桐梓、遵义地区向川南开进，预定夺取土城、赤水县城，在泸州上游的纳溪、江安等地北渡长江。

红军在遵义休整期间，蒋介石可不轻松，他密切地注视着红军下一步的行动方向，以便调整全歼红军的"追剿"部署。

蒋介石既要阻止中央红军北上入川同红四方面军会合，又要防备东出湖南同红二、六军团会合，因此在部署上以湘鄂两省敌军各一部加紧围攻红二、六军团，以川陕两省敌军各一部联合对付红四方面军，同时调集重兵进逼遵义地区，企图在乌江以北、川黔边境地区围歼中央红军。

1月中旬，薛岳兵团在控制了贵阳、息烽、清镇等地后继续北上，先头部队已进抵乌江南岸；黔军王家烈两个师向刀靶水、懒板凳进攻，一个师向湄潭进攻；川军刘湘部十多个旅分路向川南集中，潘文华担任总指挥，其中两个旅已到达松坎北边；湘军何键部以四个师位于川湘黔边境地区，赶筑堡垒，防止红军东进湘西；滇军三个旅正向贵州毕节地区疾进；桂军两个师已进抵贵州独山、都匀一带；中央军上官云相部两个师则由河南向四川万县、重庆开进。蒋介石的数十万大军，从四面八方取大包围态势，压向遵义地区的中央红军。

1月19日，即中央红军离开遵义向北进发的当天，蒋介石发布了关于在长江南岸"围剿"中央红军的计划，称："现查朱、毛残匪，大部仍在遵义、桐梓、湄潭一带，已陷仁怀、茅台，并连日在湄潭、遵义构筑工事，建设伪政治机关，似有休息整理、再图窜据模样。"兹定"围剿"方针如下："我军以追剿军蹑匪急迫，压迫该匪于川江南岸地区，与扼守川南行动部队及各要点之防堵部队，合剿而聚歼之。"（《红军长征·参考资料》，第257页）

根据这个计划，蒋介石要求"追剿军"的追击行动"愈速愈妙，使匪无喘息余地"。

1月20日，中国工农红军革命军事委员会发布《关于渡江的作战计划》，其中指出：

"我野战军目前基本方针,在由黔北地域经过川南渡江后转入新的地域,协同四方面军由四川西北方面实行总的反攻,而以二、六军团在川黔湘鄂之交活动,来牵制四川东南'会剿'之敌,配合此反攻,以粉碎敌人新的围攻,并争取四川赤化。"为实行上述基本方针,中央红军目前第一步任务是:"由松坎、桐梓、遵义地域迅速转移到赤水、土城及其附近地域,渡过赤水,夺取蓝田坝、大渡(口)、江安之线的各渡河点,以便迅速渡江。"

作战计划要求红二、六军团积极活动,威胁敌人长江下游水路交通,钳制和分散蒋敌新的围攻兵力;要求红四方面军在中央红军渡江之先,"向重庆方面积极行动,吸引重庆川敌之主力于自己方面,以便野战军顺利渡江;在我野战军渡江后,则转向苍溪至南部之嘉陵江西岸反攻,密切配合我野战军与川敌实行决战,以打通横贯川西北的联系"。作战计划同时指出:"如长江为川敌所阻",不能渡江时,则暂留"川南地域进行战斗,并准备渡过金沙江从叙州(今宜宾)上游渡河"。

大战在即,敌我双方各自排兵布阵。或者蒋介石以极大优势的兵力围歼中央红军于长江南岸,或者中央红军摆脱强敌的围追堵截,渡江北上达到自己的战略目的,双方展开了一场智慧与力量的大较量。

■ 一渡赤水——朱德提枪上火线

1月19日,毛泽东随军委纵队离开遵义城向赤水进发。

中央红军撤出松坎、桐梓、遵义地区的当晚,黔军便轻松地进占遵义、湄潭。川军刘湘除以一部兵力防守泸州、宜宾外,另调潘文华部八个旅分别向松坎、温水、赤水、叙永、合江一带推进。

对于这次"剿匪"行动,四川军阀刘湘显得特别卖力。一是蒋介石对他极力拉拢,任其为四川省政府主席,并令在川各路"诸侯"统一受他指挥,而且还答应发给川军军饷和弹药武器;二是若中央红军入川、立足,对他是极大威胁,一个红四方面军已使他难以对付,要再来个中央红军,两者呼应,只怕自己连个插脚之地也没有了,何谈坐稳川省主席的宝座。

因此,刘湘早作筹谋,决定采取"北守南攻"方针,即对北边的红四方面军取守势,对南边的中央红军取攻势;同时决定在中央红军未入川境以前,就一定要堵住,并且一定要把这场"剿匪"战争推到省外去打。于是,他成立了"川南剿总",摆出了一副拼命的架势。

还在1月13日,即中央红军正在遵义及其附近地区休整的时候,刘湘便电告四川各县长:"综计各省及本军在黔边兵力数在20万以上,军事部署极为周密,决于最短期内在黔边将该匪歼灭。且查该匪自江西溃围以来,奔驰数千里,所谓'强弩之末不穿鲁缟',械弹既极缺乏,粮食尤感困难,以十倍于匪之兵力歼三数万疲极之残匪,本总司令确有把握。"因此务望各县长,"应抱有匪无我之决心……全民动员,一致防御……倘或遇事张皇,或擅离职守,定按军法从事"。

蒋介石明白,仅川军难以胜任"围剿"之大任,于是,他于1月25日急电薛岳:

> 现在匪已向西北窜,兄部与黔军应速完成追击,不失时机,予以猛烈之截击为要……贵阳飞机场应速加修理扩充,务能起落轰炸机为要。

这时的中央红军,正成三路纵队向赤水方向疾进。1月24日,右纵队红一军团击溃黔军侯之担部,攻占赤水河东岸的土城镇,前锋又迅速占领了赤水城东南地区的旺隆场、复兴场;中央纵队红五、红九军团攻占三元场、习水;左纵队红三军团进占土城东南的回龙场地区。三路军矛头所向,意在越过赤水,北渡长江。

为了取得战略上的配合,中央政治局与中革军委已于1月22日向红四方面军发去电报,指令红四方面军"以群众武装与独立师团向东线积极活动,牵制刘敌,而集中红军全力向西线进攻",要求"迅速集结部队,完成进攻准备,于最近时期实行向嘉陵江以西进攻"。

当红一军团尚未占领赤水县城时，川军潘文华部两个旅已先进入该城，并对已为红军占领的旺隆场、复兴场进行猛烈反扑，以阻止中央红军北上渡江。此时川南"剿共"军总预备队指挥郭勋祺部两个旅也已赶到温水，先后进到土城以东的木栏坝地区，随后跟进的是川南"剿共"军第三路指挥廖泽部的两个旅。

形势表明，不击破潘文华部的堵截，不遏止其咄咄逼人的凶焰，红军将难以打开北进的道路。

1月27日，军委纵队到达土城，红三、五军团也已到达土城及其附近地区。在往土城的行军途中，毛泽东、周恩来、朱德、刘伯承等边走边察看地形。他们看到道路两边都是山谷地带，认为如果追敌孤军深入到此，红军可以集中优势兵力，利用山谷两边居高临下的有利地形，合围歼灭敌人，以挫敌人锐气。

到达土城后，根据侦悉尾追之敌是郭勋祺部两个旅四个团的情况，军委决定集中红三、五军团及干部团，在土城以东设伏歼灭追敌，各部由彭德怀统一指挥。另以红九军团及红二师为战斗预备队。对打好这一仗，毛泽东与军委领导都认为有把握。第一，川军是地方军，战斗力比不上国民党的中央军；第二，所来者四个团，六七千人，以我英勇善战之优势兵力有备而击，当不成问题；第三，取消了"三人团"，李德已不能干预指挥了，现在的领导者都是"老搭档"（遵义会议后，政治局常委分工，决定以毛泽东同志为周恩来同志在军事指挥上的帮助者），思想统一，而且又是就近指挥，因此，有利条件比较多。

1月28日拂晓，红三、五军团向进至土城以东几公里处的青杠坡之敌发起进攻。敌人拼命顽抗，战斗异常激烈。红军虽然给敌人以重大打击，可自己也付出不小代价，仍未能扩展战果，占据有利态势。

密切注视战局发展的毛泽东，很快发现对敌情判断有误，敌人不是四个团六七千人，而是六个团一万多人，并且敌人增援部队正在向土城战场急急赶来，同时还发现川军战斗力颇强，远胜于黔军的"双枪兵"。在这种情况下，红军在土城战斗中的兵力没有占明显优势，打歼灭战力难胜任。

形势紧张起来。敌军已突破红五军团阵地，利用抢占到的有利地形向土城镇进逼，此刻军委纵队正在土城镇内驻扎。前有强敌猛攻，后有赤水河阻隔，如果不能顶住敌人，将是背水作战，后果不堪设想。

毛泽东当机立断,即调已向赤水城前进的红一军团速返增援。并命令陈赓、宋任穷率领干部团急赴前线,发起反击。

危急时刻,朱德总司令决心披甲亲征,到火线直接指挥作战。毛泽东连吸了几口烟,没有答应。

朱德把帽子一脱,说:"得了,老伙计,不要光考虑我个人的安全。只要红军胜利,区区一个朱德又有何惜,敌人的枪是打不中我朱德的!"毛泽东终于点头了,并和其他领导为总司令送行。

朱德和刘伯承到达前沿阵地指挥战斗,极大地鼓舞了正在血战中的指战员们的士气。

在干部团,朱德不惧危险,紧跟反击的战士前进,他的指挥所也成了一个有力的战斗单位。不久,跑步返回增援的红一军团第二师与干部团协同,勇猛反击,终于打退敌人的疯狂进攻,巩固了红军阵地。事后,毛泽东称赞干部团在这次反击作战中立了功,并说:"陈赓行,能当军长。"

战况没有得到根本好转,毛泽东思索一会,然后果断地说:"土城不能打了:一,地形不利于我们,河流多;二,敌人的援军已快要赶到,敌人的兵力都集中到这里来了;三,这一仗再打下去,就是一个消耗战,会使我军损失太大。"

于是,当红军阵地巩固后,毛泽东即与政治局其他主要领导开会商议,并提出:"根据各路敌军奔集川南追堵我军的新情况,原来经赤水北上,在泸州至宜宾间渡江的方案已不可行。目前为了打乱敌人尾击计划,变被动为主动,不应与当面之敌继续恋战,作战部队与军委纵队应立即轻装,从土城渡过赤水河西进。"大家赞同他的主张。会议分工:朱德、刘伯承仍留前线指挥,周恩来负责在第二天天亮前架好浮桥,陈云负责安置伤员和处理军委纵队的笨重物资。

1月29日3时,朱德总司令签发西渡赤水河的行动部署,规定:"我野战军拟于今29日拂晓前脱离接触之敌,西渡赤水河向古蔺南部西进。"之后,朱德又重返前线指挥战斗,掩护全军西渡赤水河。

总司令来到阻敌尾追的红四团阵地,红一军团政治部组织部长萧华也在这里协助指挥。萧华曾回忆说:"当时,天下着雨,刘湘的模范师向我们阵地压来。

朱老总手提驳壳枪,来到我们这里亲临指挥,掩护大部队过河。我很担心朱总的安全,几次劝他赶快撤下去,都被他拒绝了。他一直同我们坚持到天黑,才和我们一起渡过赤水河。"

当时的红四团政委杨成武,对此也有一段生动翔实的回忆:

朱总司令在我们阵地的前沿,细细观察战斗情况后,当机立断,下令后撤。我们从前沿撤下来了,突然,又传来命令,说,朱总司令还没有回来。为了掩护朱总司令后撤,团长和我又带了20多个同志冲上山坡,堵住敌人。敌人像着魔似地一个劲儿往我们阵地压来,我们遥见身穿灰布军装的朱总司令,他还在赤水河边用望远镜看着什么。阵地上的人越来越多,除了我与王开湘同志(红四团团长)、六团长朱水秋、王集成同志都来了,大家都为朱总司令的安全担心,我急得手掌都沁出汗来,但是看看朱总司令,他还是稳稳地站在那里,仿佛近在咫尺的土城仅仅是一座寂然无声的空城,周围的战斗全然没有发生似的,我们在阵地上顶了整整一个钟头,朱总司令终于收拾起地图、望远镜,离开赤水河的北岸,不慌不忙地回到阵地后边来了。我说:"总司令,我们在掩护你,你怎么走得这么慢啊?"王开湘和朱水秋也说:"我们急得心都快从嘴里跳出来了!"总司令亲切地笑笑,用从容、风趣的语调说:"急什么?诸葛亮还摆过空城计呢! "

经过努力,赤水河上的浮桥按时架了起来,伤员已全部从前线抢运回来,并得到妥善安置,笨重物资也予以处理,红三军团仅有的几门山炮亦被推入赤水河中。

1月29日,中央红军各路纵队按计划全部渡过赤水河。

土城之战,虽然给进攻之敌以沉重打击,毙伤敌1000余人,俘敌一部,打破了川敌企图将红军"一网打尽"的计划,以致刘湘以"迟滞不前"、"贻误戎机"罪名,撤了廖泽模范师副师长兼第三路指挥的职务,但是红军也伤亡数千人,并且牺牲了一名团长和一名团政委,更重要的是没有实现由此北上渡江入川的战略计划。

此后在扎西会议上,毛泽东总结了土城之战没有打好的教训,他说:"这是一场拉锯战、消耗战。我军没有歼灭川军,反而受到很大损失,不合算,也可以说是一个败仗。主要教训有三:一,敌情没有摸准,原来以为四个团,实际上是六个团,而且还有后续部队;二,轻敌,对刘湘的模范师的战斗力估计太低了;三,分散了兵力,不该让一军团北上。我们要吸取这一仗的教训,今后力戒之。"同时,他还说,"这一仗,由于及时渡过了赤水,摆脱了尾敌,改变了被动局面。部队果断地变为轻装,甩掉了包袱,行动更自如了,更能打运动战、游击战了。"

土城之战严重失利,既有客观上的原因,又有主观上的因素。毛泽东作为直接指挥者自然负有责任。1956年9月,他在中共"八大"预备会议第二次会议上,历数他过去的"真错"时,还怀着自责的心情说:"长征时候的土城战役是我指挥的。"

红军一渡赤水河,虽然是被迫的,但是拉开了红军长征中有名的"四渡赤水"战役的帷幕。

■ 二渡赤水——柳暗花明又一春

赤水河,1935年春天,与红军结下了不解之缘。

中央红军首过赤水河后,便一下子将奔集土城地区的各路敌军甩在后边。

1月29日晨,中央红军主力分三路向赤水河西的古蔺、叙永地区急进。

这时,未能在土城地区围住红军的刘湘,急调八个旅分路追堵红军,又以四个旅沿长江两岸严密布防,防止红军再次北上渡江。这时,"追剿军"薛岳兵团和王家烈的黔军从贵州向川南追击,滇军孙渡所部三个旅也向黔滇边界的毕节、镇雄急进。看此情形,各路敌军正取大包围之态势,企图将中央红军围歼在赤水河西之川南地区。

中共中央和中革军委所以令红军向古蔺、叙永进军,是计划从此地区经过北上,在宜宾附近渡江。但行军并不顺利,右纵队先头红二师进攻叙永,因敌军据城顽抗而不克,后卫红一师在三岔河又遭敌截击,激战后方与敌脱离。此后,红一军团在西进中,又先后数次遭敌截击。左纵队红三军团在行军途中也不时与敌军发生激烈战斗。

根据敌情判断,各路敌军在向叙永地区分路进击,而红军攻取叙永之战斗暂时又难以取胜,这时军委和毛泽东分析认为,如果继续北上硬攻,战斗持续下去,正符合敌军将我围歼于此的目的,而且敌人又明显地加强了长江两岸的防御,现在应当适时改变行动方针。于是,军委当机立断,于2月7日19时电告各军团首长,指示新的行动方针和作战任务。

2月8日,中央红军各部主力调整行军方向,先后到达滇东北的扎西地区集结。

中央红军进入川滇边地区后,何键长长地松了一口气,认为红军已远离湘境,应该不会有什么威胁,于是下令湘军暂停西进追击。王家烈追击红军的劲头也松懈下来,注意力转到恢复对贵州的统治上去了。对防堵红军颇为积极的是四川的刘湘和云南的龙云,因为在川黔边活动的红军北上可入川,西行可入滇,他们都怕红军进入自己的势力范围。

这几天,蒋介石的神经绷得紧紧的。自红军从土城撤离,他又急忙调整部署,将"追剿军"第一兵团改为第一路军,任何键为总司令,主要任务一是把守乌江东岸沿河、印江等地区,阻止中央红军东进;二是在湘西"围剿"红二、六军团,企图很快消灭这部分红军;将"追剿军"第二兵团和滇黔两省部队组成第二路军,以龙云为总司令,薛岳为前敌总指挥,共辖吴奇伟、周浑元、孙渡、王家烈四个纵队。该路军在川军潘文华部的密切协同下,专事"追剿"中央红军,目的就是要围歼红军于川滇黔边地区。

在此期间,薛岳得到一个重要情报,即中共中央在遵义开了一个会,一度失去军权的毛泽东又回到红军的最高指挥岗位。尽管薛岳并不知道,毛泽东此时只是进了政治局常委会,在红军中还没有正式的领导职务。但是,他对此很敏感,他知道毛泽东用兵如神,所以一向畏惧。现在他一面迅速上报蒋介石这一消息,一面通报所属部队密切提防。

蒋介石获悉此情报，长时间沉默不语。他想不通，为什么从山坳里走出的毛泽东，未进过一天军事学校，竟能领导一支装备极劣的农民军队，屡屡打败自己装备占优、数量占优的"围剿"军队，竟有那么多受过正规军事教育、训练的将军们纷纷败在他的手下？毛泽东不是早已遭批判，被撤职了么，怎么一下子又东山再起，重掌"帅印"了呢？看来今后"追剿"红军的难度更大了。想到此，蒋介石光秃的脑门上沁出一层冷汗。他拿出纸笔，给薛岳写了一封信，叮嘱他："毛既已当权，今后对共军作战，务加谨慎从事，处处立于不败之地；勤修碉堡、稳扎稳打，以对付飘忽无定的流寇，至为重要。"

2月9日，中央红军在扎西地区集结完毕。与此同时，滇军孙渡纵队和川军潘文华部从南北两面快速逼近扎西，周浑元纵队主力也从黔西、大定地区向扎西包抄过来。

见此情况，毛泽东和中革军委决定，乘敌尚未围拢之际，出其不意挥戈东进，避开敌军合击，向敌人兵力薄弱的黔北地区进攻，以展开新的斗争局面。2月10日，朱德总司令向各军团发出命令：

"我野战军目前……应迅速脱离川敌与滇敌之侧击，决于明11日起转移到雪山关以及以西地域，争取渡河先机，并准备以薛岳兵团及黔敌为主要作战目标。"

为了加强部队战斗力及部队运动作战能力，以便连续作战和有力地消灭敌人的有生力量。中革军委于2月10日发布各军团缩编命令。随之，中央红军先后进行了缩编。除干部团外，全军共编为16个团，其中红一军团为两个师六个团，红三军团为四个团，红五、红九军团各为三个团。这次整编，进一步提高了红军的战斗力和灵活作战能力，为以后在长征中不断取得胜利创造了良好条件。

在扎西期间，为了鼓舞士气，夺取新的胜利，朱德、毛泽东分别到红一、三军团作动员报告。

朱德在红一军团的动员大会上说："同志们，我们在这里遇到了困难，好像到了'山重水复疑无路'的样子，但我们是共产党领导的工农红军，在我们面前没有克服不了的困难。当年毛主席带领起义部队上井冈山不过千人，如今我们还有3万人，怕什么！我坚信，代表剥削阶级利益的蒋介石军队，一定会被代表劳苦大众利益的红军所消灭。我们要东进了,要打蒋介石一个冷不防。现在是'柳暗花明又一春',不是我把'村'字错读成'春'字,而是因为春天已经来临。"

毛泽东站在一个斜坡上,对集合坐在平地上的红三军团和军委纵队的指战员们说:"同志们!十几天前,我们在土城战斗中没有打赢,伤亡还很大,主要是没有把敌情搞清楚,拳头不硬,责任在我们军委,不怪下面。这一次,我们再不吃那种亏了,吃一堑长一智嘛!现在采取声西击东的战术,再渡赤水,消灭王家烈,打回遵义去,誓为死难烈士报仇,好不好?""好!"下面响亮地回答。"那好,就这样干!"毛泽东说着,将手臂朝前有力地一挥。

2月11日,中央红军分成三路纵队,由扎西地区掉头东进,矛头直指黔北。

2月15日,中革军委命令各部迅速东渡赤水河,以首先消灭黔敌王家烈部为主要作战目标。

2月16日,中革军委致电红二、六军团和红四方面军,通报红军渡江计划不能实现,因此改在川滇黔边广大地区活动,争取在这里创建新的根据地。

同日,党中央和军委为了把新的战略意图变为全军指战员的自觉行动,联合发布《告全体红色指战员书》,解释中央红军转变原渡江北上战略方针的原因,说明打大胜仗消灭大量敌人,在云贵川边创建新苏区是目前的中心任务,并且指出:

为了有把握地求得胜利,我们必须寻求有利的时机与地区去消灭敌人,在不利的条件下,我们应该拒绝那种冒险的没有胜利把握的战斗。因此红军必须经常地转移作战地区,有时向东,有时向西,有时走大路,有时走小路,有时走老路,有时走新路,而唯一的目的是为了在有利条件下,求得作战的胜利。

最后,党中央和军委号召,全体同志鼓起百倍的勇气,提高作战决心,为消灭万恶的敌人,创造云贵川新苏区这一光明前途而"共同奋斗"!

方向明确,部署对头,上下一心,精神振奋,全军掉头东向,迅速摆脱围追之敌,于18日至21日,由太平渡、二郎滩二渡赤水河,向着桐梓地区急进。同时,军委令红五军团的一个团伪装成红军主力，向桐梓西北方向之温水继续前进，以吸引追敌，掩护主力部队在黔北的作战行动。

红军回来了，贵州的"干人儿"又笑了。

■ 娄山关——毛泽东诗兴大发

中央红军二渡赤水河，出其不意地回师黔北，一下子打乱了敌人的"追剿"部署。蒋介石赶忙召集幕僚研究红军动向，调整"追剿"部署，并急电各路兵马向黔北奔集。前几天还为红军进军川滇边境而暗自庆幸的王家烈，此刻也紧张起来，急忙抽调遵义及其附近部队向防守空虚的娄山关、桐梓增援。同时，"追剿军"第一纵队的第五十九师、第九十三师，亦由吴奇伟率领，由黔西、贵阳地区向遵义疾进，妄图与川、黔军等部围歼红军于娄山关附近地区。

2月23日，红军总政治部发表《告黔北工农劳苦群众书》，亲切地告诉黔北的工人农民及一切"干人"们："我们现在回转到黔北来，要完全消灭国民党军阀——贵州王家烈及蒋介石主力的周（浑元）薛（岳）纵队；要彻底推翻黔北绅粮区乡公所的反动势力，没收他们的土地来平均分配与农民及一切干人，并夺取他们的武装来武装自己；要巩固地建立起工农自己的政权——苏维埃。"

穷困的贵州人民对红军和共产党是十分欢迎的。红军在这一带来回作战，得到了工农群众的支持和帮助，红军战士也严格遵守群众纪律。他们每当在路旁看到身披破衣烂衫蹲着乞讨的男女老少时，心里便一阵揪心地难过，于是，纷纷赠予衣被和粮食。

红军于艰难转战中爱护群众，不拿群众一针一线的事例，竟然为蒋介石所侦悉。他也想让他的纪律糟糕的部队表现得"好"一点，便向他的部属发电报，称：

据报，前朱、毛匪部窜川南时，对人民毫无骚扰，有因饿取食土中萝卜者，每取一头,必置铜元一枚于土中;又到叙永时,捉获团总四人,仅就内中贪污者一人杀毙,余均释放,借此煽惑民众,等情。希严饬所属军队、团队……爱护民众,勿为匪所利用,为要。

事实上,蒋介石想让国民党军队的纪律"好"一点,是根本做不到的。因为这个部队的反动性质,决定了它是和人民的利益相悖的。

进入黔北后,红军首先攻取的主要目标,是桐梓和遵义,首先打击的主要对象,是王家烈的黔军和中央军吴奇伟纵队。毛泽东在红三军团的干部会上说,敌人就像手上的五个指头,我们要一个指头一个指头地把它割掉。

欲取遵义,必须占领桐梓和娄山关。2月24日,红一军团先头部队突然进攻桐梓,黔军两个连弃城逃跑。至此,联结川黔交通和黔军南北联系的桐梓城遂为红军占领。原来,红军回师东进,蒋介石、薛岳认为这是要往湘西与贺龙、萧克部会合,于是便急令黔军驻防桐梓的一个团北上往松坎一带堵截,仅留两个连留城看守,等待另一部黔军前来接防。就在原守兵离去,援兵尚未到达之空当,红军乘机轻松地占据了这座城池,同时也吓退了敌人的援兵。

2月25日,中革军委命令红五、红九军团在桐梓西北地区阻滞川敌,同时决定集中主力进攻娄山关及其以南的黔军,乘胜夺取遵义。

桐梓已失,遵义又危在旦夕,慌了神的王家烈急电薛岳,告诉他遵义现只有一个团驻守,"请总指挥飞令各师,兼程到遵增援,以收歼灭之效"。

薛岳前接王家烈的告急电报,后接蒋介石"必须确保遵义"的命令,不敢耽搁,立即命令吴奇伟纵队从贵阳附近出发北上,火速渡过乌江,驰援危在旦夕的孤城遵义。

25日下午,红三军团不怕连日行军的疲劳,急速向娄山关挺进。先头部队是红十三团,团长是26岁的年轻指挥员彭雪枫,在扎西整编时刚由红五师师长改任第十三团长。该团前身是邓小平、张云逸领导左右江起义时的红七军,战斗力强,善爬山,惯攻坚。出发前,彭德怀向彭雪枫交代:"毛泽东亲自打电话下达命令,要你团务必于今日天黑前攻下娄山关,占领点金山,你们可不要为三军团丢脸。"

这时,军委判断黔敌有凭娄山关相机出击阻止红军南下,掩护遵义,以待薛岳派部队来援的企图,遂决定由彭德怀、杨尚昆统一指挥红一、三军团及干部团,于明26日迂回攻击并坚决消灭娄山关、黑神庙之敌,然后直取遵义。

娄山关位于遵义、桐梓两县交界处,为黔北军事要隘,雄踞大娄山山脉最高峰,海拔1400多米,四周崇山峻岭,两侧峭壁悬崖,一条陡险的土石公路蜿蜒着从此经过。王家烈深知"守遵必守关",所以他派遣自认为是最有战斗力的杜肇华旅在此守卫,雄关配"精兵",摆开一副"一夫当关,万夫莫开"的架势。

是雄关,也得向红军低头。红十三团敏捷出击,经过激烈战斗,奋勇夺取了点金山,接着又迅猛进攻,一举拿下娄山关口。敌人拼命反扑,无奈撼不动十三团阵地,只好退守。

26日,红一、三军团分别从娄山关两翼向敌阵地后方的黑神庙、板桥快速迂回,断敌退路。王家烈清楚地知道,丢失娄山关意味着什么,于是他命令杜肇华旅长坐镇黑神庙,严督部队反扑,夺回娄山关。一时间,枪炮声撼山震谷,喊杀声惊天动地。敌我双方的攻守战斗从拂晓一直持续到傍晚,从山头到山脚,到处弥漫着呛人的硝烟。

终于,三个团的敌人大部被歼,残敌向遵义方向狼狈溃逃,至此娄山关阵地全部为红军占领。

激战中,坐镇遵义的王家烈连连向薛岳发电告急求援,其中有一电称:

> 我杜旅在红花园、黑神庙、小箐、观音阁一带,与匪三师约万人于有(25日)晨9时激战至宥(26日)晚,伤亡极重。第六团、第十五团共计伤亡官兵600余名。因陷匪重围,以致失利,刻正收容整顿中。现匪先头已进至板桥南端之观音阁。查其企图,似有扑遵之势。遵城兵力太单薄,守亦不易。现固守待援。

其实这时的薛岳比王家烈还急,他也在连电吴奇伟,命令他率部火速援救遵义。

毛泽东和军委看到了战役的关键,即要尽快拿下遵义,然后才可转兵围歼孤军突出的吴奇伟纵队。于是下令红一、三军团务必于27日歼灭守遵义之敌,勿使良机错过。

从27日拂晓起,红一、三军团便勇猛地追歼娄山关逃敌。

当时的红十一团政委张爱萍,回忆那天的追击情景时说:

黎明前,启明星眨着眼,部队便顺着公路快步奔向遵义。我们十一团为军团
(指红三军团)前卫,走得早,跑得快。每个人都恨不得生出翅膀,一下飞上遵义
的城墙。跑!追!沿路到处是敌人的散兵,三五成群奔跑。一些跑不动的烟鬼兵,
躺在路旁,流着鼻涕眼泪;有的烟枪还没丢,竟倒在路旁,摆开烟灯,过起烟瘾
来。问他们为什么不跑了,他们说红军"飞"得太快,他们跑不动了。

娄山关战斗胜利之后,毛泽东跨越娄山关口,诗兴大发,随之填写了《忆秦
娥·娄山关》词一首:

西风烈,长空雁叫霜晨月。
霜晨月,马蹄声碎,喇叭声咽。
雄关漫道真如铁,而今迈步从头越。
从头越,苍山如海,残阳如血。

毛泽东在这首词里,充满激情地描写了红军指战员从拂晓出发到傍晚结束
战斗的动人情景,表现了红军指战员勇夺雄关的英雄气概。这"从头越",不仅是
从娄山的"头"上跨过去,而且也是中国共产党经过遵义会议,将要领导中国革
命进入一个新的发展阶段的开始。词末"苍山如海,残阳如血"两句,毛泽东曾自
注说:这是在战争中积累了多年的景物观察,一到娄山关这种战争胜利和自然
景物的突然遇合,就造成了自以为颇为成功的这两句话。

红军战士快马加鞭,猛追溃敌,到27日黄昏,红三军团便直逼遵义城下。这
时王家烈慌忙向吴奇伟打电话,说:"共匪已逼到城下,我们守不住了。"吴回答
说:"你必须死守,今晚以后我一定赶到。"窃听到这一对话内容的红军侦察员,
立即将此情报报告给彭德怀,彭德怀马上下令,务必在今晚夺下遵义城。

遵义分新城、老城。新城没有城墙,守敌薄弱,红一、红三军团未遇激烈战斗,便将新城拿下。

老城有内外两层城墙,守敌仍在拼命顽抗。这时,解决了遵义新城的红三军团部队,立即分兵从两侧进抵遵义老城下。在指挥战斗中,亲临阵地前沿观察地形和敌情的红三军团参谋长邓萍,被敌人冷枪击中,当场牺牲。27岁的邓萍是红军中的优秀指挥员,他的牺牲,是红军的重大损失,同时也激发了红军指战员奋勇杀敌夺城的决心。

28日拂晓,红三军团主力经过奋力冲杀,终于再次胜利地夺取了遵义老城,并控制了城南的红花岗、老鸦山一线高地。残敌仓皇向乌江方向逃去。

当遵义全城攻克后,军委命令红一、三军团即刻南下迎击援敌吴奇伟纵队。

这时,红军以一部在正面采取运动防御战术,节节抗击,将敌人诱至遵义城外,即依靠控制的制高点,将敌人阻击在阵地前沿。虽然敌人凭借精良武器和优势兵力,向红军阻击部队连续发起进攻,但始终未能有效突破红军阵地。

下午,红一、红三军团主力向敌人左右两侧展开猛烈攻击。"消灭援敌,活捉薛岳、吴奇伟"的口号声,回响在阵地上空。在红军战士的英勇搏杀下,吴奇伟惊慌万状,于16时丢下第五十九师,率第九十三师残部约一个团向乌江方向逃窜,红一军团随后猛追。

至乌江边,吴奇伟犯难了,过江吧,蒋介石昨天刚下命令:"追剿部队如撤退,定即严加惩处。"不过江吧,红军立刻就到,自己不死即俘。罢罢罢,还是逃命要紧。于是他首先逃过乌江,犹恐红军也跟踪过江,不等残兵全部渡过,便下令斩断浮桥索。残兵们眼看司令的身影迅速远去,只好望江兴叹,随后便一个个乖乖地当了红军的俘虏,其武器资财,统统成了红军的战利品。

在追歼残敌中,红军战士发扬不怕疲劳、连续作战的作风,勇猛追击。指战员们有一个共同的信念:我疲劳,敌更疲劳;敌逃得快,我更要追得快;我一直追下去,敌人就只有去喝乌江的冰水。

耿飚回忆这次追击情景时说,我们一路穷追下去,沿途都是疲惫不堪的敌人散兵,俘虏多得没法收拾,而且一路上不断地俘虏整个连部、营部、团部的敌人,甚至还抓住了敌人一个师部。其中有这样一个精彩的情节:

抓住这个师部时，真是又好气又好笑。这个师部挤在一个大庙里，里里外外都是人，躺了一地，困得猪猡似的。我们先捉了哨兵，了解到是一个副师长带队，便让他带我们去找。果然，在供桌上睡着一个盖呢子大衣的瘦子，旁边点着一盏桐油灯。我们先下了他挂在柱子上的枪，被捉的哨兵推醒他，说："副师长，他们来了。"那副师长翻了个身，嘟囔了一句："叫他们到林子里去睡！"我们的侦察参谋一把把他揪起来喝道："我们是红军！"那副师长竟反手打了我们侦察参谋一个耳光，骂道："妈的，开什么玩笑，这是闹着玩的吗？"这一下把我们的侦察参谋打火了，一下把他摔在地上，抽出马刀架在他脖子上。我把桐油灯拨亮，照着我们八角帽上的红五星，让他看看我们到底是什么人时，他才清醒过来，一边举手投降一边哆嗦着说："你们来得真快呀！"

娄山关、遵义战斗，从2月25日至3月1日，历时5天，中央红军连下桐梓、娄山关、遵义，共歼灭和击溃敌人两个师又八个团，毙伤敌2400余人，俘敌3000余人，取得长征以来最大的一个胜利。

在战斗中红军也有不小的损失，特别是担任主攻任务的红三军团损失更大。战后彭德怀向军委报告说，部队减员很多，现在只有一个团能维持原编制，每连也只有五六十人，其余各团，每连只能编四五个班。而且除邓萍和一个团参谋长牺牲外，另有两个团长负伤，八个营长伤亡。

遵义战役的胜利，使敌人领略了毛泽东运动战的威力。红军的忽进忽退，往来回旋，真让国民党军摸不着其意图之所在。对此时红军机动灵活的战略战术，滇军称为"曲线动作"，川军叫做"太极图形"，黔军呼之"磨盘战术"。

遵义战役的胜利，给敌人以沉重打击。蒋介石气急败坏，认为这是"国军追击以来的奇耻大辱"。由于陈诚对薛岳、吴奇伟的包庇，他们没有受到什么惩处，却把失败的责任全推到王家烈身上。蒋介石于3月3日下了一道严厉命令：今后"凡我驻川、黔各军，概由本委员长统一指挥；如无本委员长命令，不得擅自进退，务期共同一致完我使命"。

蒋介石要亲自出马指挥"追剿"了，他能成功吗？

■ 三渡赤水——毛泽东力排众议

遵义战役,敌军惨败,蒋介石认为是手下的将领们太无能了,几十万大军竟不能围歼二三万疲惫之红军,所以他于3月2日从武汉飞往重庆,就近直接指挥部队"围剿"红军。

到达重庆的第二天,蒋介石便判断红军"企图东渡乌江,希与萧、贺合股"。于是,他下令各部队采用堡垒推进和重点进攻相结合的战略战术,南北夹击,务将红军歼灭于遵义及鸭溪地区。

过了两天,蒋介石又认为红军行动方向有两种可能:"一是放弃遵义,仍向西窜,求达其原来目的;二是先求与我周纵队决战,然后再向南对贵阳压迫。"因此,他又飞令各军以遵义及其以西地区为核心围追堵截,其部署特点是不求急效,而以大包围之态势稳稳推进。

遵义大捷,振奋了红军士气,同时也提高了毛泽东在党和军队中的声望。张闻天等中央领导人认为,毛泽东应当担负更多的军事指挥责任,而不只是个"帮助者"。经张闻天、周恩来提议,中革军委于3月4日组织了前敌司令部,任命朱德为司令员,毛泽东为政治委员,以加强作战指挥,对付蒋介石新的围攻。

毛泽东重新担任了1932年10月宁都会议时所失去的军中职务,而这次毛泽东又是在红军处于危难之时,以政治局常委身份担任此职的,所以更赋予这个职务以新的重要意义。从此,红军又成了正式的"朱毛红军"。

3月5日,红军主力由遵义西进白腊坎、长干山地区,准备于6日歼灭周浑元纵队两个师。前敌司令部根据实际情况作了周密部署。

可是,大战前夕敌情发生了变化。原来5日下午敌机发现红军向鸭溪西南方向移动后,蒋介石判断红军有寻找周浑元纵队决战的可能,便于当日深夜,电令周浑元纵队改变原来向白腊坎前进,进攻遵义的计划,"明日在长干山附近集中,并构筑强固工事,暂取守势防御"。由于敌情变化,红军前敌司令部的作战计划未能实现。

此后,红军在遵义以西地区多次寻找战机,均未能与周浑元纵队作战,其他大的战斗也没有,这使蒋介石产生错觉,认为红军在此贫瘠、多山地区徘徊,乃系大方针未定的表现。于是,他命令各路"追剿军"不顾一切寻找红军决战,并且叫嚷:"残匪西窜是我军围歼唯一良机,如再不能剿灭,则再无革命军人之资格。"宣称"剿匪"成败,在此一举。此后,敌各路主力又开始积极向鸭溪、遵义、鲁班场地区推进。

在这期间,红军指挥机关发生较大变化,导火索是来自红一军团的一份电报。

3月10日凌晨,林彪、聂荣臻致电军委,提出"关于目前行动,建议野战军应向打鼓新场、三重堰前进,消灭西安寨、新场、三重堰之敌"的建议。于是,中央在苟坝召开了有近20个人参加的紧急会议进行讨论,绝大多数人认为这个建议可行,只有毛泽东一人反对。虽然他陈述了不能采纳这一建议的理由,但众人未予接受,主持会议的张闻天只好按"少数服从多数"的原则,决定采用林彪建议,出兵攻打打鼓新场。

数十年后,周恩来回忆了这次会议及其会后的一些情况,他说:

从遵义一出发,遇到敌人一个师守在打鼓新场那个地方,大家开会都说要打,硬要去攻那个堡垒。只毛主席一个人说不能打,打又是啃硬的,损失了更不应该,我们应该在运动战中去消灭敌人嘛。但别人一致通过要打,毛主席那样高的威信还是不听,他也只好服从。但毛主席回去一想,还是不放心,觉得这样不对,半夜里提马灯又到我那里来,叫我把命令晚一点发,还是想一想。我接受了毛主席的意见,一早再开会议,把大家说服了。

周恩来又一次支持了毛泽东,攻打打鼓新场的决定被否定了。红军主力没有去攻打打鼓新场,事实证明是正确的。蒋介石在黔五个纵队的兵力就在打鼓新场附近地区,如果红军去进攻立即就有被敌人主力包围的危险,那后果就不堪设想。

通过这场风波，毛泽东感到在如此紧急的军情中，这种领导方式会误事，于是他向周恩来、张闻天提出：军事行动不能那么多人集体指挥，战场情况瞬息万变，指挥需要集中，还是成立一个几人的小组好。过去的"三人团"这种组织形式还是需要的。

毛泽东的意见正中张闻天下怀。张闻天自己不大懂军事，却还要经常主持20来人的会议讨论军事问题，大家意见不一，只好按"少数服从多数"原则行事，这样做对自己是勉为其难，对部队行动也确实不利。随之，中央决定组成三人军事指挥小组（又称新三人团），成员有毛泽东、周恩来、王稼祥。

三人小组全权指挥军事。朱德虽然没有参加这个小组，但毛、周、王尊重他的意见，有关重大军事问题的决策都和他共同研究讨论，而朱德也是忠诚地履行总司令和军委主席的职权，并且积极支持三人小组的工作，丝毫没有因为未参加指挥小组而影响到自己的情绪。

3月12日，中央决定，中央红军的战略方针仍应以黔北为主要活动地区，并应控制赤水河上游作为转移枢纽，以消灭薛岳所部和王家烈残军为主要作战目标。15日，军委根据中央决定，集中红军主力对鲁班场周浑元纵队发起进攻。敌惧怕被歼，将三个师集结在一起，致使红军攻击未达结果，而援敌吴奇伟纵队又很快向周浑元纵队靠拢。据此，军委当机立断，命令部队当晚退出战斗，以免被动。随之部队迅速撤出，于次日进占茅台。

在鲁班场战斗中，红军虽未取胜，但掌握着战场的主动权，能打则打，不能打则撤。而周浑元纵队则处于被动挨打地位，当红军撤出战斗后，仍龟缩在工事里面，不敢跟追。

茅台，是赤水河东岸的一个小镇，也是盛产茅台美酒的地方。这里土豪家都备有大坛大坛的茅台酒。红军把从土豪家没收来的财物、粮食和茅台酒，除给自己留一部分外，全部分给了群众。当然，指战员中有会喝酒的，便过足了瘾，不会喝的，也都装上一壶，以备在行军中以酒搓脚活血，舒展筋骨。

就在红军撤出鲁班场战斗后，毛泽东审时度势，从敌我双方实际情况出发，形成一个出奇制胜的战略行动方案：摆脱敌人，挥军北上，从茅台三渡赤水，吸引敌到川南，然后再突然东渡赤水，折返贵州，直插云南，彻底甩掉当前之敌。这是一个大胆而机智的战略构想。为实现这一构想,红军于3月16日、17日从茅台三渡赤水河,再次向川南的古蔺、叙永方向前进。19日,便进到古蔺以东地区。

毛泽东在过浮桥的时候,对同行的其他首长说:"好,我们三渡赤水,把滇军调出来就是胜利。"

看来,毛泽东又摆了一着好棋,并看好了后几步棋,不知大叫"围歼"红军于此地的蒋介石猜测到了什么没有。

■ 四渡赤水——蒋介石再次扑空

在赤水河西一片小树林里,毛泽东正和中央首长在研究敌情,一幅军用大地图就摊在地上。

毛泽东询问总参谋长刘伯承,二渡赤水时在太平渡、二郎滩架的浮桥还在不在。刘伯承回答说,据侦察浮桥还在。毛泽东微微一笑:"那好,立即派人前去把浮桥检修、加固一下,看来,这几座桥还得再为红军立大功哕。"

毛泽东总是很有先见之明,当红军刚三渡赤水到达河西的时候,他已计划、安排好四渡赤水的渡河地点。

三渡赤水,红军的目的是要以全军性的大佯动,作出北渡长江的姿态,来迷惑和调动敌人。

这一招真灵,蒋介石果然认为红军又要渡江北上,去与红四方面军会合,于是再次匆忙调整部署,命令各路"追剿"部队赶快聚拢川南,一举围歼红军于赤水河西之古蔺地区。蒋介石觉得这次很有把握,因此于3月20日发出"阻剿"电令:

此次朱匪西渡赤水河,麇集古蔺东南地区……(现国军)以如许大兵包围该匪于狭小地区,此乃聚歼匪之良机。尚望防堵者务在封锁线上星夜并征集民工赶筑工事,以筑碉堡为最善……并另控置兵力于相当地带,准备迎头痛击……

追击者不顾一切,以找匪痛击之决心,或尾匪追击;或派游击队绕出其前拦击、腰击与堵击;或主力赶出其旁截击,剿匪成功,在此一举。

蒋介石还信誓旦旦地宣告:这次若再不能歼灭红军,"何言再立于斯世"?

当各路敌军急如星火般纷纷赶向川南之际,毛泽东和军委却当机立断,决定"我野战军决秘密、迅速、坚决、出敌不备折而向东","渡过赤水东岸,寻求机动"。为了使敌产生错觉,军委令红一军团一个团伪装主力,张扬地向古蔺"浩浩荡荡"开进,同时令其限期秘密折回,追赶主力渡过赤水河。

3月21日晚至22日,秘密向东折返的中央红军主力,由二郎滩、太平渡等处第四次渡过赤水河。由于组织工作严密细致,渡河行动圆满完成。

红军东渡赤水,再次进入黔北,其时蒋介石的各路大军仍在纷纷向古蔺前进,有些甚至还与红军相对而行。但红军巧妙地、秘密地穿行于敌重兵集团之间,很快进至遵义、仁怀中间地区,从而又将蒋介石的几十万大军甩在古蔺及其周围地区。

红军全部渡过赤水河的当天,敌各路指挥官有的在电报中称红军"从茅台渡河后,分两路西窜",有的在电报中还在重申"聚歼该匪于叙(叙永)、蔺(古蔺)以南,赤水以西,毕节、仁怀以北地区"的原"追剿"计划。直到26日,薛岳在军情通报中,还判断"匪似续行西窜成分居多"。

蒋介石忽然看到红军进至遵义以西地区,认为红军又要攻占遵义了,于是策划在此地区将红军"一网打尽"。3月24日,蒋介石从重庆飞抵贵阳,亲临督战。路透社当日电称:蒋下飞机后,"旋至警备司令部召集军官会商剿共事宜。今日又有一飞机到此,载来大批钞票,供中央银行贵阳支行发行"。

在贵阳,蒋介石向欢迎他的军政要员们很有信心地宣布:"共军已是强弩之末,现今被迫逃入黔境,寻求渡江地点未定,前遭堵截,后受追击,浩浩长江,俨如天堑,环山碉堡,星罗棋布,他们已经到了走投无路的困境。希望军政同仁,同心协力,'剿赤'成功。"

蒋介石企图歼灭红军,而红军也在遵义至仁怀间寻机歼灭追敌,只是由于敌人重兵云集,不易分割,因而未达目的。27日,军委令红军主力乘敌人尚在猜测红军动向之时,继续向南急进。同时令红九军团暂留马鬃岭地区,第二天晨起伪装主力,向长干山、枫香坝佯攻,以吸引敌人向北。此后罗炳辉军团长、何长工政委(接任蔡树藩)率红九军团沿途张贴大红标语,烧柴草假扮炊烟,散播红军行动消息,书写"大部队"行军路标,巧妙地牵着敌人的鼻子向北"游行",此举有力地掩护了主力红军的南下行动。

28日,红军主力出其不意地由鸭溪、白腊坎之间,突破敌人精心布置的严密封锁线,冒着狂风暴雨,直捣乌江北岸沙土、安底地区。随后红一军团先遣团冒雨夜渡,消灭南岸守敌,夺得几处渡口,紧接着工兵连迅速架起浮桥。至31日,红一、三、五军团和军委纵队,分别从大塘、江口、梯子岩南渡乌江,并进至息烽西北地区。

这样,红军再次跳出蒋介石的合围圈,把敌人的"追剿"大军甩在乌江以北地区。

红军主力渡江南下后,完成掩护任务的红九军团也摆脱敌人大部,掉头南下,于4月1日下午赶至乌江北岸沙土镇,但比军委规定的到达时间晚了两天。此时,江面上的浮桥已拆除,眼看追敌即将逼近,架桥已来不及,危难关头,军团首长果断率部撤离江边,决定暂时先在江北转战,打击敌人,然后再寻找机会与主力联系、会合。

■ 贵阳危困,蒋介石调兵"护驾"

中央红军南渡乌江,蒋介石大感意外,他立即给前敌总指挥薛岳打电话:"你在前线干什么呐?前几天命令你把红军主力的行动方向侦察清楚,并给你派去飞机协助,可是一连几天为什么没有把敌人主力的趋向搞清楚,现在倒好,共军都打到家门口来了,我看你是昏了头……"话未说完,便把听筒重重地摔在地板上,仍然顿足大骂不止。

不管蒋介石如何狂躁暴怒,红军主力依然向南疾进。这一带敌人兵力很少,所以红军所向披靡,4月4日便占领扎佐,前锋直逼蒋介石坐镇的贵州省会贵阳。

从蒋介石获悉红军渡过乌江之时起,他就亲自部署和直接指挥各项作战事宜,甚至具体到一个营、一个连的作战行动,也要过问、干预。而堂堂的前敌总指挥薛岳倒"轻松"起来,他成了蒋介石的一个侍从参谋、高级传令官,而且时不时地被蒋介石斥骂一顿。

红军这时的行动方向是要西进云南,在滇北及其附近地区机动作战,一俟时机成熟,便抢渡金沙江,与红四方面军会合,实现遵义会议所确定的在川西北建立新的根据地的战略方针。

为了避免遭遇颇有战斗力的滇军的堵截,扫除红军西进云南的主要障碍,毛泽东指挥红军威逼贵阳,目的是使蒋介石调出滇军解救。所以,红军主力在向贵阳方向前进中,有意虚张声势,扬言要打下贵阳,"活捉蒋介石"。

这些口号传到蒋介石那里,蒋介石更加焦急:"追剿军"主力已被自己驱赶到乌江北"围歼"红军去了,现在贵阳及其周围地区只有正规军四个团,其中城内仅驻两个团,兵力单薄,如何能抵挡得住红军的攻击?于是,他召集陈诚、薛岳等开会,分析判断红军企图。最后形成两种意见:红军一是乘虚袭击贵阳;一是仍图东进与湘西萧、贺红军会师,其中后者的可能性较大。但两者之中无论是哪一种都威胁到贵阳的安全,当前应以确保贵阳为最急、最重要。

蒋介石同意这个判断,因为贵阳的得失不但关系到"领袖"的声望,而且关系到自家性命,岂敢马虎?他当即作出决定,严令前线各部队对红军衔尾疾追。桂军、湘军从南面、东面堵截,同时还急调驻黔西的陈金诚团昼夜兼程速赴贵阳"保驾"。除此之外,又连发"限即刻到"的十万火急电报给滇军孙渡纵队,命令孙渡"速率全部向鸭池河、镇西卫、清镇前进。并望激励将士,兼程猛进……万勿延误"。当时滇军离贵阳较近,蒋介石把"护驾"的重任更多地寄托于孙渡纵队。

蒋介石在贵阳心急火燎,而王家烈却幸灾乐祸。中央军入主贵阳,他对此一直耿耿于怀。因而当他在黔西见到急急去"救驾"的孙渡时,竟无视蒋介石派来的"督察"在场,喜形于色地问道:"你老哥看共军这回渡过乌江南岸,究竟是什么意思?"还未等到孙渡回答,他又不无讥讽地接着说,"我看,这硬是要将老帅的军哟！你说是不是？"

蒋介石盼滇军早点开来,真是望眼欲穿。他预先派有多辆卡车在鸭池河附近等候,所以当滇军先头旅首先到达时,便立即接其部分兵力开往清镇,加强力量保护那里的飞机场,以便他情况紧急时乘飞机逃离。

4月初的几天,蒋介石既要调遣各路大军奔集贵阳及其以东地区,防堵红军东进;又要亲自布置、检查贵阳城防,并且对贵阳警备司令王天锡"亲切"有加。王天锡自然受宠若惊,抢修碉堡,严查户口,晚间戒严,干得尤为卖力。但是,紧急情报还是不断传来:在贵阳东北15公里处发现红军;清镇飞机场附近也发现红军……蒋介石闻听,吓出一身冷汗,连忙吩咐王天锡:"你去准备一下,挑选20名忠实可靠的向导,预备12匹好马、两乘小轿到行营听用,越快越好。"同时,他还要各国传教士及一切外国人,退出贵阳前往安顺。

蒋介石在准备逃跑。

终于,孙渡纵队其他各旅先后到达贵阳附近。孙渡刚到清镇,蒋介石立即派车把他接到贵阳城内,并立即召见这位"勤王"的"救星"。蒋介石夸奖孙部动作迅速,作战勇敢,能够按时到达,随之犒赏孙部官兵数万元。

就在蒋介石着急慌张的时候,毛泽东和军委领导正在有步骤、有计划地展开红军的战略行动。

4月5日,中央红军主力进抵贵阳东北方向清水江西岸的高寨、羊场、白果坪地区,随后采取声东击西战术,以少许兵力东渡清水江,继续向前进发,同时又在清水江上公开架设浮桥,伪装红军东渡。

敌人的飞机"准确"地将这个信息传到了蒋介石那里。蒋认为这更加证实了自己的判断——红军要东进湘西与红二、六军团会合。于是,他命令孙渡所部向东勇猛追击,其他各部也速速奔集黔东,务必聚歼红军于清水江西岸,这次绝不能再让朱毛红军从自己的眼皮底下溜走。

红军以自己扑朔迷离的行动,将敌军主力包括滇军孙渡纵队吸引到贵阳以东及乌江沿岸地区,西进云南的道路已经打开。4月7日,军委和毛泽东决定抓住这一有利时机,让红军主力迅速甩开追敌,"决从贵阳、龙里之间南进"。同时命令在乌江北活动的红九军团向滇黔边的毕节、大定前进。

4月8日，红三军团一部占领贵阳以东黄泥哨阵地，并积极向贵阳城郊活动，佯攻贵阳，一时枪声阵阵，炮声隆隆，蒋介石亲自督促防守，并时刻准备坐轿或乘马脱逃。红一军团一部佯攻贵阳东南之龙里，并占领了观音山阵地。这样，红军便控制了从贵阳到龙里之间约15公里宽的地段。在红军先头部队穿过这一地段时，正巧碰上一辆从贵阳往龙里驶去的小汽车，里面坐着孙渡和他的卫士。红军先头部队和便衣侦察人员立即向汽车射击，打坏汽车前轮，打伤卫士三人，打死一人，孙渡侥幸逃脱。

4月9日，红军主力由贵阳、龙里间，全部通过湘黔公路，以每天60公里的速度像长了翅膀似地向云南方向急进。

红军把"追剿"之敌又甩在了黔东地区，再次给了蒋介石一个沉重打击。蒋介石的师长万耀煌背地发牢骚说："共军转个弯，我们跑断腿。"事后蒋介石也无奈地承认，红军"或东或西，时进时退，使我们不易判明他的企图"。

四渡赤水是红军战史上光辉的一页，是毛泽东军事思想的伟大胜利，是毛泽东军事指挥艺术的生动体现，同时也是毛泽东和军委领导团结一致，全军指战员英勇战斗的结果。

四渡赤水，使红军摆脱了被动局面，开始获得长征中的主动权。

第十八章

声东击西过金沙

■ 蒋介石捶胸顿足喊"上当"

1935年的4月8日，蒋介石给吴奇伟发了一份电报，严厉斥责这位曾被红军打得丢盔弃甲的纵队司令官追击红军不力，说他既不敢进攻，又恐被红军诱入夹击而迟滞不前，"如此旷日持久，怕匪畏匪，尚能革命乎？此剿匪而乃避匪，最后纵匪之逃窜而已。军人至此，精神安在？"现在应"决心进攻"，"跟踪追击"，切莫再误。

蒋介石把吴奇伟骂了个狗血淋头，但他自己却连中毛泽东的圈套。当吴奇伟率部按蒋令尾追红军至清水江地区时，红军早已向西开拔了。当然，对于蒋介石的判断与指挥错误，无人敢批评、指责。可是，当他事后查明红军主力与贵阳擦城而过，已从自己眼皮底下秘密西行后，便捶胸顿足地大喊"上当"，最后，他还是把责任全部推给别人，大谈自己如何"英明"。

4月10日，蒋介石在贵阳绥靖公署对高级将领训话，讲关于"剿共"的战略战术、经验教训。他洋洋洒洒讲了大半天，无非是自己如何"英明决断"、"料事如神"，俨如诸葛再世、孙武嫡传；而失误、被动的一切，都是部下不按"领袖"意旨行事所致。最后他千叮咛万嘱咐众将领说："我历次所下的手令，都是根据我几十年指挥作战所体察研究出来的学问。所写出来的东西，你们不好看过就算了，一定要向部下一般官兵讲解明白，说委员长是怎样告诉我们的。同时，一般官长也一定要将手令带在身边,随时阅读,才能得其精义所在,而有所启发;如到了危难的时候,能拿出来研究,甚至可以解救危难或转败为胜。"

按蒋介石的意思,照他的命令、指示去做,就可以"百战不殆"了。可是,偏偏就是在这篇讲话里,他又对红军的行动方向做了一个错误的判断:

我想以后土匪的主力继续向西窜,他一定要从清镇与安顺之间平坝附近的地区窜过,出了这个隘路口以后,再窜织金、黔西、大定一带;或是由织金直趋威宁,再窜云南西北边境;再不然就是向西南窜到盘江。不过比较起来,还是第一路的公算最多。所以我们以后不必和他在清镇、安顺之线以南的地区来围剿他,我们的主力应当配备于清镇、安顺之线以北,镇西卫、织金等一带地区,等土匪主力冲出隘路口来,再来一节一节地突击他。

红军在往西南方向行进,蒋介石却把"追剿军"主力向北边调动,蒋介石的这种判断和部署,进一步为红军西进云南,敞开了大门。

4月10日、11日,红军连下定番(今惠水)、长寨、紫云和广顺四城。

蒋介石一看红军并无北上迹象,遂令周浑元、吴奇伟两纵队和第五十三师,在红军行进的北边沿黔滇公路平行向西急追,又令滇军孙渡纵队衔红军后尾追击,企图压迫红军转向安顺、镇宁地区,以形成南北夹击、聚歼红军之态势。

蒋介石在军事方面调动大军对红军紧追不舍,在舆论方面国民党的喉舌中央社也予以紧密配合,特别是散播一些耸人听闻的流言,如《湖南国民日报》4月18日登载中央社14日电讯称:4月3日,朱德在扎佐猪头山,已"被国军击毙。其尸首用红绫缠裹扛抬,尚未掩埋","现在漏网之匪,狼狈向龙里西南逃窜"。

连薛岳也公开在报刊上宣称:"匪部自匪首朱德阵亡,毛泽东病后,领导无人,内部日益分化。加以我军跟踪追击,不能立足,恐慌万状,日来纷纷向我投诚者甚多。"

按这种说法,红军早该被瓦解和消灭了,可是事实上,红军正向云南大踏步地前进,朱德也正步履稳健地行进在队伍中间。至于毛泽东,非但没病,而且原有的病也好了。据他自己讲,越是行军打仗,他的胃口越是好,便秘的症状也会消失。

很快，红军进抵北盘江边，先头部队已占领了渡口，并架好了浮桥。4月18日，中央红军主力在贞丰县的白层、望谟县的者坪地区，顺利渡过北盘江。接着连克贞丰、安龙、兴仁、兴义四城。

这一地区敌人兵力空虚，红军进展顺利。但是在这段时期的行军中，也有不小的困难。主要是敌人飞机的轰炸扫射，不但干扰行军速度，而且不时造成人员伤亡。

一次行军经过盘县猪场休息时，飞来几架敌机，毛泽东的妻子贺子珍赶忙指挥伤病员和担架隐蔽。突然，敌机俯冲扫射，并投下小炸弹。一个担架员立刻中弹牺牲，伤员还在那里挣扎着要爬起来躲避。见此情况，已经隐蔽好的贺子珍立即不顾危险地跑过去抢救，不巧敌人又一颗炸弹爆炸了。霎时，俯身掩护伤员的贺子珍被炸得遍体鳞伤，鲜血直流，立刻昏了过去。经医生检查，全身负伤17处。醒来后，她用微弱的声音对周围眼含泪水的战友们说："同志们，不要难过，血债要用血来还。请你们不要告诉毛泽东，他很忙。"限于当时条件，医生只能取出她身上的部分弹片，然后予以包扎。

贺子珍要求医生把她留在当地农民家里养伤，但医生坚决不同意，安排了担架抬着她行军，遇到难走之处就背着她前进。

贺子珍负伤的第三天，获知消息的毛泽东抽空飞马来到休养连探望。看着身负重伤又极度虚弱的贺子珍，毛泽东眼眶涌出泪水。

担架边，毛泽东亲切地询问了贺子珍的伤情，并轻声地嘱咐了几句，然后握手告别，又打马飞驰往军委总部，更缜密地筹划着如何与蒋介石斗智斗勇。

■ 云南王为毛泽东"献"地图

中央红军渡过北盘江，矛头直指云南省境。这一方面使蒋介石、薛岳在平坝、安顺、普定、镇宁地区截击红军北去的企图破产，另一方面也使坐镇昆明的

"云南王"——"追剿军"第二路军总司令龙云感到紧张不安。

当红军在湘桂边界行军作战的时候,龙云庆幸自己统治的云南还"太平无事",及至红军到了贵州,活动于黔北时,虽然他已被蒋介石委任为第二路军司令官,但他对"追剿"红军也不甚积极,认为红军不会打到云南来。

红军兵临贵阳的时候,蒋介石曾命令滇军孙渡纵队"救驾",这时龙云惧怕蒋介石在贵阳万一有个闪失,自己吃罪不起,于是也急电孙渡率部向贵阳兼程前进,结果孙部提前赶到。蒋介石感谢龙云"救驾"之恩,特电龙云说:"滇军忠勇诚朴,足为军人模范。"随之,蒋介石对孙渡纵队大加犒赏,使龙云认为蒋介石是在收买、拉拢他的部队,遂对此表示不悦。在此期间,龙云还数电孙渡,命其不要向贵阳以东追击红军,以免云南境内空虚,发生不虞。

现在,红军已过北盘江向云南逼近,龙云于4月18日致电孙渡等,命令省内外滇军,"不顾重大牺牲,努力杀敌,以收夹击之效"。同时密令孙渡:万一红军入滇,"务望设法不分星夜超越于前,阻其深入,是为至要"。

孙渡接到龙云的密电后,从维护自身利益出发,对蒋介石的命令便采取推诿拖延态度。

龙云深感云南境内兵力单薄,孙渡纵队一时难以赶到,若红军直取昆明,势难抵挡。于是,他急调李菘的独立团速赴平彝县(今富源)先行堵截,以迟滞红军前进。

4月23日,红军进入滇境,前卫红一师二团向平彝羊肠营急进时,遇到先期占据了白龙山制高点的李菘独立团的阻截。红二团在"消灭李菘独立团,打通入滇通道"的战斗口号鼓舞下,乘夜色掩护,向敌人翼侧阵地发动猛攻,并很快占领该处,随后迅速包围了白龙山主峰。李菘面对红军的勇猛攻势,担心全军覆没,抵抗一阵后便狼狈逃窜。红二团乘胜追击,途中又毙敌200多名,俘敌数百名,李菘仅带几个随从夺路逃脱。

李菘团的覆灭,使龙云更加恐慌和畏惧。为了加强昆明防卫,他把附近地区的民团也召入城内防守。

在这期间,中革军委准备在兴(仁)盘(县)路上消灭追敌周浑元部的第十三师,后因地形不利,放弃了这一计划。随后红军分三路继续向西前进:红三军团为右纵队,向平彝、沾益前进;红一军团为左纵队,向曲靖前进;红五军团和军委纵队为中央纵队,向益肠营方向前进。

4月25日,军委决定在曲靖地区歼敌一部,遂发出作战指示:

由于我们现在争取了有利地位,使我们有进入一个新的有利地区,即云南东北地区,并在这一地区内消灭敌人取得新的发展局面的可能。这一地区是战略机动的枢纽,背靠西北天险,便利于我们向东及向南(包括黔边及南盘江上游)作战,在不利与必要时,亦便于向北和向西转移,但严重的任务是消灭敌人,开展局面……由于我们的行动方针正引起了大的敌情变动……我一、三、五军团必须乘蒋敌主力正超云南东北而滇敌大部距我较远的眼前数日时机,首先在白水、曲靖、沾益地域消灭滇敌之先头部(其较强约四个团),以暂时顿挫滇敌的猛进,然后迅速进入另一机动地域,消灭周、吴前进的一部,只有如此作战的胜利,才能解决开展局面的问题。

在这一指示中,军委还要求"各军团首长,必须在军委这一意图之下掌握与机动自己的部队……克服疲劳现象,坚决而机动地执行命令,纠正部队里的错误倾向,团结一致,向着战胜敌人的目标前进"。

为使军委的决定顺利实施,党中央鉴于部分军团领导对军委作战方针有异议的情况,于当日给红一、三、五军团首长发出"十万火急"电报,称:

最近时期将是我军同敌人决战,争取胜利的转变战局的紧急关头。首先要在沾益、曲靖、白水地区内消灭滇敌安旅,以我们全部的精力与体力去消灭万恶的敌人,一切牺牲为了目前决战的胜利,是我野战军全体指战员的唯一的铁的意志。在这一意志之下,中央相信你们对于中央与军委所提出的意见,决不会妨碍我们内部的团结一致与保障军委命令的坚决执行。

中央和军委还命令红三军团一部对沾益县包围佯攻,红一、红五军团各一部包围监视曲靖之敌,主力则准备在沾益、曲靖、白水地区消灭滇军先头旅。

但经周密部署的这一仗却没有打成。原因是滇军先头旅鉴于李菘独立团的失败，畏打而不敢前进，最后竟遵龙云密令，绕道陆良、宜良，乘火车返昆明回防去了，滇军其他各旅也大多如此。由于滇军改道而行，中央军委果断改变在沾益、曲靖地区的歼敌计划，命令各部绕过沾益、曲靖，向西南马龙、寻甸、杨林急进，以寻求新的机动和歼敌机会。

　　4月27日，红军在昆靖公路上行进时，得到一份意外的"礼物"。原来是总部管理科长刘金定和作战参谋吕黎平，带领先遣分队于途中截获了一辆国民党军汽车，收缴到云南省十万分之一军用地图10份（一说20份）、云南白药10箱，另外还有宣威火腿、普洱名茶。据俘虏称，这是龙云送往薛岳前敌总指挥部的。战士们风趣地说："三国时刘备入川，张松献地图。现在红军入滇，则是龙云'献'地图。"

　　毛泽东和中共中央及军委领导人喜笑颜开：这真是"雪中送炭"啊！现在搞到这些云南详图比战场上缴获武器还重要呢！确实，之前红军仅有一份云南省略图，地点路线很不准确，行军主要依靠向导探索前进，一般仅能查明两三天路程，因此免不了走弯路，这给行军打仗带来很大不便。

　　当下毛泽东和其他领导人围上来细细察看地图，弄准了中央红军所在的位置与环境、云南省特别是滇东北的地形以及往金沙江去的路线和金沙江沿岸的渡口情况。

　　28日晚，中共中央和中革军委负责人根据新的情况，研究讨论了红军行动方针及北渡金沙江的问题。毛泽东在会上发言说：遵义会议后，我军大胆穿插，机动作战，把蒋介石的尾追部队甩在侧后，取得了北渡金沙江的有利时机。云南境内的地形条件，不像湖南、贵州有良好的山区可以利用，我军不宜在昆明东北平川地带同敌人进行大的战斗。我军应趁沿江敌军空虚，尾追敌人距我尚有三四天的行程，迅速抢渡金沙江，以争取先机。

　　毛泽东在发言中还就实施北上渡江方案的具体问题谈了自己的意见，并且指出，在渡江行动中，最忌龙云先我通风报信，在我军抵达江边前先将渡船烧毁或撤往北岸。因此，要不怕疲劳，务必限定在四天内赶到江边抢占渡口，这是全军胜败最关键的一着棋，一定要把这步棋走活。五军团可派一个加强营往昆明附近的杨林佯动,以迷惑敌人,让龙云产生错觉,以为我军要攻占昆明城。红九军团可作为钳制部队,独立行动,以分散尾追之敌,择机在会泽、巧家之间渡江,并同主力会师。

会议经过认真研究,最后同意毛泽东的意见,确定放弃在滇东北寻机歼敌的计划,并通过了北渡金沙江的战略方针。

29日,中革军委发布《关于野战军速渡金沙江转入川西建立苏区的指示》,其中指出:

由于两月来的机动,我野战军已取得西向的有利条件,一般追敌已在我侧后,但敌已集中七十团以上兵力向我追击,在现在地区我已不便进行较大的作战机动;另方面金沙江两岸空虚,中央过去决定野战军转入川西创立苏维埃根据地的根本方针,现在已有实现的可能了……因此政治局决定,我野战军应利用目前有利时机,争取迅速渡过金沙江,转入川西,消灭敌人,建立起苏区根据地。

毛泽东不愧是"统帅",他指挥红军四渡赤水,再占遵义,南渡乌江,兵临贵阳,西行入滇,把疲惫的3万左右红军从国民党几十万"追剿"部队的虎口中带了出来,虽然现在还未完全摆脱追敌,但红军确实已处于有利地位。现在金沙江两岸敌人兵力较为空虚,红军渡江已基本上有了把握。还有,在战略方针上,党中央、军委及军团领导的意见已经一致,此后的问题就是如何机动灵活地实现既定的战略意图了。

■ 威逼昆明,虚晃一枪

红军进入云南,龙云既怕红军攻取昆明,又怕中央"假途灭虢",跟追红军入主昆明,他不想自己成为第二个王家烈。所以他绞尽脑汁,谋取两全之计。

龙云一是电令孙渡纵队超越红军急速回防,一是向蒋介石进言,希望中央军不要到昆明来。4月22日,龙云致电蒋介石,说金沙江巧家方面江边船只已经收藏,红军若向这个方向,"则以滇军全力应付,可望解决"。而滇东北宣威方面,空隙甚大,防不胜防,中央军纵队"如能兼程向宣威推进,更为妥善"。

蒋介石考虑了龙云的建议,再加上他自己的判断,于4月24日电示薛岳:朱毛部必定与罗炳辉部"预约在威宁、毕节一带会合","我第一纵队到达亦资孔时,应即沿宣威、威宁道路之东侧,以威宁东北地区为目标,堵截其东窜之路,而令到达平彝部队亦向宣威、威宁转进追剿。"

可是,红军并未按蒋介石的意愿行事,而是一路向西,过沾益、曲靖后又向昆明方向进逼。

奉命佯攻昆明的是红一军团第四团和红五军团一部。4月29日,他们巧夺离杨林20余里的白龙镇,又乘胜攻取离昆明仅百里的杨林。

在杨林,红军打开设在这里的国民党军兵站的粮仓,没收土豪劣绅的布匹、衣服、盐巴等,并将这些分给当地的贫苦群众。同时,红军在这里大造要进攻昆明的舆论。杨林镇内外到处张贴着标语:"打倒云南军阀龙云","打到昆明去,活捉龙云"。红军便衣侦察四处宣传:"红军的大部队来了很多,昆明肯定守不住了","听说城里的富人都跑了,龙云也准备逃走"。

龙云确实准备逃走。红军先头部队在昆明附近的出现以及红军要攻打昆明的传言,使他日夜不宁。虽然调了些民团来防守,并在城里城外昼夜赶修碉堡工事,但他心里明白,红军真要攻城,昆明怕是守不住的,他已做好准备,万一形势紧张,就西逃缅甸。

红军先头部队还在继续逼近昆明,已经到达离昆明仅30多里的近郊大板桥了。"活捉龙云"的口号满天响,"乒乒乓乓"的枪声也一阵阵传来。

情报不时传来,一会儿说在郊外的大板桥发现了3000名红军,一会儿说后面不远处还有7000名红军,正在源源不断地向昆明开来。

当时有10万人口的昆明城内一片混乱,一些外国传教士在红军兵临贵阳时从贵阳逃到昆明,现在这里也不安全了。传说当局要外国人撤出昆明,外国的传教士、商人、领事等,都在赶忙收拾行李。

法国人准备了一列专车,准备把外国妇女和儿童疏散到越南河内(当时叫东京)。4月30日早晨7点44分,火车在滂沱大雨中缓缓离开车站,然后加速向河内开去。车上挤满了人,有带着珍贵书籍和文物的,有带着云南吃用类土特产的,等等。

　　然而,这只不过是毛泽东的虚晃一枪,目的是诱使龙云把滇军尽量往昆明地区调动,以便红军乘虚进抵金沙江边和渡过金沙江。结果,龙云很"自觉"地做到了这一点。当中央红军由寻甸、嵩明地区转向西北前进后,佯攻部队也悄悄辞别昆明,急速追赶主力部队西去。

　　红军是兵分三路向金沙江边挺进的。红一军团为左纵队,经禄劝、元谋直取金沙江上游之龙街;红三军团为右纵队,经思力坝、马鹿塘夺取金沙江下游之洪门渡;军委纵队和红五军团为中央纵队,经山仓街、海龙塘、石板河抢夺金沙江中游之皎平渡。

　　红一军团为了争取时间,决定先头部队红四团化装成执行追击任务的国民党"中央军",用计赚取禄劝、武定、元谋三县。这一带县城守敌都是些杂牌部队和民团,几乎都未见过国民党中央军。

　　当杨成武政委率领化装好的"中央军"到达禄劝时,禄劝县县长还真以为是"中央军"大驾光临,遂即热情欢迎入城,并将上级命令筹办的用于"剿匪"的军粮军款全部交出,红军当然统统"笑纳"了。之后,杨成武等"中央军"领导还应禄劝县长邀请,赴为"中央军"洗尘的欢迎宴会。席间,该县长还将陪席的官吏和豪绅逐个加以介绍,并用电话向其他县联系"中央军"所需钱粮物资等有关事宜,还要他们积极做好迎接"中央军"进城的准备工作。

　　就这样,红一军团不费一枪一弹,智取三座县城,顺利到达金沙江南岸。

　　红军折向西北而去,在后跟追的中央军纵队大有进昆明之势。不久前蒋介石利用"追剿"红军之机,令中央军入主贵阳,此后逐步削掉了王家烈的权力,使贵州"统一"于中央之下,现在蒋介石瞅机会还想再上演这一幕,顺手将"龙"牵走。

　　可是,龙云不同于王家烈,一者他的部下比较统一,不像黔军有那么多的派系,同时他的部队的战斗力也比黔军强,不像黔军那样身挎"双枪";二者已有王家烈的前车之鉴,他自然小心提防,引狼入室的事绝不能做。

所以,龙云派人告诉薛岳:希中央军"追剿"部队,除各军、师采买人员凭证可进入昆明外,其余请不要入城;如果"薛君个人来省(指昆明),余当表示欢迎,若统大军前来,则可不必"。薛岳自然明白其中含义,便密报"总导演"蒋介石:一,朱德与龙云是云南讲武堂同学,过去曾有私交;二,据报龙云曾派人向罗炳辉进行工作,怕有默契;三,龙云对中央军太无礼貌,官兵多表不满,尤以第四军为甚。

薛岳所谈第二项,据说当时确有其事。因为红九军团军团长罗炳辉是云南彝良县人,早年在滇军中任过职。此时,罗正率领红九军团在滇北一带游击,以配合主力红军行动。龙云想用老乡关系来劝说罗炳辉由金沙江下游巧家渡口过江,不要深入云南,并且声明滇军志在保境,不欲远追,切望红军不要经过昆明附近。于是,龙云派他的心腹旅长刘正富赶赴金沙江边,明为加强防务,封锁渡口,实际是想同红军罗炳辉接洽。不知这种秘密之事,薛岳竟如何刺探得知。

蒋介石接报后,思忖再三,感到解决云南的时机还不成熟,就同意薛岳率副官、卫士各一人到昆明去见龙云。

5月初的一天,薛岳进入昆明,受到了龙云的盛情招待。龙云发动两广旅滇同乡欢宴薛岳。欢迎归欢迎,要害问题则不相让。他与薛岳约定,不许一个中央军人员进入昆明,凡入云南"追剿"的中央军,须按他规定的路线行进;否则双方军队发生误会,恕不负责。

龙云向薛岳解释了中央军不能入城的原因:一,怕耽误了中央军追击日程;二,防止红军冒充"中央军"(着中央军服装)混入嵩明之事重演;三,由于在曲靖、马龙附近被红军截击地图事,对昆明虚实有所泄漏,不能不有所戒备。

薛岳心里很明白。他私下对部属愤愤地说:这三点算什么理由,不过是些次要的措词,实在的主要原因是怕"中央"夺他的地盘。

尽管如此,薛岳所能做的,只是和龙云协调,如何才能阻止红军渡过金沙江。

■ 毛泽东说刘伯承是条"龙"

金沙江是长江的上游,上接通天河,从海拔五六千米的昆仑山南麓、横断山脉东麓咆哮着奔腾而下。在红军预先选定的从龙街到洪门渡的三个渡口间,江面宽阔,水流湍急,而且四川敌人已控制了江北的所有渡口,封锁了这一带的交通,船只也被掳往北岸。大军渡江有相当的难度。

红一军团一路疾进,迅速抵达金沙江边,并控制了龙街渡口,随即在永仁附近架桥。由于江面太宽,桥刚架起一半就被水冲走了,再架又没有了器材。但红一军团在龙街的架桥行动,吸引了敌人的视线,蒋介石立即调动"追剿军"主力向此进逼,这就掩护了军委纵队在皎平渡的渡江行动。

与此同时,彭德怀率红三军团也占领了洪门渡口。洪门渡口是个小渡口,这里没有守敌,但船只已被敌人拉走或沉没,只留一艘供通行用的小船。因浮桥还未架成就被湍急的江水冲毁,所以红军仅凭俘获来的这一艘小船来回摆渡,费时不少,却没有渡过去多少人马。

与左右两个渡口渡江情况比较,中路的渡江行动比较顺利。

皎平渡位于龙街和洪门渡中间,是个商道。这里江面激流滚滚,两岸陡峭险峻,是名副其实的天险所在。但这里比较隐蔽,因此毛泽东和军委把这里选为红军主力北上入川的主要渡口,实在是出乎蒋介石的意料。敌机若来轰炸、扫射,飞得高了瞄不准,飞得低了,又怕撞上山崖。

毛泽东、周恩来等中央领导对夺取皎平渡非常重视,决定把这一重要任务交给干部团,由总参谋长兼军委纵队先遣队司令刘伯承亲自率领,再派国家政治保卫局执行部部长李克农带一工作组同去执行任务。

红军总政委周恩来亲自向干部团团长陈赓、政委宋任穷交代任务,在中央负总责的张闻天也亲自给全体干部团指战员进行战斗动员。

干部团是红军长征时由瑞金中国工农红军大学、彭杨步兵学校、公略步兵学校、特科学校等四个单位组成。这个团除上级干部队以外,多数成员是从部队抽调来的富有战斗经验、具有勇敢作战精神的连排干部。这个团在土城战斗、遵义战役和老鸦山阻击战中，都打出了威风。西进云南以来，干部团一直担任着警卫中央机关和保卫中央首长的重任。所以在长征中，非紧急情况和十分重要的任务，一般是舍不得动用它的。

5月3日，军委纵队干部团一部，在刘伯承率领下，不顾疲劳和饥饿，经过几百里的急行军后，直扑到皎平渡口，不但迅速歼灭了渡口少数守敌，还缴获了敌人用于交通的两艘渡船。当晚，利用这两艘船偷渡成功，全歼了江北守敌川康边防军一个排和江防大队一部，随之迅速抢占了北岸制高点，完全控制了渡口。

此后，干部团又想方设法，在群众的热情帮助下找到了五艘只船，同时还找到船工36人，基本解决了部队的渡江问题。

为了向纵深扩展，干部团过江后，继续以一部兵力北进，在通安地区击溃敌人援兵，直趋会理城下监视敌人，以掩护红军大部队陆续过江。

在夺取通安镇的战斗中，干部团参战人员只400人，却向两团守敌勇猛进攻，结果俘敌600人，活捉敌团长一名，残敌逃走者仅400人。亲自率军在此守卫的敌川康边防副司令刘元瑭，遭此惨败，又气又急，竟然号啕大哭。

5月3日晚，毛泽东、朱德、周恩来等率领军委纵队赶到皎平渡乘船过江。同时成立了渡江指挥部，指挥部及军委机关就设在北岸渡口边的几个砂石洞里，虽然里面黑暗、潮湿，但却能躲避敌机的空袭。

关于毛泽东在洞里的工作情况，当年毛泽东的警卫员陈昌奉有过一段生动而感人的回忆。

过江后，陈昌奉忙着在洞里为毛主席在潮湿的地上放油布，放毯子，算是搭好了"铺"，接着又忙着出去为毛主席烧开水。因为找不到桌子，洞壁上又挂不住地图，便把安置办公的事给放下了。当毛主席同其他领导研究完渡江问题回来，看到没有办公的地方时，便用严肃但又温和的语调对他说：

"现在最重要的是工作，吃饭喝水都是小事。江那边还有我们两三万同志在等着哪！这是几万同志的性命呀！"

随之毛主席叫他找块木板架起来当桌子。"桌子"架起后，上面立刻摆满了文件、电报，电话也不断地响起来。毛主席忙得一点空也没有。

过了一会儿，毛主席对感到内疚和难过的陈昌奉说：

"你跟我这么多年了,难道还不知道工作的重要。以后每到一个地方,最重要的是把办公的地方搞好。然后如果有空才是吃饭、休息。记住,无论现在和将来,对我们来说最重要的是工作。"

毛泽东在这里密切地关注着敌军的动态,紧张地和其他领导人指挥着红军的渡江行动。

当时成立的渡江指挥部,由陈云任全军渡江司令员,蔡树藩任政委。

关于陈云指挥组织渡江的情况,当时中央队的秘书长刘英回忆说:

陈云是政治局委员,但长征期间中央没具体分工他管哪一方面的工作,因此,是一个机动干部。哪里需要人,中央就派他到哪儿去。毛主席等中央纵队的领导同志认为陈云很有能力,善于指挥,部队也信服他。所以,哪里需要,就派他到哪里,就像政治局的一个代表。红军大队人马过大渡河、金沙江时,都是陈云指挥的。

事实确是如此。渡江指挥部在中央及军委的领导下,将数万人的渡江工作组织得很有秩序。渡江时,每艘船和每批过江的战士都编了号,按号入坐。等候过江的部队都隐蔽在江边山林里,听命令到江边乘船,其间没有争先恐后上船或掉队的情况。晚上,江两边上下船的地点都点有大汽灯,为过江部队照明。另外,各级领导也十分关心船工,刘伯承还以老乡身份亲自找船工谈话。渡江指挥部努力做到从生活上尽量照顾好船工,每天还给他们一定的报酬,这些船工为红军渡江作出了很大贡献。

红五军团奉命在江南岸百里开外的石板河一带阻击追敌,他们利用有利地形,运动防御,节节阻击,有力地掩护着红军主力过江。

在渡江行动中,中央和军委鉴于红一军团在龙街渡口架设浮桥未成,红三军团在洪门渡口所得渡船很少,红五军团所阻击的敌万耀煌师为保存实力不再追击的情况,决定红五军团除留第十三团继续在洪门渡江外,其余部队均和红一军团主力全部改由皎平渡过江。

5月5日,朱德总司令给红一军团发去十万火急电报:

军委纵队在本日已渡江完毕,三军团7号上午可渡毕,五军团在绞(皎)西以南任掩护,定于8号下午渡江,敌人8号晚有到绞(皎)西的可能。我一军团务必不顾疲劳,于7号兼程赶到绞(皎)平渡,8号黄昏前渡江完毕,否则有被隔断的危险。

聂荣臻回忆说:军情紧急,电报还没有翻完,但大概意思已经知道,就是到那边去渡河,于是立即决定沿江边山谷中的一条小道向皎平渡前进。路在一条急流之上,人在石头上跳来跳去,一夜过了47次急流,赶了120里路,疲劳极了,但还是顺利地在皎平渡口渡过江。毛泽东正在渡口北岸一个崖洞里等候着我们,一见面他就说:"你们过来了,我就放心了!"

至9日,红一、三、五军团全部从皎平渡渡过金沙江。在滇、黔边单独行动的红九军团此前也在东川(今会泽)以西的树节、盐井坪地区渡过金沙江。6日,中革军委指示已渡过江的红九军团,彻底焚毁沿金沙江渡口所有船只,将敌人阻隔在江南、江东。

七艘小船,七天七夜,竟将数万红军渡过金沙江,这简直是个奇迹。

这一伟大胜利使全军感到振奋,同时中央领导对刘伯承率部快速抢夺渡口,严密组织渡江的卓越才能也甚为赞赏。毛泽东风趣地说:"前几天,我们一些同志还担心,怕我们渡不过江去,被人家挤上绝路。当时我就对恩来、朱德同志讲,没关系,四川人说刘伯承是条龙下凡,江水怎会挡得住龙呢?他会把我们带过去的。"周恩来也爽朗地笑着说:"主席的估计是对的,我们不是已经过来了吗?"这些生动的话语,引起朱德、刘伯承等在场人员一阵愉悦的笑声。

■ "追剿"大军只捡到红军的破草鞋

毛泽东巧用妙计,指挥红军安然渡过金沙江这段时间,蒋介石在干什么?

蒋介石仍在紧张、忙碌地布置"追剿"事宜,"剿匪"行营里函电交织,电话铃声不断。

早在4月26日，蒋介石便推测红军有"经宣威、会泽向西北窜渡金沙江，尤以向金沙江上游宁南、永仁一段窜渡公算为多"。其实这时候红军还未正式作出北渡金沙江的决定，蒋介石按其推测命令云南的龙云，四川的刘湘、杨森、刘文辉等，速速加强江防，特别是永仁一段，"尤须严密布置"。他还要求，"对于金沙江沿岸所有船只及一切渡河材料，应各预为收集储藏我岸，免资匪用。沿江必须构筑碉堡，对于渡口尤须构成碉堡群"。

第二天，蒋介石又给龙云发电，令他配合四川杨森、刘文辉部在金沙江巧家至永仁段"严密防堵"，"凡渡河点须筑碉堡群，多派兵昼夜沿江梭巡，分区设置地区预备队"。

4月29日，即中央红军决定北渡金沙江这天，蒋介石再次下令各地赶筑碉寨，称"江西剿匪胜利，得力于封锁者居多"，要各地军政长官督促各县，并村筑寨，辅以碉堡，坚壁清野。

但是，堡垒战术此次不灵验了。一是红军行动神速，行军作战出其不意，而且在指挥方面已纠正了过去"以堡垒对堡垒"的错误方针；二是各地的一些地方军阀对蒋介石的命令并非完全坚决地执行，尽管蒋介石三令五申，他们基本上不予积极支持。红军分三路进军金沙江边三个渡口，都少见驻敌激烈抵抗。

尤其是龙云，他虽然在"追剿"红军方面是按蒋介石的命令布置的，但雷声大，雨点小，并没有全力地指挥滇军与红军拼力作战。对他来讲，将红军赶过金沙江要比把红军堵在云南境内而又不能加以消灭要好。在这方面，龙云和粤军、桂军、黔军的战法大体一样，即"送客式的追击，敲梆式的防堵"。

薛岳直接指挥的中央军两个纵队是"追剿"红军的主力，从江西到云南，一直紧紧跟在红军屁股后面。但薛岳追击红军也心有余悸。所以在"追剿"中时刻提防红军的伏击、袭击，加之红军在毛泽东指挥下忽东忽西，忽进忽退，灵活作战，所以"追剿"中不敢冒进。蒋介石的判断又屡屡失误，朝令夕改，使得薛岳部队与红军总隔有三四天或更多天的路程。

红军行动处于主动地位，而国民党"追剿军"的追堵极为被动。对其中原因，龙云有重大发现，5月2日，他给蒋介石发去一急电称：

竭密。顷在羊街拿获共匪参谋陈仲山一名,瑞金人,现解省审讯。于其身上搜出情报一束,系我军各方往来密电,皆翻译成文。无怪其视我军行动甚为明了,知所趋避。现正研究其译电,系有我方电码本,抑以他种技术译出,并此后宜用何法通信,方免泄漏。特先报闻,详情续达。

蒋介石阅电后大吃一惊,脸色煞白,冷汗直冒:怪不得红军屡次从包围圈中机敏脱逃,原来以前部署、调遣部队的绝密电报都发到了红军那里,这还"追"什么,"剿"什么,真是可气。

蒋介石连忙召集幕僚商量对策,于5月3日给龙云发去"特急"电:

我军电文被匪窃译,实属严重问题。此事只有将另行编印之密码多备,每日调换。凡每一密码,在一星期中至多只用一次,按日换用。密码每部各发十种密本,每日换一种,每十日再另发十种密码。一面如气候良佳,用飞机通信以补之。

5月4日,蒋介石再给龙云发电,称"我军往来电文多为匪方窃译,危险堪虞,耻莫甚焉"。蒋在电文中规定了九条戒律,称若有违反,"当以其参谋长泄机通匪论罪,而其主官亦以懈怠失职论罪"。

应当说,红军破译敌军密电的水平是相当高的,在机要部门工作的人员许多都是在苏联进行过破译技术专门训练的。周恩来亲自过问和组织这一工作。在长征时期异常险恶的敌情下,红军卓越的情报工作为军委正确决策起了非常重要的作用。而红军自己的电报密码却让敌人难以破译。

蒋介石企图在金沙江南岸消灭红军。他先是判断红军主力将经元谋,由龙街北渡,于是在5月4日下令周(浑元)、吴(奇伟)、李(韫珩)纵队,"不顾任何牺牲,追堵兜剿,限歼匪于金沙江以南地区,否则以纵匪论罪"。可是当"追剿军"5月8日赶至龙街渡口时,红一军团离开这里已三天,并在皎平渡渡过金沙江了。

5月8日,蒋介石又判断红军主力在洪门渡渡江,又下令龙云、薛岳"派就近有力部队星夜赶赴洪门、白滩,击其半渡,必可收伟大之效果。机不可失,望各部奋进"。实际上,此时红三军团主力也早已离开洪门渡,从皎平渡过江了。

蒋介石一会儿指"上",一会儿指"下",对"中"却没有注意到,而红军几万人马恰恰是从"中"的皎平渡渡过江的。

5月9日,红军掩护部队红五军团逐渐撤离阻击阵地并渡过金沙江。这时,蒋介石似乎才明白过来,电告龙云、薛岳说,你们"部署甚妥,可惜时间稍迟。务督饬各部努力奋进,猛烈攻击匪之掩护部队,如占据阵地顽抗,则我可派一部监视之,主力绕出其后方,袭击其主力,切勿为其牵制,至要至要……剿匪之成功,端在此举"。

可惜的是,待"追剿"大军气喘吁吁赶至皎平渡口,红军早已无影无踪,拾到的只是红军丢弃的几双破草鞋。

红军过江,龙云自知责不能脱,于9日给蒋介石发了一份自求处分电:

现虽未接前敌确报,而匪已过江无疑。闻讯之后,五中如焚。初意满拟匪到江边,纵不能完全解决,亦必予痛惩,使溃不成军,藉以除国家之巨害,而报钧座之殊恩于万一。讵料得此结果,愧对袍泽。不问北岸有无防堵,实职之调度无方,各部队追剿不力,尚何能尤人。惟有请钧座将职严行议处,以谢党国。

蒋介石看过电报,嘴角闪过一丝冷笑。

■ 毛泽东批评林彪:你是个娃娃,懂什么?

中央红军渡过金沙江,在赔偿船主损失后,毁掉了为红军立下大功的七艘小船,同时红九军团也奉军委令毁掉了蒙姑至巧家段的所有渡船。待国民党"追剿军"赶至江边,滔滔江水反成了阻碍他们渡江追击红军的天险。

这时,中革军委决定红三军团围攻会理城以牵制敌人,其余部队在会理地区进行短期休整。

在休整期间，部队改善了物质生活，开展了文化娱乐活动，同时还大力进行群众工作，招收新战士5000多名，使部队经过艰难转战，仍保持着近4万人的兵力。

5月12日，政治局扩大会议在会理城郊的铁厂召开。出席会议的有政治局委员和候补委员，总参谋长刘伯承，红一、三军团首长林彪、聂荣臻、彭德怀、杨尚昆，共产国际军事顾问李德也列席了会议。据李德回忆，这次会议是毛泽东倡议召开的，"我在最后一刻被邀请去了，然而没有带我的翻译。虽然有博古出来应急，但他只能极其简单地转述讨论的内容和翻译我的讲话"。

遵义会议后，毛泽东进入中央领导核心，他先是任军事上党内负最后决定责任的周恩来的"帮助者"，后又是前敌指挥部政委及"三人指挥小组"成员。他们和军委主要领导人共同组织指挥红军实行大规模的迂回机动作战，既保存了实力，又甩掉了数十万"追剿军"，而且还消灭了一部分敌人。其指挥的灵活、果断、正确，是红军指战员所亲自感受到的，这一点连李德也不得不承认：红军"采取了巧妙的军事策略，终于成功地渡过了构成滇川省界的金沙江"，"战斗部队的士气大振"；"渡过金沙江以后，在战略上形成了一种新的比较有利的局势。首先是摆脱了蒋介石的追击部队，通往北方的道路畅通无阻了"。

在这样大规模、大迂回的运动作战中，难免打了一些当时难以预料的不利的仗，跑了一些事后看起来是冤枉的路，也牺牲了一些同志。

于是从四渡赤水到会理期间，继遵义会议后在中央红军领导层中，泛起一股不大不小的风波。聂荣臻回忆说："遵义会议以后，教条宗派主义者们并不服气，暗中还有不少活动。忽然流传说毛泽东同志指挥也不行了，要求撤换领导。林彪就是起来带头倡议的一个。"

在这段时间里，红一军团军团长林彪牢骚颇多。他经常向其他军团领导埋怨说："我们走的净是'弓背路'，应该走弓弦，走捷径。"还说，"这样会把部队拖垮的，像他这样领导指挥还行？"林彪说的这个"他"，当然是指毛泽东。

军团政委聂荣臻不同意林彪的看法，他实事求是地说："我们现在好比落在了敌人的口袋里，如果不声东击西，高度机动，如何出得来？"

在会理休整时，林彪更加积极活动，煽动对毛泽东及"三人指挥小组"和军委主要领导的不满。一天，他忽然给红三军团军团长彭德怀打电话，挑动性地说："现在的领导不成了，你出来指挥吧。再这样下去，就要失败。我们服从你领导，你下命令，我们跟你走。"

彭德怀断然拒绝说："我怎能指挥北进，这是中央的事。"林彪打电话时，聂荣臻、左权、罗瑞卿、朱瑞等都在旁边。

对于林彪的轻率举动，被毛泽东誉为"老实人"的聂荣臻忍不住了，他严肃地批评林彪说："你是什么地位？你怎么可以指定总司令，撤换统帅？我们的军队是党的军队，不是个人的军队。谁要造反，办不到！"

接着，聂荣臻又警告林彪说："如果你擅自下令部队行动，我也可以以政治委员的名义下指令给部队不执行。"

聂荣臻与林彪共事的原则是：小事糊涂，原则问题则不马虎、不让步。在场的人见平时温和亲切的聂政委此时的坚决态度和坚定立场，都表示佩服，并投去赞许的目光。

可是，林彪不听劝诫，仍然我行我素，竟直接给"三人指挥小组"写信，指责四渡赤水战役，并且提出要毛泽东、朱德、周恩来随军主持大计，由彭德怀任前敌指挥的错误意见。林彪还把信念给别人听，企图得到其他人的附和，并且要求聂荣臻在信上签名。

聂荣臻对林彪的这种狂妄做法很不满，当即严词拒绝了，并且生气地对林彪说：

"革命到了这样紧急关头，你不要毛主席领导，谁来领导？你刚参加了遵义会议，你现在又来反对遵义会议。你这个态度是不对的。先不讲别的，仅就这一点，你也是违犯纪律的。况且你跟毛主席最久。过去在中央根据地，在毛主席领导下，敌人几次'围剿'都粉碎了，打了很多胜仗。你过去保存了一个小本子又一个小本子，总是一说就把本上的统计数字翻出来，说你缴的枪最多了。现在，你应该相信毛主席，只有毛主席才能挽救危局。现在，你要我在你写的信上签字，我不仅不签，我还反对你签字上送。我今天没有把你说服了，你可以上送，但你自己负责。"

林彪不听劝,最后还是单独签字上送了。

鉴于这种情况,毛泽东和中共中央、中革军委领导认为有必要利用会理休整的时机,召开中央政治局扩大会议,以统一党和军队高级干部对战略方针的意见,疏导和消除在部分干部中存在着的抵触和埋怨情绪,并确定红军渡过金沙江后新的行动方针。

在会理会议上,毛泽东发言指出:党内对失去中央苏区而缺乏胜利信心和存在怀疑不满情绪,这是右倾思想的反映;所谓改变中央军事领导的意见,是违背遵义会议精神的。他还针对林彪所说的部队走了"弓背路"、"会把部队拖垮"的言论,严肃地批评他说:"你是个娃娃,你懂得什么?在这个时期跟敌人硬顶不行,绕点圈子,多走点路还是有好处的。"

周恩来、朱德等发言,支持毛泽东的意见,他们称赞毛泽东的军事指挥,指出在国民党"追剿"大军围追堵截的危急情况下,红军采取兜大圈子、声东击西、机动作战的方针,终于摆脱了敌人的重兵包围,这是一个具有战略意义的重大胜利。

会议经过讨论,一致得出结论:大家都有义务维护遵义会议所确立的政治与军事领导的团结,反对抵触情绪,克服消极情绪。会议还责成林彪亲自向有关人员传达这次会议上大家对他的批评。

会议研究确定了中央红军下一步的行动方针。毛泽东提出:红军在取得抢渡金沙江这一战略上的决定性胜利之后,应迅速北进,与红四方面军会合。会议表示同意,决定立即北上,越过大渡河,向四川的西北部前进,与红四方面军会合,建立新的根据地。

会理会议对于统一全军的思想和行动,维护遵义会议所确立的政治领导和军事领导的团结,具有积极意义。为后来同张国焘的分裂路线作斗争,奠定了组织上、思想上和政治上的基础。

会理会议结束后,各军团分头传达了会议精神。

5月19日,匆匆赶至金沙江南岸的吴奇伟纵队才开始渡江,周浑元纵队至25日才渡江完毕,这时,中央红军早已远走高飞了。

第十九章

绝境逢生大渡河

■ 蒋介石想让朱、毛做"石达开第二"

蒋介石费尽心机,在金沙江南岸的川、滇、黔边地区,欲以几十万大军聚歼中央红军,不料红军再次声东击西,从不被重视的皎平渡口"从容"地渡过金沙江,而且连兵力不大的红九军团也"轻快"地渡过江去,他感到十分可气。

蒋介石恨那些只知保境,不愿卖力"追剿"的各路"诸侯",如陈济棠、李宗仁、白崇禧、王家烈,甚至何键、刘湘、龙云等,都是一些"滑头",红军打到他们的家门口了,才不得不用力抵抗一下,待红军转道而行,就都鸣锣收兵。他恨薛岳那一群无能之辈,从江西追到云南,没打几个胜仗,反被红军歼灭主力一部,整天被毛泽东牵着鼻子跑。

蒋介石抹去心头的阵阵不快,俯身察看地图,寻觅渡过金沙江的红军的踪迹。望着地图上标注的座座崇山峻岭、条条大江大河,他的精神再次亢奋起来:啊!这地形太有利了,南有金沙江,北有大渡河,西有雅砻江,若几十万"追剿"军利用这地形围歼朱毛红军,断无不成功之理。

于是,蒋介石即召幕僚商议,重新调整部署,于5月11日发出围歼中央红军的命令:

兹为封锁朱、毛股匪于金沙江以北、大渡河以南、雅砻江以东地区根本歼灭计,部署如下:

一、刘自乾(即刘文辉)部以有力部队固守会理、西昌待援,主力应在大渡河上游富林以西,沿大渡河北岸赶筑碉楼,严防匪之北窜。

二、薛(岳)路应以吴(奇伟)、周(浑元)、李(韫珩)各纵队迅速渡过金沙江左岸,向围攻会理之匪夹攻,以解会理之围,即进至西昌筑碉,右与昭觉附近之郭勋祺部,左与盐边、盐源之滇军连成碉堡封锁线,严堵匪之南窜。另以孙渡纵队取捷径至盐边、盐源后,沿雅砻江西岸筑碉防守,并在永仁、元谋各县,金沙江右岸筑碉严防匪之西南窜,左与刘自乾部切取联络。(《红军长征·参考资料》,第516页)

11日发出电令,12日蒋介石便飞抵昆明,住在五华山龙云为他准备的房子里。蒋介石在昆明一是部署大渡河会战;二是为拉拢龙云。

在到达昆明后的第三天,蒋介石即任命杨森为大渡河守备指挥。此后,又"严令各路军构筑碉堡扼守。如有不遵令或阳奉阴违而懒慢贻误者,及其所守地区而未如令构筑碉堡以致失陷者,一经查明,必惩治其当地负责主官与其最高长官以督教不勤,纵匪养寇之罪"。

蒋介石部署的大渡河会战计划,共策动总兵力计10余万人。5月中旬以后,各部依计划行事。为了表示"统帅"的"身先士卒"和与官兵的"同甘共苦",蒋介石两次由昆明乘飞机到前线上空,利用通信袋向各部队指挥官投下"手令",宣称:大渡河是太平天国石达开大军覆灭之地,今共军入此汉彝杂处、一线中通、江河阻隔、地形险峻、给养困难的绝地,必步石军覆辙,希各军师长鼓励所部建立"殊勋"等。

为了督促地方军阀积极"追剿"红军,蒋介石极尽笼络之能事。当刘元塘据守会理到第六天的时候,蒋下令升刘为中将旅长,并用飞机投去一万元作为犒赏。当红军达到在会理取得休整的目的后继续北上时,他又发电通告川、滇、黔各军,"嘉奖川军刘元塘守会理之功"。

对于龙云,蒋介石更是不惜重金加以拉拢。他清楚:龙云不是王家烈,想用武力搞掉龙云、削平云南地方势力，目前是做不到的，因此，只能暂时用"软"的办法，一来诱使他出兵"追剿"红军；二来利用龙云牵制、对抗广西的李宗仁、白崇禧。于是，蒋介石将财政部长宋子文交他的100万元特支费，除在贵阳开支一部分外，其余全部带往昆明。只要龙云要求补助各种费用，蒋都从宽批给，以示关怀和信任。

不仅如此，蒋介石在昆明对各界人士讲话时，总是当众表扬龙云所统辖的云南军队是多么训练有素，团队组织又是多么严密有力。另外，蒋介石还与龙云数次密谈，答应中央拟提高龙云在滇、黔方面的地位和权力，要求龙云作为中央在滇、黔方面的支柱，允诺将来成立"滇黔绥靖公署"时，由龙云主持其事。

龙云果然受宠若惊。蒋介石到昆明几天后的一个傍晚，龙云即组织许多群众手持火炬列队欢迎蒋的到来。6月上旬红军越过大渡河继续北上时，蒋介石准备离开昆明往成都，龙云竟以黄金制成大牌子，上镂"蒋委员长莅滇纪念"字样献给蒋，连蒋的随行人员也各送一个小牌。蒋介石临行时还剩下特支费现洋14万元，随从问是否带走？蒋"大方"地说："何必带走，给志舟（龙云号）算了。"

蒋介石在昆明日日琢磨红军的动向，终于形成一个"英明预见"：红军从会理到西昌再北上过大渡河，只能走经越西的东路。因为西路要过冕宁、大凉山，那里是彝民区，与汉人特别是汉军隔阂很深，红军是绝不敢走这条难以走通的险道的。那么，走东路经越西北上到大渡河边，就只有从大树堡渡口渡河到北岸之富林。如果调集重兵重点防守富林一带渡口，红军将插翅难越大渡河天险，背水一战的红军可就真是第二个石达开了。

蒋介石一下子豁然开朗，用手猛捶一下桌子，不由自主地叫道："朱毛、朱毛，这次万难脱逃！"

彝海——刘伯承与小叶丹歃血为盟

5月15日,阳光灿烂,山花竞开,中央红军按照会理会议所确立的在川西北创建根据地的战略方针,主动放弃对会理之敌的围攻,沿着会理至西昌的大道向北挺进。同时,军委电令已渡过金沙江的红九军团为右翼纵队,经葫芦口、普格之线向西昌前进,保障主力侧翼安全,并和主力会师。

5月16日,红一军团一部进逼德昌。德昌城原为川康边防军许剑霜旅主力守卫。许当年曾是刘伯承在川军时的老部下,而且参加过顺庆、泸州起义。刘伯承利用这一层关系及敌人之间的矛盾,给许剑霜写了一封亲笔信。信中追述旧谊,晓以大义,希望他不要阻挡红军北上抗日,使蒋介石坐收渔人之利。许剑霜接信后自知不是红军对手,在得到上司默许后,便令部队假做抵抗而撤退。于是,红一军团先头部队次日凌晨进占德昌。

从德昌往北,便是川康边防军司令部驻地西昌,这是当时宁属地区的统治中心,又是边防军司令刘元璋防御部署的重点。但红军自围攻会理之后,即确定了一条方针:前进路上若有敌人重点防守的城池,红军用不着进攻,也不一定要占领,主要是争取先机渡过大渡河。所以当侦察得知西昌城坚,且早有准备的情况后,军委便于19日发布命令,决定绕道通过西昌,直向泸沽前进。

同日,军委决定组成中国工农红军先遣队(亦称先遣团),由刘伯承任司令员,聂荣臻任政委,先遣队由红一军团的第一团、一个工兵连和无线电台,以及肖华率领的一个工作队组成。先遣队的任务是进行战略侦察,为红军北上开路,显然这是一副重担。中共中央和中革军委相信,刘伯承、聂荣臻能够为红军打开一条北上的通道。

与此同时,军委还组成第二先遣队(即红一军团第五团,也携带电台一部),由左权和刘亚楼率领,暂随第一先遣队后跟进。

从泸沽到大渡河,有经越西到大树堡的东路,也有经冕宁到安顺场的西路。

东路为通雅安、成都的正道，西路则是一条险峻崎岖的山路，而且要通过彝族区。开始先遣队是按军委电令准备走东路的，但经途中侦察，发觉敌人在大树堡对岸之富林有重兵把守，若从此渡河，则正遇敌军主力。如走西路，正可出敌不意抵达安顺场。虽然彝族区不好通过，但只要按党的民族政策办事，积极做好工作，相信是可以通过的。于是刘伯承、聂荣臻向军委建议改道走西路，而由第二先遣队（亦称先遣团）继续走东路，实施佯动以迷惑敌人，并掩护主力行动。

21日，军委收到刘、聂电报，采纳了他们的建议，发出改道命令，并且强调各部必须"绝对保持改道秘密"，切勿暴露行军目标。

22日，执行佯动任务的红军第二先遣团冲破敌人据守的小相岭隘口后进占越西城，在这里，他们打开监狱，释放了被扣作人质、被称为"野人"的彝民兄弟，并开始打土豪，动员了数百名彝汉青年参加红军。

先遣团在此未多停留，即向大渡河边急进，并以迅猛动作攻占了大树堡，随即展开大规模的佯渡行动。他们又是选渡河点、收集船只，又是动员民工修筑工事，摆出了要在这里强渡大渡河的架势，还扬言要攻打对岸之富林，进军雅安。

先遣团的"渡河行动"当然瞒不过敌人的眼睛。于是，北岸之敌急忙加强守备，调集援兵驻守。此时，蒋介石暗自得意，认为果然不出他的所料，朱、毛红军终于奔这里来了。所以，蒋介石连连下令，对富林渡口一带重点防守。

西路，红军主力于22日进入冕宁，该城已于前一日为第一先遣团所占领。在冕宁，红军开展广泛而热烈的群众宣传工作，成立县革命委员会，组建抗捐军（后改编为游击队），开监释放被关押的彝族同胞，宣传中国共产党的民族政策。毛泽东还亲自调查研究彝族区情况，做彝族上层人士的统一战线工作，并将红军礼品分别转送给彝族首领。

先遣队要担任开路任务，民族政策教育极为重要，为此刘伯承、聂荣臻及先遣团的领导干部对部队做了大量教育工作，特别强调进入彝族区后，不论发生什么情况，都不能开枪。

为了顺利通过彝族区，红军总司令朱德发布了《中国工农红军布告》，宣布：

中国工农红军，解放弱小民族；

一切彝汉平民,都是兄弟骨肉。

可恨四川军阀,压迫彝人太毒;

苛捐杂税重重,又复妄加杀戮。

红军万里长征,所向势如破竹;

今已来到川西,尊重彝人风俗。

军纪十分严明,不动一丝一粟;

粮食公平购买,价钱交付十足。

凡我彝人群众,切莫怀疑畏缩;

赶快团结起来,共把军阀驱逐。

设立彝人政府,彝族管理彝族;

真正平等自由,再不受人欺辱。

希望努力宣传,将此广播西蜀。(《朱德选集》,第29页,人民出版社1983年版)

　　这个布告生动地传达了党的民族政策。它的广泛宣传,对红军顺利通过彝族区起了重要作用。

　　要通过彝族区,确实是困难的。属冕宁县的大凉山彝族区,传说诸葛亮七擒孟获就是在这一带,至今尚留有孔明寨、孟获城等遗址。红军在冕宁期间,就亲眼见到国民党冕宁县长及其老婆等家人在通过彝族区时,被彝民抢走所带财物,衣服被剥得光光地逃回。

　　这种事红军也遇到过。

　　刘伯承、聂荣臻率先遣队于22日开始进入彝族区,很快便看到成群结队的彝民,他们身材高大,头披长发,双脚打赤。他们之中有的手持火枪、弓箭,进行示威,"呜呼"、"呜呼"地摇旗呐喊;有的拿着大刀、长矛、棍棒,拦住道路,强索钱物,不许红军通过。

　　工兵连因为一边行军,一边修路架桥,因而逐渐从先遣队的前面落到了后面。在走到一个山谷时,他们突然被手持各种器械的彝民包围,向他们宣传解释均不奏效,很快全连的武器及工具都被抢走,衣服也都被扒光。遭遇这种从未有过的难堪场面,许多战士急得直掉眼泪。无奈,工兵连只好退回到原宿营点,靠兄弟部队同志的帮助才凑了些衣服穿上。

在这种情况下,红军先遣队暂时停止前进。一面通过通司(即翻译)向彝民群众宣传党的政策和红军的主张,一面派出代表同彝族首领谈判。

当时,彝族有两个比较大的部落,一个叫沽基家,一个叫罗洪族,两家正在"打冤家"。听说红军来了,沽基家想要红军帮他们"打冤家",所以对红军表现出比较友好的态度;而罗洪族则跟红军敌对,想袭击红军。先遣队不便还击,便打了几发信号弹,把他们吓跑了。当然,红军无意支持一方打另一方,但觉得可以利用这个矛盾,帮助红军通过彝族区。于是派人把沽基家的首领小叶丹请来,进行协商、谈判。曾参与此事的聂荣臻生动地回忆了刘伯承与小叶丹结盟的历史性一幕,他说:

由伯承同志出面,与他边喝酒边谈判,谈了很久。伯承同志很有办法,双方谈得很投机。对方提出,要求结拜为金兰之盟,还拿了一只公鸡来,在湖边上宰了,伯承就和小叶丹喝了鸡血酒,从而打开了一条通过彝族区的道路。当时我也在场,听不懂他们说些什么,只知道意思是说,哪个不忠实,就和这只公鸡一样。最后达成了协议,沽基家愿意护送我们过彝族区。

刘伯承与小叶丹结盟的地点在袁居海子边,亦称彝海,实际上是一个较大的清水池塘。谈判结束后,刘伯承将自己的左轮手枪送与小叶丹,小叶丹也将自己骑的大黑骡子回赠给刘伯承。

彝海结盟,是中国红军史和中国革命史上的一段佳话,是中国共产党民族团结政策的生动体现,它对红军顺利通过彝族区起到了关键性的作用。

当晚,刘伯承在宿营的大桥镇宴请小叶丹与他带来的18个小头领,席间气氛热烈,关系融洽,小叶丹表示:"明天我要沽基家的娃子到山边接应你们过境。"宴后,刘伯承将一面写有"中国彝民红军沽基支队"的红旗赠予小叶丹,并且任命他为支队长。从此,小叶丹走上与国民党反动派斗争的道路。

第二天,也就是5月23日,小叶丹依诺护送先遣队比较顺利地通过彝族区。

随后,小叶丹牢记刘伯承"哥哥"的嘱托,组织彝民护送红军主力过境,他自己则来回奔波,不辞辛劳。就这样,由于有小叶丹的积极协助,经过几昼夜的努力,红军终于全部通过了彝族区,先后抵达大渡河边安顺场一带地区。这次红军不但顺利通过彝族区,而且还接收了一批彝族青年参加红军。

对于这次在艰难复杂的环境下,先遣队不负中央和军委的重托,开辟出一条通过彝族区北上的道路,聂荣臻几十年后仍感慨道:

"这多亏了伯承同志,要不是他在,这种局面我还真是很难对付哩。"

■ 敢死队十七勇士强渡大渡河

中央红军通过彝族区后,立即向大渡河边兼程疾进。

大渡河古名沫水,是岷江的一条支流。它发源于青海,奔流于起伏的山峦之间。波涛汹涌,拍打着两岸的悬崖峭壁,恰似滚雷在轰轰作响,撞击着激流中的明礁暗石,喷散出不尽的浪花水雾。

大渡河,犹如一条挟威携勇的巨龙,日夜奔腾着、怒吼着。

5月24日晚,降伏这条"巨龙"的红军先遣队,经过160多里的急行军赶到大渡河南岸的安顺场。

安顺场是后来新建的场,之前这里叫紫打地,1902年已为洪水冲没。

紫打地这个小地方在中国近代史上很有名,因为在1863年五六月间,太平天国翼王石达开所率数万精兵强将在此因未能渡过大渡河而遭清军"围剿",致使全军覆没,石达开本人亦丧命。

现在,红军面临着与当年太平军极为相似的处境:相同的路线——都经西昌、冕宁、彝族区,到达大渡河边,相同的时节——都是5月,只不过两者相隔了72年,相同的地点——过去叫紫打地,现在称安顺场。怪不得蒋介石狂妄地叫嚣着,要让朱、毛做"石达开第二"。

可惜，蒋介石高兴得太早了，红军不是太平军，朱德、毛泽东也不是石达开。

当先遣队赶至安顺场后，即以神速动作歼灭守敌两个连，并缴获渡船一艘。

红军缴获这艘船，还真是有点侥幸。原来敌人听说红军要来，早把大渡河南岸的所有船只毁坏或拖到对岸去了。但因为南岸安顺场有守敌，便留一艘船作两岸交通用，平常都停在对岸，几天才来南岸一趟，恰巧红军袭占安顺场的当晚，这艘船就停在南岸。当先遣队歼灭安顺场之敌时，有漏脱的几个敌人欲乘船逃往对岸，幸被红军战士发现，用火力将其拦截回来。这艘船虽然不大，却是红军在此强渡大渡河的唯一工具。

刘伯承、聂荣臻赶到安顺场后，到大渡河边实地察看，只见河宽约百米，深约30米，流速每秒4米左右。显然，这是红军长征以来所要渡过的最湍急的河流，乌江、金沙江也难与之相比。

先遣队连夜制定了实施强渡的作战方案。接受任务的是红一团一营。刘伯承亲自询问营长孙继先的渡河准备情况，然后进一步给他明确了任务，并交代了注意事项。聂荣臻也郑重地指出："前几天看到敌人飞机扔下来的传单，说我们毛主席要成为石达开了。但是我们不是石达开，也不可能成为石达开。因为我们是中国共产党领导的工农红军，紧紧地和中国人民结合在一起，有坚强的政治工作，有超乎寻常的勇敢精神与吃苦精神，这是石达开所没有的，我们一定要渡过河去；渡过去，我们的行动就自由了。你回去后，要动员部队，把渡河的一切准备工作做好。"

25日晨，渡河的准备工作安排完毕。从当地群众中找来了十几名船工，每人都先付给了钱；几十挺轻重机枪在河岸一字排开，神炮手赵章成将军团炮兵连的三门迫击炮安放调整好，可惜只有四发炮弹。

然而挑选突击队的工作却遇到了"麻烦"。据孙继先回忆说：当在岸边作战斗动员的萧华部长刚提出"谁愿意坐第一船过去"时，"顿时乱了营。谁都要坐第一船。你争我抢，连伙夫也站起来要求了。我看见有些连长、指导员想让本连争得这个任务，又不好意思出面，就跟这个战士咬咬耳朵，推推那个同志的肩膀，鼓动着战士去'闹'。营部通信班的同志大概原以为这第一船稳是他们的了，现在首长向大家一号召，更是急得不得了，有的急得直扯我的衣服，倒像我能给他

'人情'似的。同志们的嗓门一个比一个高,一片喊声,把大渡河水的响声都给压住了"。

突击队,实际上就是"敢死队",参加突击队,也就意味着有更大的牺牲可能。可是在勇敢无畏的红军战士面前,突击队成了最高荣誉的象征,参加突击队就是执行庄严崇高的使命。红军战士为了全军的渡河,为了革命的胜利,他们早已把生死置之度外。

最后决定从二连中抽人组成突击队,虽然一、三连还不服气,还在争,但二连同志早已将船牢牢地护起来了。

17名突击队员的名单确定下来了,他们是:二连连长熊尚林;二排排长罗会明;三班班长刘长发,副班长张表克,战士张桂成、萧汉尧、王华亭、廖洪山、赖发秋、曾先吉;四班班长郭世苍,副班长张成球,战士萧桂兰、朱祥云、谢良明、丁流民、陈万清。陈万清才十六七岁,是连部的通信员,他是在已选定突击队员后,哭着争着要去,而后方被同意参加的。

拂晓,惊心动魄的强渡要开始了。突击队员们每人携带一把大刀、一支冲锋枪、一支短枪、五六个手榴弹和其他一些作业工具。杨得志团长做了有力动员:"同志们!千万红军的希望,就在你们身上。坚决地渡过去,消灭对岸的敌人!"

上午9时,随着一声令下,17名勇士登上渡船,在船工熟练的划动下,在同志们热烈的期待中,离开南岸,向对岸驶去。

突然,敌人向渡船开火了,密集的枪弹如雨点般落在船上及其周围。霎时,红军轻重机枪一齐向对岸猛烈射击,赵章成发射的炮弹像长了眼睛似的,飞过去掀掉了敌人的碉堡。

小船在弹雨中奋力前进,船工们受红军战士英勇精神的感染,也使出全力拼命向前划着。

刘伯承、聂荣臻走出工事,亲自观察渡船前进情况。萧华甚至从司号员手里夺下号来,甩两甩,挺起胸膛用劲吹起来。

小船继续在破浪前进,岸边指战员们的心都提到了嗓子眼。敌人的射击更疯狂了,打来的炮弹落在船边,掀起排排巨浪,小船几次发生剧烈晃荡,几乎倾覆。船帮漏水了,迅速堵住;快要触礁了,死死抵住。终于,小船离岸边近了,勇士们不等船完全靠岸，便飞身跃下，迅速抢占滩头阵地。敌人企图反扑，勇士们奋勇击退，并且牢固地控制了渡口阵地。

紧接着，孙继先营长率领机枪射手乘第二船过了江，巩固了渡口阵地；杨得志团长率领团部乘第三船也过了江，扩大了渡口阵地纵深。同时，还在北岸找到了两艘船和50余名船工。三艘船分成四班，昼夜不停地为红军摆渡。

17名勇士强渡大渡河成功了，指战员们为之欢呼，附近群众交口称赞，还流传说"红军是飞过来的"！

■ 毛泽东下险棋——飞夺泸定桥

"先遣队强渡大渡河成功啦！"

这一喜讯迅速传到后续部队中，红军指战员们兴高采烈，不由得加快了前进的步伐。

当部队来到离安顺场五六里的一个大山脚下休息时，发现了记载石达开悲剧经过的石碑。通晓历史的毛泽东边看碑文，边向身边同志讲述石达开在安顺场被困失败的经过，同时，他还惋惜地评价说：

"石达开如果是一个很有才干的战略家的话，既然渡不过大渡河，为什么不沿着左岸直上，进入西康？为什么不向下走，到大树堡拐回西昌坝子？或者再往下走，到大凉山以东的岷江沿岸去呢？那里的机动地区不是很大吗？"

毛泽东沉思一下接着说："70多年以后的今天，我们中国工农红军也来到石达开失败的地方。蒋介石和四川军阀抱着很大的幻想，以为摆在我们面前的是石达开的命运，这已是注定了的，因此，他们幻想把红军也消灭在安顺场。你们说，我们能走石达开的老路吗？"

"哼！敌人是在做梦！我们的先遣队已经渡过大渡河了。"周围的同志充满了对敌人的蔑视和对红军能够胜利渡河的信心。

毛泽东兴奋起来，大手一挥说："对!敌人的好梦断定是做不成的。石达开没有走通的路，我们一定能走通。红军战士都是英雄好汉，大渡河算不得什么困难。我们一定能渡过河去!"

5月26日，毛泽东和朱德、周恩来等到达安顺场，刘伯承、聂荣臻到村口迎接。这时朱德乐呵呵地赞扬刘伯承说："先遣队逢山开路，遇水搭桥，功劳不小，功劳不小哇!"

刘伯承连忙摆手："总司令先别论功行赏，我正为这大渡河架不起桥来发愁呢。"

原来大渡河水流湍急，工兵连数次努力架桥都未成功，若靠三艘小船摆渡，全军过河需费时一个多月，这是形势所不允许的。因此，作为先遣队司令的刘伯承感到有愧。

这时，毛泽东发话了："这不能怪你，怪我们事先对情况估计不足。我们现在就来研究一下下一步的行动部署。"

随即由毛泽东主持，在大渡河畔开了个小会。朱德通报了敌情，刘伯承、聂荣臻详细汇报了渡船和架桥的情况。

鉴于渡河遇到的困难，毛泽东果断提出，迅速夺取大渡河上游之泸定桥，另辟大军北上道，否则追敌赶来，红军将面临巨大危险。大家一致赞同毛泽东的意见，随即做出部署：以红一师和军委干部团(由安顺场乘船渡河)组成右纵队，由刘伯承、聂荣臻率领，从大渡河东岸(大渡河在安顺场以北是由北向南流)北上，以策应西岸，准备攻占泸定桥；由林彪率红二师、一军团军团部和五军团，为左纵队，从大渡河西岸赶至泸定桥。军委纵队和其余部队都从泸定桥过河。从安顺场到泸定桥有170公里行程，要求左右两纵队两天半赶到。

毛泽东最后强调指出："这是一个战略性措施，这是一步险棋，但是只有夺取泸定桥，我军大部队才能渡过大渡河，才能避免石达开的命运，才能到川西去与红四方面军会合。"

对这样的部署，聂荣臻已理解了毛泽东的意思，即"万一会合不了，由伯承和我带着一师和干部团到川西创造个局面。罗瑞卿和萧华同志也跟我们一起走。干部团有干部，只要有群众，搞革命根据地就好办"。这是退后一步的打算，当然毛泽东没有明讲，以免影响部队行动的斗志和情绪。

会后，各部队即按部署迅速行动。

刘伯承、聂荣臻率右纵队沿大渡河东岸向泸定桥飞奔。先头团沿途击溃数股阻敌，并在泸定城南数十里处之铁丝沟，与凭险据守的敌一个团发生激烈战斗。在红军战士的猛打猛追下，守敌逃跑，随后先头团又占领了两处要隘，为左纵队进军泸定桥创造了极为有利的条件。

在右纵队东岸北进的同时，左纵队以红四团为先头部队走西岸向泸定桥急进。两岸部队夹河而上，互相策应，互相鼓励，前进速度一再加快。

红四团第一天行程40公里，途中两次遇敌。第二天拂晓接到军团首长指示信，信中传达了军委要他们提前一天夺取泸定桥的命令。

提前一天就是29日。可是从这里到泸定桥还有120公里，也就是说两天的路必须一天走完，而且途中还有可能与敌人发生遭遇战。但这是命令，是关系到全军安危的重大任务，一定要坚决执行，不容许有一分钟、一秒钟的迟疑。

军团首长所以下此命令，是因为敌情有了变化。泸定桥那里原有两个团敌人防守，此时又有两个旅向泸定桥增援。他们以一部兵力阻止对岸红一师前进，其余大部沿河东岸北上，形成与红四团隔河齐头并进之势。

一定要和敌人抢时间！要和敌人赛跑！

政委杨成武飞跑到行军队伍最前头，站在高坡上进行政治鼓动。"坚决完成任务，拿下泸定桥"的口号声，压倒了大渡河的怒吼，震撼山岳。

红四团不愧是英雄的团队，他们战胜了极度疲劳，克服了下雨、泥泞、山道难行所带来的困难，打垮了扼守隘口、企图阻击红军前进的敌人，终于赶在敌人前头，于29日清晨到达泸定桥西头。一天一夜120公里，红四团从此获得"飞毛腿"的美名。

泸定桥是座铁索桥，建于清康熙四十四年（公元1705年），它是千里大渡河上唯一的桥梁，是四川通往西康、西藏的主要交通要道。桥长百米，宽近3米，由13根碗口粗的铁链连接而成，其中4根作为两边扶手，9根作为桥面，上面铺以木板，以通行人。桥西立有石碑，上面刻有两句诗："泸定桥边万重山，高峰入云千里长。"桥的东端连着泸定城，西城门正堵住桥头，过了桥，必须通过城门，再无别路。

红四团到达泸定桥边时,泸定桥东岸守敌正在构筑防御工事,并且已将桥板大部撤除,许多地方只剩下光溜溜的铁索,桥下恶浪翻滚的大渡河水一览无遗,令人不寒而栗。

红四团占领了桥西全部阵地后,即做夺桥的战斗准备。

对岸敌人发觉红四团动静,即向这边扫射、打炮,而且还狂妄地叫喊:"你们飞过来吧! 我们缴枪啦!""为什么还不过来呀?"

愤怒的战士们也高声回答:"不要你们的枪,只要你们的桥!"

当下红四团组织了22人的夺桥突击队,队员都是二连的共产党员和积极分子,由连长廖大珠任突击队长。这一光荣任务是他们争来的。因为上次渡乌江一连立了功,成为渡乌江模范连,这次该轮到二连了。

下午4点,总攻开始。

王开湘团长和杨成武政委亲自在桥头指挥这场奇绝惊险的夺桥战斗。全团的司号员集中起来吹起冲锋号;所有的轻重武器一齐向对岸敌人开火。霎时,军号声、枪炮声、喊杀声激荡河水,震撼山谷。

突击队员们手持冲锋枪或短枪,背挂马刀,腰缠12颗手榴弹,在廖大珠连长率领下,冒着弹雨,攀着桥栏,踏着铁索,勇猛地向对岸冲去。激越的冲锋号声,使突击队员们热血沸腾,他们的信念只有一个:"冲过桥去,消灭敌人!"

紧跟着突击队员们前进的是三连指战员。他们边冲锋,边用木板铺桥。

红军的声威震慑了东岸桥头守敌。他们眼看阻挡不住红军进攻,竟在东桥头城门处燃起熊熊大火,企图做最后顽抗。

在最危险、最关键的时刻,英雄们在洪亮的冲锋号声中,在身后战友们的呐喊助威声中,奋不顾身地向火海冲去,穿过火焰,与敌人在泸定城内展开巷战。随后,三连及后续部队也进入城内。经过两小时激战,守敌一个团被消灭大半,残部狼狈逃窜。至黄昏,红四团全部占领了泸定城,并紧紧地控制了泸定桥。

当晚,右纵队也相继赶到泸定城。刘伯承、聂荣臻下半夜两点到达后,不顾疲劳前去察看泸定桥。杨成武提着马灯,陪着他们在铺好了木板的桥上走了一遭。在过桥的时候,当年曾在这一带作战、深知泸定桥险要的刘伯承心情激动,情不自禁地在桥上连跺了三脚,兴奋地说:"泸定桥呀,泸定桥!我们为你花了多少精力,费了多少心血,现在我们胜利了!"

随后,军委纵队和红军大队陆续通过泸定桥,到达大渡河东岸。

飞夺泸定桥,是红四团的骄傲,也是中国共产党和中国工农红军的骄傲。毛泽东热烈赞扬红四团,"完成了一项光荣伟大的任务";朱德总司令连续来电表扬红四团,指出夺取泸定桥的胜利是"战略的胜利";中央军委发给红四团一面奖旗,还给王开湘团长、杨成武政委及首先过桥的突击队员,每人发了一套印有"中央军委奖"字样的列宁服、一支钢笔、一个日记本、一个搪瓷碗、一双筷子。这在当时是最高的物质奖赏。

聂荣臻后来评价这段时期的战役指挥时指出:

单从战役的指挥来说,我认为我们的确走了几步关键性的险棋,我们都走胜了。单就一军团范围来说……如果没有五团远离主力去吸引敌人对安顺场的注意力,一团在安顺场能否夺到那条小船渡河成功,还是一个疑问,固然夺到那条小船带有一定的偶然性。如果不是一师渡江,与二师四团夹江而上,飞夺泸定桥是否能够那样及时得手,也很难预料。固然四团动作神速勇猛确有独到之处。如果我们当时夺不到泸定桥,我军又是一个怎样的处境?那就很难设想。总之,当时棋势虽险,我们终于取得成功。确实来之不易,但也决非偶然。我们和国民党的斗争,常常是棋高一着,出敌意外。

是的,毛泽东的这着险棋再次获得胜利,虽然事后人们觉得似乎有点"后怕"、有点"侥幸",但这正是应了毛泽东后来的一句诗:"无限风光在险峰"。

■ 夹金山飞步碎冰雪

中央红军渡过大渡河,一下子又将薛岳的"追剿军"远远甩在大渡河以南,使蒋介石妄想让红军成为"石达开第二"的梦想彻底破灭。

中央红军长征取得了一个战略性的胜利,虽然原定与红二、六军团会合的计划因强敌拦阻而未能实现,但经过艰难曲折,终于转到川西地区,这样与红四方面军会合,共同开创川西北根据地的战略目标即将成为现实,为此,从中央到全军指战员,心头都燃起胜利的光亮。

渡过大渡河后,红军下一步的行动方向是什么? 5月31日,中央负责人在泸定县城附近召开会议进行讨论,出席会议的有张闻天、毛泽东、周恩来、朱德、陈云等。与会者一致认为:目前应尽快与红四方面军会师,在继续北上途中,应"走雪山草地一线,避开人烟稠密地区"。同时,会议还决定派中央白区工作部部长陈云去上海恢复白区党组织,以便建立起中央与上海地下党的联络,并通过他们尽快实现和共产国际的电讯联系。

从1934年8月起,因上海局及其电台遭到敌人破坏,中央苏区便与上海中央局中断了联络,同时也与共产国际中断了联系。之后,在中央红军二占遵义期间,中央曾派潘汉年去上海寻找上海地下党,寻找共产国际在上海的代表,希望沟通联系,但一直没有音讯。

现在中央红军已渡过大渡河,战略目标即将实现,所以中央期望与上海中央局尽快联系上,以恢复白区工作,推动全国革命运动的发展,并配合红军的斗争,而且中央也需要得到共产国际的指示,并把遵义会议变动中央领导的情况向共产国际汇报,以得到赞同和支持。

于是,陈云肩负重任,离开了长征中的红军,在中共地下党员的护送下,经过重庆于7月间到达上海,去完成中央赋予的重要使命。

泸定桥会议后,军委开始想回过头来,南向清溪(当时汉源县城)、富林,以扼阻薛岳纵队渡河北上。待实际行动时,方得知清溪有川敌四个旅防守,为了避免与敌纠缠,中央红军重又继续北上,于6月7日占领天全。8日,军委决定乘敌杨森部取守势,薛岳部、邓锡侯部到达尚需时日的有利时机,克服困难,快速前进,突破川敌在芦山、宝兴的防线,夺取懋功(今小金),控制小金川流域,争取早日与红四方面军会师。当日,中央红军占领芦山,随之一举突破敌芦山、宝兴防线,歼敌一部,接着又继续北进至夹金山下宝兴县的大硗碛。

在这次北进途中,敌机常来空袭。一天,军委纵队正在行进,突然被敌机发现,随之投弹轰炸。这时毛泽东等还没有隐蔽好,一颗炸弹便呼啸着向他们飞来,情况十分危急。军委警卫营长杨梅生、政委赖毅立即指挥警卫营战士保护毛泽东。当炸弹落在毛泽东附近的一刹那,警卫班长胡昌保喊了一声"主席",随即迅猛地扑过去把毛泽东推向一边,毛泽东得救了,胡昌保却倒在血泊中,另外还死伤警卫战士七八人。

毛泽东赶快过来抱起胡昌保,一边呼唤,一边招呼卫生员快来包扎、抢救。胡昌保慢慢睁开眼睛,看到主席没有负伤,脸上露出欣慰的笑容。他用微弱的声音断断续续地说:"主席……我不行了。您要……多保重! 我不能,不能跟着您……胜利到达目的地了!……我的父母在江西吉安,胜利了……请告诉他们,我为革命牺牲在长征路上了。叫他们……不要难过,要跟着毛主席……共产党,建设新中国! ……大家不要难过……我不能继续跟随主席了,你们要好好保卫毛主席。"最后,他用尽力气,说了一句"祝——革——命——成——功",便倒在毛泽东胸前。

毛泽东眼里涌出泪花,悲痛地把胡昌保轻轻地放平躺下,然后用自己的毛毯盖在胡昌保身上……

中央红军抵达大硗碛后,即刻准备翻越海拔4000多米高的夹金山。

夹金山,当地居民叫做"神仙山",意思是"只有神仙才能翻越"。因为山上终年积雪,空气稀薄,没有道路,更无人烟,而且山区天气变幻莫测,时而蓝天无云,时而大雪纷飞,时而骤降冰雹,时而忽起狂风。老乡说,过去有人上去过,但都有去无回。

困难难不倒红军英雄汉,红四团再次充当前卫团。6月12日,他们边开路边行进,稍有不慎,人就会掉入深不见底的冰谷雪窟之中。到了山顶,但见一片银白世界。俯看山下队伍,正在踏雪奋力攀登,杨成武政委随即赋诗一首:

天空鸟飞绝,群山兽迹灭。
红军英雄汉,飞步碎冰雪。

红四团已经翻过山去了,这给后续部队以极大的鼓舞。虽然山上空气稀薄,说话困难,但宣传队员们仍用尽全身力气在宣传鼓动:"翻山顶,看本领,比比哪个是英雄!"虽然指战员们累得喘不过气来,但谁也不敢坐下来休息,因为一坐下就可能永远起不来了。为了对付风暴冰雪,大家手拉着手,团结协作,互相帮助。渴了,抓一把冰雪,饿了,啃几口干粮。

在艰难困苦面前,红军官兵发扬了崇高的阶级友爱精神。毛泽东把马匹让给伤病员和女同志骑,警卫员戴天福走不动了,一屁股坐在雪地上,毛泽东关切地说:"小戴呀,你坐在这里好危险,来,我背着你走!"这时警卫员吴吉清赶紧把小戴背起来,毛泽东就用手扶着他俩一步一步地向着山顶走去。

朱德、周恩来都拄着木棍徒步登山,行进中还不时鼓励身边的同志,再坚持一下,一定能够翻过去。

这样艰难的条件,对于伤病员、体弱的女同志和老同志来说,困难程度增加了一倍,甚至数倍。然而他们也和其他同志一样,以坚忍不拔的革命毅力,凭借着大家的团结互助,吃力但却勇敢地向前迈进。

英雄的广大红军指战员发扬不怕苦、不怕死的革命精神,终于克服了重重困难,战胜了恶劣的自然条件,在先头部队过山后几天,也全部翻越了长征路上的第一座大雪山。

■ 懋功——红军两大主力会师

当中央红军从江西出发开始长征的时候,川陕苏区的红四方面军执行收紧阵地、积极防御的战略方针,经过10个月的连续作战,粉碎了川敌20万人的"六路围攻",共毙、伤敌6万余人,俘敌2万余人。这次战役的胜利,沉重地打击了四川军阀的反动统治,同时也巩固和扩大了川陕苏区。

1935年1月下旬、2月上旬,红四方面军又先后发起广(元)昭(化)战役、陕南战役。2月中旬回师川北,准备渡嘉陵江西进,以便策应中央红军入川。但这时中央红军已改变了原定在泸州上游北渡长江的计划,转向川黔边机动作战,寻机歼敌。

此时,红四方面军为了扩大苏区,仍继续贯彻原定向川甘边境发展的方针,同时配合中央红军在川南、黔北的运动作战,决定仍在苍溪、阆中之间西渡嘉陵江,并向梓潼、江油地区发展。

3月28日晚,规模宏大的嘉陵江战役开始了,至4月21日胜利结束,历时24天,歼敌12个团,计1万余人,攻克阆中、南部、昭化、剑阁、梓潼、平武、彰明、北川等八座县城,控制了东起嘉陵江、西至北川、南起梓潼、北抵川甘边界纵横二三百里的广大地区。

嘉陵江战役的胜利,严重地威胁着当时国民党在四川的反动统治中心——成都,配合了中央红军在川、滇、黔边的机动作战。

嘉陵江战役胜利后,由于北面胡宗南的部队和东面刘湘的部队一时赶调不及,这就为红四方面军实现向甘南发展的战略计划,创造了十分有利的条件。

但是这时西北革命军事委员会主席张国焘,却被敌人尚未到来的进攻和川陕苏区某些暂时的困难所吓倒,看不到因嘉陵江战役的胜利已引起的有利形势变化,看不到坚持川陕苏区斗争的战略意义,并且既未同在前线指挥作战的红四方面军领导人商量,又未向党中央请示报告,就在嘉陵江战役后,擅自决定放弃川陕苏区,将后方机关和部队撤离根据地,跟随主力过江。

在撤退中,张国焘不顾苏区人民群众和红军广大指战员的反对,竟强令部队焚烧、破坏沿途的房屋、资财,实行所谓的"坚壁清野",给人民群众造成严重的财产损失,损害了党和红军的声誉。同时,他还不适当地把地方武装集中起来,编为四个独立师全部带走。

张国焘放弃川陕苏区,破坏了红四方面军依托川陕苏区向甘南发展的计划,使红四方面军陷于无根据地作战的困难境地,给革命事业造成严重损失。

5月初,为了摆脱南北敌人夹攻围歼的不利处境,并策应中央红军北上,争取早日实现会师,红四方面军5个军11个师以及党政机关、学校、工厂等共8万多人,先后撤出彰明、中坝、青川、平武等地,分数路向岷江地区西进,也开始了长征。

5月中旬,红四方面军占领茂县、威州、理番(今理县)等地。与此同时,中央红军经会理、冕宁北上,两个方面军的距离在缩小,会师的日期在临近。红四方面军广大指战员在即将会师的鼓舞下,纷纷表示要以英勇斗争、多打胜仗的实际行动,来迎接转战万里到达川西的党中央和中央红军。他们还在部队中广泛地开展了捐献衣物鞋袜的活动,并且准备了大批慰问品。

为了迎接中央红军,红四方面军派第三十军政委李先念率该军第八十八师及第九军第二十五、二十七师各一部,由岷江地区向西急进。在出发前,红四方面军总指挥徐向前亲自点将,向第二十五师师长韩东山交代任务说:"告诉你一个大喜讯,我们马上就要和中央红军会师了。现在有项重大的政治任务交给你,就是要你师立刻做好战斗准备,为中央红军进入懋功打开通道。会师后,向中央首长汇报我们红四方面军的情况,还要掩护中央红军安全通过夹金山。"徐向前接着又说,"两军将在懋功会师,这是一个具有伟大意义的历史时刻,你韩东山是迎接毛主席和党中央的第一个红四方面军的代表,说不定将来还得给你上书呢!"

徐向前还找来川陕省苏维埃副主席余洪远,要他带领省政府、省委机关一部和妇女独立团,赶到懋功一带,为中央和中央红军筹措粮食。

为了便于指挥策应中央红军前线部队的行动,徐向前将指挥部移至离懋功比较近的理番下东门。

6月8日,师长韩东山率第二十五师攻克懋功县城,继而又占领懋功东南之达维镇。随后,李先念率后续部队陆续抵达懋功,余洪远率领工作队也到达懋功以北约10公里的卓木碉。

6月12日,一个值得纪念的日子,中央红军先头部队红四团在北进达维镇的途中,与红四方面军一部在夹金山麓胜利会师。两支兄弟部队的指战员,激动得热泪盈眶。他们握手拥抱,欢呼雀跃,真是比亲人相见还要亲。

当日晚,徐向前致电党中央,报告了当时敌情和红四方面军各部的位置,提出了关于当前任务的意见,请求中央速决"今后两军行动大计",同时表示红四方面军全体指战员,正以"十二万分的热忱欢迎我百战百胜的中央西征军"。

13日,总政治部发布命令,要求中央红军各部队"发动与四方面军联欢与慰问的盛大运动,号召每个战士准备娱乐节目,准备礼物,去会见亲爱的弟兄"。15日、16日,党中央、中央红军领导人和红四方面军领导人,互相致电祝贺两军会师的胜利。

17日,刚翻过夹金山的毛泽东、周恩来、朱德等中央领导,在两军部队和人民群众的欢呼声中到达达维镇。当晚,召开两军胜利会师庆祝大会,韩东山先致欢迎词,接着毛泽东在会上讲话,指出中央红军长征和红四方面军作战的胜利,深刻说明了红军是不可战胜的,现在两大红军主力要在党中央领导下互相学习,亲密团结,完成党所给予的一切任务。会场气氛十分热烈,口号声此起彼伏。

第二天,党中央、中革军委和中央红军主力到达懋功,李先念率部热烈欢迎。当晚,毛泽东等中央领导亲切接见了李先念,毛泽东仔细询问了红四方面军的情况,表示了中央对红四方面军广大指战员的慰问和关怀。

在总政治部召开的两军驻懋功部队的盛大联欢会上,红八十八师政委郑维山代表红四方面军讲话,热烈祝贺两军胜利会师。毛泽东在会上也讲了话。他们的讲话,不断被热烈的掌声所打断。"红军万岁"、"庆祝两大红军主力胜利会师"的口号声激荡着整个会场。

懋功会师,具有伟大的历史意义,它粉碎了蒋介石妄图各个消灭红军以及阻止中央红军和红四方面军会师的计划,为两支红军在党中央和中革军委直接领导下开创新局面创造了有利条件,同时也鼓舞了全党、全军和全国人民的胜利信心。

第二十章

南下还是北上

■ 两河口——张国焘向毛泽东发起挑战

当中央红军与红四方面军会师的喜悦还在激荡着全军指战员的心的时候，中共中央和中革军委已在运筹下一阶段红军的战略发展方向问题。

1935年春夏，由于日本侵略者的步步进逼，平津危急，华北危急，中华民族危急。抗日的潮流，在大江南北、长城内外涌动。而蒋介石仍坚守着"攘外必先安内"的反动方针不放，继续调动大军，围追堵截长征中的各路红军。

中央红军和红四方面军会师后人数达10万余，战斗力大大增强，全军指战员精神振奋。可是红军所在的大、小金川流域及其周围的川西北地区，由于高山穷谷，经济文化十分落后，人口不但稀少，而且以少数民族为主，语言不通，风俗习惯各异，所以不利于红军的生存和发展，也不利于建立巩固的根据地。

根据全国的形势和该地的具体情况，中央决定放弃在川西北建立根据地的设想，改为继续北上，在川陕甘建立根据地。那里比较接近全国抗日潮流高涨地区，有利于中国革命和红军在更大范围内的发展。

红军战略方针的适时变更，是符合实际情况的，但是围绕着这一方针，却发生了严重的争论。

6月16日，朱德、毛泽东、周恩来、张闻天联名致电红四方面军领导人张国焘、徐向前、陈昌浩,提出:"为着把苏维埃运动之发展放在更巩固更有力的基础之上,今后我一、四两方面军总的方针应是占领川陕甘三省,建立三省苏维埃政权,并于适当时期以一部组织远征军占领新疆。"最后还加上一句,"弟等意见如此,兄意如何乞复为盼。"

可是次日,为"兄"的张国焘、陈昌浩并未同已有"川陕甘计划"设想的徐向前商量,便于驻地茂县复电党中央,表示不同意这一战略方针,提出红军可北攻阿坝,过草地西进北上,组织远征军,占领青海、新疆,或者暂时向南进攻。

分歧产生了,于是继续商量。之后几天,"兄"与"弟"之间电报往来,各陈理由。张国焘说,除按他的意见办外,"似别无良策"。毛泽东等说,请再"过细考虑"。双方各执己见,最后,中央干脆电告张国焘,要他"立即赶来懋功,以便商决一切"。

为了统一思想,解决意见分歧,中央政治局决定在懋功以北的两河口开会,确定战略方针。

6月25日,大雨滂沱。透过雨雾,看见一队骑兵从远方疾驰而来。张国焘骑在前面的高头大马上,显得神采飞扬。

当张国焘的马队冲到两河口镇前时,眼前忽然出现感人的场景:中央和军委的领导人及许多红军指战员伫立在雨地里,一阵阵掌声、口号声欢迎着他们。张国焘翻身下马,和迎上来的毛泽东等人热烈拥抱,紧紧握手。久经患难之后的重逢,带给人们难以形容的欢欣。

当年两人同为中共"一大"代表,大革命失败后各奔东西。后来毛泽东在遵义会议方进入政治局常委会,而这时的中央红军亦即"朱毛红军"仅剩3万人;张国焘资格比毛泽东要老,"一大"时他不仅是代表,还主持会议,并且是第一届中央领导集体三人中的一员。这几年他被中央派到红四方面军工作,虽然在"肃反"等方面犯有严重错误,但还是有成绩的,红四方面军现在还拥有8万多人。

雨还在下着,毛泽东首先致欢迎词,张国焘亦致答词。晚上,毛泽东等设宴招待张国焘,桌上摆着当地出产的青稞酒,可是谁也没有心情享受这顿美餐。

6月26日,政治局扩大会议在两河口召开,主要内容是讨论战略方针问题。周恩来首先就红军战略方针、战略行动和军事指挥问题做了报告,指出红军现不宜在川西或川西北建立根据地的理由;提出红军今后的战略方针应是向北发展,在岷山以北建立根据地;要求部队高度机动,指挥权应集中于中革军委。

张国焘接着周恩来发言,他一方面表示同意在川陕甘建立根据地的方针,另一方面又极力宣传他南下的主张,列举种种并不符合实际的客观理由,结果等于把前者否定了。

之后,毛泽东、朱德、彭德怀、林彪、博古等相继发言,一致同意周恩来报告中提出的北上方针,认为当前最要紧的是从松潘打出去。

6月28日,中央政治局作出了关于一、四方面军会合后战略方针的《决定》,指出:

在一、四方面军会合后,我们的战略方针是集中主力向北进攻,在运动战中大量消灭敌人。首先取得甘肃南部,以创造川陕甘苏区根据地,使中国苏维埃运动放在更巩固更广大的基础上以争取中国西北各省以至全中国的胜利。

决定中还写有这样一段微妙的话:"为了实现这一战略方针,必须坚决反对避免战争退却逃跑,以及保守偷安停止不动的倾向,这些右倾机会主义的动摇,是目前创造新苏区的斗争中的主要危险。"显然这是对张国焘说的。

当时毛泽东等中央领导很希望能和红四方面军的张国焘等领导人达成一致,全军团结,共同北上。所以在6月29日的政治局常委会上,决定增补张国焘为中革军委副主席,徐向前、陈昌浩为中革军委委员。这天,军委还根据两河口会议决定和当前敌情,制定了《松潘战役计划》,确定红军主力分左、中、右三路向松潘及其西北地区开进,坚决、迅速消灭松潘地区的胡宗南部,有效控制松潘以北及东北各道路,以利向北作战和发展。

张国焘出席两河口会议,嘴上讲欢迎中央红军,表面上拥护中央北上方针,可是他肚子里却有许多"弯弯绕"。他通过各种"巧妙"手法,探得中央红军人数仅3万人左右,而且也获悉中央根据地也丢掉了,因而他认为"有责任纠正那些同志的错误,挽救中共的失败"。实际上他是要向中央争最高领导权,那个加在他身上的"军委副主席"头衔,他根本看不上眼。于是,当党中央、中革军委率中央红军主力按计划北上后,张国焘却按兵不动,要求中央迅速解决"统一指挥的组织问题"。

张国焘在杂谷脑召开干部会议,歪曲他同中央争论的事实真相,制造谣言,攻击诋毁中央领导人,还恶意地挑拨中央红军同红四方面军的关系,放肆地进行破坏党、破坏红军团结的活动。

在张国焘的策动下,中共川陕省委致电中央,说为了迅速行动、统一指挥和进攻敌人起见,必须加强红军总司令部,而且还提出了改组军委和红军总司令部的名单。红四方面军政委陈昌浩竟也于7月16日、18日连电中央,声称"职坚决主张集中军事领导,不然无法顺利灭敌,职意仍请焘任军委主席,朱德任前敌指挥,周副主席兼参谋长,中政局决大方针后,给军委独断决行"的大权。张国焘仗着人多、枪多,赤裸裸地向党要官、争权。

为了团结对敌,党中央即时任命张国焘为红军总政委。就此任命一事,毛泽东和中央其他领导人颇费思量。当时担任中央队秘书长的刘英披露了这一鲜为人知的"内幕":

毛泽东、张闻天等同志一直商量怎样使一、四方面军团结一致,统一行动,认为关键就在张国焘。恩来同志发高烧,病中仍为此事烦心。我听到毛主席和闻天反复商量,谈得很具体。毛主席说:"张国焘是个实力派,他有野心,我看不给他一个相当的职位,一、四方面军很难合成一股绳。"毛主席分析,张国焘想当军委主席,这个职务现在由朱总司令担任,他没法取代。但只当副主席,同恩来、稼祥平起平坐,他不甘心。闻天跟毛主席说:"我这个总书记的位子让给他好了。"毛主席说:"不行,他要抓军权,你给他做总书记,他说不定还不满意,但真让他坐上这个宝座,可又麻烦了。"考虑来考虑去,毛主席说:"让他当总政委吧。"毛主席的意思是尽量考虑他的要求,但军权又不能让他全抓去,同担任总政委的恩来商量,恩来一点也不计较个人地位,觉得这样安排好,表示赞同。

张国焘当上了总政委,个人野心稍感满足,于是,开始调动红四方面军主力北上。

其实,张国焘在参加两河口会议期间,已在暗中进行活动,为他的篡权野心铺路。

当时的红一军团政委聂荣臻回忆说:

在两河口会议结束后的第二天,有这么一件事,引起我警惕。张国焘忽然请我和彭德怀同志两人去吃饭。席上,开始他东拉西扯,说我们"很疲劳",称赞我们"干劲很大"。最后说,他决定拨两个团给我们补充部队,而实际上不过是相当于两个营的兵力,一千人左右。我们从张国焘住处出来,我问彭德怀同志,他为什么请我们两人吃饭?彭老总笑笑说,拨兵给你,你还不要?我说,我也要。往下我再没有说下去,因为我那时脑子里正在打转转。

当时任红三军团军团长的彭德怀也回忆说:

张国焘曾派秘书黄超住在我处,并送来几斤牛肉干、几升大米和二三百元银洋。我想这是干吗?黄住下就问会理会议情形。我说,仗没打好,有点右倾情绪,这也没有什么……他又说,张主席(指张国焘)很知道你。我说,没见过面。他又说到当前的战略方针,什么"欲北伐必先南征"。我说,那是孔明巩固蜀国后方。他又说,西北马家骑兵如何厉害。把上面这些综合起来,知来意非善,黄是来当说客的。

彭德怀认为,送一点点吃的这倒不稀奇,送二三百元银洋倒引起了他的高度警惕,这不是旧军阀那一套卑鄙的手法吗?

后来黄超竟然对彭德怀说,中央现在"实际主事人是毛而不是张闻天"。彭德怀一下子觉察出,这话当然不是一个不满30岁的黄超所能理解的,而是从阴谋分裂的张国焘口里吐出来的。

张国焘攻击中央,破坏团结的活动,在红四方面军中造成了一些恶劣影响,因为当时只有他是政治局委员,也只有他才能出席政治局会议,并且他又是红四方面军最高领导人,所以,他的话很容易迷惑和欺骗许多的干部。而且在中央那里,也有一些领导人言行不当,如徐向前所忆:"凯丰、博古他们,则指责四方面军撤离鄂豫皖和退出通南巴是'逃跑主义',还有什么'军阀主义'啦,'土匪作风'啦,'政治落后'啦,甚至公开写文章抨击。他们这种'左'的做法,与当初刚到中央苏区时,对待毛主席和一、三军团差不多,只能激起四方面军干部的反感。许多指战员想不通,憋着一肚子气。这也给了张国焘以挑拨的借口。"

■ 茫茫草地,漫漫泽国

两河口会议后,中共中央北上,进至芦花(今黑水)。为了统一认识,分清大的是非,促进两个方面军团结,中央政治局于7月21日至22日在这里召开了扩大会议,张国焘在会上报告了红四方面军的工作情况,并为自己在根据地建设中的一些错误进行了辩解。

会议还是从维护团结的积极态度出发,肯定了红四方面军从鄂豫皖到川陕苏区的成绩,同时总结了经验教训,善意地指出张国焘在工作中的某些错误。会议期间,为了统一指挥,中革军委决定以红四方面军总指挥部为红军前敌总指挥部,徐向前兼总指挥,陈昌浩兼政治委员,叶剑英任参谋长。同时将红一、三、五、九军团依次改为第一、三、五、三十二军,红四方面军之第四、九、三十、三十一、三十三军番号不变。

这时候的蒋介石仍在日夜苦思着红军的行动方向。7月间,他频繁电令胡宗南、薛岳、吴奇伟、周浑元及四川各派军阀头目,要他们"详加研究"他所示的围堵方略,务须"构筑碉堡"、"加强工事"、"扼要兜剿",以达围歼红军于岷江以西、懋功以北地区之目的。

因敌人在松潘地区的大量集结及张国焘对北上行动的拖延,红军丧失了歼击胡宗南部和夺取松潘地区的有利战机。在这种情况下,中央和军委决定放弃松潘战役计划,出敌不意,改经草地北上。

7月28日,党中央从芦花北上到达毛儿盖。8月3日,红军总部根据急剧变化的形势,拟定了《夏(河)洮(河)战役计划》,意在攻占阿坝,北进夏河流域,突击敌右侧背,向东压迫敌人,于洮河流域消灭敌之主力,"形成在甘南广大区域发展之局势"。该计划将红军分为左右两路,左路军辖第五、九、三十一、三十二、三十三军,由总司令朱德、总政委张国焘率领经阿坝北进;右路军辖第一、三、四、三十军,由前敌总指挥徐向前、政委陈昌浩率领经班佑北上,党中央随右路军行动。

《夏洮战役计划》制定后,就在部队开始做北上准备的时候,心里总有"疙瘩"的张国焘又节外生枝,要求中央召开政治局会议,解决"政治路线"问题,并提出一份名单,上面写着红四方面军哪些人应进中央委员会,哪些人应进政治局。

8月4日至6日,中央政治局在毛儿盖附近的沙窝寨召开扩大会议,再次讨论红一、四方面军会合后的形势、任务以及组织问题。会议在通过的决议中重申了关于集中主力向北进攻,创造川陕甘苏区的战略方针,认为那里将不但是红军作战的后方,而且是推动整个中国革命前进与发展的基地。决议针对张国焘反对北上,破坏团结的错误,要求进一步加强党的绝对领导,维护两个方面军的团结,号召党和红军坚决执行中央北上路线,坚决同夸大敌人力量,不敢大胆前进,企图远离敌人避免战斗,并且对革命前途和创造新苏区丧失信心的"右倾机会主义"作斗争。

会议在讨论组织问题时很是"热烈"。张国焘并不避嫌,一再要求中央多多提拔"工农干部"进入政治局和中央委员会。毛泽东语气倒很和缓,一方面肯定"国焘同志的意见是很好的",另一方面又委婉表示,红四方面军中尽管有很多好的干部,但不需要这么多人集中到军委。会议从顾全大局,搞好团结出发,还是决定增补红四方面军的徐向前、陈昌浩、周纯全为中央委员,何畏、李先念、傅钟为候补中央委员,陈昌浩、周纯全为政治局委员,并由陈昌浩、周纯全分任红军总政治部主任、副主任。同时,会议决定恢复红一方面军总部,由周恩来任司令员兼政治委员。

会议结束了,张国焘阴沉着脸走出会场,他因受到批评和在组织问题上未完全达到目的而恼火,有人向他打招呼他也不理。陈昌浩还向徐向前发泄不满,说会上吵得很凶,国焘的意见无人重视。俯看作战地图的徐向前则平和地说:

"这些事情我可管不了,现在的问题是部队在这里没有粮食吃,吃黄麻吃得嘴都肿了,我们不能待在这里挨饿,要赶快走。等找到有粮吃的地方,你们再争吵吧!"

张国焘回去后马上召开军以上干部会议,再次提出要从阿坝西进,占领青海、甘肃边远地区的主张,从而否定了经阿坝北进东出的原定计划,甚至还要抽兵南下攻击抚边、理番。

8月15日,中央致电张国焘,还是苦口婆心地劝他,西进没有出路,目前应专力北上。该电还根据实际情况提出变更行进部署,要求一、四方面军主力均走右路,往阿坝方向出一支队掩护后方前进即可。

张国焘对中央北上方针阳奉阴违,已不是一般的党内意见分歧问题,而是加进了个人非正常的动机,使政治局内许多同志甚为不满。王稼祥在一次常委会上便提出要同张国焘作斗争。毛泽东耐心地解释:在毛儿盖时已经说过,斗争是需要的,但目前开展斗争不适宜,而应采取教育的方式。重要时刻,毛泽东又一次展示出他的博大胸怀和超人智慧。

张国焘的工作没有做通,于是,中央政治局再于8月20日在毛儿盖召开会议。毛泽东还是耐心地阐释红军主力应向东,向陕、甘边界发展,而不应向黄河以西前进的道理。出席会议的徐向前、陈昌浩也都赞成毛泽东的报告,主张向北、向东,坚决执行中央的既定方针。会议上如此良好而且意见一致的气氛,使毛泽东大感欣慰,他特地表扬了陈昌浩的发言。

会议作出了《关于目前战略方针的补充决定》,强调为了实现目前的战略方针,红军主力应迅速占取以岷州为中心之洮河流域地区,并依此向东进攻,以便取得陕甘之广大地区,当前战役是一个有决定意义的关键。《决定》针对张国焘要红军主力西进的主张,严肃地指出:"在目前将我们主力西渡黄河,深入青宁新僻地是不适当的,是极不利的。""采取这种方针是错误的,是一个危险的退却方针。这个方针之政治的来源是畏惧敌人,扩大敌人力量,失去对自己力量及胜利的信心的右倾机会主义。"《决定》中的这段话颇有分量,找出了张国焘死抱西进或南下主张的"病根"。

8月24日,随左路军先头部队行动的红军总部已由卓克基进入阿坝。这时,张国焘收到了中央的决定,同时也收到了陈昌浩、徐向前的规劝电。电文中说:"弟意右路军单独行动不能彻底(消灭)已备之敌,必须左路马上向右路靠近,或速走班佑,以便两路集中(向)夏、洮、岷前进。主力合而后分,兵家大忌。前途所关,盼立决立复示,迟疑则误尽中国革命大事。"

正当张国焘细细品味、反复琢磨电文言辞内涵的时候,右路军已经踏入茫茫的草地而北上了。

草地位于川西北地区,是"聪明"的蒋介石断定红军不敢由此北上的"天然地障"。

确实,草地是人烟罕见的死亡地带。这里看似一片绿色的海洋,夏日里还盛开着遍地的鲜花。然而在绿色、鲜花的下面却是大片的沼泽地,积水淤黑,腐草污臭,齐膝或没顶的稀浆烂泥,人若陷入将危险万分。草地水质恶劣,难以饮用,气候变化无常,时而晴天骄阳,时而雨雪骤降。草地之诡秘危险,令人望而生畏,谈之色变,难怪中国历史地理学家尚未来此考察,难怪敢闯禁区的探险家尚未来此探险,难怪历史上任何一支军队尚未来此扎营挥戈。

现在,为了中华民族的独立、解放,为了中国人民的自由、幸福,为了让蒋介石的围歼美梦破灭,英雄的中国工农红军,就要从这茫茫草地、漫漫泽国中踏出一条生存之路、胜利之路。

进入草地之前,红军各部多方筹集粮食和御寒衣物,并进行对付敌人骑兵的战术训练。毛泽东亲赴前敌指挥部,与徐向前、陈昌浩等研究北上具体事宜,决定由叶剑英担任先遣司令。

草地探路,这是一项艰巨的任务,毛泽东召来了红四团政委杨成武,告诉他务必在"阴雾腾腾、水草丛生、方向莫辨的一片泽国"里,"走出一条北上的行军路线来"。

从8月18日至23日, 右路军各部先后进入这处处隐藏着大自然邪恶和死神狞笑的神秘草地。

那潜伏于水草之下的淤泥潭,犹如张开血盆大口的恶魔,不时地威胁着、吞噬着红军战士的生命。毛泽东的警卫员吴吉清一不小心陷进了泥淖里,幸被毛泽东一拉,才摆脱了危险。邓颖超也曾陷入沼泽,直到后边来了人才把她慢慢拉出来。

那日甚一日的粮食奇缺，犹如铺天盖地的巨大阴影，笼罩在疲惫不堪的红军战士头上。每个人分得的少得不能再少的青稞麦，简直要一粒一粒数着吃。挖食野菜、宰杀坐骑、煮食皮带，可还有许多战士因饥饿无力，永远地倒在了这水草丛中。就在这种情况下，还有的红军战士将生存之粮留给别人，而将死亡留给自己。

那争相与泥沼、饥饿比凶比恶的高原寒冷，也肆意地侵袭着衣衫褴褛、长途跋涉的红军战士。冷雨寒风，无情地抽打着一个个饥病交迫的瘦弱身体，多少有着美好憧憬的英雄战士，默默地僵卧在凛冽的寒风中、黑暗的夜色里。

困难，难不倒红军英雄汉。生存的欲望，理想的追求，支撑着他们，激励着他们；阶级的友爱，官兵的亲情，温暖着他们，滋润着他们。篝火旁，低沉而浑厚的国际歌声逐渐响起，夕阳里，婉转而悠扬的箫声笛曲，掀动着弥散于草地上的无边暮霭。

行军中，巾帼不让须眉，老者堪比后生，担架上的伤病员挣扎着要下来行走，心系全军命运的指挥员坚持要把自己的乘马留给病者、弱者。过草地时，周恩来正患重病，身体极度虚弱。兵站部部长兼政委杨立三和战士们挺着也已很虚弱的身体抬着他前进，双肩磨破了，鲜血汩汩地渗出来，脖子一动就疼痛难忍。周恩来看在眼里，疼在心头，多次挣扎着要从担架上爬起来自己走，但被大家按住了。19年后，杨立三去世时，已是国务院总理的周恩来坚持要给他抬棺送葬。

在红军战士钢铁般的意志面前，草地"杀手"低头了，泥潭"恶魔"退却了。经过六七天的艰苦跋涉，红军终于走出了草地，8月底前，右路军全部到达班佑、巴西地区。

萧华将军所作《长征组歌》中的"过雪山草地"，用诗的语言记下了中国人民军队光辉历程中的英雄一幕：

　　雪皑皑，
　　野茫茫，
　　高原寒，

炊断粮。

红军都是钢铁汉，

千锤百炼不怕难。

雪山低头迎远客，

草毯泥毡扎营盘。

风雨侵衣骨更硬，

野菜充饥志越坚。

官兵一致同甘苦，

革命理想高于天。

■ 危急关头，叶剑英机智立大功

红军穿过草地，惊慌中的西北"追剿"纵队总指挥胡宗南，急令其精锐部队第四十九师由漳腊向包座急进，企图阻截红军北上。

包座分上包座、下包座。上包座位于松潘县北部，群山环抱，地形险要，敌人已有一个团的兵力在此据险防守。为打通北上道路，红军右路军决心以围点打援战法，歼灭包座和来援之敌。战斗任务交与第三十军和第四军。

8月29日，第三十军一个团首先向上包座南之大戒寺发起攻击，其他主力部队隐蔽集结于包座西北山地待机歼敌。31日下午，援敌第四十九师大部进入红军早已设好的埋伏圈。随着信号枪响，敌人被拦腰截成三段。红军迅猛向敌发起攻击，霎时枪炮声震山撼谷，六七里长的战场，顿成一片火海。抖落饥疲的红军战士，勇敢地与敌人展开肉搏战。至当日晚，第四十九师大部被歼，邻近包座之大戒寺、求吉寺守敌，也被消灭或缴械投降。包座战斗，是红一、红四方面军会师后第一次重要战斗，共歼敌一个师，5000余人，敌师长伍诚仁受伤后脱逃。

包座之战，吓得胡宗南不敢孤军出动阻截红军，此时出现了红军北上陕甘，

463 ★

推动革命发展的极有利时机。

9月1日,毛泽东、徐向前、陈昌浩联名致电朱德、张国焘,要左路军迅速东进,同右路军靠拢,两部可"集中主力从武都、西固、岷州间打出,必能争取伟大胜利"。

不料张国焘于9月3日回电中央,竟提出改北上为南下的错误主张,要求右路军、左路军皆回头向松潘前进,并且强令已经东进至中途的左路军先头部队第五军返回出发地阿坝。不仅如此,张国焘还于9月5日电令尚在卓克基等地的左路军部队停止过草地北上,就地"筹粮待命"。更有甚者,张国焘于9月8日电令红四方面军驻马尔康地区部队,扣留军委纵队;电令徐向前、陈昌浩率右路军停止北上,准备南下。

张国焘要以枪来指挥党,在错误的泥坑里正越陷越深。

徐向前、陈昌浩此时并没有执行张国焘的命令,而且还向党中央做了报告。毛泽东等中央领导和右路军领导即刻讨论,一致决定要张国焘率部北上。并于8日夜联名致电张国焘等,再次详释南下的不利条件,指出:

左路军如果向南行动,则前途将极端不利。因为:

甲、地形利于敌封锁,而不利于我攻击。丹巴南千余里,懋功南七百余里,均雪山、老林、隘路。康、泸、天、芦、雅、名、邛、大直至懋抚一带,敌垒已成,我军绝无攻取可能。

乙、经济条件,绝不能供养大军。大渡河流域千余里间,如毛儿盖者,仅一磨西面而已。绥崇人口八千余,粮本极少,懋、抚粮已尽,大军处此有绝食之虞。

丙、阿坝南至冕宁均少数民族,我军处此区域有消耗无补充,此事目前已极严重,绝难继续下去。

丁、北面被敌封锁,无战略退路。(《毛泽东军事文集》第1卷,第364页,军事科学出版社、中央文献出版社1993年版)

电报末尾说明,所陈理由"纯从大局前途及利害关系上着想,万望兄等当机立断,则革命之福"。

一方是耐心说服,另一方则是一意孤行。9月9日,张国焘悍然秘密致电陈昌浩,令其率右路军南下。关于这封电报至今未见原件披露,但据毛泽东1937年3月在中央政治局扩大会议上说,他从叶剑英的报告中得知了这一电报的内容,"这电报上说:'南下,彻底开展党内斗争'"。当时参加会议的张国焘也未进行什么辩解。另外,凯丰、李维汉、李德等人在文章或回忆中,也大体都谈到张国焘发电报,企图以武力危害党中央一事。

那天,右路军前敌总指挥部正在开会,叶剑英参谋长看到电令后,识破了张国焘的阴谋,因为那时候,"开展斗争"意味着什么,而且还要"彻底",其意不言自明。叶剑英顿感事关重大,便借故离开会场,带着电令急速跑向党中央驻地,把它交给了毛泽东。

毛泽东看过电令,神情严峻,立即用铅笔把它抄下来,并告诉叶剑英,处境危险,你赶快回去,一定要提高警惕,防止意外。叶剑英又迅速跑回原地,若无其事地走进会场,继续听取新任总政治部主任陈昌浩作报告。

毛泽东立即与张闻天、博古等紧急商议,认为张国焘既然已经背着中央下达南下电令,现在若还想继续说服等待张国焘率部北上,不仅没有可能,甚至还会招致不堪设想的严重后果。为了最后探明前总领导人的态度,并寻求脱身之计,当晚,毛泽东来到徐向前住处,站在院子里,诚挚地询问徐向前:"向前同志,你的意见怎么样?"徐向前回答:"两军既然已经会合,就不宜再分开,四方面军如分成两半恐怕不好。"

毛泽东没有再说什么,嘱他早点休息,遂告辞了。之后,毛泽东又到陈昌浩那里,陈昌浩说:"张总政委来电要南进。"毛泽东随即说:"既然要南进嘛,中央书记处要开一个会。周恩来、王稼祥同志病在三军团部,我和张闻天、博古去三军团司令部找周、王开会吧。"陈昌浩没多想,便同意了。

毛泽东、张闻天、博古即刻赶到驻阿西的红三军(即红三军团)那里,与病中的周恩来、王稼祥召开紧急会议,当机立断决定率红一、三军团迅速脱离险区,立即北上,并且通知已先行出发北上到达俄界的红一军(即红一军团)领导人林彪、聂荣臻,说明行动方针有变,部队原地待命。

就在党中央秘密准备先行北上之际,又收到张国焘9月9日24时发出转致中央的电报,仍然坚持其南下主张。他在林林总总罗列一大堆理由后还声称:"左右两路决不可分开行动,弟忠诚为党,为革命,自信不会胡说。"

9月10日凌晨,中共中央率红三军和红军大学离开巴西、阿西等地,向俄界进发。

在这一紧张时刻,叶剑英担负着将军委纵队安全带出的艰巨任务。他在回到前总后向作战科要了当时唯一的一份十万分之一比例尺的甘肃省详图,然后又机智地决定利用张国焘要求南下的电报,以"打粮"为由,把纵队全体人员带走。

他召开了军委纵队干部会议,说中央已经走了,明日(即9月10日)凌晨2点我们出发"打粮",这次行动意义重大,一定要严守机密,统一行动。

时间一分一秒地过去,1点30分左右,住在前总驻地喇嘛庙的叶剑英悄悄起床,披上大衣,从小藤箱里取出事先准备好的甘肃省地图,出庙后交给军委秘书长萧向荣,告诉他这可是要命的东西,千万要带好。临出发,叶剑英发现手枪没有带,又立即返回大殿,拿上左轮手枪,便匆匆上路了。

叶剑英很快赶上军委纵队,并和纵队一起行进到阿西,见到了中央领导。毛泽东非常高兴地说:"哎呀!剑英同志,你出来了,好,好!现在情况紧急,我们不能在此停留,要立即去俄界那里,与一军团会合吧!"

之后,在俄界,博古、彭德怀等见到叶剑英,也高兴地说:"老叶,好险啊!昨天你走后不久,路上便有四个人带着驳壳枪到处找你,说要把你打死。"

叶剑英紧紧握住他们的手,感动地说:"谢谢你们昨天提醒我早点离开,谢谢你们了。"

关键时刻,叶剑英大义大勇大智,使党中央得以脱离险境,为中国革命立了一大功,毛泽东多次称赞他:"诸葛一生唯谨慎,吕端大事不糊涂。"

几十年后,徐向前回忆了那天早晨,中央率红三军团北上后前敌总指挥部的纷乱、紧张情况以及自己复杂的心情。他说:

那天早晨,我刚刚起床,底下就来报告,说叶剑英同志不见了,指挥部的军用地图也不见了。我和陈昌浩大吃一惊。接着,前面的部队打来电话,说中央红军已连夜出走,还放了警戒哨。何畏当时在红军大学,他跑来问:是不是有命令叫走?陈昌浩说:我们没下命令,赶紧叫他们回来!发生了如此重大的意外事件,使我愣了神,坐在床板上,半个钟头说不出话来。心想这是怎么搞的呀,我们毫无思想准备呀,感到心情沉重,很受刺激,脑袋麻木得很。前面有人不明真相,打电话来请示:中央红军走了,还对我们警戒,打不打?陈昌浩拿着电话筒,问我怎么办?我说:哪有红军打红军的道理!叫他们听指挥,无论如何不能打!陈昌浩不错,当时完全同意我的意见,作了答复,避免了事态的进一步恶化。他是政治委员,有最后决定权,假如他感情用事,下决心打,我是很难阻止的……那天上午,前敌指挥部开了锅,人来人往,乱哄哄的。我心情极坏,躺在床板上,蒙起头来,不想说一句话。陈昌浩十分激动,说了些难听的话,还给张国焘写了报告。

徐向前在关键时刻也是有功的,在当时许多人情绪激动的情况下,稍有失措,便会酿成恶果,毛泽东也多次称赞徐向前,是大老实人一个。

随后,陈昌浩派人给彭德怀送信,要他回头南下,遭到彭的驳斥。陈昌浩又派四方面军副参谋长李特带一队骑兵赶来,并且大喊:"原来四方面军的同志,回头,停止前进!""不要跟机会主义者北上,南下吃大米去!"毛泽东劝导他,教育他,并且说了一些很感人的话:"中央北上方针是正确的,南下川康十分不利。希望张国焘、陈昌浩认清形势,率部跟进。如果一时想不通也不打紧,过一段时间想通了再北进,中央也欢迎。望以革命大局为重,有何意见,可随时电商。"

可是李特听不进去,强拉原四方面军同志跟他走。在场的人很生气,毛泽东大度地说:"捆绑不成夫妻。他们要走,让他们走吧!以后他们自己会回来的。"于是,李特带走了红军大学中大部分红四方面军人员。

这次北上,连一向对毛泽东不满的共产国际军事顾问李德,也表示同意。他对宋任穷说:"我同你们中央一直有分歧,但在张国焘分裂的问题上,我拥护你们中央的主张。"

9月10日,中央率红三军等部北上到达拉界。这天,中央政治局致电徐向前、陈昌浩,指出:"为不失时机地实现自己的战略计划,中央已令一方面军主力向罗达、拉界前进,四、三十军归你们指挥,应于日内尾一、三军后前进,有策应一、三军之任务。以后右路军统归军委副主席周恩来指挥之。"

接电后,徐向前、陈昌浩没有率部北上,陈昌浩指责中央是"逃跑主义",决心南下。徐向前心里很矛盾,一方面几年来同张国焘、陈昌浩共事,一直不痛快,想早点离开他们,甚至曾提出想去中央做点具体工作;另一方面又想若右路军单独北上,等于把四方面军分成两半,自己实在舍不得,这支队伍是自己看着它从小到大发展起来的!他想来想去,彻夜难眠,还"忍不住偷偷哭了一场"。最后,他终于同意了率右路军南下。后来,他自称这是"犯了终生抱愧的错误"。

也在10日这天,中央再电张国焘,督其率部北上,并发布《为执行北上方针告同志书》,指出:"我们无论如何不应该再退回原路,再去翻雪山,走草地,到群众完全逃跑的少数民族地区。两个月来,我们在川西北地区所身受的痛苦,是大家所知道的。而且南下的出路在哪里?南下是草地、雪山、老林";"南下不能到四川去,南下只能到西藏、西康,南下只能是挨冻挨饿,白白的牺牲生命,对革命没有一点利益,对于红军南下是没有出路的。南下是绝路。"《告同志书》最后号召所有同志,应该坚决拥护中央的战略方针,迅速北上,创造川陕甘新苏区。

张国焘对中央要其北上的电令置若罔闻,反而在12日电责中央,质问如此"秘密出走","其何以对国际和诸先烈"。同时,他还直电林彪、彭德怀等,声称红一、三军此行将成无止境的逃跑,将来会"悔之无及",望速归来受陈昌浩、徐向前指挥。其意在诱骗红一、三军背离中央,掉头南下,附和他的反党活动。

张国焘在分裂党和红军的道路上真是越走越远了。

■ 不到长城非好汉

9月12日,中共中央政治局扩大会议在甘肃省迭部县的俄界(今高吉村)召开。因脱离了巴西的危险区域,与会者心情相对轻松。

毛泽东在会上作了关于同红四方面军领导人张国焘的争论与目前行动方针的报告。他说,中央虽然同张国焘作过许多斗争,纠正他的军阀主义倾向,但是没有结果。对于张国焘，中央还要尽可能地做些工作，争取他，最后作组织结论是必要的，但不要马上作。中央应该继续坚持北上的方针。

会议经过讨论，通过了《关于张国焘同志的错误的决定》，指出党中央同张国焘的争论，实质是在对目前政治形势与敌我力量对比估计上有原则分歧，张国焘夸大敌人力量，轻视自己力量，以致丧失了在西北创建新根据地的信心，主张向川康藏边区退却。而且他还存在着严重的军阀主义，不要党对军队的领导，破坏党的组织原则。为了给张国焘改正错误的机会，这个决定仅发给中央委员们传阅，当时没有在全党公布。

俄界会议还决定：将红一方面军主力和党中央、中革军委直属部队改编为"中国工农红军陕甘支队"，彭德怀任司令员，毛泽东任政治委员，林彪任副司令员，王稼祥任政治部主任，叶剑英任参谋长。

俄界会议后，红一方面军主力出发北上，途中常有反动分子隐藏于丛林隘路旁，以枪弹、弓弩、石块袭击红军，企图阻止红军前进。蒋介石已给川甘各县下发专电，悬赏重金捕害中共中央和红军领导人。其中赏格最高的为生擒毛泽东者，奖10万元，献首级者奖8万元。但红军是阻挡不住的，9月16日，红一方面军主力已逼近川甘边界的腊子口。

腊子口号称天险，两边悬崖峭壁，如刀削一般，中间流淌着一条腊子河，水深流急，河上架有一座木桥，对岸有甘肃军阀鲁大昌部两个营，凭借坚固工事固守。狂妄的敌人在做着缉拿毛泽东和红军将领，一朝"暴富"的美梦。

腊子口真可谓"一夫当关，万夫莫开"，但无论它怎样艰险，红军都得从此通过，因为除此之外，别无通道。

红一方面军先头红四团又抢到了啃这块硬骨头的任务。

团长王开湘、政委杨成武率领营、连干部，仔细察看腊子口地形与敌火力配置情况，确定了正面与侧背相结合的作战方案。

当日晚，夜幕低垂，山林静寂，唯闻腊子河湍急的流水声。忽然，腊子口处枪声大作，浪花激溅，这是担任正面主攻的红六连突击队，正在向敌人发动轮番进攻，意在掩护侧面迂回的部队行动。

此时，第一、第二连从腊子口左侧攀登悬崖陡壁，欲从敌侧背突袭封锁桥头的敌碉楼。

凌晨3时，正面攻击部队在攻了几次未见奏效的情况下，偷偷涉水过河，迅速攻占了桥的另一端。这时迂回攻击部队在暗夜中艰难攀援到山顶，拂晓时找到道路，即刻发出红绿信号弹。

17日清晨，总攻部队开始过河了。全团轻重机枪一齐"哒哒哒"地吼叫，瞄准从炮楼中跑出的敌人猛烈扫射。六连指战员干脆连步枪也不用了，一个个抢起雪亮的大刀，向敌人左杀右砍，敌人死的死，伤的伤，逃的逃。很快，红军便抢占了独木桥，控制了隘口上的两个炮楼，之后，总攻部队挟胜利之威，沿着河两岸向峡谷纵深扩大战果，并突破了敌人设在腊子口后面的防御体系。

敌人不甘失败，退至第二道防线固守待援，无奈经不住红军炮火、机枪如雨似雹般的射击，经不住红军指战员的连续勇猛冲击，终于全部溃败。至此，天险腊子口全部为红军占领。

腊子口战役，是长征途中少见的一场恶仗，也是出奇制胜的一场漂亮仗，意义重大。聂荣臻评价说："腊子口一战，北上的通道打开了。如果腊子口打不开，我军往南不好回，往北又出不去，无论军事上政治上，都会处于进退失据的境地。现在好了，腊子口一打开，全盘棋都走活了。"

天险让路，腊子口低头，毛泽东率红一方面军主力翻越白雪皑皑的岷山，于9月20日进入甘南宕昌县小镇哈达铺。在这里，红一方面军主力进行了整编，正式改称"中国工农红军陕甘支队"，下辖三个纵队：第一军改称第一纵队，林彪兼任司令员，聂荣臻任政委；第三军改称第二纵队，彭雪枫任司令员，李富春任政委；中央军委纵队改称第三纵队，叶剑英任司令员，邓发任政委，全军共8000多人。

9月22日，从哈达铺关帝庙里传出洪亮的抑扬顿挫的湘音：

我们要北上，张国焘要南下，张国焘说我们是机会主义，究竟哪个是机会主义？目前，日本帝国主义侵略中国，我们就是要北上抗日。首先要到陕北去，那里有刘志丹的红军。我们的路线是正确的，现在我们北上先遣队人数是少一点，目标也就小一点，不张扬，大家用不着悲观，我们现在比1929年初红四军下井冈山时的人数还多哩！

这是毛泽东在给陕甘支队团以上干部作报告。他满怀信心、鼓舞人心的讲话，如一泓清泉，似奔腾激流，滋润着、激荡着聆听者的心田。人们的眉头舒展开了，深凹的双眼放射出光亮。

原来，中央在此收集到许多七八月份国内出版的报纸，如《大公报》等。对报纸历来非常重视的毛泽东及其他中央领导人，如饥似渴地阅读了其中有价值的报道文章，获知在陕北一带还有不小的一块红色根据地和刘志丹领导的红军。这真是一个大喜讯，它对于经历了长征万里，正欲在川陕甘边领导创造新苏区的中央来说，实在是一个极有利的条件。所以，毛泽东在干部会上提出到陕北，会合刘志丹红军的激动人心的主张。

红军在高山丛林间前进，在不起眼的哈达铺驻扎，这一举一动都牵动着蒋介石绷紧的神经。他害怕红军东进天水，威胁西安，急匆匆调部队集结天水，又忙乎乎在西安成立西北"剿匪"总司令部，自任总司令，张学良任副总司令代行总司令职权，指挥陕甘宁青等省国民党部队，"围堵"红军、"追剿"红军，以至于置国家危亡而不顾。

陕甘支队未在哈达铺多作停留，即行北上。途中以一部兵力东向佯攻天水，调动敌人向此集中，主力却乘机北进，迅速渡过渭河，于9月27日占领通渭县榜罗镇。在这里，中央政治局常委会正式确定把中共中央和陕甘支队的落脚点放在陕北，"在陕北保卫和扩大苏区"。

有了具体明确的前进目标，指战员们精神振奋，29日攻占通渭县城。30日，毛泽东在原国民党县政府大厅再作目前形势和任务的报告，提出部队进入陕甘苏区的注意事项，政治部进行进入陕甘苏区的政治动员。

随后的10月5日至7日，陕甘支队一鼓作气，胜利越过六盘山。

六盘山，海拔2928米，山路曲折盘旋，六重始达山顶。过山后，毛泽东顿感豁然开朗，柳暗花明，即兴赋词《清平乐·六盘山》：

天高云淡，望断南飞雁。

不到长城非好汉，屈指行程二万。

六盘山上高峰,红旗漫卷西风。

今日长缨在手,何时缚住苍龙?

毛泽东率领陕甘支队继续向北偏东方向疾进,经过长途跋涉的红军指战员脚板越走越有劲,一个个村庄被迅速甩在后边。10月19日,陕甘支队胜利到达陕甘根据地的吴起镇(今吴旗)。

仰望窑洞门口挂着的工农民主政府的牌子,看着墙壁上刷着的"中国共产党万岁"的大字标语,紧握乡苏维埃政府主席热情的手,指战员们高兴得跳起来了,激动得眼泪流出来了。到家了,到家了,真的回到自己的家了。大伯端出热腾腾的米酒,大娘让出热腾腾的暖炕,南腔北调的人们呼唤同一句话:

"是咱们自己人!"

这时传来消息,敌人骑兵四个团紧追上来了。毛泽东右手往下一劈,说了一句话:"砍掉尾巴,不要把敌人带进根据地!"

彭德怀得令,立即进行具体部署,亲临前线指挥。经数小时激战,红军一举将敌击溃,接着又乘胜击溃敌人另外两个骑兵团。此战歼敌数百人,俘敌200余人,缴获马匹枪炮甚多。毛泽东大喜过望,赋诗一首称赞彭德怀的大智大勇:

山高路远坑深,大军纵横驰奔。

谁敢横刀立马?唯我彭大将军!

彭德怀谦虚,当下将"唯我彭大将军"改为"唯我英勇红军"。

此战打出了红军的威风,吴起镇声名大振,敌人一时不敢来犯。

在红军欢庆胜利到达陕甘苏区的时候,国民党第三十七军军长毛炳文却向蒋介石递交了一份实情报告:

"我各师连日'追剿'……居民逃避一空,给养采购无从,日行数十百里,不得一饱,且时届严寒,棉衣亦追发不及,饥寒交迫,疲敝已极,因而卧倒路旁及落伍者,沿途皆是。"

报告尚未读完,蒋介石脑子里几成一片空白。他沮丧地双手抱头,无力地瘫坐在太师椅里。门缝里挤进一股冷风,不经意地将那份报告吹落地下,又"嘶啦啦"卷入角落。

红一方面军主力胜利到达陕北,完成了战略转移的伟大任务,也宣告了国民党数十万大军围追堵截的彻底破产。

380多个日日夜夜,谱写出一曲曲可歌可泣的英雄壮歌,二万五千里路的风云追月,吟诵出亘古未有的英雄史诗,纵横11个省的辉煌篇章,表现出中国工农红军是不可征服的英雄好汉。

这一切的一切,毛泽东以如椽的大笔,将它浓缩在《七律·长征》的56个字里:

红军不怕远征难,万水千山只等闲。

五岭逶迤腾细浪,乌蒙磅礴走泥丸。

金沙水拍云崖暖,大渡桥横铁索寒。

更喜岷山千里雪,三军过后尽开颜。

■ 欲与天公试比高

几天来,吴起镇处在热烈欢快的气氛中,标语贴满大街小巷,歌声响彻镇里镇外。

10月22日,中共中央在这里举行扩大会议,指出党中央和陕甘支队已经完成长途行军,从此将开始新的有后方的运动战,今后党和红军的战略任务就是建立西北苏区,领导全国大革命,陕、甘、晋三省将是红军发展的主要区域。会议拟定的具体计划是,先在吴起镇地区整顿部队,扩大红军,进行群众工作,然后向南寻机歼敌,待黄河结冰后再向东面的山西发展。

红一方面军主力到达陕北,重新有了可以立足的根据地,可是中央却没有见到陕北红军的领导人刘志丹。殊不知,这会儿刘志丹和苏区一大批党、政、军领导干部正被关押在苏区的监狱里。

刘志丹是陕北革命根据地的创始人,20世纪30年代初,陕北根据地与谢子长领导创建的陕甘边根据地合并成新的陕甘根据地。根据地的红军有二十六军和二十七军,由时任西北军委主席兼前敌总指挥的刘志丹统一指挥。西北红军在反敌人"围剿"中成长壮大,根据地的土地革命搞得红红火火。

1935年9月15日,西北红军同红二十五军在陕北苏区的延川县永坪镇胜利会师。第二天,由西北红军和红二十五军合编的红十五军团正式成立,徐海东、程子华分别担任军团长和政治委员,刘志丹任副军团长兼参谋长,原红二十五、二十六、二十七军依次编为红七十五、七十八、八十一师,全军团共7000余人。此后,红十五军团先后取得劳山、榆林桥两次战斗胜利,但敌人对陕甘根据地的"围剿"尚未粉碎,军事形势仍然很严重。

就在陕甘苏区的"围剿"斗争紧张进行并且取得很大胜利的时候,却风云突变,阴风四起。中共陕甘晋省委中一些执行王明"左"倾错误政策的领导人,开展错误的"肃反",一时人人自危,军心涣散,刘志丹等便是在这种情况下受打击迫害而被关押的。

外有强敌"围剿",内有错误路线干扰,陕甘苏区陷入危险境地。

毛泽东初进苏区,了解到"肃反"情况,立即指示:"刀下留人,停止捕人。"他在11月初听取苏区情况汇报时说:陕北群众很好,红军战斗力强,苏维埃政权能巩固地坚持下来,"我相信创造这块根据地的同志是党的好干部"。随后他嘱咐中央派往中共陕甘晋省委驻地瓦窑堡去调查处理的王首道说:"杀头不能像割韭菜那样,韭菜割了还可以长起来,人头落地就长不拢了。如果我们杀错了人,杀了革命的同志,那就是犯罪的行为。大家要切记这一点,要慎重处理。"

在毛泽东和党中央的指示和干预下,错误的"肃反"被制止了,刘志丹等人释放、平反,并且恢复了工作,苏区的天又是晴朗的天。

11月初,陕甘支队在甘泉地区同红十五军团胜利会师。锣鼓敲,秧歌舞,欢迎中央红军到陕北。当徐海东军团长从前线快马加鞭赶回见到毛泽东等中央首长时,竟哽咽着说不出话来。当他了解到中央红军经费困难时,立即指示将军团

7000元经费中的5000元送给中央，真是"雪中送炭"啊！

11月3日，中国工农红军西北革命军事委员会(实际行使中革军委职权)成立，毛泽东任主席，周恩来、彭德怀任副主席。同日，西北军委会宣布恢复红一方面军番号，彭德怀任司令员，毛泽东任政委。下辖红一军团，林彪、聂荣臻分任军团长、政委；红十五军团，徐海东、程子华续任军团长、政委。全军共五个师1万多人。

红军会师的嘹亮军号声，惊动了蒋介石和西北地区的各路"围剿军"。以蒋介石为总司令的"西北剿总"重新调整部署，构筑东西、南北两道封锁线，企图将红军消灭于洛水以西、葫芦河以北地区。

蒋介石虽然做着好梦，但终究好梦难圆。

根据敌情，红一方面军主力已在直罗镇地区张网以待。直罗镇人口不过百户，三面环山，一条大路穿镇而过，是个打伏击战的好场所。毛泽东看中了这个"口袋"，并把他的指挥所设在距直罗镇不远的一个山坡上。战斗打响前，他斩钉截铁地下令："这个仗，一定要打好！我们要的是歼灭战，不是击溃战！"

11月20日下午，以牛元峰为师长的国民党东北军第一〇九师，在红军"牵牛"部队的"逗"、"惹"下，一步一步被诱入直罗镇。牛师的麻痹骄纵和孤立冒进，正好为红军准备了一顿"美餐"。

就在牛元峰师向上报捷、邀功请赏，同时又杀猪宰羊、大吃大喝、酣然入睡的时候，红军如突然出现的神兵，将其团团包围。

21日拂晓，红一军团主力自正北、西北、东北三个方向向直罗镇之敌展开猛攻，另一部则将敌退路截断，紧紧地扎住"口袋"口。与此同时，红十五军团主力则从西南、正南、东南三个方向分三路向敌发起进攻。

从睡梦中惊醒的牛师官兵左冲右突，冲不出红军严密的包围圈。牛元峰当然不肯束手就擒，他挥舞手枪号叫："抵抗，拼死抵抗。"无奈回天乏力，部属非死即降。

激战至下午2时，敌大部已被歼灭，师长牛元峰收罗残兵500余人，退入镇东南一土寨内固守待援。此时，确有两路援兵自东、西方向急速开来。

根据援敌进展情况，红军用少部兵力继续围攻牛师残部，并阻击由鄜县(今富县)西援之敌第一一七师，同时集中主力向西运动，准备围歼东援之敌第五十七军的主力两个师。尚未交锋,惧怕被歼的敌五十七军主力,便匆忙于23日下午西撤。红军跟踪追击,截住一个团予以歼灭。被阻不能前进的西援之敌一看大势不妙,赶快退兵,逃回出发地。被困直罗镇的第一〇九师"牛眼"望穿,不见援兵到来,只好硬着头皮于23日晚突围逃跑,红军战士一阵猛追。牛元峰眼看逃脱无望,突然站住,从腰上拔出勃朗宁手枪交与副官说:"你把我打死吧!"副官接过手枪朝牛元峰扣动扳机,牛元峰应声倒毙。于是,这最后一股残敌被歼灭。

干净利落的直罗镇伏击战役,共歼敌一个师又一个团,毙敌1000余人,俘敌5000余人,此战打破了国民党军对陕甘根据地的第三次"围剿",为党中央把中国革命大本营放在陕北,举行了一个隆重、辉煌的奠基礼。

12月9日,由于民族危机的加深以及蒋介石对"攘外必先安内"反动政策的顽固坚持,在中国共产党领导下,北平学生冲破国民党对抗日运动的压抑,举行大规模的抗日游行示威,发出"停止内战,一致对外"的强烈呼声,从此全国掀起了不可遏止的抗日救亡运动新高潮。

为了适应中日民族矛盾上升的新形势,12月下旬,中共中央政治局在瓦窑堡举行扩大会议。会议批评了"左"倾关门主义,确定了建立抗日民族统一战线的总政策,这是中国共产党政治路线的重大转变。会议还确定了把国内革命战争和抗日民族战争结合起来,发展巩固红军与根据地、渡黄河东征为主要内容的战略方针和具体计划。

会议后,红军东征的准备工作紧张展开。指战员们摩拳擦掌,决心杀敌立功。

12月的陕北,虽然寒风劲吹,一场大雪覆盖了沟壑山峁、田林房舍,但毛泽东的心情却极好,因为长征到陕北,宰"牛"直罗镇,确定新政策,东征将出发。推动中国革命更大发展的豪情壮志,激荡着他赋词一首《沁园春·雪》:

北国风光,千里冰封,万里雪飘。

望长城内外,惟余莽莽;大河上下,顿失滔滔。

山舞银蛇,原驰蜡象,欲与天公试比高。

须晴日,看红装素裹,分外妖娆。

江山如此多娇,引无数英雄竞折腰。

惜秦皇汉武,略输文采;

唐宗宋祖,稍逊风骚。

一代天骄,成吉思汗,只识弯弓射大雕。

俱往矣,数风流人物,还看今朝。

1936年2月20日,寒风中已透着春意,积雪下万物萌发生机。黄河岸边,集结着红一方面军主力1.3万人,这是毛泽东、彭德怀率领的东征队伍,打出的旗号是"中国人民红军抗日先锋军"。

晚8时,东征部队一举突破敌人河防,成功渡过黄河,随后以西北革命军事委员会名义,发布《东进抗日及讨伐卖国贼阎锡山命令》,并通电全国。

红军如神兵天降,突然出现在黄河东岸,顿使山西的"土皇帝"阎锡山慌了神,急忙调动进占陕北苏区绥德、米脂的晋军四个旅回援山西,并将所部编成四个纵队,从北、东、南三个方向向红军发动反击。

红军东渡黄河以后,以锐不可当之势,纵横驰骋于晋中、晋西南、晋西北广大地区,或围点打援,威逼太原,或声东击西,横扫封锁线。同时,红军还大力宣传抗日,发动群众,扩大红军,筹粮筹款。

三晋大地滚动的阵阵惊雷,强烈地震撼着阎锡山在山西的反动统治。无奈之下,阎锡山同意国民党中央军进入山西。这时,早就虎视眈眈、企图染指山西的蒋介石认为机会来了,遂于4月中旬派遣19个师,分两路昼夜兼程向山西进发,一路自潼关急速北上,另一路沿正太路快速西进。蒋军欲图配合晋军,消灭红军于隰县、石楼地区。

为了避免与优势敌军决战,红军决定撤回陕北。5月5日,东征军安全西渡黄河,回到陕北根据地,东征战役胜利结束。

历时75天的东征战役战果辉煌,共消灭敌人七个团,俘敌官兵4000余人,缴获各种枪4000余支,火炮20余门,扩充红军约8000人,筹款30万元,还迫使"进剿"陕北苏区的晋绥军撤回山西。在政治上,扩大了中国共产党和红军的影响,宣传了抗日救国的主张,推动了全国抗日救亡运动的发展。不幸的是,红二十八军军长刘志丹在作战中牺牲,为纪念刘志丹烈士,中共中央和陕甘苏区政府决定,将烈士故乡保安县改名为志丹县。

为了保存抗日国防力量,履行共产党的抗日主张以及促进蒋介石及其部下爱国军人的抗日觉悟,中国共产党以中华苏维埃人民共和国中央政府和中革军委名义,于5月5日发表《停战议和,一致抗日通电》,向南京国民党政府郑重提出:"在全国范围,首先在陕甘晋停止内战,双方互派代表,磋商抗日救亡具体办法。"通电中称蒋介石为"蒋氏",阎锡山为"阎氏",表现出党和红军在民族危亡面前政治策略方面的重大变化。

红军主力回师陕北,以表停战议和诚意,但蒋介石仍企图以武力消灭共产党和红军。他着手成立晋陕绥宁四省边区"剿匪"总指挥部,调反共的得力干将陈诚为总指挥。陕甘根据地四周又见乌云翻滚。

为了扩大和巩固陕甘抗日根据地,扩大抗日红军队伍,推动实现西北抗日力量大联合,中共中央和西北军委会决定发动西征战役。5月18日,红军西方野战军组成,彭德怀任司令员兼政委,辖红一、红十五军团等部。

西征战役自5月下旬开始,至7月下旬结束,取得重大战果:有力地打击了坚决反共的马鸿逵、马鸿宾等部,俘敌2000余人,缴枪2000余支,缴获战马500余匹,征集了大量资财,解放了环县、定边、盐池、豫旺四座县城,开辟了纵横200余公里的陕甘宁边新根据地。

自1935年年底到红军东征、西征期间,中共中央和红军积极开展同张学良的东北军、杨虎城的第十七路军(即西北军)的抗日统战工作,取得了很大进展。尽管蒋介石声色俱厉地督促张、杨两部"进剿"陕北,但张、杨二人在民族危亡的紧迫时刻,不愿为蒋介石火中取栗,消耗红军和东北军、西北军的抗日实力。所以,在根据地南线,红军和张、杨所部实际上逐渐处于停战状态;而且,穿着东北军、西北军服装的红军代表就住在"西北剿总"驻地的西安,并且是张、杨二位将军的"贵客"。

在澎湃浩荡的抗日救亡浪潮面前,中国共产党要从陕北走向全国,要站在历史的潮头,中国工农红军要充当抗日的先锋军,要肩负起民族解放的历史责任。

第二十一章

三军大会师

■ 卓木碉冒出个第二"中央"

红二方面军主力已经胜利到达陕北,而张国焘强令南下的红四方面军和红一方面军第五、第三十二军(即原红五、红九军团),此刻又在何处?

1935年9月15日,张国焘以红军总政治部名义,发布《大举南进政治保障计划》,宣称"我们目前的战略方针是集中主力,大举向南进攻……在广大地区内建立巩固的根据地,首先赤化四川"。17日,张国焘下达命令,提出"大举南下,打到成都吃大米"的煽动性口号。接着,左路军和右路军中的红四方面军部队,分别由阿坝和包座地区南下。茫茫草地,在凛冽的寒风中又迎来了饱受饥饿和疲劳之苦的红军部队。9月下旬,部队返回党坝、松岗、马塘等地区。

张国焘到达松岗地区后,便迫不及待地公开打出反党旗帜。10月5日,他在卓木碉召开干部会议,宣布由他圈定的"中央"名单,组成非法的"中央委员会"、"中央政治局"、"中央书记处"、"中央军事委员会"等组织机构,并自封"中央主席"。会议在通过的关于成立第二"中央"的决议中,竟然宣布:"毛泽东、周恩来、博古、洛甫撤销工作,开除中央委员及党籍,并下令通缉。杨尚昆、叶剑英应免职查办。"

张国焘在会上还大言不惭地自比列宁,说什么现在好比是当年列宁在第二国际"修"了以后，举起第三国际的红旗一样，他也要举起中国革命的旗帜。

卓木碉冒出的第二"中央"表明，张国焘在分裂党、分裂红军的罪恶道路上，已陷入难以自拔的泥坑。

当时随左路军行动的朱德总司令，对张国焘的倒行逆施坚决反对。还在阿坝会议上时，一些追随张国焘和不明真相的人就逼迫朱德当场表态："同毛泽东向北逃跑的错误划清界限"，"反对北上，拥护南下"。朱德神情严峻，稳坐会场，对这些起哄者不予理睬。

张国焘阴冷着脸，逼问朱德："总司令，你可以讲讲嘛，对这个问题你的认识究竟怎样？是南下，还是北上？"

朱德坦然回答："党中央北上抗日的决议是正确的，我在政治局会议上也是举手同意的，我不能出尔反尔。我是共产党员，我的义务是执行党的决定。南下没有出路。"

会场气氛顿时紧张起来，甚至有人冲朱德喊："既然你拥护北上，那你现在就走！快走！"

这时朱德反而平静地说："我是中央派到这里工作的，既然你们坚持南下，我只好跟你们去。"

看到这些人如此蛮横地围攻朱德，刘伯承气愤地说："现在不是开党的会议吗？你们怎么能这样对待朱总司令？"于是，那一伙人又把攻击目标对准刘伯承。刘伯承也慨然表明态度："我同意北上，从全国形势看，北上有利，南下是要碰钉子的。"张国焘见刘伯承的话不对他的口味，不久便将他的参谋长职务免去，调他去红军大学工作。

张国焘在阿坝会议上没能使朱德、刘伯承屈服，之后又召开大大小小会议，给朱德施加压力，他和他的追随者甚至谩骂朱德。朱德夫人康克清回忆当时情况说：

"朱总很沉着，任你怎么斗，怎么骂，他总是一言不发，像不沉的'航空母舰'，等对方斗完骂完，他才不慌不忙地同他们讲道理。"

就在这次卓木碉会议上，张国焘又要朱德表态反对毛泽东，反对党中央。朱德则语重心长地说："大敌当前，要讲团结嘛！天下红军是一家。在党中央领导下，中国工农红军是个整体。大家知道，我们这个'朱毛'在一起好多年了，全国全世界都闻名。要我这个'朱'去反对'毛'，我可做不到！不论发生多大的事，都是红军内部的问题，大家一定要冷静，应当找出解决办法来，可不能叫蒋介石看我们的热闹哟！"

这段时期朱德的处境很艰难，有时如同被软禁一般。为了壮大声势，张国焘还强加给朱德许多伪"中央"的头衔。许多命令、电报还署上朱德的名字，而实际上朱德对此是反对的。朱德后来回忆他同张国焘作斗争的情况时说：

这时他（指张国焘）又搞了个"中央"，我说：要搞，你搞你的，我不赞成。我按党员规矩，保留意见，以个人名义做革命工作，不能反中央。一直和他斗，我们人少，但理直气壮。我们的办法是，他搞他的，我们做我们的工作。只要革命，总会到一块的。

朱德不但自己与张国焘的分裂活动作恰当的斗争，而且教导左路军原红一方面军干部，反对张国焘分裂要讲方式，要顾全大局，不能硬来，以免做无谓的牺牲。并且要团结红四方面军官兵，他们有许多优点，英勇善战，都是我们的阶级兄弟。不仅如此，朱德还直接出面，保护了许多反对张国焘搞分裂的干部、战士。同时，他也非常关心红四方面军的指战员，利用各种机会接触他们，了解他们的想法，并耐心解释中央的北上方针。

张国焘在卓木碉另立"中央"，作为红四方面军总指挥的徐向前对此很不满，他在《历史的回顾》中说：

这次会议，明显带有突然袭击的性质。所谓"决议"，并未经郑重讨论，不过是一哄而起罢了。我在会上没有发言，也没有举手表决，对眼前发生的一切，既不理解，又很痛心。拥护吧，没有多少道理，原来就有党中央，这边又成立一个，算什么名堂？但自己有些事还没想清楚，说不出个所以然来……左右为难，只好持沉默态度。会后，张国焘找我谈话，我表示不赞成这种作法。我说：党内有分歧，谁是谁非，可以慢慢地谈，总会谈通的。把中央骂得一钱不值，开除这个，通缉那个,只能使亲者痛,仇者快……

分裂不得人心,广大指战员还是渴求团结的,他们对革命、对党的信仰没有动摇,英勇作战的战斗作风没有衰退。红四方面军中有不少人开始改变对"张主席"的盲目崇拜心理,窃窃私议所发生的事情。

张国焘在忙于筹组伪"中央",进行分裂活动之时,川敌则和入川的中央"追剿军"积极调整部署,企图围堵歼灭南下的红军部队。

为了贯彻南下方针,打开通往天全、芦山的道路,张国焘于10月7日以"中革军委主席"名义,发布了《绥崇丹懋战役计划》。在战役进行过程中,处于逆境中的朱德不当"空头司令",他从爱护和发展红军力量出发,和总指挥徐向前缜密研究作战部署,尽量发挥自己的作用。

这次战役自10月8日开始,历时十余日胜利结束,共攻克绥靖、崇化、丹巴、懋功等地,击溃川军六个旅,歼敌3000余人。

绥崇丹懋战役后,川敌为扼阻红军前进,再次调整部署,自南而东加强兵力,筑碉封锁。

与此同时,张国焘无视红军减员、疲惫的实际情况,又于10月20日发布《天(全)芦(山)名(山)雅(安)邛(崃)大(邑)战役计划》,将部队分为左、中、右三个纵队,向南攻击前进。

10月24日,红军南下部队翻越夹金山,以迅猛之势向宝兴、天全、芦山之敌发起进攻。经十余日英勇作战,三座城皆被攻克,歼敌5000余人,控制了邛崃山以西、大渡河以东、青衣江以北和懋功以南的川康边广大地区,造成了东下川西平原、直掠成都的战略态势。

张国焘有些洋洋得意:"看来真要到成都去吃大米了,我说南下是正确的嘛!"

成都告急,重庆震动,川军总司令刘湘坐不住了,急调援兵,至此参加扼阻红军的兵力已达80余团。另外,敌中央军薛岳部主力亦在成都集结待命。

敌情已发生严重变化,但张国焘仍命令红军竭尽全力进攻名山、邛崃,企图先与刘湘主力决战,然后再向川西平原发展,威胁成都。

11月16日,红军攻占名山东北要地百丈镇。19日,敌军在飞机、大炮掩护下,以优势兵力向百丈地区疯狂反扑。

红军这时既无后方可作依托,粮弹又严重缺乏,而且经连续作战,指战员们已十分疲劳。面对敌机的轮番轰炸和强大炮火的猛烈轰击,红军官兵在艰难的条件下与敌浴血奋战。有的部队子弹打光了,就与敌人白刃搏斗,不惜战斗到最后一个人;有的战士身负重伤,就拉响手榴弹,与冲上来的敌人同归于尽。整个战场,杀声震野,火光冲天,血流满地,尸骨错列。连续七天七夜的厮杀恶拼,红军毙、伤敌1.5万余人,红军自己亦伤亡近万人。阵地战、消耗战,对兵力居于劣势且缺乏补给的红军来说,极为不利。

战局没有打开,薛岳部队又从南面压了过来,再坚持下去,红军有全军覆没的危险。于是,红军只好撤至名山西北地区扼险防御。至此,天芦名雅邛大战役结束,南下红军陷入了前有强敌、后无根据地、进退两难的不利局面。

百丈决战,是红军南下部队由战略进攻转入战略防御的转折点,也是张国焘南下方针碰壁的主要标志。之后,红四方面军和随军行动的原川陕地区党政机关尽了很大努力,期望在懋功、丹巴、宝兴、天全、芦山地区建立一块可以依托的根据地,但终因地广人稀、粮食缺乏、经济文化落后、语言不通等原因而未成功。数万大军辗转于此,困难颇多。部队经常以野菜、土豆充饥,伤病员大量增加,却得不到很好安置,天气奇寒,官兵却没有棉衣。这一切正好印证了毛泽东和党中央“南下是绝路”的预言,也印证了不能在川康边少数民族地区建立根据地的判断。

可是,在红军处境如此险恶的环境下,张国焘仍坚持他的分裂党、分裂红军的错误,竟在12月5日以“党团中央”名义致电中共中央,狂妄地宣称:“此间已用党中央、少共中央、中央政府、中革军委、总司令部等名义对外发表文件,并和你们发生关系。”“你们应以党北方局、陕甘政府和北路军,不得再冒用中央名义。”“一、四方面军名义已取消”,以后不得再用,等等。

奇哉怪哉!假中央倒命令起真中央来,张国焘实在是昏了头。

■ 乌蒙磅礴走蛟龙

　　张国焘率领红军南下部队受挫，后欲图在川康边立足，但川敌主力和薛岳部队仍紧追不舍，于是，南下红军被迫于1936年2月中下旬撤离天全、芦山、宝兴地区，相继向西转移。至4月上旬，先后占领道孚、炉霍、瞻化、甘孜等地，控制了东起懋功、西达甘孜、北连草地、南接瞻化和奉宁的广大地区，暂时避开了敌人进攻的锋芒。这时，部队因减员严重，战斗力受到极大削弱而进行了缩编，全军总计4万余人，与南下时相比，人员已折损过半，这是张国焘错误路线造成的恶果。

　　张国焘曾断言中央"率孤军北上，不拖死也会冻死"，"至多剩下几个中央委员到得陕北"，然而党中央率北上部队不仅胜利到达陕北，而且在直罗镇打了一场漂亮的歼灭战。这些消息通过电波传到红四方面军后，部队中私下议论的更多了。这个说："还是中央的北上方针对头。"那个说："南下没有出路，我们也该北上才对。"

　　张国焘觉察到部队中的不稳情绪，他不但不反思，仍继续攻击党中央，吹嘘"南下"正确，强力压制对他的批评，声称："任何一种暗中三五成群议论党的决议而发生破坏作用的现象，都要遭到铁锤的打击。"但任他怎样恫吓，都改变不了广大指战员要求北上同党中央会合的强烈愿望。

　　这一时期，党中央十分关心红军南下部队，经常打电报通报红一方面军作战获胜情况，通报全国形势及敌军情况，通报瓦窑堡会议所确立的抗日民族统一战线政策及具体政策变化情况。

　　即便是张国焘另立"中央"后，党中央还是耐心劝其取消非法组织，希望他能够率部迅速北上会合中央。1936年1月，已从苏联回国到达陕北的中共驻共产国际代表林育英（即张浩），也数电张国焘，劝他维护党内团结，指出共产国际完全同意中共中央的政治路线，"中央红军的万里长征是胜利了"，并劝告他取消第二"中央",作为变通办法,可成立西南局,直属中共驻共产国际代表团。

这时,陈昌浩也改变了态度,表示服从共产国际的决定。

张国焘自封"中央"主席,犹如捧了个烫手山芋。现在中共中央反对他,共产国际代表反对他,部下也反对他,他真的成了个孤家寡人。尽管表面上他仍声色俱厉,实际上却是色厉内荏,骑虎难下。他作为一个老资格的中共重要领导人,知道中共是共产国际的一个支部,任何重大人事变动、组织变更都须得到共产国际的批准,否则视为无效。因此,他心神不定,左右为难,进退维谷。这时传来消息,红军第二军团和第六军团正从黔滇边北进,准备同红四方面军会合。这一消息使全体指战员群情激奋。由于南下方针失败,川康边又难以立足,张国焘权衡再三,开始同意北上主张。

4月1日,张国焘在机关活动分子会上作报告,除给自己脸上贴金,宣称南下已达到"预定的目的"外,同时提出"争取西北抗日根据地的胜利",与红二、六军团的行动"互相呼应","艰苦卓绝的为创造西北广大抗日根据地而斗争"。不过,张国焘这里所讲的创造西北抗日根据地还不是同党中央会合,而是继续向青海、甘肃、新疆等边远地区退却。不管怎样,总算是向北上的正确方向迈出了一步。

此时,红四方面军制定了《四五两月战斗准备工作计划》,随之积极开展整训、筹集物资等工作。为同红二、六军团会师并一同北上创造条件,徐向前在迎接会师动员会上深情地说:

> 红军是一家人,我们和中央红军与二方面军的关系,好比老四与老大、老二之间的兄弟关系。上次我们和老大的关系没搞好,要接受教训。"兄弟阋于墙外御其侮"。吵架归吵架,团结归团结,不能分家。现在老二就要上来,再搞不好关系,是说不过去的。每个部队都有自己的长处、短处,方针是互相学习、取长补短、加强团结、一致对敌。

为了配合红二、六军团北上,红四方面军总部派出有力部队前往接应,牵制敌军。

红二、红六军团不是在创建湘鄂川黔苏区吗?如何又北上了呢?原来是这样的——

1935年2月初,就在蒋介石调集10万大军,分六个纵队,采取分进合击、攻堵结合的战法,开始向贺龙、任弼时等领导创建的湘鄂川黔苏区发动大规模"围剿"的时候,遵义会议召开后的党中央、中革军委发来重要指示,要求红二、六军团采取"决战防御"和"运动战"的总方针,打破敌之"围剿"。

此后,红二、六军团在历时半年多的反"围剿"作战中,积极灵活地打击敌人,先后取得陈家河等多次战斗胜利,共歼敌两个师又一个旅,从而粉碎了敌人的"围剿",还扩大了苏区和红军,支援了中央红军和红四方面军的长征。

1935年9月,不肯善罢甘休的蒋介石,趁其他主力红军北上之机,再次纠集130个团的兵力,对湘鄂川黔苏区发动新的更大规模的"围剿"。这次,他以持久战和堡垒主义为方针,逐段筑垒推进,同时伴以严密的经济封锁。因此,苏区的反"围剿"斗争越来越困难,而且军团同中央的无线电联系早已在6月22日中断,得不到中央红军主力行动的确切消息和党中央的及时指示,在这种情况下,中共湘鄂川黔省委和军委分会果断决定,除留一个师坚守苏区斗争外,两军团主力西进,向湘黔边转移,争取在那里创建新的根据地。

11月19日,红二、六军团主力共六个师1.7万余人,从湖南桑植的刘家坪和水獭铺地区出发西进,开始向湘黔边转移。途中胜利突破了敌人重兵把守的澧水封锁线、沅江封锁线,至11月下旬,到达湘中地区,在此发动群众,扩大红军,筹措资财。

又一条蛟龙出走,蒋介石气急败坏,大骂"围剿"将军们"饭桶"、"无能"的同时,赶紧调遣12个师的兵力,分路追击,企图在沅江和资水之间把红军消灭。

军情紧迫,红二、六军团决定退出强敌云集的湘中地区,向敌人兵力薄弱的贵州石阡、镇远、黄平地区转移。12月中,部队开始行动,为了迷惑、调动敌人兵力,他们时东时西,忽南忽北,以机动灵活的作战行动,将"追剿军"远远甩在后边。

1936年1月中旬,红二、六军团冲破敌人拦阻,进入黔东,但发觉此处人口稀少,粮食困难,不宜建立根据地,而且敌"追剿军"又从四面赶来,遂放弃原计划,决定西渡乌江,争取在黔西北地区建立根据地。

1月20日,两军团开始西进,途中再演中央红军兵临贵阳之好戏,"指挥"蒋介石收兵防守,红军乘机向西北急进,又造成北取遵义的态势。蒋介石急出一身冷汗,慌忙调兵加强乌江北岸布防,他纳闷:怎么红军老是相中遵义?可是红军这次不是去遵义,而是秘密西进,按预定计划在黔西北的黔西、大定、毕节地区展开,从事根据地的创建工作。短短20多天时间,便扩大红军5000人,并团结与争取了曾任北洋政府秘书长的知名人士周素园先生,由他出面组建了贵州抗日救国军,周任司令。后周素元随红二、六军团北上长征,到达延安。毛泽东亲切地称赞这位意志坚定的老人,是"我们的一个十分亲切而又可敬的朋友与革命的同志"。

蒋介石岂容红二、六军团在黔西北地区立足,赶忙调各路大军四面围堵。军委分会审时度势,决定退出这一愈来愈狭小的地区,转兵东南,到安顺地区创建新根据地。

2月27日,两军团西进转入乌蒙山区,这里层峦叠嶂,逶迤千里,气势磅礴。为了突破敌人的围堵阻截,红军大胆采取敌进我进战术插入敌后,摆脱敌人。3月28日,红军击破滇军拦阻后,进占盘县、亦资孔地区。至此,红二、六军团历时一个月,转战数百里的乌蒙山回旋战胜利结束,贺龙和红军威名远扬,而敌人则被拖得疲惫不堪,不得不暂时转入守势。红军虽然也很疲劳,不断有减员,但沿途陆陆续续有群众加入红军,因此,部队兵员总数未见大的减少。

正当红二、红六军团准备在盘县等偏僻地区创建新根据地的时候,3月30日,接到了朱德总司令和张国焘总政委的电报指示,要两军团北渡金沙江,去甘孜同红四方面军会师。张国焘曾于1935年9月底以红军总部名义同红二、六军团建立了电讯联系,而红二、六军团首长至会师前一直把红军总部发来的电报误认为是党中央的指示。在这种情况下,红二、六军团决定放弃创建新苏区的计划,渡江北上,前往甘孜会师。

3月31日,红二、六军团兵分两路,突然急进滇中,蒋介石判断红军是要北渡金沙江,于是立即飞调各路"追剿"纵队堵截红军,并任命龙云为滇黔"剿匪"总司令。为了围歼红军于金沙江南岸地区，蒋介石飞赴昆明亲自督战，并且拉上龙云飞临"追剿"部队上空盘旋，以示慰问。

蒋介石的"追剿军"紧紧追赶，但红军行动神速，突破封锁，先是向西疾进，继而北上，3月25日至28日，全军在金沙江上游丽江附近之石鼓、巨甸两处，从容渡过金沙江。蒋介石眼看自己的追堵围歼计划又一次破产，直气得手脚发凉，稍缓过神便又怒责部属无能。

红二、六军团渡过金沙江后继续北进，过藏民区，越大雪山，战胜诸多困难，在红四方面军派遣部队的接应下，于7月2日齐集甘孜，胜利地完成了同红四方面军的会师任务。

红二、六军团抵达甘孜地区后，朱德等即赶往会见贺龙、任弼时等人。当年，朱德、贺龙等共同领导八一南昌起义，一晃近十年时间过去了，而今相见，亲切而又感慨。这时，在陕北的林育英、张闻天、毛泽东等68名党政军领导人发来贺电，表示"我们以无限的热忱庆祝你们的胜利的会合，欢迎你们继续英勇地进军，北出陕甘与一方面军配合以至会合"。

■ 张国焘无奈拨转马头

会师的场面是热烈的，指战员们的心情是兴奋的。然而在甘孜上空，还漂浮着驱之不散的浓浓的阴影，那便是张国焘仍在继续进行分裂党分裂红军的活动。

在红二、六军团与红四方面军会师之前，虽然朱德、张国焘多次联名致电贺龙、任弼时等，催促他们率部北上会师，但其目的各异。

朱德是按中央指示，要两军团来此会师后与红四方面军一起北上陕甘，同时也是增加同张国焘反党分裂活动作斗争的力量；而张国焘的目的却是想把两军团拉过来，壮大自己的力量，企图用他的那一套错误主张去影响红二、六军团领导人,进而控制两个军团。

所以,当红二、六军团到达甘孜地区后,张国焘便积极活动,向两军团派去工作组,并送去一大批"干部必读"等文件、材料。这些文件、材料煽动对党中央的不满,污蔑党中央率红一方面军主力北上,是可耻的"逃跑主义",是"'左'倾空谈掩盖下的退却路线",并且指名道姓地攻击毛泽东、张闻天、周恩来等党和红军的高级领导人。

这些材料还说:张国焘和红二、六军团"没有什么任何政治上的分歧",两军会师后"将要更大地增强我们的力量",并且具备"吸引陕北红军采取配合行动的可能"等等。

不仅如此,张国焘还企图吞并红二、六军团。在甘孜,张国焘曾找任弼时谈话,提出要任离开红二、六军团,他另派政委,还提出调换红二、六军团领导人。时任红六军团政委的王震后来指出:张国焘阴谋瓦解红二、六军团,想把我和萧克及整个军团收买过去,于是把我们一个一个找去谈话,还"送给我四匹马,给我们戴高帽子,说我们勇敢、能打。他那个军阀主义呀,简直不像话"。

在组织上,张国焘企图利用召开党的会议的方式,迫使红二、六军团领导人赞同他的主张,但任弼时等人察知其不良用心后,抵制了他的做法。任弼时对张国焘说:"你要开党的会议,但报告由哪个做?有了争论,又如何作结论?"张国焘一时语塞,说不出话来。所以,这个特殊的会就没有开成。

红二、六军团到达甘孜会师,并且组成红二方面军,这对于抵制张国焘的分裂主义错误有着重要作用。所以,当朱德见到任弼时他们以后便激动而惊喜地说:"好哇!你们来得太好啦,这下我的腰杆就硬了!"接着他详详细细地把张国焘如何分裂党、分裂红军的活动说与任弼时、贺龙他们听。同时他还着重指出,红四方面军广大指战员都是好的,都是拥护中央、赞成北上的,现在要把包括张国焘在内的红四方面军广大指战员团结过来,想办法把他们带去会合中央。

听朱德一席话,贺龙、任弼时等两军团领导人心里有了底,从此,他们和朱德、刘伯承等站在一起,同张国焘的分裂错误作既坚持原则,又讲究策略方法的斗争。

任弼时指示红二军团政治部:凡是红四方面军来的干部,只能讲团结,介绍过草地的经验，不准进行反中央的宣传，如果送来材料，一律不准下发。贺龙看到张国焘送来的"干部必读"材料后，也当即指示红二、六军团各部队，立刻将此种材料统统收缴，除留一份备存外，其余统统烧掉。同时，任弼时还以中央政治局委员身份，找红四方面军领导人倾心交谈，以促进全军团结。为了同党中央直接联系，他还从张国焘那里要来了同中央联系的电报密码本，此后，红二方面军可以直接向中央汇报和接受指示了。

贺龙、任弼时虽然努力去做增进团结的工作，但也做好了发生不测的准备。因为当时的情况是，一方人少，一方人多，而张国焘又是善搞党内斗争的"老手"，在鄂豫皖、在川陕，他曾以"肃反"为名，杀掉了许多忠诚为党为革命工作的领导干部。几十年后，贺龙谈到了当年同张国焘作斗争的一些内幕：

朱老总、伯承向我们讲了张国焘搞分裂的事，我们以前并不知道。不过，张国焘这个人，我还是有所了解……到了甘孜，他人多，我们人少，我们又不听他的，得防备他脸色一变下狠手。我有我的办法，我让弼时、向应和朱老总、伯承、张国焘，都住在一幢两层的藏民楼里……整个住处的警卫是我亲自安排的，警卫员每人两支驳壳枪，子弹充足得很呢！你张国焘人多有个大圈圈，我贺龙人少，搞个小圈圈，他就是真有歹心也不敢下手！张国焘搞分裂，我们搞团结，可是对搞分裂的人不得不防嘛！还有开庆祝会师大会，张国焘是红军总政治委员，自然要讲话。在主席台上，我坐在他身旁。他刚刚站起身要讲话，我半开玩笑半认真地给了他一句悄悄话，我说："国焘啊，只讲团结，莫讲分裂，不然，小心老子打你的黑枪！"张国焘就没有敢讲不利团结的话。其实，我哪里会打他黑枪，他自己心里有鬼么！

1936年五六月间，全国抗日民主运动进一步高涨，中国共产党的抗日民族统一战线政策正在逐步取得显著成效。而此时国民党内部各派系之间的矛盾进一步激化，6月2日，陈济棠、李宗仁等两广地方当局领导人发动"两广事变"，致使专力"剿共"的蒋介石不得已将西北"剿匪"主力军胡宗南部调往湖南，以与两广军队对抗，这就使甘肃南部的敌人兵力顿显薄弱。

值此有利时机,中共中央连电张国焘,指示红四方面军与红二、六军团会师后,全部迅速北上甘南,与红一方面军共同创建西北抗日根据地,同时,红一方面军可派部队策应北上。

于是,为各方反对所困扰的张国焘,不得不于6月6日宣布取消他的非法"中央",并在10日复电党中央,明确表示同意北上,张国焘的分裂主义走向破产。根据实际情况,红军总部和红四方面军总部一致决定,乘虚北出岷州地区,横扫敌王均、毛炳文部,直向甘东南发展。随后总部即派出先遣部队先出阿坝,为全军通过草地作物资上的准备。6月29日,红四方面军再颁二次北上政治动员令。

7月5日,红二、六军团奉中革军委电令,组成中国工农红军第二方面军,贺龙任总指挥,任弼时任政治委员,萧克任副总指挥,关向应任副政治委员,另将第三十二军(原红九军团,后编入左路军)划归第二方面军建制。中央此举,意在将红二方面军置于党中央的直接领导之下,以免张国焘插手。

在这短短的几天时间里,任弼时、贺龙等红二方面军的领导做了许多维护党的团结、红军的团结的重要工作,两个方面军共同北上的部署进一步具体落实。

7月上旬,根据红军总部的安排,红四方面军组成的左、中、右三个纵队,分别从甘孜、炉霍、绥靖出发北上。其中中央纵队由红四方面军部分主力及方面军总部组成,由徐向前率领,经毛儿盖向包座前进。左纵队是四方面军另一部分主力,由朱德、张国焘率领,由甘孜出发,经阿坝向包座、班佑前进。红二方面军分为两个梯队,在左纵队之后跟进。根据朱德的提议,任弼时随左纵队中的红军总部行动,刘伯承随红二方面军行动(此时刘伯承已恢复红军总参谋长职务)。这是朱德匠心独具的巧妙安排,既可加强红军总部中对张国焘斗争的力量,又可从外面对张国焘起制约作用。右纵队由原红一方面军中的红五军(即原红五军团)与红四方面军中之一部组成,由董振堂率领,从绥靖出发,经毛儿盖向包座前进。

北上的军号又吹响了,经过数番磨难的红四方面军指战员踏进茫茫的草地,他们中的大部分人已是第三次过草地。红二方面军是首次过草地,他们得到了红四方面军广大指战员的真诚帮助以及物资方面的大力援助。如红四方面军将直属队驮行李的牦牛都留了下来,以便于红二方面军能够顺利通过草地。

昔日南下时还趾高气扬、踌躇满志的张国焘,而今于无奈中拨转马头,再次北上,此刻其心情该是如何呢?

■ 三军会师尽开颜

盛夏时节,草地野花烂漫,绿茵如毯。然而,这美好的大自然景观仍难以掩盖它那温柔"杀手"的魔性。泥沼、饥饿、恶劣的天气,转着圈儿袭击闯进神秘地带的红军部队。

贺龙亲自率领红二军团担负左纵队总断后和收容任务。这位威震敌胆的将军,同样要征服处处暗藏杀机的茫茫草地。对后卫部队来说,饥饿的威胁更大,筹粮已不易,挖野菜也更困难,因为野菜差不多被前头部队挖光了。所以有不少指战员饿毙路旁,有些死者口里还含着草根。最困难的时候,甚至连皮带、枪带、皮鞋、马鞍也烧煮着吃了。虽说难以下咽,但红军战士们却以乐观主义的态度对待这些困难。在篝火旁,一首《牛皮腰带歌》轻轻响起:

牛皮腰带三尺长,草地荒原好干粮。

开水煮来别有味,野火烧熟分外香。

一段用来煮野菜,一段用来熬鲜汤。

有汤有菜花样多,留下一段战友尝。

歌声给人们带来精神上的快慰,但还是抑制不住饥饿的"示威"。为了战胜困难,贺龙甚至让战士们把他的枣红马拉去杀了,把马肉分给战士们吃。可是,大家怎么舍得呢?这匹枣红马,曾随贺总指挥南北转战,它不光救过他的命,而且还救过许多伤病员的命啊!贺龙见大家不吃,乐呵呵地说:"大家精神起来,吃了马肉应该长劲,坚持下去,走出草地,胜利就是我们的!"

困难、艰险,可以吓倒懦弱者,但吓不倒红军英雄汉。依靠官兵的团结,依靠对党、对革命事业的忠诚,红四、红二方面军各路纵队相继于8月上旬走出草地,胜利到达班佑、包座地区。

在这期间,党中央极为关注红二、红四方面军的共同北上。在部队通过草地时,曾不断通报敌情和给予重要指示。7月27日,中央正式批准成立中共西北局,由张国焘任书记,任弼时任副书记,统一领导红二、红四方面军的北上行动。党中央的指示和关怀,鼓舞了广大指战员的胜利信心。

7月底,红四方面军先头部队攻占包座,歼敌一部。8月1日,中共中央致电祝贺,并指示红四方面军到包座略作休息后,宜迅速北进;红二方面军随后跟进到哈达铺后再大休整,以免敌人封锁岷(县)西(固)线,使北上发生困难。当日,朱德、张国焘、任弼时复电中央,表示:"我二、四方面军全体指战员,对三个方面军大会合和配合行动,一致兴奋,并准备好了一切,谋西北首先胜利奋斗到底!"

8月3日,中共中央也复电表示:"接8月1日电为之欣慰。团结一致,牺牲一切,实现西北抗日新局面的伟大任务,我们的心和你们的心是完全一致的。""我们已将你们的来电通知全苏区红军,并号召他们以热烈的同志精神,准备一切条件欢迎你们,达到三个方面军的大会合。"

就在一、二、四方面军指战员翘首企盼会师的时候,却有人坐卧不安,此人便是蒋介石。

7月底,蒋介石的重庆行营接连发出命令,要川、康、甘、青四省各部队凭借天然险要及旧有碉堡线,采取攻势防御,将红二、红四方面军封锁在草地内,以阻止他们与陕北红军会合,并由川康两省抽兵分途追击,同时在甘肃、青海境内各设两道封锁线,调派重兵防守。

根据中共中央指示和敌人主力尚未集中之机,红二、红四方面军于8月上旬开始,北上发起岷(州)洮(州)西(固)战役,至9月初,控制了漳县、临潭、渭源、通渭、成县、徽县、两当、康县八座县城和岷县、陇西、临洮、武山、礼县等县的广大地区,从而出现了同党中央和红一方面军即将会师的有利态势。

蒋介石力图阻止红军三大主力会合,急调嫡系部队胡宗南的第一军速从湖南北返,抢占西兰公路西段,以切断红军三个方面军会合的通路,同时命令川甘青宁陕等各路"追剿"部队,分别进攻红一、二、四方面军。

9月中旬,中共中央和中革军委决定:先占领宁夏,再分兵攻取甘肃西部,为此,须先组织静(宁)会(宁)战役,打击胡宗南部。随后,红一、二方面军按照军委布置的具体作战任务积极行动。

关键时候,张国焘的分裂主义再次作祟。他不按照军委部署行动,却电示红四方面军领导人,称"我们大计,以快向西北进为宜"。与此同时,他督令红四方面军加紧进行西进青海和甘肃西北部的准备。

中共中央不赞成这个西进主张,在9月19日致朱德、张国焘的电报中指出,目前发展的重点在宁夏而不在甘西,若红一方面军独攻宁夏,那么不仅夺取不了宁夏,进攻甘西的计划也会遭到失败。这样,就有被敌各个击破的危险。须知集中力量先占领宁夏,是发展西北和全国大局的决定一环。电报指示:时机迫促,稍纵即逝,千祈留意,至祷至盼。

在这期间,中共西北局在岷县城附近召开会议。会上,朱德、陈昌浩等多数人反对张国焘西进青海、后入甘西的错误主张。会议决定:继续北上,同党中央和红一方面军会合。9月19日,红军总部发布了要红四方面军北上静(宁)、会(宁)地区,准备歼击胡宗南部队的命令。

至此,红四方面军行动方向已经确定,然而张国焘又节外生枝。9月20日,他骑马连夜赶到漳县,召集在前方的红四方面军主要领导人会议,推翻了西北局刚作出的北上决议,命令红四方面军撤离通渭等地,从兰州以西之永靖、循化一带北渡黄河,西进青海和甘肃西部。对于张国焘的突然变卦,徐向前是这样回忆的:

我们正忙着调动部队北进,张国焘匆忙赶来漳县。进门就把周纯全、李特、李先念等同志找来,说:我这个主席干不了啦,让昌浩干吧!我们大吃一惊,莫名其妙。问了问情况,才知刚开完岷州会议……这是张国焘与陈昌浩共事以来,第一次发生尖锐争论,加上他有个另立"中央"的包袱压在身上,所以情绪很激动,还掉了泪。他说:"我是不行了,到陕北准备坐监狱,开除党籍,四方面军的事情,中央会交给陈昌浩搞的。"我觉得,陈昌浩在这个时候和"张主席"闹得这么僵,似乎有点想"取而代之"的味道,也不合适。大家你一言、我一语,劝了张国焘一通。关于军事行动方针问题,我们说,可以继续商量。

既然可以商量,张国焘来了劲头,指着地图,边讲边比画,片面地摆了一大堆理由,随后便作出西进决定。为了向党中央封锁消息,他还指令红军总部机关,所有未经他签署的电报,"一律不准发出"。

在以后的几天里,朱德总司令在十分困难的情况下,将情况报告党中央,并令红四方面军各部队暂停一切行动;同时,与张国焘的分裂行为进行斗争。他一改平时讲话平和的态度,尖锐地责问张国焘:现在迅速北上,可以不经过同敌军决战而实现会合,那么可能会合而为什么不去会合呢? 北上是岷州会议集体作出的决议,你当时也表示同意并签了字,为什么到漳县就完全改变了呢?你即使是西北局的书记,也应根据决议来工作,这是关系到组织原则的严重问题。朱德明确表示,若将原案推翻,我不能负此责任,若强要我们赞同改北上为西进,那是不可能的。张国焘却蛮横地说,他是西北局书记兼总政委,调动部队负完全责任,经他决定了可以不经朱德同意,当他不能执行职权而别人要调动军队时,他要提出抗议。

张国焘一意孤行,仍命令红四方面军先头部队西向洮州开进,准备北渡黄河进入甘西。同时他又以红军总部和红四方面军领导人名义几次致电党中央,主张红一方面军单独攻占宁夏,红四方面军要另创一个局面,而目前在静、会地区与胡宗南部队决战是不利的。

为了争取张国焘率部北上,中央一而再、再而三地耐心做说服工作,陈说北上之利、西进之害。9月27日,毛泽东等再次诚恳地致电张国焘等,指出:

中央认为:我一、四两方面军合则力厚,分则力薄;合则宁夏、甘西均可占领,完成国际所示任务,分则两处均难占领,有事实上不能达到任务之危险。一、四两方面军合力北进,则二方面军可在外翼制敌。一、四两方面军分开,二方面军北上,则外翼无力,将使三个方面军均处于偏狭地区,敌凭黄河封锁,将来发

展困难。(《毛泽东军事文集》,第1卷,第598页)

电报务望张国焘等顾及整个局势,速决北上方针,否则会合将不可能,且有"一着不慎全局皆非之虑"。

已经出动的西进部队经调查得知,黄河对岸已进入大雪封山季节,气候寒冷,道路难行,原定渡河计划已难以实现。在这种情况下,张国焘被迫同意红四方面军北上与红一方面军会合。从9月30日起,红四方面军分成五个纵队开始向通渭、庄浪、会宁、静宁方向前进。此时,红一方面军数支有力部队已奉令南下,接应红四方面军北上,并于10月2日,占领会宁城。

10月9日,朱德、张国焘、徐向前、陈昌浩等率领红军总部和红四方面军总指挥部到达会宁。

这天上午,碧空万里,阳光和煦,会宁城门楼前扎起了彩门,只见红旗招展,锣鼓喧天,在夹道欢迎的人群中,有当地群众,有红一方面军部队。会宁城内,万象更新,欢乐的气氛溢满大街小巷。

多么激动人心的会师啊!红一、红四两个方面军的指战员悲喜交集地拥抱着,互相倾吐盼望之情,互相谈论征程艰辛,真是"尝尽别离苦,备觉会合甜"。当时担任红四方面军直属纵队司令的杜义德,几十年后谈到会师时的感受说:"我当时只觉得,好像长期飘零在外的孩子又回到了父母的身边,有党中央领导了,有靠头了,有自由了,感到非常温暖。"

率领红一方面军部队在此迎接的是红一军团第一师师长陈赓,当朱德热烈地握着陈赓的手时,禁不住热泪盈眶。是啊!一年多的分离与艰辛,总司令的心里有多少话要说啊!陈赓曾在鄂豫皖根据地担任过红十二师师长,此次见到老领导徐向前总指挥,心情亦是格外高兴。

10月10日,会宁文庙前的广场上,会师大会隆重举行。徐向前总指挥眼里闪着兴奋的光芒,在雷鸣般的掌声中讲话:"同志们!今天,我们一、四方面军经过千难万险,终于胜利会师了!"

朱德总司令披一身征尘,挂一脸风霜,在最后的讲话中意味深长地号召:"我们英雄的红军部队今天会师了,今后更要团结一心,互相尊重,并肩作战,战胜我们共同的敌人！"庆祝大会上，还宣读了中共中央、中革军委、中华苏维埃中央政府热烈祝贺红军三大主力会师的《通电》。

10月22日，红二方面军经中央和军委批准，冲破敌重兵堵截，北移到达会宁以东之将台堡，与在那里的红一方面军部队胜利会师。两军会合，那种热烈气氛自不待言，而红一方面军送给红二方面军的大批物资和银元，更使红二方面军广大指战员备感温暖。

以会宁和将台堡会师为标志，红二、红四方面军继红一方面军之后也胜利地结束了长征。红军三大主力长征的胜利，宣告国民党反动派消灭共产党和红军的图谋彻底失败，宣告中国共产党和红军胜利实现了北上抗日的战略转移，宣告中国共产党领导下的人民军队是不可战胜的。

长征的胜利，是中国共产党和中国革命事业由挫折走向胜利的伟大转折点。红军主力长征后，留在长江南北各苏区的部分红军和游击队，在与党中央失去联系和遭受敌人重兵围攻的情况下，依靠当地党组织的坚强领导，依靠人民群众的大力支援，克服种种困难，在江西、福建、浙江、安徽、河南、湖北、湖南、广东八省15个地区，独立地坚持了三年艰苦的游击战争，不但从战略上配合了红军主力长征，而且也保存了自己的力量和阵地，为中国革命作出了重要贡献。

■ "留得青山在，不怕没柴烧"

蒋介石这些天来心情颇为烦躁，两年多来顶着全国民众要求"停止内战，一致抗日"的压力，最大限度地动员了军力，倾注了财力，力求围追堵截住各地红军，怎么弄来弄去，反倒把分散的红军赶到一起去了呢？而且在西北，张学良的东北军、杨虎城的十七路军又和红军一起，要在西北搞什么抗日的大联合。想来想去，蒋介石下定决心，还是要依照"攘外必先安内"的方针，集中更大优势兵力，务必将红军围歼于西北地区，还是要逼使张、杨部队"剿共"，若有贰心，立刻调出陕甘两省，改由中央军亲自"剿共"。

蒋介石盘算好了：不管你共产党现在如何以抗日统一战线相号召，如何积极地谋求和我进行旨在停战抗日的国共合作谈判，我的"剿共"方针仍不作一丝一毫改变，等到把红军大部歼灭，余下仅数千人的残部时，我再和你谈"收编"问题，那时不怕你共产党不俯首就范。

为达到这个目的，蒋介石拟定了"剿共"部署。第一步，先组织"通渭会战"，在西兰大道地区给红军主力以致命打击，防止红军西渡黄河，占据河西地带；第二步，再组织最后"围剿"，集中几十万大军，配以100架战斗轰炸机，以步步为营战术，在黄河以东、西兰大道以北地区，一举消灭红军主力。

10月21日，敌人对红军发起进攻。次日，蒋介石杀气腾腾飞抵西安，督促张学良、杨虎城率部参加"剿共"。

敌情严重，红军各部队采取诱敌深入战法，伺机打击胡宗南军队。10月23日，朱德、张国焘率红军总部到甘肃打拉池，与彭德怀的西方野战军总部会合。

10月下旬，为了实行宁夏战役计划，策应河东红军作战行动，经军委批准，红四方面军总部及红四方面军第三十军、第九军从靖远地区相继渡过黄河。

为了阻击进攻势头凶猛的南线敌人的追击，加强三个方面军的协同作战，中革军委任命彭德怀为前敌总指挥兼政治委员，刘伯承为参谋长。10月30日，彭德怀下达《海（原）打（拉池）战役计划》，目的是要粉碎蒋介石嫡系胡宗南部的进攻，为将要进行的宁夏战役创造条件。

可惜的是，张国焘虽然表面同意战役计划，实际上却并未按照计划行事。他命令红四方面军第四军、第三十一军分别后撤，加之第五军已西渡黄河，致使红一方面军主力的右翼完全暴露在敌人面前，形成危险局面。在此情况下，海打战役计划被迫放弃，红军主力由打拉池地区向东转移。

之后，敌人迅速北进，并且占领靖远、打拉池、中卫等地，打通了增援宁夏的通路，致使河东红军与河西红军联络隔断，于是，宁夏战役计划也不得不放弃了。

根据当时全国政治形势及敌情变化，中共中央于11月8日提出一个新的战略计划：拟以三个方面军主力于本月内继续在现地区作战，12月上旬后分别组成南、北两路军,经陇东入陕,并伺机东渡黄河再入山西,寻求直接对日作战,或在晋、冀、鲁、豫、皖、鄂、陕、甘等省进行机动作战,目的是扩大中国共产党的政治影响,扩大红军,争取同南京政府达成共同抗日协定。计划还提议,由徐向前、陈昌浩率领的河西部队第五、九、三十军组成西路军,执行在河西创立根据地,直接打通去苏联通道的任务,准备用一年时间完成。

此后,西路军共21800人挺进河西走廊,他们在极端困难的条件下,孤军与优势敌军浴血奋战,表现了不畏艰险的英雄气概和为革命献身的壮烈精神,留下了许多惊天地泣鬼神的英雄事迹。在四个多月的时间里,英勇的西路军广大指战员共歼敌2万余人,但由于没有根据地作依托,没有兵员和物资的补充,在1937年3月遭到失败,红五军军长董振堂、红九军军长孙玉清、政委陈海松等壮烈牺牲。

3月14日,在敌重兵包围中的西路军军政委员会决定:徐向前、陈昌浩离开部队回陕北,向党中央汇报情况,其余部队分成三个支队,在李卓然、李先念等组成的西路军工作委员会的统一领导下,转入祁连山区打游击。

西路军的危困处境紧紧地牵动着中共中央和中央军委领导的心。除在西路军西进过程中给予指示外,中共中央和中央军委还尽最大努力期望通过政治谈判,包括愿付重金争取甘、青军阀马步芳、马步青停止对西路军的攻击,但未获结果。

1937年2月下旬,中央和军委曾组成以刘伯承为司令员、张浩为政委的援西军前往援救。后得知西路军已失败,方于中途停止。随之中央和援西军竭力收容和营救西路军失散人员,使他们先后回到陕甘宁边区。那些转入冰山雪谷、环境异常险恶的祁连山区打游击的三个支队,有两个支队被强敌打垮,一个支队在李先念率领下历尽艰险,于1937年4月底到达甘肃、新疆交界的星星峡。这支尚余400多人的队伍,在中共中央所派代表陈云、滕代远的接应下进入新疆,后来在抗战爆发后返回延安。

■ 天子门生梦断山城堡

当西路军开始在河西与敌军浴血作战时，河东红军主力按照新的战略计划，顶风冒雪，于1936年11月中旬东移至甜水堡、豫旺堡、环县以西地区。

这时，骄纵的胡宗南第一军仗着是蒋介石的嫡系，武器装备精良，竟孤军突进，分三路向刚刚移至豫旺县的红军进攻。

见此良机，中革军委于11月14日和16日，先后下令红军主力"向山城堡迅速靠近，集结全力，准备打一仗"。16日，红军各部开始向山城堡南北地区集中，彭德怀为前敌总指挥。

11月18日，红军三个方面军领导人联合署名，发出《关于粉碎蒋介石进攻的决战动员令》，号召全军指战员服从命令，英勇作战，克服困难，并准备连续战斗，不怕疲劳，勇敢冲锋，多捉俘虏，多缴枪炮，以粉碎敌人进攻的伟大胜利，作为三个方面军在西北会合后献给苏区人民的一份礼物。

恰在这时，周恩来由陕北来到前线，代表党中央欢迎和慰问红二、四方面军，应彭德怀要求，也暂留前线，和彭德怀一起指挥作战。

11月19日，彭德怀骑马亲赴山城堡前线，实地察看地形。只见这里川塬交错，沟壑纵横，特别适合大部队设伏，真是天赐地利。彭德怀继续观察，发现山城堡住户虽少，却难得地有一股笔孔大的细细泉水，这在干旱地区实在是太宝贵了。根据这个情况判断，大军行进，非临此水宿营不可。于是，他即刻召开前敌总指挥部会议，具体拟定山城堡作战部署。

当日，参战各部迅速到达指定地点，就地构筑工事，隐蔽待机。同时，动员当地群众坚壁清野，封锁消息。

对于红军布下的"口袋"，胡宗南浑然不知，蒋介石亦没有给他这个学生提个醒，师生两人正陶醉于很快就能将红军主力消灭的黄粱美梦之中。

来了，来了，胡宗南部的右路第七十八师开上来了。11月20日，红军没有惊动它,让它顺顺当当地"占领"了山城堡地区。

21日,一道道命令从这里发出:红一军团第二师协同红十五军团向山城堡西北方向攻击,截断敌之退路,红一军团第一师、第四师由山城堡以南向北进攻,红三十一军一部由山城堡以北向南进攻,红四军由山城堡东南向西北进攻。

11月21日下午,激越的军号声骤然响起,霎时从山凹沟壑处唤出千军万马,山城堡总围歼战开始了。各路红军如泰山压顶,从不同方向向敌七十八师阵地发起进攻。枪炮声震落枯枝败叶,喊杀声压过呼啸北风。

敌人遭受突然打击,慌忙依托临时工事抵抗。时近黄昏,敌固守无望,惶惶然开始向山城堡以北之曹家阳台一带山地撤退。红军突击部队乘机一举攻入山城堡。在激烈的厮杀中,红二师五团政委陈雄亲自率领一排人,勇猛地冲入敌阵,最后英勇牺牲,殷红的鲜血洒在厚重的黄土地上。

无边的夜幕笼罩了大自然的一切,当晚天似乎特别黑,没有月亮、没有星光,西北风愈加强劲地怒吼着,卷着阵阵黄沙疾速掠过。暗夜里,正是红军发挥自己特长的时候,也正是敌人最为发怵的时候。混战中枪炮是派不上什么用处了,红军战士们只要感觉前方是人,上去就摸帽子,若上面有个圆巴巴(即国民党军队的帽徽),就顺手给他一刀,或者用手榴弹猛砸他的头,然后不管死活,再去摸另一个。

敌人支持不住,打着转转溃逃,官找不到兵,兵找不到官。这时红军战士手提马刀,甩开臂膀,在后紧赶猛追。有些敌兵呼哧呼哧跑了大半夜,已不知东南西北,天亮一看,周围全是红军,索性把枪一丢,一屁股坐下来不跑了。

天亮后,战场的喧嚣声逐渐平息下来。此战共歼灭敌七十八师一个多旅。与此同时,红二十八师又击溃了胡宗南派往盐池方向进攻的另外几个师。这时候,不可一世的胡宗南蔫了,被迫全线退守,基本上停止了对红军的进攻。

山城堡大捷,是红军一、二、四方面军会合后,相互配合作战取得的第一次重大军事胜利,也是土地革命战争时期的最后一仗。它对于稳定陕甘宁根据地的局面,坚定张学良、杨虎城联共抗日的信心,促进国内和平的实现,有着非常重要的意义。

11月底,朱德等率红军总部抵达陕北保安(今志丹县)与中共中央会合时,受到毛泽东等中央领导和根据地军民热烈而诚挚的欢迎。在一年多的时间里，朱德总司令在特殊的情况下，对党和人民作出了特殊的贡献。毛泽东高度评价他同张国焘的斗争，赞誉他斗争得有理有节，是"临大节而不辱"，"度量大如海，意志坚如钢"。

就在山城堡战役后，红军欲再行打击敌人进攻的时候，1936年12月12日，震惊中外的"西安事变"爆发了。

在瞬息万变的政治风云中，中共中央以中华民族团结抗战的大局为重，不计蒋介石在十年内战中残杀工农群众，"围剿"苏区和红军的累累罪行，采取和平解决"西安事变"的方针，和张学良、杨虎城将军一起，迫使蒋介石接受了停止内战、一致抗日的要求。

"西安事变"的和平解决，成了时局转换的枢纽。此后蒋介石的"剿共"军事行动便基本上停了下来。通过艰苦的谈判，至1937年7月，以国共合作为基础的抗日民族统一战线基本建立。

"风在吼，马在叫，黄河在咆哮，黄河在咆哮……"

经过血与火的考验，经过千难与万险的锻炼，汇聚黄河岸边的数万红军热血沸腾，高挺起民族的脊梁，肩负着人民的希望，他们磨快了大刀、擦亮了钢枪，焦急地等待着、等待着，等待着早日奔赴抗日杀敌的战场。